# A INCOMENSURABILIDADE NA CIÊNCIA

FUNDAÇÃO EDITORA DA UNESP

*Presidente do Conselho Curador*
Mário Sérgio Vasconcelos

*Diretor-Presidente / Publisher*
Jézio Hernani Bomfim Gutierre

*Superintendente Administrativo e Financeiro*
William de Souza Agostinho

*Conselho Editorial Acadêmico*
Divino José da Silva
Luís Antônio Francisco de Souza
Marcelo dos Santos Pereira
Patricia Porchat Pereira da Silva Knudsen
Paulo Celso Moura
Ricardo D'Elia Matheus
Sandra Aparecida Ferreira
Tatiana Noronha de Souza
Trajano Sardenberg
Valéria dos Santos Guimarães

*Editores-Adjuntos*
Anderson Nobara
Leandro Rodrigues

THOMAS S. KUHN

# A INCOMENSURABILIDADE NA CIÊNCIA
## OS ÚLTIMOS ESCRITOS DE THOMAS S. KUHN

Organizado por
Bojana Mladenović

Tradução
Alexandre Alves

Título original: *The Last Writings of Thomas S. Kuhn: Incommensurability in Science*
Licenciado pela University of Chicago Press, Chicago, Illinois, USA

© 2022 by The University of Chicago. Todos os direitos reservados.
© 2024 Editora Unesp

Direitos de publicação reservados à:
Fundação Editora da Unesp (FEU)
Praça da Sé, 108
01001-900 – São Paulo – SP
Tel.: (0xx11) 3242-7171
Fax: (0xx11) 3242-7172
www.editoraunesp.com.br
www.livrariaunesp.com.br
atendimento.editora@unesp.br

Dados Internacionais de Catalogação na Publicação (CIP) de acordo com ISBD
Elaborado por Vagner Rodolfo da Silva – CRB-8/9410

K96u
    Kuhn, Thomas S.
        A incomensurabilidade na ciência: os últimos escritos de Thomas S. Kuhn / Thomas S. Kuhn; organizado por Bojana Mladenovic; traduzido por Alexandre Alves. – São Paulo: Editora Unesp, 2024.

        Tradução de: *The Last Writings of Thomas S. Kuhn: Incommensurability in Science*
        Inclui bibliografia.
        ISBN: 978-65-5711-154-3

        1. Ciência. 2. História da ciência. 3. Filosofia da ciência. I. Mladenovic, Bojana. II. Alves, Alexandre. III. Título.

2024-3128                                                                 CDD 550
                                                                                         CDU 55

Editora afiliada:

*Para Sarah Kuhn*

# SUMÁRIO

Agradecimentos da organizadora   9
Introdução da organizadora   11
Nota da organizadora   57

Thomas S. Kuhn: O conhecimento científico como produto histórico   59
Resumo para "A presença da ciência passada (Shearman Memorial
  Lectures)"   79

**Thomas S. Kuhn: "A presença da ciência passada (Shearman Memorial
Lectures)"**

*Lecture* I: Reconquistando o passado   89
*Lecture* II: Retratando o passado   115
*Lecture* III: Corporificando o passado   139

Resumo para *A pluralidade dos mundos: Uma teoria evolucionária
  do desenvolvimento científico*   159

**Thomas S. Kuhn: A pluralidade dos mundos: Uma teoria evolucionária
do desenvolvimento científico**

Agradecimentos   177

**Parte I:  O problema**

1   O conhecimento científico como produto histórico   181
2   Adentrando o passado   205
3   Taxonomia e incomensurabilidade   243

**Parte II: Um mundo de espécies**

4 Pré-requisitos biológicos para a descrição linguística    273

5 Espécies naturais    309

6 Práticas, teorias e espécies artificiais    349

Referências bibliográficas    355

Notas    365

Índice remissivo    369

# Agradecimentos da organizadora

O meu trabalho na preparação deste volume para publicação contou com a valiosa ajuda de muitas pessoas e instituições. Em primeiro lugar, agradeço a Karen Merikangas Darling da University of Chicago Press por convidar-me para editar o livro inacabado de Kuhn e por conceder-me o tempo e a liberdade necessários para completar essa tarefa da maneira que me parecesse mais adequada. Agradeço também a Karen por me apresentar aos executores literários de Kuhn: sua viúva Jehane Kuhn e sua filha, Sarah Kuhn. O entusiasmo e a fé delas no projeto foram de importância vital durante todo o processo de edição. O conhecimento que Jehane possui acerca da história dos manuscritos e das próprias ideias de Kuhn em relação a publicações póstumas de suas obras foi de valor inestimável. Ela lançou luz sobre inúmeros pontos que não poderiam ter sido esclarecidos apenas com base nos textos existentes. Entristece-me profundamente que ela não esteja mais viva para ter este livro em suas mãos. Sarah Kuhn, ao prosseguir como executora literária de seu pai, demonstrou excepcional generosidade e integridade. Agradeço por sua ajuda confiável e pelo genuíno apoio. Este volume é dedicado a ela.

Durante dois semestres, o Oakley Center for the Humanities and Social Sciences me ofereceu um espaço tranquilo e fundos para pesquisa para que eu pudesse trabalhar neste projeto. Agradeço à diretora administrativa do centro Krista Birch, aos dois diretores consecutivos do corpo docente da Williams College, Jana Sawicki e Gage McWeeny e a muitos outros pesquisadores do Oakley por seus importantes comentários e sugestões. Gostaria também de agradecer a ajuda que recebi da equipe extremamente capacitada e eficiente da divisão de arquivos e coleções especiais do Massachusetts Institute of Technology, onde estão guardados os documentos de Thomas S. Kuhn.

Duas pessoas merecem menção especial. Evan Pence, meu assistente de pesquisa, contribuiu sobremaneira para a clareza e a legibilidade dos textos primários, além de ajudar-me a completar e atualizar todas as referências de Kuhn. Ele também fez excelentes observações e sugestões filosóficas, a maioria das quais infelizmente não pude abordar neste volume, mas que ainda me dão o que pensar. Mane Hajdin leu cuidadosa e construtivamente todas as contribuições editoriais ao volume e me ofereceu muitas sugestões perspicazes e úteis. Como sempre, seu apoio foi vital para a finalização deste trabalho.

*Bojana Mladenović*

# Introdução da organizadora

Mais de vinte anos já se passaram desde a morte extemporânea de Thomas S. Kuhn. O livro que o tornou célebre, *A estrutura das revoluções científicas*,[1] conquistou o *status* de clássico: é uma leitura indispensável para qualquer pessoa ilustrada. Cada vez mais se reconhece que Kuhn não foi somente um dos filósofos da ciência mais importantes, mas também um dos pensadores mais relevantes do século XX, cuja influência estendeu-se a diversos campos acadêmicos e, em alguns casos, transformou-os completamente.[2] Para falar a verdade, algumas das concepções de Kuhn ainda são tão controversas quanto o eram em 1962, quando *A estrutura* irrompeu sobre uma audiência ainda mergulhada no empirismo lógico, porém hoje sua filosofia é mais bem compreendida do que antes e sua complexidade, assim como seus matizes, muito mais apreciados.

Isto se deve, em grande medida, aos esforços sustentados de Kuhn para explicar e defender as teses centrais da *A estrutura*. Com o tempo, contudo, Kuhn persuadiu-se de que maiores esclarecimentos – ainda que cuidadosos – não bastariam; ele começou a pensar que sua filosofia da ciência

---

1 *The Structure of Scientific Revolutions* (1962), doravante citada como *A estrutura*. A segunda edição revisada, à qual serão feitas as referências subsequentes, foi publicada em 1970 também pela Chicago University Press. [Há tradução disponível desta obra clássica em português, *A estrutura das revoluções científicas*. (N. T.)]

2 Este é claramente o caso da filosofia geral da ciência, mas a obra de Kuhn também influenciou a filosofia da linguagem, a epistemologia, a história e a sociologia da ciência, os *science studies* e ainda outros campos mais distantes. Por exemplo, os termos *paradigma* e *incomensurabilidade* são ubíquos na academia contemporânea; seus múltiplos usos são todos inspirados por *A estrutura*.

## 12 A INCOMENSURABILIDADE NA CIÊNCIA

precisava ser revisada em certa medida, e que ela também precisava ser situada no interior de um arcabouço filosófico mais amplo e reelaborado. Kuhn publicou uma série de artigos nos quais apresentava uma visão global da nova direção que sua filosofia tomara.[3] Este trabalho deveria culminar em um novo *magnum opus*, um livro que foi seu projeto principal por mais de uma década; infelizmente, Kuhn não viveu para concluí-lo.

Este volume finalmente traz aos olhos do público todos os esboços dos capítulos deste livro ansiosamente aguardado, que tinha o título provisório de *The Plurality of Worlds: An Evolutionary Theory of Scientific Development* [*A pluralidade dos mundos: uma teoria evolucionária do desenvolvimento científico*]. Este manuscrito é precedido por dois textos inter-relacionados, nunca publicados anteriormente em inglês: o artigo de Kuhn "O conhecimento científico como produto histórico" e as suas Shearman Memorial Lectures, "A presença da ciência passada". O volume também inclui dois resumos, um para as Shearman Lectures e o outro para *A pluralidade*. Ainda que sejam criações editoriais, os resumos usam as formulações do próprio Kuhn sempre que possível. Eles mostram, num relance, as áreas de superposição temática entre as duas obras. Além disso, o resumo para *A pluralidade* esboça os principais tópicos dos quais deveriam se ocupar as partes não escritas do livro, tanto quanto esses tópicos pudessem ser reconstruídos com responsabilidade.

Esta Introdução ao volume consiste em três partes. A Parte I apresenta a história dos três manuscritos, a sua relação uns com os outros e o seu estado atual. A Parte II, destinada principalmente aos leitores não completamente familiarizados com os interesses filosóficos e com o desenvolvimento de Kuhn após *A estrutura*, fornece essa informação e contexto, além de esboçar os contornos que se pretendia que o livro *A pluralidade* tivesse. Essa parte é, por assim dizer, um mapa rodoviário através do material primário que é complexo, com frequência repetitivo e fundamentalmente inacabado.[4]

---

3 A maior parte desses textos foi coligida e publicada postumamente em *The Road since Structure: Philosophical Essays, 1970-1993, with an Autobiographical Interview*, org. James Conant e John Haugeland. [Há tradução disponível dessa obra em português, *O caminho desde* A estrutura*: ensaios filosóficos, 1970-1993, com uma entrevista autobiográfica*. (N. T.)]

4 Apresentar ao leitor a informação e o contexto necessários sem impor-lhe minhas próprias interpretação e avaliação da obra de Kuhn foi um ato de equilíbrio delicado. Embora em filosofia explicação e interpretação inevitavelmente sigam juntas e inspirem uma à outra, há maneiras de privilegiar uma em detrimento da outra. Na dúvida, sempre optei pela conten-

INTRODUÇÃO DA ORGANIZADORA **13**

A Parte III da Introdução oferece observações conclusivas acerca da natureza e dos conteúdos deste volume.

## I. Os conteúdos deste volume

### Fontes

Ao trabalhar neste volume, apoiei-me em diversas fontes. Embora eu não discuta aqui todos os textos de Kuhn previamente publicados, ou a rica literatura secundária sobre ele, essas obras constituíram o necessário pano de fundo para meu trabalho editorial. Alguns dos artigos que Kuhn publicou no final dos anos 1980 e nos anos 1990 foram especialmente úteis, já que é nesse momento que o projeto filosófico de *A pluralidade dos mundos* começa a tomar forma.[5] Mais importantes ainda foram as indicações, nos capítulos esboçados do manuscrito, do que deveria vir posteriormente no livro. Além disso, Kuhn deixou um rico arquivo de textos não publicados de vários tipos, a maioria dos quais sob a guarda dos Arquivos e Coleções Especiais do Instituto no Massachussetts Institute of Technology. Os mais importantes dentre eles, para reconstruir o livro inacabado de Kuhn, são as Thalheimer Lectures,[6] as notas de aula de Kuhn e os folhetos para seus seminários de pós-graduação no MIT, nos quais ele discutia com frequência o seu livro em andamento,[7] bem como sua correspondência com colegas, especialmente sua troca de cartas com Quentin Skinner na esteira das Shearman Lectures.[8]

---

ção editorial e interpretativa. Por exemplo, decidi oferecer somente umas poucas notas de rodapé no intuito de esclarecer os textos primários e, assim, jamais tratei essas notas como um espaço para debater as concepções de Kuhn. (Para mais informação acerca das decisões editoriais, ver a minha Nota da organizadora.)

5 Ver especialmente "Mundos possíveis na história da ciência", "O caminho desde *A estrutura*" e "O problema com a filosofia histórica da ciência", reimpressos como capítulos 3-5 de *O caminho desde* A estrutura, op. cit.

6 Thomas S. Kuhn Papers, MC 240, caixa 23, Institute Archives and Special Collections, Massachusetts Institute of Technology, Cambridge, Massachusetts (doravante IASC MIT). Entretanto, as Shearman Lectures, aqui publicadas, oferecem uma versão mais desenvolvida do mesmo conjunto de ideias.

7 Esses materiais estão guardados no Thomas S. Kuhn Papers, MC 240, caixa 23, IASC MIT.

8 Thomas S. Kuhn Papers, MC 240, caixa 22, IASC MIT.

## 14 A INCOMENSURABILIDADE NA CIÊNCIA

No entanto, uma fonte importante, na qual me baseei ao reconstruir *A pluralidade*, não está publicamente disponível: trata-se das notas não revisadas que Kuhn deixou para cada capítulo projetado do livro.[9] Essas notas, em sua maior parte, são breves e sugestivas em vez de detalhadas e explícitas; apesar disso, julguei-as muito úteis ao produzir o resumo para *A pluralidade*.[10] Jehane Kuhn, a viúva e executora literária de Kuhn, deu-me uma cópia das conversações transcritas entre Kuhn, James Conant e John Haugeland, das quais ela participou ocasionalmente.[11] As conversações ocorreram na casa de Kuhn, entre 7 e 9 de junho de 1996, em cinco sessões de trabalho, totalizando cerca de sete horas. Kuhn quis que as fitas das conversações fossem destruídas e nunca deu a entender que as transcrições deveriam estar publicamente disponíveis.[12] Por respeito aos desejos de Kuhn, não utilizei essas transcrições como fonte de informações sobre suas concepções filosóficas, mas somente para reconstruir a história de seu trabalho nos manuscritos publicados neste volume.

Nenhuma dessas fontes oferece nada que sequer se aproxime de uma primeira versão das partes não escritas de *A pluralidade*. Em lugar disso, elas nos dão uma noção da direção filosófica geral de Kuhn, com razões muito claramente afirmadas, aqui e ali, contra uma má compreensão particular de suas concepções, ou contra uma posição filosófica rival que poderia ser confundida com a do próprio Kuhn. Assim, as fontes disponíveis apenas lançam uma luz parcial, difusa, sobre o projeto de *A pluralidade*, que Kuhn ainda ponderava em junho de 1996. Ninguém pode saber agora o que teria sido a versão final e detalhada de sua concepção se ele tivesse tido tempo para articulá-la plenamente, contudo, os contornos globais de sua posição podem ser esboçados e, pelo menos alguns de seus detalhes, preenchidos.

---

9 Recebi da University of Chicago Press, com a permissão das executoras literárias de Kuhn, as notas deste para *The Plurality of Worlds*, junto com a última versão do manuscrito do livro.

10 Algumas das notas de Kuhn sublinham os problemas que ele precisava resolver antes de considerar completo o capítulo; outras sugerem ideias que precisavam ser desenvolvidas e incorporadas. Algumas notas, porém, parecem apenas tangenciar o capítulo junto com o qual foram arquivadas.

11 Infelizmente, Jehane faleceu em 2021. A filha de Kuhn, Sarah Kuhn, continua como sua executora literária. No título da transcrição lê-se "Interviews with Tom Kuhn, June 1996". As entrevistas foram conduzidas por James Conant e John Haugeland, transcritas por Joan Wellman e revisadas por John Haugeland.

12 "Em nenhuma circunstância elas deverão ir para o arquivo", disse ele. "Interviews with Tom Kuhn", op. cit., p.142.

## Textos primários

"O conhecimento científico como produto histórico" e as Shearman Memorial Lectures, "A presença da ciência passada", de Kuhn são ambos filosoficamente importantes por si sós e relevantes como marcos no desenvolvimento das ideias centrais do livro inacabado de Kuhn. Dispostos cronologicamente, os três textos revelam a trajetória filosófica de Kuhn dos anos 1980 até sua morte em 1996.

"O conhecimento científico como produto histórico" foi redigido e revisado múltiplas vezes entre 1981 e 1988. Várias versões desse texto foram feitas para conferências para as quais Kuhn foi chamado como palestrante convidado.[13] Na primeira das Shearman Lectures, Kuhn observa que "O conhecimento científico como produto histórico" deveria "aparecer em *Synthèse*" (querendo dizer a *Revue de Synthèse*, um periódico francês de história e filosofia da ciência), porém o texto não foi publicado ali.[14] A última versão, incluída neste volume, foi feita para uma conferência em Tóquio em 1986 e subsequentemente publicada em *Shiso⁻* em tradução japonesa.[15] Ela oferece a melhor explicação disponível da análise kuhniana das origens e dos compromissos da epistemologia tradicional da ciência, dos problemas que a assolavam e das maneiras pelas quais a compreensão evolucionária da ciência por parte de Kuhn evita esses problemas. Embora não haja superposição textual significativa entre esse artigo e o capítulo de abertura de *A pluralidade dos mundos*, os dois textos compartilham o mesmo título e cumprem a mesma função de justificar a filosofia da ciência de Kuhn, que é evolucionária, sensível ao contexto histórico e orientada para a prática. Tendo a pensar nesse artigo, então, como um protocapítulo 1 de *A pluralidade*.

---

13  Brandeis University, 30 maio 1984; University of Minnesota, 21 out. 1985; Tóquio, 2 maio 1986.

14  Não fui capaz de descobrir por que Kuhn pensava que a conferência seria publicada na *Synthèse* nem por que ela não foi ali publicada.

15  Thomas S. Kuhn, "Rekishi Shosan toshite no Kagaku Chishiki" [O conhecimento científico como produto histórico], trad. Chikara Sasaki e Toshio Hakata, *Shisō* [Pensamento], v.8, n.746, p.1-18, ago. 1986. Agradeço a Shinko Kagaya por sua inestimável ajuda em obter uma cópia da publicação japonesa. O texto publicado aqui é o da versão original em inglês, guardada no Thomas S. Kuhn Papers, MC 240, caixas 23-24, IASC MIT.

**16** A INCOMENSURABILIDADE NA CIÊNCIA

"A presença da ciência passada" é uma série de três Shearman Memorial Lectures que Kuhn pronunciou na University College de Londres em novembro de 1987. As conferências exploram a abordagem histórico- -evolucionária da ciência por parte de Kuhn e começam a articular as consequências filosóficas da adesão a tal abordagem. Duas outras séries de conferências as precederam: as Notre Dame Lectures, "A natureza da mudança conceitual", pronunciadas na Universidade de Notre Dame em novembro de 1980, que parecem estar perdidas;[16] e as Thalheimer Lectures, "Desenvolvimento científico e mudança lexical", apresentadas na Universidade Johns Hopkins em novembro de 1984.[17] As Shearman Lectures constituem a última versão completa da filosofia madura de Kuhn e o melhor guia disponível – ainda que imperfeito – para o que seu livro visava realizar: elas esboçam toda a paisagem filosófica que o livro planejado deveria cobrir. A última conferência é particularmente importante por nos dar uma noção de qual teria sido o conteúdo da Parte III e do Epílogo de *A pluralidade* se Kuhn tivesse vivido para escrever essas partes do livro.

Kuhn não publicou as Shearman Lectures, nem quaisquer outras conferências que pronunciou no final dos anos 1980 e início dos anos 1990. Ele as tratou como esboços, mais ou menos exitosos, de seu livro. Entretanto, revisou e burilou o manuscrito das Shearman Lectures e o compartilhou com diversos de seus colegas, amigos e estudantes; esse manuscrito ainda circula de modo semiclandestino em alguns círculos filosóficos.[18] Assim, as Shearman Lectures tornaram-se uma fonte não publicada da maior

---

16 As ideias centrais das Notre Dame Lectures foram retrabalhadas em "O que são revoluções científicas?" e "Comensurabilidade, comparabilidade e comunicabilidade" (ambos reimpressos em *O caminho desde* A estrutura, como cap.1 e 2, respectivamente, op. cit.), assim como nas Thalheimer Lectures e nas Shearman Lectures.

17 "Scientific Development and Lexical Change", Thalheimer Lectures, Johns Hopkins University, 12-19 nov. 1984. (Thomas S. Kuhn Papers, MC 240, caixa 23, IASC MIT.) As Thalheimer Lectures foram publicadas em tradução espanhola: *Desarrollo científico y cambio de léxico: Conferencias Thalheimer*. A primeira das quatro conferências é discutida por Pablo Melogno no artigo "The Discovery-Justification Distinction and the New Historiography of Science: On Thomas Kuhn's Thalheimer Lectures", *Hopos: The Journal of the International Society for the History of Philosophy of Science*, v.9, n.1, p.152-78, primavera 2019.

18 As Shearman Lectures suscitaram um interesse tal que na University College de Londres não havia mais nenhuma sala de conferências que fosse grande o suficiente para acomodar a todos. Kuhn distribuiu cópias das conferências a alguns membros da audiência que esperavam nos corredores e essas cópias circularam posteriormente sem a sua permissão. "Interviews with Tom Kuhn", op. cit., p.111.

importância para a apreciação da filosofia tardia de Kuhn. Dois artigos esplêndidos – o primeiro de Ian Hacking e o segundo de Jed Buchwald e George Smith[19] – analisam e discutem as Shearman Lectures de modos filosoficamente estimulantes, ricos em nuance e detalhe; uma compreensão plena desses artigos, assim como da resposta publicada de Kuhn a Hacking,[20] requer familiaridade com o texto original de Kuhn. Assim, já que as Shearman Lectures são agora amplamente discutidas, mas não geralmente acessíveis, e já que o livro que devia substituí-las não foi concluído, os executores literários de Kuhn e a University of Chicago Press decidiram que esse importante texto deveria ser incluído neste volume, não obstante a intenção original de Kuhn de não o publicar.[21]

A peça central deste volume é, por certo, o livro inacabado de Kuhn, publicado aqui com o título provisório que tinha na época de sua morte: *A pluralidade dos mundos: uma teoria evolucionária do desenvolvimento científico*. Se Kuhn tivesse vivido para concluir o livro, é provável que lhe houvesse dado um título diferente. O título provisório original parece ter sido *Palavras e mundos: uma concepção evolucionária do desenvolvimento científico*. Este é o título que Kuhn propôs em sua exitosa candidatura para uma bolsa da National Science Foundation em história e filosofia da ciência em 1989.[22] Não está claro por que Kuhn abandonou esse título, que anuncia adequadamente o conteúdo pretendido, nem por que não retornou a ele quando ficou preocupado com a possibilidade de que *A pluralidade dos mundos* pudesse ser confundida com *Sobre a pluralidade dos mundos* [*On the Plurality of Worlds*] de David Lewis e que se supusesse erroneamente

---

19 Hacking, "Working in a New World: The Taxonomic Solution", em Horwich (org.), *World Changes: Thomas Kuhn and the Nature of Science*, p.275-310; Buchwald; Smith, "Thomas S. Kuhn, 1922-1996", *Philosophy of Science*, v.64, n.2, p.361-76, 1997.

20 Kuhn, "Afterwords", em Horwich (org.), *World Changes*, op. cit., p.311-41; reimpresso como cap.11, em *O caminho desde* A estrutura, op. cit.

21 Ao escrever cada uma dessas séries de *lectures* (Notre Dame, Thalheimer e Shearman), Kuhn esperava criar uma versão do livro, mas sentia que nunca fora exitoso nessa tarefa. Ele pensava que as Shearman Lectures chegaram "muito perto", mas ainda assim não as desejava publicadas ("Interviews with Tom Kuhn", op. cit., p.50). Parece que ele estava particularmente insatisfeito com uma versão do idealismo kantiano que endossara nas Shearman Lectures (p.61, 81).

22 Também é com esse título que James A. Marcum se refere ao livro inacabado de Kuhn em sua obra *Thomas Kuhn's Revolution*, p.25, 126.

## 18  A INCOMENSURABILIDADE NA CIÊNCIA

que versasse, como o livro de Lewis, sobre lógica modal.[23] Kuhn expressou essa preocupação a Jehane Kuhn, que me falou dela em uma comunicação privada em 2017. O desejo de Kuhn de encontrar um novo título para seu livro também está documentado em suas conversas transcritas com James Conant, John Haugeland e, nesse segmento da conversa, com Jehane Kuhn.[24] Ao referir-se ao título, Kuhn disse que ele deveria incluir *mundos* ou *pluralidade*, mas decidiu delegar a decisão final a Jehane, que decidiu não o modificar.

O plano de Kuhn para o livro era ambicioso e o trabalho consumiu um tempo considerável.[25] O livro devia se iniciar com agradecimentos e com um prefácio, seguidos por três partes substantivas, cada uma constando de três capítulos: Parte I, "O problema"; Parte II, "Um mundo de espécies" e Parte III, "Reconstruindo o mundo". Um epílogo devia ser acrescentado e um apêndice devia concluir o livro. Infelizmente, só existem esboços completos da Parte I (capítulos 1-3) e dos capítulos 4 e 5 da Parte II; o esboço do Capítulo 6 está inacabado. Kuhn deixou notas esparsas para a Parte III e o Epílogo, mas nenhum texto efetivo; o Prefácio e o Apêndice também estão faltando.

A Parte I é burilada e está claramente próxima da versão final pretendida. Ela motiva o projeto do livro como um todo e delineia os capítulos planejados à frente. Sua ênfase está na natureza e na significação filosófica do estudo histórico da ciência, vividamente introduzidos mediante detalhados estudos de caso das obras de Aristóteles, Volta e Planck. Kuhn utilizou esses três estudos de caso para mostrar como exatamente a história da ciência deve confrontar a incomensurabilidade a fim de gerar compreensão e de formular as importantes questões filosóficas que a última parte do livro estaria encarregada de abordar. Embora haja uma considerável superposição textual entre a primeira Shearman Lecture e o Capítulo 2 de *A pluralidade*,

---

23 Lewis, *On the Plurality of Worlds*.

24 A preocupação com a similaridade entre esse título e o da obra de Lewis aparece na p.92 das "Interviews with Tom Kuhn", op. cit.

25 Embora algumas das ideias centrais do livro remontem ao texto "Second Thoughts on Paradigms" – publicado inicialmente em Suppe (org.), *The Structure of Scientific Theories*, p.459-82; reimpresso como cap.12 em *A tensão essencial: estudos selecionados sobre tradição e mudança científica* –, o trabalho de Kuhn no manuscrito só começou efetivamente após ele ter completado as Shearman Lectures.

as diferenças gerais entre as duas obras, separadas por menos de uma década, também são consideráveis e muito importantes por revelarem a trajetória do pensamento de Kuhn e o desenvolvimento de sua posição filosófica madura. A segunda das Shearman Lectures, por exemplo, discute a incomensurabilidade entre a ciência do passado e a do presente, além de esboçar os contornos de uma teoria do significado e de uma teoria do conhecimento que nos permitiria dar sentido à compreensão histórica a despeito da incomensurabilidade. Na medida em que essa conferência acena para uma explicação empiricamente fundamentada do aprendizado da linguagem e da aquisição de conceitos, ela é o germe a partir do qual se desenvolveu a Parte II do livro; porém o texto efetivo e a metodologia filosófica diferem consideravelmente.

Na verdade, a Parte II – em contraste com a Parte I – provavelmente será uma grande surpresa para os leitores familiarizados com os escritos publicados de Kuhn. Aqui, Kuhn parece estar à procura de uma fundamentação naturalista de sua teoria prospectiva do significado, que deveria, por seu turno, fundamentar sua ideia revisada da incomensurabilidade. Ele visava utilizar os resultados da pesquisa científica em psicologia cognitiva e em psicologia do desenvolvimento como base para sua teoria do significado e da compreensão atravessando estruturas e práticas lexicais incomensuravelmente diferentes. Entretanto, esse importante projeto é somente proposto, porém não concluído. Suponho que a versão final da Parte II teria atualizado e condensado os resultados relevantes da pesquisa científica e, então, ressaltado a sua significação filosófica, dessa forma preparando o terreno para o último segmento do livro, filosoficamente mais interessante, porém não escrito.

A Parte III deveria entrelaçar a concepção histórica da mudança conceitual, exposta na Parte I, e as exposições científicas da aquisição de conceitos, apresentadas na Parte II, a fim de explicar tanto a incomensurabilidade como a nossa habilidade de compreender e nos comunicar a despeito dela. *A pluralidade* trata a incomensurabilidade como ubíqua através de culturas, línguas, períodos históricos e diversos grupos sociais; as comunidades científicas divididas pela incomensurabilidade são apenas um caso especial, ainda que muito especial. Kuhn visava explicar tanto o modo como a ciência compartilha padrões universais de aquisição conceitual e estruturação de léxicos, quanto o modo pelo qual a mudança lexical na ciência

# 20 A INCOMENSURABILIDADE NA CIÊNCIA

difere da mudança lexical nas linguagens naturais. Questões filosóficas gerais sobre significado, compreensão, crença, justificação, verdade, conhecimento, racionalidade e realidade foram todas suscitadas pelo projeto de Kuhn e ele tencionava abordá-las na Parte III. O principal objetivo era desenvolver teorias do significado e do conhecimento que tomariam a incomensurabilidade como seu ponto de partida e encontrariam espaço para, em primeiro lugar, uma noção robusta do mundo que a ciência investiga e, em segundo lugar, para a racionalidade da mudança de crença e, por fim, para a ideia de que o desenvolvimento científico é progressivo.

O Epílogo deveria retornar à questão da relação apropriada entre história e filosofia da ciência, que interessava Kuhn desde *A estrutura* e que magnetizou tanto a atenção de seus críticos como a de seus admiradores. Em sua obra inicial, Kuhn argumentou apaixonadamente contra abordagens presentistas (ou anacrônicas) da história da ciência, que via como características tanto do empirismo lógico quanto do falsificacionismo popperiano.[26] Ele estava convencido, em *A estrutura* e em seu livro de ensaios de 1977, *A tensão essencial*, de que a filosofia da ciência deve rejeitar estudos de caso presentistas e se basear em trabalho histórico responsável e detalhado que restitua o contexto, os conceitos, os problemas e as intenções das comunidades científicas do passado. Entretanto, no final dos anos 1980, Kuhn começou a pensar que a historiografia presentista tem a sua própria função insubstituível, que ele deveria explicar e discutir no Epílogo de *A pluralidade*. Felizmente, essa ideia central para o epílogo é muito claramente apresentada na última das Shearman Lectures.[27]

---

26 Estudos de caso presentistas em geral são simplificados e completamente descontextualizados. Eles são usados para defender uma posição particular, normalmente uma posição metodológica, que seja relevante para o público atual. O presentismo trata a história da ciência como uma série de conquistas sucessivas que conduzem diretamente à ciência contemporânea. Vistos pelas lentes distorcidas de nossas crenças correntes, os cientistas do passado só parecem racionais e argutos se puderem ser descritos como precursores do trabalho contemporâneo; caso contrário, suas crenças e práticas são postas de lado como sendo equivocadas, irracionais ou mesmo obstinadamente avessas ao progresso. Kuhn corretamente pensava que não é dessa forma que deveria ser conduzida a pesquisa histórica responsável. Controversamente, na época da publicação de *A estrutura*, ele também acreditava que a filosofia da ciência não poderia decolar sem uma cuidadosa restauração histórica da ciência passada.

27 Kuhn estava satisfeito com a formulação que ofereceu aí. Ele disse que a ideia principal do Epílogo "praticamente surge pronta na última parte das Shearman Lectures" ("Interviews with Tom Kuhn", op. cit., p.65).

Por fim, o Apêndice deveria oferecer uma comparação detalhada entre as concepções apresentadas em *A estrutura*, que permaneceu sendo a fonte das ideias filosóficas centrais de Kuhn, assim como dos principais problemas que lhe interessaram até o fim de sua vida, e *A pluralidade*, que deveria ser sua palavra final acerca dessas questões.[28] As continuidades e as diferenças entre as duas obras deveriam ser ressaltadas e explicadas. Tanto quanto possamos reconstruir acuradamente o último livro de Kuhn, também podemos imaginar qual teria sido a substância do apêndice comparativo.

Todavia, reconstruir o livro inacabado de Kuhn de modo suficientemente detalhado não é tarefa fácil. Somos obrigados a nos basear em vários textos – publicados e não publicados –, além do próprio manuscrito. Eles foram escritos durante mais de uma década e nem sempre é claro quais dentre as ideias exploradas por Kuhn nesse período ele tencionava articular e defender e quais teria rejeitado na versão final de seu livro.

Tanto quanto a Parte III pudesse ser reconstruída, então, tentei fazê-lo no resumo que criei para *A pluralidade*. Isto ainda deixa o leitor tão somente com uma representação esquelética da peça central do livro de Kuhn. Assim, é importante ter em mente que a publicação do manuscrito, por si só, não representa plenamente o ambicioso projeto filosófico de Kuhn. Sua apreciação apropriada requer esforços interpretativos e imaginativos de espécie diferente dos esforços que eram necessários para compreender a paisagem pouco familiar de *A estrutura* na época de sua publicação; mas, tanto agora quanto então, o esforço há de compensar.

## II. Um guia para o projeto inacabado de Kuhn

### De *A estrutura* até *A pluralidade*

Reagindo contra as abordagens filosóficas da ciência que predominavam em 1962, quando foi publicada *A estrutura*, Kuhn insistia que a ciência deveria ser vista como um conjunto de tradições que se desenvolvem historicamente, mediante as quais o conhecimento se modifica e aumenta.

---

28 Ele se referia por vezes caprichosamente a seu último livro como "o neto de *A estrutura*", dizendo que "o filho de *A estrutura*" jamais foi escrito ("Interviews with Tom Kuhn", op. cit., p.48-9).

## 22 A INCOMENSURABILIDADE NA CIÊNCIA

A mudança científica não é nem uniforme, nem estritamente cumulativa; ao contrário, ela revela um padrão de duas fases. Períodos de ciência normal, marcados pelo consenso no seio da comunidade científica acerca de todas as questões fundamentais, produzem resultados coerentes e cumulativamente progressivos. Quando esse consenso se rompe, sob a pressão de anomalias acumuladas, a comunidade científica ingressa num período de ciência extraordinária, marcado pela competição entre defensores de concepções rivais e incompatíveis do fazer científico, as quais em *A estrutura* Kuhn denominou *paradigmas*.[29] Essas concepções rivais são incomensuráveis e a eventual escolha de uma dentre elas não é forçada nem pela lógica, nem por evidência empírica neutra com relação ao paradigma. As revoluções científicas são, assim, episódios disruptivos de reconfigurações fundamentais, mediante os quais o conhecimento científico se desenvolve de forma não cumulativa.

A recepção de *A estrutura* não foi a que Kuhn esperava. De seu ponto de vista, tanto seus críticos como seus pretensos seguidores interpretaram o livro erroneamente.[30] Ele foi lido como um relativista radical, cujas concepções não são capazes de explicar a mudança científica como devida a boas razões e evidência, mas tão somente como resultado do poder retórico, institucional ou político por parte do lado que acabou por vencer. Assim, argumentou-se, Kuhn não pode ver a ciência como aquele empreendimento paradigmaticamente racional que nos conduz progressivamente para mais perto da verdade acerca do mundo.[31] Além do mais, as teses desconcertan-

---

29 Após diversas tentativas de esclarecer o que queria dizer com *paradigma*, Kuhn abandonou esse termo e tentou substituí-lo por *exemplar*, *matriz disciplinar* e *estrutura lexical*. Não utilizarei o conceito de *paradigma* ao discutir sua obra pós-*A estrutura*, embora acredite que, com alguns esclarecimentos, ele permaneça como um conceito indispensável para a filosofia de Kuhn, que não pode ser totalmente substituído por nenhuma das expressões que ele utilizou subsequentemente. Defendi essa ideia em *Kuhn's Legacy: Epistemology, Metaphilosophy, and Pragmatism*, p.19-20.

30 Para uma discussão das primeiras reações à obra de Kuhn, ver Bird, *Thomas Kuhn*; Sharrock; Read, *Kuhn, Philosopher of Scientific Revolutions*; Wray, *Kuhn's Evolutionary Social Epistemology*; Mladenović, *Kuhn's Legacy*, op. cit.

31 Ver, por exemplo, Lakatos, "Falsification and the Methodology of Scientific Research Programmes", em Lakatos; Musgrave (orgs.), *Criticism and the Growth of Knowledge*, p.91-196; Scheffler, *Science and Subjectivity*; Newton-Smith, *The Rationality of Science*. [Há tradução em língua portuguesa do texto de Lakatos, "O falseamento e a metodologia dos programas de pesquisa científica", em Lakatos; Musgrave (orgs.), *A crítica e o desenvolvimento do conhecimento*, p.109-243. (N. T.)]

INTRODUÇÃO DA ORGANIZADORA    **23**

tes de Kuhn – de que, "quando os paradigmas mudam, o próprio mundo muda com eles", e "embora o mundo não mude com uma mudança de paradigma, o cientista trabalha daí em diante em um mundo diferente"[32] – inspiraram acusações de idealismo e de construtivismo. Kuhn rejeitou tais caracterizações de seu ponto de vista, embora sustentasse que algumas de suas teses de aparência paradoxal estivessem efetivamente corretas. Pelo resto de sua carreira extremamente produtiva, ele haveria de retornar a *A estrutura* na esperança de tornar suas teses ao mesmo tempo compreensíveis e plausíveis.

Sua obra filosófica pós-*A estrutura* pode ser vista como desenvolvendo--se ao longo de dois períodos relativamente distintos.[33] O primeiro período começa com o posfácio de 1969 à segunda edição de *A estrutura* e termina no início dos anos 1980.[34] Kuhn respondia então a diversas caracterizações errôneas de seu livro com esclarecimentos, explicações e novos argumentos, mas sem revisões dramáticas. Ele argumentava que a incomensurabilidade não implica a impossibilidade de comunicação ou comparação e que a escolha científica não é movida principalmente pelo poder social e político. Ao insistir na natureza comunal da investigação científica, Kuhn ressaltava a importância da educação científica rigorosa e formativa bem como dos valores compartilhados que guiam toda a pesquisa e a avaliação científicas.[35] Ele começou a enfatizar que a prática e o raciocínio científicos não podem ser separados e devem ser compreendidos como produtos de um grupo científico que, mediante um juízo, uma escolha e uma prática competentes, constitui a ciência como investigação racional sobre diversos aspectos do

---

32  Kuhn, *Structure*, op. cit., p.111, 121.

33  Esta periodização é apenas um recurso heurístico para compreender os problemas que Kuhn estava tentando resolver no caminho entre *A estrutura* e o projeto de *A pluralidade*; ela traça, portanto, uma linha borrada e deixa superposições significativas.

34  Ver especialmente o posfácio de 1969 à segunda edição de *A estrutura* e "Logic of Discovery or Psychology of Research?" e "Reflections on My Critics", ambos em Lakatos; Musgrave (orgs.), *Criticism and the Growth of Knowledge*, op. cit., p.1-23 e p.231-78. ["Lógica da descoberta ou psicologia da pesquisa?"; "Reflexões sobre os meus críticos", em Lakatos; Musgrave (orgs.), *A crítica e o desenvolvimento do conhecimento*, op. cit., p.5-34 e p.285-343. (N. T.)] Toda a coletânea de estudos publicados em *A tensão essencial* é importante para entender esse período do pensamento de Kuhn, mas o cap.13, "Objetividade, juízo de valor e escolha de teoria" talvez seja o mais relevante.

35  Kuhn reputava a acurácia, a consistência, a simplicidade, a fecundidade e o escopo como valores fundamentais, aceitos e utilizados por todos os cientistas de todas as épocas, porém interpretados e hierarquizados de diferentes modos.

24    A INCOMENSURABILIDADE NA CIÊNCIA

mundo. Todavia, persistiram as caracterizações de sua posição como sendo hospitaleira ao relativismo radical, ao irracionalismo e ao construtivismo social; a consistente rejeição de Kuhn a tais caracterizações ainda era raramente levada a sério nesse período.

Na metade dos anos 1980, a obra de Kuhn ingressou numa nova fase, à qual me refiro, intercambiavelmente, como "a filosofia madura de Kuhn" ou "o Kuhn tardio". Todos os três textos reunidos neste volume são desse período, durante o qual Kuhn ensaiou revisões mais radicais de *A estrutura* e ampliou consideravelmente seus interesses filosóficos. Ele acabou por distinguir as diversas perspectivas a partir das quais cientistas, historiadores e filósofos em atividade questionam a ciência. Isto levou a uma compreensão mais matizada, qualificada e precisa da incomensurabilidade como um fenômeno ubíquo, mas local, bem como da mudança científica como revolucionária apenas quando contemplada de uma grande distância histórica. O que é mais relevante é o fato de Kuhn ter concluído que sua filosofia da ciência carecia de uma teoria geral do significado, de uma epistemologia robusta e de uma abordagem inovadora do debate entre realismo científico e construtivismo. Sua principal tarefa então era a de reconfigurar esses campos de maneira tal que suas concepções acerca do desenvolvimento científico como processo que envolve incomensurabilidade entre teorias e práticas historicamente distantes tanto fizessem sentido como preservassem a percepção geral, que Kuhn compartilhava sinceramente, da ciência como empreendimento racional e progressivo.

## Historicismo

É típico de Kuhn abrir um texto filosófico enfatizando a importância da história como ponto de partida necessário. A primeira frase de *A estrutura* – "se a história fosse vista como um repositório para algo mais do que anedotas ou cronologias, ela poderia produzir uma transformação decisiva na imagem de ciência que atualmente nos domina"[36] – poderia ser facilmente vista como a máxima de toda a sua obra subsequente. Segundo Kuhn, a reflexão filosófica sobre a ciência precisa se fundamentar na descrição acurada da prática científica efetiva e de sua história tortuosa, já que, sem

---

36 Kuhn, *Structure*, op. cit., p.1.

uma compreensão apropriada de como a ciência funciona e se modifica, a filosofia da ciência não pode explicar nem seus êxitos, nem seus fracassos.

O historicismo de Kuhn estava em nítida oposição aos projetos filosóficos dos empiristas lógicos e dos falsificacionistas popperianos, tendo em vista que ambos eram essencialmente normativos em vez de descritivos e fundamentalmente desinteressados em história da ciência.[37] Sua finalidade era desenvolver e justificar um conjunto de regras metodológicas que conduziriam confiavelmente ao aumento do conhecimento científico e, assim, explicariam o progresso na ciência. Essa tradição não tinha muito uso para a pesquisa histórica meticulosa, mas se baseava, ao contrário, em descrições simplificadas e descontextualizadas de alguns episódios na história da ciência, percebidos como de importância crucial desde o ponto de vista do presente. Kuhn pensava que esse projeto filosófico normativo-metodológico e a historiografia anacrônica e presentista reforçavam-se mutuamente e criavam, em conjunto, uma imagem distorcida da ciência. Kuhn procurava substituir essa imagem por uma outra, apropriadamente diacrônica e descritivamente acurada, formulada por ele próprio.

A abordagem da história pelo próprio Kuhn era hermenêutica, ou seja, internalista e contextual. Narrativas históricas hermenêuticas empenham-se para obter êxito explicativo mediante consistência e completude em grau máximo, evitando também ao máximo categorias explicativas e distinções anacrônicas. Passagens que parecem incompreensíveis ou obviamente falsas para um leitor de hoje deveriam ser valorizadas como quebra-cabeças essenciais para um historiador resolver. Para o Kuhn tardio, a historiografia

---

37 Uma abordagem historicista de problemas e conceitos filosóficos os situa no interior de um contexto histórico global. O historicismo é, portanto, holístico, sempre contextual e interessado em rastrear a emergência, o desenvolvimento e o desaparecimento dos fenômenos que estuda. Ele amiúde assume forma narrativa e tolera a polissemia. Os críticos insistiram em que ele também é uma versão do relativismo em suas formas epistêmica, semântica e mesmo ontológica. Para uma explicação detalhada do historicismo na filosofia da ciência, ver o verbete de Thomas Nickles, "Historicist Theories of Scientific Rationality", em Zalta (org.), *The Stanford Encyclopedia of Philosophy*. Como assinala Nickles, Kuhn é o principal defensor de uma teoria historicista da racionalidade científica. Obviamente, aquilo que Karl Popper denomina *historicismo* não pertence a essa categoria. Por *historicismo*, Popper designa a concepção de que o desenvolvimento histórico é inevitável e direcionado a um fim; os agentes históricos podem escolher aderir ao lado que há de vencer no final das contas ou se opor a ele, mas não podem mudar o desenvolvimento histórico que é predeterminado e teleológico. Popper era um opositor veemente do historicismo entendido nesses termos. Ver o seu livro *The Poverty of Historicism*.

## 26 A INCOMENSURABILIDADE NA CIÊNCIA

hermenêutica é uma espécie de etnografia retrospectiva, que visa compreender conceitos, crenças e práticas que, para o historiador, parecem inicialmente estranhos e muitas vezes absurdos.[38] Narrativas históricas sérias podem pôr em destaque grandes cientistas, experimentos importantes ou descobertas marcantes, mas sempre fornecem contexto e enquadramento históricos. Nesse sentido, sempre tratam de comunidades científicas inteiras, cujos conceitos e crenças o historiador tenta restituir. Ele deve recriar em sua narrativa a teia de suposições e crenças comumente partilhadas, as estratégias argumentativas típicas, os pontos de discordância, além do público visado para os escritos científicos. O que é ainda mais importante, o historiador precisa dominar o léxico estruturado das comunidades científicas do passado, um léxico que normalmente é incomensurável com o seu próprio. A compreensão histórica é, assim, similar ao aprendizado de uma língua perdida há muito tempo, com conexões apenas parciais e frequentemente enganadoras com a língua da ciência atual. A finalidade é criar uma narrativa no interior da qual as crenças e escolhas passadas possam ser vistas como razoáveis e plausíveis, ao invés de irracionais, equivocadas ou absurdas.

Embora *A estrutura* tenha influenciado a sociologia da ciência e inspirado pesquisas históricas cuidadosas nesse campo,[39] Kuhn opunha-se com veemência às categorias explicativas sociológicas que estruturavam essas narrativas históricas.[40] Os sociólogos do conhecimento representavam os cientistas como fundamentalmente engajados em lutas por poder político ou social e argumentavam que a escolha científica deve ser explicada como determinada por idiossincrasias pessoais, ambições e, especialmente, por interesses políticos. Kuhn considerou que essa posição implicava uma

---

38 A expressão *etnografia retrospectiva* ficou conhecida após ter sido introduzida pelo historiador Keith V. Thomas em seu artigo "History and Anthropology", *Past and Present*, v.24, p.3-24, abr. 1963. Para a comparação que Kuhn faz entre a pesquisa histórica e a etnográfica, confira a terceira das Shearman Lectures.

39 Kuhn influenciou diversos sociólogos pós-mertonianos da ciência: Barry Barnes, David Bloor, Harry Collins, Bruno Latour, Trevor Pinch, Steve Shapin e Steve Woolgar, entre outros.

40 Ver especialmente seu texto "The Trouble with the Historical Philosophy of Science", reimpresso como cap.5 em *Road since* Structure, op. cit., p.105-20. Ver também "A Discussion with Thomas S. Kuhn" no mesmo volume, p.253-323. ["O problema com a filosofia histórica da ciência"; "Um debate com Thomas S. Kuhn", em *O caminho desde* A estrutura, op. cit., p.133-51; e p.311-87. (N. T.)]

conclusão cética acerca da autoridade cognitiva da ciência e rejeitou tais narrativas históricas como incapazes de dar conta da importância da observação empírica e da experimentação como motores da mudança científica. Os sociólogos do conhecimento, na visão de Kuhn, não dão atenção suficiente à autocompreensão dos cientistas como exploradores da natureza e, assim, não conseguem explicar nem o que os cientistas fazem, nem por que o fazem. Sua própria historiografia hermenêutica privilegia as categorias explicativas *cognitivas* e é estritamente internalista e intencionalista.

A compreensão de Kuhn sobre os usos filosóficos da história evoluiu no decorrer de sua carreira. Seu último período revela três desenvolvimentos importantes. Em primeiro lugar, ele conferiu proeminência ainda maior em seus textos filosóficos a estudos de caso efetivos. Por exemplo, nas Shearman Lectures e em *A pluralidade dos mundos*, três estudos de caso – de Aristóteles, Volta e Planck – ocupam o primeiro plano e são apresentados com muito mais detalhe do que os exemplos históricos em *A estrutura*. Esse método de exposição é, para Kuhn, também um método de pensamento: as suas concepções, tanto da ciência como da incomensurabilidade, não são ilustradas por estudos de caso, mas, ao contrário, emergem a partir deles. Em seu período maduro, um envolvimento mais aprofundado com narrativas históricas específicas permitiu a Kuhn localizar as zonas de incomensurabilidade com muito maior precisão do que em suas obras iniciais, e de colocar, então, questões filosóficas gerais referentes a tópicos como significado, racionalidade, ontologia, verdade e progresso sobre bases mais firmes do que antes.

Em segundo lugar (o que a alguns causa admiração), em sua última década de vida, Kuhn reconheceu que precisamos de narrativas historiográficas presentistas tanto quanto de narrativas historiográficas hermenêuticas. A historiografia hermenêutica permanece singularmente adequada como o ponto de partida para reflexões filosóficas sobre a ciência, como revelam os estudos de caso que abrem tanto as Shearman Lectures quanto *A pluralidade*. Entretanto, a *motivação* para a reflexão filosófica sobre a ciência como uma busca por conhecimento de natureza supremamente racional e progressiva só pode advir de narrativas presentistas.[41] Narrativas presentis-

---

41 Kuhn sempre reconheceu a importância da historiografia presentista na formação dos cientistas: a história hermenêutica da ciência, por requerer erudição meticulosa e reconstrução minuciosa de conceitos, crenças e pressupostos passados, desviaria os cientistas contemporâ-

tas projetam no passado conceitos, questões e problemas científicos dos dias atuais e rastreiam os precursores bem como os obstáculos a nossas próprias formas de fazer ciência. Esse modo de proceder não conduz a uma compreensão das comunidades científicas do passado em seus próprios termos – justamente o contrário –, mas ajuda-nos a nos sentirmos *conectados* a elas. Além disso, o Kuhn tardio concluiu que sua análise do desenvolvimento científico carecia de uma dose de presentismo a fim de explicar os desenvolvimentos científicos como verdadeiramente progressivos; eles só poderiam ser assim vistos do ponto de vista do presente. Embora incompatível com a abordagem hermenêutica, a historiografia presentista precisa ser conduzida em paralelo com aquela, pois – como sugere a terceira das Shearman Lectures e como o Epílogo de *A pluralidade* haveria de desenvolver – é somente pela historiografia presentista que o passado pode ser visto como o *nosso* passado. A aceitação da multiplicidade de espécies e usos legítimos da história pelo Kuhn tardio substituiu sua crença anterior de que apenas uma espécie de historiografia tivesse valor real para os filósofos da ciência.

Por fim, o Kuhn tardio refinou sua articulação do *status* que a história tem em seu projeto filosófico. Seu historicismo foi com excessiva frequência equivocadamente tomado por uma teoria empírica, na qual os dados históricos deveriam fornecer evidência direta para seu modelo cíclico da mudança científica. Ele se esforçou muito para se distanciar dessa interpretação salientando, em vez disso, que o principal valor de sua obra historiográfica era o de auxiliá-lo a desenvolver uma *perspectiva* histórica acerca da ciência. Uma perspectiva histórica é um modo de ver, uma sensibilidade, desenvolvida mediante envolvimento profundo com a historiografia hermenêutica internalista, mas argumentativamente livre da preocupação do historiador de produzir narrativas explicativas de eventos particulares. Uma vez adquirida, essa perspectiva naturalmente dá forma às questões que os filósofos precisam fazer acerca da ciência e também sugere soluções para alguns dos problemas que assolavam a recepção de *A estrutura*.

O mais importante dentre eles era o problema de explicar os períodos de ciência extraordinária como períodos durante os quais o discurso

---

neos do enorme volume de trabalho que precisam realizar para se tornarem especialistas em seus campos de atuação. O que há de novo nos últimos escritos é que Kuhn veio a reputar as narrativas presentistas como indispensáveis *para todos* e não só para os cientistas.

racional continuava a desempenhar um papel crucial no trabalho científico. *A estrutura* salientava diversas incomensurabilidades conceituais, metodológicas e práticas entre paradigmas rivais e afirmava que seus praticantes frequentemente estavam em um diálogo de surdos baseando-se em diferentes padrões de razões cogentes e de evidência empírica. Para os críticos de Kuhn, essa imagem da ciência extraordinária parecia colapsar num relativismo radical que quase se refuta a si mesmo. Leu-se Kuhn como se estivesse dizendo que a incomensurabilidade entre paradigmas rivais é *completa*. Sem quaisquer fundamentos conceituais, metodológicos ou avaliativos compartilhados, a escolha final de um dentre os paradigmas rivais não pode ser racional; o que é ainda pior, na ausência de uma linguagem comum, as discordâncias entre os defensores de paradigmas rivais não podem ser sequer enunciadas. É claro que Kuhn nunca teve a intenção de defender uma tal posição, mas ele de fato percebeu que sua descrição da ciência extraordinária poderia dar ensejo a equívocos. Concluiu que, em suas primeiras obras, não distinguira suficientemente entre a perspectiva dos contemporâneos em meio a uma discordância fundamental e a perspectiva do historiador a escrever muitos séculos após os eventos que tentava descrever e compreender.

O que o Kuhn tardio percebeu foi que, da perspectiva dos atores históricos efetivos, todos educados da mesma maneira, imersos na mesma prática, e defrontando-se com dificuldades e anomalias que todos eles reconhecem como tais, é sempre possível compreender o que um oponente está dizendo. A qualquer momento dado, todos os membros de uma comunidade científica possuem muito em comum. As revoluções *parecem* ser mudanças rápidas, decisivas e completas somente de uma distância histórica considerável, porque incomensurabilidades entre formas rivais de fazer ciência crescem com o tempo. Do ponto de vista dos próprios cientistas – assim como para um historiador que põe em destaque somente um período breve e crucial de ciência extraordinária –, mudanças não podem ser descritas senão como incrementais e parciais, sempre justificadas por um apelo a crenças, métodos e valores compartilhados que não estavam sendo postos em questão naquele momento.

Em seu período maduro, Kuhn preferia discutir a *evolução* do conhecimento científico mediante um processo que ele vinculava metaforicamente à especiação. Ele não identificava mais as revoluções científicas como

# 30 A INCOMENSURABILIDADE NA CIÊNCIA

períodos nos quais um novo paradigma substitui um antigo, mas as via, em vez disso, como períodos nos quais uma antiga forma de fazer ciência efetivamente *se divide* em diversas especialidades recém-formadas: o antigo domínio de fenômenos é repartido entre diferentes novas disciplinas, assim como os métodos, problemas e soluções básicos que sobrevivem à revolução. Vistas dessa maneira, as revoluções deveriam ser representadas como nodos de um evento de especiação numa árvore filogenética; as especialidades resultantes são os ramos que brotam de tais nodos. O papel da incomensurabilidade no novo modelo de mudança científica defendido por Kuhn é igualmente ampliado: agora ela se verifica não somente entre estruturas lexicais ou práticas velhas e novas, mas também entre as novas especialidades elas próprias. Cada uma estudará seu próprio domínio de fenômenos, com áreas muito pequenas de superposição com as demais; cada uma desenvolverá o que Kuhn veio a denominar um léxico completamente estruturado, incomensurável com os léxicos estruturados das demais disciplinas.[42]

## Naturalismo

Para filósofos que pensam no historicismo e no naturalismo como opostos polares, é provável que a estrutura de *A pluralidade dos mundos* seja no mínimo desconcertante. O bem conhecido historicismo de Kuhn, esplendidamente exposto na Parte I, parece sumir na Parte II, para ser substituído por relatos detalhados de experimentos científicos em psicologia cognitiva e psicologia do desenvolvimento. Embora Kuhn nunca usasse o termo *naturalismo* para caracterizar seu projeto filosófico, sua confiança em resultados de pesquisa científica faz dele uma espécie de naturalista.[43] Contudo, sua

---

42 Ver "Afterwords" (esp. p.229 e p.250) e "The Road since *Structure*" (esp. p.97-9), ambos reimpressos em *The Road since* Structure, op. cit. ["Pós-escritos"; "O caminho desde *A estrutura*", em *O caminho desde* A estrutura, op. cit. (N. T.)]

43 A tensão percebida entre historicismo e naturalismo é de longa duração e se complica pelo fato de *naturalismo* ser utilizado de muitas formas. Se pensamos em *sobrenatural* como uma classe de contraste, o naturalismo caracteriza praticamente toda a filosofia contemporânea, mas a maioria dos filósofos que se identifica como naturalista consideraria o seu trabalho como oposto à chamada filosofia de gabinete e metodologicamente contínuo com o trabalho feito nas ciências naturais. O naturalismo foi associado com o reducionismo ontológico e explicativo, com o cientismo e com o positivismo. Assim, ele é por vezes identificado com uma atitude

INTRODUÇÃO DA ORGANIZADORA    **31**

sugestão de que a Parte III retornará "aos temas da Parte I, para os quais a Parte II tentou propor uma *fundamentação*", requer uma explicação.[44] Em primeiro lugar, não está claro como resultados empíricos de experimentos psicológicos poderiam propiciar uma fundamentação para responder aos problemas filosóficos suscitados pela incomensurabilidade. Em segundo lugar, Kuhn rejeitou, consistente e explicitamente, o fundacionismo epistêmico. Tanto como historiador quanto como filósofo, ele sempre começaria no meio das coisas, considerando conceitos, crenças e práticas como já estabelecidos, e então questionaria o que motiva e justifica uma *mudança* particular em qualquer um dentre eles. De que espécie de fundamentação uma tal epistemologia situada precisaria e para qual finalidade?

Apesar do modo como descreveu a tarefa da Parte II de *A pluralidade*, Kuhn nunca pensou que a pesquisa reportada ali propiciasse fundamentos *epistêmicos* para seu projeto filosófico. Sua epistemologia não está à procura da certeza – não está nem mesmo especialmente interessada em distinguir entre crença e conhecimento. Em lugar disso, por *fundamentos* Kuhn queria dizer o *ponto de partida* do desenvolvimento cognitivo humano e a base neurológica inata que será ativada em toda aquisição conceitual subsequente. Todos os seres humanos compartilham essa base biológica da cognição e, em todos nós, a aquisição conceitual segue o mesmo percurso de desenvolvimento. Kuhn recorre à pesquisa científica para descobrir o que são essas capacidades inatas, quão flexíveis elas são e como se desenvolvem desde a primeira infância até uma idade adulta potencialmente multilíngue. Isto faz dele um naturalista em um dos muitos sentidos nos quais esse rótulo é utilizado entre filósofos, mas é importante notar que seu naturalismo não é nem reducionista, nem cientificista. Esse naturalismo não visa substituir questões filosóficas acerca de significado e conhecimento por uma síntese da pesquisa científica sobre a formação inicial de conceitos. Em lugar disso, procura alicerçar e restringir as questões que os filósofos podem razoavelmente fazer sobre mudança conceitual. Se Kuhn tivesse vivido para revisar a Parte II e escrever a Parte III, teria ficado evidente que ele se voltou para

---

francamente antifilosófica que procura substituir questões filosóficas difíceis por questões mais diretamente científicas, cujas respostas devem ter a pesquisa empírica por base. Porém, o naturalismo de Kuhn pertence à versão mais integradora e antirreducionista dessa corrente cuja linhagem remonta a John Dewey.

44  Kuhn, *A pluralidade*, neste volume, p.184; itálicos meus.

A INCOMENSURABILIDADE NA CIÊNCIA

a ciência exatamente com o mesmo espírito e pela mesma espécie de razão que o fizeram voltar-se inicialmente para a história.

Para ver isso, lembre-se de que Kuhn argumentava que, a fim de compreender a ciência, devemos entender a sua história; uma prática que se modifica e evolui não pode ser apropriadamente compreendida se sua natureza diacrônica não é apreciada. A historiografia interna hermenêutica propiciava os melhores meios para fazê-lo e Kuhn sempre a tomou como seu ponto de partida desde *A estrutura*. Sua abordagem histórica revelava incomensurabilidades entre léxicos científicos diferentemente estruturados. Para entender o que torna esses diferentes léxicos possíveis e efetivos, bem como em que medida e como nos comunicamos através da incomensurabilidade, Kuhn precisava de uma explicação descritivamente precisa de nossas capacidades para adquirir, sistematizar, utilizar e modificar os nossos conceitos. A melhor fonte para essa informação não era a história, mas sim a psicologia e, assim, ele se voltou para a pesquisa acerca da percepção categorial – uma pesquisa que, na época, estava na vanguarda – para obter informação confiável sobre aspectos da biologia e do desenvolvimento das capacidades conceituais humanas. Pode-se supor que, se Kuhn tivesse vivido mais tempo, ele teria enriquecido sua compreensão das estruturas lexicais com pesquisa relevante vinda da biologia evolutiva e da linguística, especialmente da sociolinguística. Muito embora a pesquisa científica nos campos relevantes tenha se desenvolvido consideravelmente desde os anos 1990, quando Kuhn trabalhava em *A pluralidade dos mundos*, a estrutura geral de seu projeto filosófico não sucumbiu: ela foi pensada para incorporar *quaisquer* resultados da melhor pesquisa científica sobre o desenvolvimento e as capacidades conceituais humanas.

Assim, não apenas não é o caso que o historicismo e o naturalismo de Kuhn estejam em tensão mútua; na verdade, eles são somente dois modos diferentes de satisfazer a mesma exigência racional: que os fenômenos sobre os quais reflete um filósofo sejam antes acuradamente descritos. A história da ciência descreve o desenvolvimento e a mudança científica, restituindo em suas narrativas os problemas, léxicos, cânones de raciocínio e outros aspectos da teoria e da prática científica do passado. A pesquisa científica em biologia evolutiva, em psicologia cognitiva e do desenvolvimento, bem como em linguística, descreve as capacidades e os processos envolvidos na criação de estruturas lexicais. Assim, tanto o historicismo de Kuhn quanto o seu naturalismo respondem às exigências descritivas de seu projeto filosófico e restringem as questões que possam ser razoavelmente feitas sobre incomensurabilidade, compreensão e, o que é mais importante para Kuhn, a prática da ciência.

## Conceitos, espécies e léxicos estruturados

A primeira tarefa de *A pluralidade dos mundos* era desenvolver uma teoria do significado capaz de explicar a mudança de significado, a ubiquidade da incomensurabilidade e a habilidade humana de transpor as barreiras que a incomensurabilidade coloca para a comunicação e a compreensão. Dada a orientação filosófica geral de Kuhn, não surpreende que sua teoria devesse ser estruturalmente diferente de outras teorias do significado disponíveis. Em vez de perguntar: "O que é o significado?", como fazem os teóricos tradicionais, Kuhn colocava diversas questões inter-relacionadas de *desenvolvimento*: Como os conceitos são adquiridos? Como o significado das palavras é aprendido? Por que o significado de algumas palavras muda ao longo do tempo? O que é mudança conceitual e como ela ocorre? Em outras palavras, Kuhn estava procurando por uma teoria dinâmica, evolucionária e descritiva da *aquisição* de conceitos e da *mudança* de significado.[45]

Em sua filosofia madura, Kuhn já pensava na incomensurabilidade como um fenômeno local, que só atinge proporções globais quando visto de uma grande distância histórica. Em suas últimas obras, ele estendeu explicitamente esse tema da história das ciências naturais, onde o observou inicialmente, para uma concepção geral acerca das linguagens humanas, que frequentemente são mutuamente incomensuráveis. O Kuhn tardio argumenta que os locais-chave da incomensurabilidade, seja entre línguas naturais, seja entre teorias científicas especializadas, devem ser encontrados em grupos de *termos para espécies* inter-relacionados. Em *A pluralidade*, Kuhn procurava descrever duas vias consecutivas de desenvolvimento que precisavam ser traçadas para que pudéssemos compreender o processo

---

45 O Wittgenstein tardio foi a influência mais decisiva na maneira como Kuhn formulou suas questões, porém a substância da resposta que lhes deu em *A pluralidade* deve menos a Wittgenstein do que aos resultados de pesquisas nas áreas da psicologia do desenvolvimento e da psicologia cognitiva.

## 34 A INCOMENSURABILIDADE NA CIÊNCIA

pelo qual são articulados *termos para espécies* altamente especializados. A primeira é a via do desenvolvimento cognitivo humano individual, do nascimento ao bilinguismo; a segunda é a via do desenvolvimento comunal de estruturas lexicais, dos termos para espécies nas línguas naturais aos termos técnicos abstratos da ciência madura.

A base biológica da capacidade humana de categorizar objetos como espécies, em sua forma rudimentar, está presente desde o nascimento. Na Parte II de *A pluralidade*, Kuhn discute a evidência empírica que apoia a concepção de que as crianças humanas nascem com estruturas neurológicas específicas que funcionam como módulos para a aquisição de conceitos. Primeiro se desenvolve um protoconceito, a partir do qual, num estágio posterior, a criança adquirirá os conceitos de *objeto, espaço* e *tempo*; após isso, seguir-se-ão os conceitos de *causa, eu* e *outro*. As estruturas pré-linguísticas para classificar e reidentificar indivíduos são geralmente modificáveis por meio da experiência, assim, talvez seja melhor pensar nelas como *capacidades flexíveis inatas* para a aquisição de conceitos em pleno sentido.

As capacidades inatas para aprender uma língua são muito amplas; elas podem ser ativadas por qualquer língua humana, nenhuma das quais é mais fácil ou mais natural do que as demais. Entretanto, essas capacidades só podem ser ativadas mediante interações reiteradas com falantes competentes, que apoiem e corrijam o aprendiz no domínio do léxico estruturado da língua, através de um processo de tentativa e erro. Por *léxico estruturado*, Kuhn queria dizer um referencial constituído por conjuntos de termos projetáveis para espécies, em geral organizados hierarquicamente. Dominar um termo para espécie requer que se dominem outros termos para espécie no mesmo grupo taxonômico, assim como que se dominem grupos contrastantes no interior da mesma estrutura lexical. A pesquisa empírica sobre aquisição conceitual deu suporte à rejeição wittgensteiniana por parte de Kuhn da explicação tradicional dos conceitos como definidos por condições necessárias e suficientes.[46] Desse ponto de vista, experimentos no campo da

---

46 Ele foi especialmente influenciado pela pesquisa sobre a aquisição de conceitos de Eleanor Rosch, embora não concordasse com a teoria prototípica dos conceitos defendida por ela. Ver, por exemplo, os estudos de Rosch: "Natural Categories", *Cognitive Psychology*, v.4, n.3, p.328-50, 1973; "Wittgenstein and Categorization Research in Cognitive Psychology", em Chapman; Dixon (orgs.), *Meaning and the Growth of Understanding: Wittgenstein's Significance for Developmental Psychology*, p.151-66. Ver também a excelente discussão de

percepção categorial sugerem que o reconhecimento de um objeto como um objeto de uma espécie particular não requer conhecimento de características compartilhadas por todos os membros da espécie, ao contrário do que diz a teoria tradicional dos conceitos. Em primeiro lugar, para a maioria das espécies naturais, simplesmente não existem tais características universalmente compartilhadas. Em segundo lugar, o que é ainda mais importante, o reconhecimento de um objeto como sendo de uma certa espécie depende da *percepção não inferencial* de similaridades e diferenças relevantes, aprendida a partir de exemplos particulares e arraigada pela concordância e pelas correções por parte de outros falantes competentes.

Todos os membros de uma comunidade linguística utilizam as mesmas categorias e agrupam objetos do mesmo modo, ainda que difiram aqui e ali na forma como descrevem as espécies que utilizam. Léxicos estruturados são, portanto, essencialmente coletivos, mas suas taxonomias não são universais. Certas similaridades e diferenças são vistas como salientes em uma língua, enquanto parecem não ter relevância alguma em outra. Porquanto a percepção de um objeto individual é inevitavelmente uma percepção dele *como* um objeto de espécie particular, e como as línguas naturais têm, em alguma medida, diferentes termos para espécies e diferentes estruturas lexicais, dominar uma língua é também ser socializado numa cultura particular e ver o mundo pelas lentes de sua taxonomia natural e social. Kuhn sempre enfatiza que a língua e o mundo são aprendidos conjuntamente: o mundo é, por assim dizer, desvelado pela aquisição de uma língua por meio do domínio de termos para espécies. Isto confere a uma comunidade o seu sentido dos tipos de coisas que existem no mundo e de como os membros da comunidade nele se comportam. Nas palavras de Kuhn, um léxico estruturado dá uma ontologia a seus usuários e restringe bastante quais poderiam ser as crenças dos membros da comunidade,[47] mas isto nem sempre é óbvio para os próprios falantes da língua. Embora qualquer léxico só forneça uma lente particular, contingente, modificável e totalmente substituível por meio da qual podemos ver o mundo e com ele interagir, as categorias de nossa língua

---

Hanne Andersen; Peter Barker e Xiang Chen em "Kuhn's Mature Philosophy of Science and Cognitive Psychology", *Philosophical Psychology*, v.9, n.3, p.347-63, 1996; para um tratamento mais aprofundado, ver o livro dos mesmos autores *The Cognitive Structure of Scientific Revolutions*.

47  Kuhn, *A pluralidade*, neste volume, p.259.

## 36 A INCOMENSURABILIDADE NA CIÊNCIA

materna tendem a ser experienciadas – ao menos inicialmente – como naturais e imprescindíveis. Enquanto usuários da língua, nem sempre estamos conscientes do tanto que nossos léxicos estruturam ativamente – ou seja, tanto possibilitam quanto limitam – a nossa compreensão do mundo.

Ontologias incomensuráveis são obstáculos para traduções perfeitamente precisas. Kuhn insiste em que esta não é, de modo algum, uma barreira incontornável nem para a compreensão, nem para a comunicação. Os módulos cognitivos inatos que possibilitam que aprendamos nossa língua materna quando somos crianças continuam a propiciar uma base para o domínio de novas estruturas lexicais: todos podemos ser proficientes em mais de uma língua e, se o formos, é provável que por vezes experimentemos vividamente dificuldades de tradução, sem que estejamos, de modo algum, privados de compreensão plena. Assim, pessoas bilíngues têm uma vantagem cognitiva sobre as monolíngues: para elas é mais fácil perceber que o mundo natural não impõe nenhuma estrutura lexical particular aos seres humanos.[48] Em suas vidas práticas, entretanto, os bilíngues precisam navegar um mundo social muito mais complexo. Eles devem estar constantemente conscientes de qual comunidade linguística estão participando no momento: seus pensamentos, sua fala e suas ações são todas moldadas pela estrutura lexical na qual pensam e vivem e alguns aspectos de seu ser no mundo – especialmente o mundo social e comunicativo – não podem ser simplesmente transplantados de uma língua para outra.[49]

Para Kuhn, então, o bilinguismo é uma ponte cognitivamente exigente, mas confiável, através da incomensurabilidade. Quer estejamos pensando sobre línguas naturais muito diferentes, faladas em diferentes partes do mundo, ou sobre línguas agora mortas de tempos passados, ou mesmo sobre linguagens técnicas de vários tipos de especialistas, por meio do bilinguismo a compreensão é sempre possível. Ao reconhecer a contribuição de Wittgenstein, Kuhn conclui a Parte I de *A pluralidade* sugerindo que, se alguma coisa deve contar como uma língua humana, então essa coisa pode, em princípio, ser compreendida por outros seres humanos. Nosso equipamento neurológico para a aquisição de novos conceitos fornece uma base

---

48 Um historiador das ideias – um historiador da ciência, por exemplo – chegaria à mesma conclusão mediante uma reconstrução hermenêutica cuidadosa de léxicos científicos hoje obsoletos.

49 Kuhn defende essa ideia em suas notas para o Cap.9 de *A pluralidade*.

estreita, mas útil, para o domínio de novos léxicos; além disso, a compreensão através da incomensurabilidade é auxiliada por nossa biologia humana comum e pelo ambiente compartilhado de nosso planeta. Isto sugere que alguns termos para espécies naturais existirão, como uma questão de fato – ou seja, não como uma questão de necessidade –, em toda língua humana.

Para refinar sua explicação dos léxicos estruturados, Kuhn começa a desenvolver em *A pluralidade* uma taxonomia de termos para espécies. Ele distinguiu, em primeiro lugar, entre termos para espécies naturais e artificiais. Termos para espécies naturais na língua ordinária visam dividir os objetos observáveis encontrados no mundo por similaridade e diferença; exemplos paradigmáticos são os nomes de espécies biológicas [*species*], tais como *patos* ou *cisnes*.[50] Termos para espécies naturais são projetáveis: dominá-los é simultaneamente aceitar algumas teses acerca das regularidades no comportamento de seus referentes. Termos para espécies naturais não podem se superpor em seus referentes, a menos que estejam relacionados como a espécie ao gênero; Kuhn chamava isto de *princípio de não superposição*. Esse princípio impõe a necessidade de reestruturar o léxico quando a comunidade se defronta com um indivíduo anômalo que parece pertencer a duas espécies diferentes. Por exemplo, um animal peludo de sangue quente, com um bico de pato e pés palmados, que bota ovos, mas então alimenta os filhotes com leite produzido por suas glândulas mamárias, estava compreensivelmente causando uma considerável confusão nas mentes dos naturalistas europeus do século XVIII. O espécime era um mamífero, um pássaro, um réptil ou um embuste?[51] Nossa habilidade atual de classificar

---

50 Kuhn pensa que os termos para espécies naturais se comportam de modo um pouco diferente quando classificam objetos (por exemplo: pato, gansos) e quando classificam materiais (por exemplo: madeira, ouro) em espécies. Ver *A pluralidade*, Cap.5, seção V. É provável que ele houvesse qualificado essa observação: enquanto o inglês está entre as línguas que marcam a diferença entre objetos e materiais deste modo, não é necessário para a concepção de Kuhn (e nem é verdadeiro) que todas as línguas humanas marquem essa diferença da mesma forma.

51 Kuhn utilizou o ornitorrinco como um exemplo em "Possible Worlds in History of Science", em Allén (org.), *Possible Worlds in Humanities, Arts, and Sciences*; reimpresso como cap.3 em *Road since* Structure. "O que deveria alguém dizer ao deparar-se com uma criatura que põe ovos e amamenta os seus filhotes? É um mamífero ou não? Essas são as circunstâncias em que, como declarou Austin, '*não sabemos o que dizer*. As palavras literalmente nos faltam'. Tais circunstâncias, caso perdurem por muito tempo, invocam um léxico localmente diferente, que autoriza uma resposta, mas a uma pergunta ligeiramente modificada: 'Sim, a criatura é um mamífero' (mas ser um mamífero não é mais o que era antes). O novo léxico

## 38 A INCOMENSURABILIDADE NA CIÊNCIA

com confiança os ornitorrincos como monotremados se deve à revolução taxonômica trazida pela teoria darwiniana da evolução. Kuhn salienta que peritos científicos emergirão cada vez mais como o grupo responsável por tomar decisões taxonômicas sobre fenômenos anômalos recém-encontrados e, assim, irão por vezes revisar ou reestruturar profundamente o léxico da comunidade.

Ao contrário das espécies naturais, os objetos artificiais – os casos paradigmáticos sendo os objetos cotidianos feitos por humanos, especialmente as ferramentas – não são agrupados em espécies pela similaridade e diferença de suas características observáveis, mas exclusivamente por sua função. Além disso, nem todos os artefatos são observáveis. Alguns deles, como *bondade* ou *dinheiro*, são o que Kuhn denomina *construtos mentais* inobserváveis.[52] Eles são aprendidos por meio de sua relação com outros construtos mentais no interior de uma prática. Alguns deles são o que Kuhn denomina *conjuntos unitários* [*singletons*], ao contrário dos termos taxonômicos para espécies. Termos taxonômicos para espécies são dominados no interior de uma hierarquia e aprendidos em concomitância com seus conjuntos opostos apropriados (por exemplo, para aprender como reconhecer cisnes, uma criança tem que aprender que cisnes não são patos, mas que ambos são aves). Assim, o significado de um termo taxonômico para espécie está ligado ao significado dos outros termos para espécie no mesmo conjunto; nenhum deles possui significado independentemente dos outros. Os conjuntos unitários não se situam em nenhuma árvore taxonômica e não possuem conjuntos opostos: eles são *sui generis*. Por vezes, Kuhn diz que tanto as espécies taxonômicas quanto os conjuntos unitários são governados pelo princípio de não superposição, mas existem passagens em suas notas nas quais ele parece duvidar se o princípio de não superposição realmente se aplica a todos os conjuntos unitários. Na época de sua morte, ele ainda se debatia com a caracterização apropriada dos conjuntos unitários. Embora eles desempenhem papéis importantes nas línguas naturais, Kuhn estava especialmente interessado neles por causa de seu papel vital na ciência madura. Por exemplo, *massa* e

---

abre novas possibilidades, que não poderiam ter sido estipuladas pelo uso do antigo" (*Road since* Structure, op. cit., p.72). [*O caminho desde* A estrutura, op. cit., p.94; a tradução citada foi levemente modificada. (N. T.)]

52  Notas de Kuhn para o Cap.6 de *A pluralidade*.

*força*, os termos-chave da física moderna, são conjuntos unitários: não são nem um gênero, nem uma espécie numa árvore taxonômica, e nenhum deles tem uma classe contrária. Para explicar o papel dos conjuntos unitários na ciência e sua enorme importância como *loci* principais da incomensurabilidade entre comunidades científicas historicamente distantes, Kuhn oferece uma explicação de como léxicos estruturados da ciência madura desenvolvem-se a partir de línguas naturais.[53]

Ao traçar esse caminho de desenvolvimento, Kuhn notou que o principal objetivo das taxonomias nas línguas naturais é o de classificar objetos detectáveis pelos sentidos, tais como plantas, animais ou corpos celestiais visíveis. A ciência primitiva começa com uma indagação sobre a natureza de tais objetos; isto resulta por vezes na reclassificação de alguns deles, por vezes no refinamento ou no aprimoramento das fronteiras classificatórias e por vezes na criação de novos táxons. Nesse processo, a ciência primitiva também cria novas espécies artificiais: objetos a serem utilizados como ferramentas e instrumentos na investigação, bem como conceitos abstratos para propósitos explicativos e preditivos.[54] As estruturas lexicais da ciência madura se desenvolvem a partir de todos esses recursos e realizações da ciência primitiva. Embora a ciência madura continue a descobrir espécies naturais anteriormente desconhecidas (tais como novas espécies biológicas, novos materiais ou novos corpos celestes) e a ajustar taxonomias existentes para acomodá-las, ela se torna progressivamente mais interessada em espécies artificiais do que em espécies naturais.[55] Os léxicos estruturados deixam de se limitar à classificação de objetos pré-teoricamente individuados e, em vez disso, concedem o lugar central a termos abstratos recém-forjados, tais como *massa* e *força* na física ou *gene* na biologia. Muitos desses termos são conjuntos unitários inter-relacionados, introduzidos em conjunto com uma ou mais generalizações universais, muitas vezes em uma forma matematizada. Por exemplo, é impossível aprender o significado da *força* newtoniana sem saber a segunda lei do movimento de Newton, $F = ma$. A importância dos conjuntos unitários para a filosofia madura de Kuhn é enorme, porque esses termos são aqueles que estão essencialmente

---

53 Este seria um dos tópicos centrais do Cap.8 de *A pluralidade*.
54 Notas de Kuhn para o Cap.6 de *A pluralidade*.
55 Notas de Kuhn para o Cap.7 de *A pluralidade*.

# 40  A INCOMENSURABILIDADE NA CIÊNCIA

envolvidos na mudança conceitual revolucionária: a *massa* newtoniana não é a *massa* einsteiniana, embora os dois termos não sejam meros homônimos, porquanto o último conceito se desenvolveu do conceito anterior, ao reestruturá-lo completamente no interior do novo referencial teórico.

Isto levou Kuhn a acreditar que, ao contrário dos membros de espécies naturais, conjuntos unitários científicos jamais são observáveis.[56] Isto, entretanto, não deveria ser entendido como um retorno de Kuhn à distinção dos empiristas lógicos entre termos observáveis e termos teóricos. É muito claro que Kuhn queria evitar *essa* distinção, que implica tomar a observação como um dado, visto que pensava que a observação científica só era possível por meio de uma estrutura conceitual já disponível – ainda que essa estrutura pudesse mudar, o que ocorre com frequência. Infelizmente, Kuhn não viveu para considerar plenamente as importantes similaridades e diferenças entre sua concepção dos referentes inobserváveis dos conjuntos unitários e o conceito de termos observacionais dos empiristas lógicos.

## Mundos possíveis da ciência

O último capítulo de *A pluralidade dos mundos* deveria responder a duas questões que preocupavam Kuhn desde *A estrutura*: o que poderia ser um mundo real? O que, se não a correspondência com o real, confere à verdade seu papel constitutivo na ciência?[57] Embora os textos existentes não forneçam informação suficiente para responder, em nome de Kuhn, a nenhuma dessas questões com confiança e suficiente detalhe, esboçarei a direção geral que penso que ele queria tomar. Começarei com sua questão acerca do mundo, deixando a questão da verdade para a próxima seção.

Quando escreveu em *A estrutura* que, "embora o mundo não mude com uma mudança de paradigma, o cientista doravante trabalha num mundo diferente", Kuhn estava plenamente consciente da natureza paradoxal de sua tese. "Todavia", ele acrescentou imediatamente, "estou convencido de que devemos aprender a dar sentido a enunciados que pelo menos se

---

56 Notas de Kuhn para o Cap.6 de *A pluralidade*.

57 No Cap.1 de *A pluralidade*, enquanto oferecia um panorama do livro como um todo, Kuhn anunciava que essas duas questões seriam abordadas no capítulo final. Ver *A pluralidade*, Cap.1, neste volume, p.185.

assemelhem a estes."[58] Em artigos e conferências subsequentes, bem como em *A pluralidade*, Kuhn tentou apresentar uma solução para o que veio a ser conhecido como o seu *problema da mudança de mundo*: como explicar o papel crucial que o mundo desempenha na investigação científica e, ao mesmo tempo, preservar sua percepção [*insight*] de que o mundo no qual os cientistas trabalham efetivamente muda após uma revolução. É notório que o escopo da tese sobre a mudança de mundo é mais amplo para o Kuhn tardio do que fora para o autor de *A estrutura*. *A estrutura* só discute as mudanças de mundo na esteira das revoluções científicas; o Kuhn tardio pensa que as mudanças de mundo acontecem *sempre que* ocorre uma mudança conceitual significativa, especialmente quando essa mudança envolve a reestruturação de antigas espécies. Por exemplo, após uma mudança conceitual radical no discurso político, cultural ou estético, as comunidades vivem num mundo novo e diferente. A ciência é especial não porque o seu desenvolvimento envolve reconfigurações conceituais dramáticas, pois esse é um fenômeno difundido; ela é especial por causa dos critérios locais muito rigorosos que incitam, compelem e justificam a mudança conceitual.

Poderia ser útil ter em mente que, ao tentar explicar o que queria dizer com sua tese sobre a mudança de mundo, Kuhn não desejava endossar nem o realismo científico puro, nem o construtivismo puro. De modo similar, ele tentou desenvolver uma explicação das espécies naturais que evitasse tanto o realismo metafísico tradicional como o nominalismo tradicional. É claro que existem muitas diferenças entre aqueles que se considerariam realistas acerca da ciência em geral e acerca das espécies naturais em particular; o mesmo vale para aqueles que se veem como continuadores da tradição construtivista ou nominalista. Ao rejeitar ambos os lados em ambos os debates, Kuhn, por certo, rejeita as versões descomplicadas dessas posições. Se ele realmente rejeita todas as formas de realismo, construtivismo e nominalismo, dependerá *precisamente* de como essas posições são enunciadas. Contudo, não tentarei fazê-lo aqui. Visto que meu interesse é o de delinear os contornos da posição de Kuhn tanto quanto seus textos me autorizam a fazê-lo, concentrar-me-ei nessa última tarefa. O leitor pode muito bem concluir que é possível classificar a posição de Kuhn como um membro

---

58  Esses dois enunciados estão em Kuhn, *Structure*, op. cit., p.121.

## 42 A INCOMENSURABILIDADE NA CIÊNCIA

peculiar de uma dessas famílias de concepções, apesar de sua resistência a tais classificações.

É muito claro que Kuhn não era nem um realista tradicional, nem um construtivista tradicional. É útil pensar no realismo tradicional com relação à ciência como tendo três componentes. O *componente ontológico* afirma a existência do mundo como uma realidade independente da mente: ele é como é, independentemente de nossa linguagem, de nossas categorias, necessidades ou desejos. O *componente semântico* afirma que as teorias científicas visam à verdade, *verdade* sendo aqui entendida como correspondência ou isomorfismo entre nossas crenças e o mundo. Um realista sustenta então que todos os enunciados científicos são verdadeiros ou falsos em virtude do modo como o mundo é. Isto, por seu turno, requer que todos os termos não lógicos das teorias científicas (incluindo os termos para espécies e os conjuntos unitários) sejam capazes de referir-se a objetos e estruturas do mundo real. Por fim, o *componente epistêmico* do realismo científico afirma que a realidade independente da mente é, ao menos em parte, cognoscível por nós e que a ciência constitui o modo mais confiável de adquirir esse conhecimento. Uma teoria científica será *melhor* do que sua rival se estiver *mais próxima da verdade* do que sua rival. Por conseguinte, quando um realista pensa que a ciência é progressiva, ele pensa que seu progresso consiste no fato de as teorias científicas posteriores estarem mais próximas da verdade acerca do mundo independente da mente do que as teorias anteriores.

De modo similar, os realistas tradicionais quanto a espécies naturais as pensam como agrupamentos independentes da mente que estruturam o mundo anterior e independentemente da linguagem, das necessidades ou dos interesses humanos. Eles veem os termos para espécies naturais como a visarem espelhar esses agrupamentos que existem de modo independente, para assim capturar com fidelidade as similaridades e as diferenças reais entre as coisas no mundo. Nossos conceitos só mudam justificadamente quando aprendemos mais acerca do modo como o mundo realmente está estruturado. Por exemplo, o realista pensa que, embora nem sempre o soubéssemos, sempre foi o caso que o Sol é uma estrela e não um planeta, que os golfinhos são mamíferos e que a água é $H_2O$. Uma das funções da ciência é a de descobrir espécies naturais *reais* e sua taxonomia; nós então revisaremos nossos léxicos em conformidade com as espécies descobertas.

Um construtivista rejeitará ou reinterpretará todos os componentes do realismo, a começar pela negação de que haja qualquer coisa que possamos coerentemente chamar de mundo independente da mente. Tudo o que podemos dizer é expresso em nossas categorias e guiado por nossas expectativas e necessidades. Não podemos nos posicionar fora de nossos conceitos para verificar se eles representam adequadamente o mundo, assim, não podemos saber como o mundo *realmente* é. Confinados para sempre em nossas representações, não podemos sequer comparar teorias científicas com o mundo, nem enunciados científicos com fatos, nem distinguir entre termos referenciais e não referenciais; só podemos comparar uma teoria com outras teorias, um conjunto de enunciados com outro, um modo de categorizar o que chamamos de *mundo* com outro modo. Todas as nossas categorias são moldadas por nossas expectativas, necessidades e desejos; alguns sistemas de categorias servem melhor a nossos propósitos do que outros e, assim, os preferimos. As teorias científicas visam satisfazer algumas de nossas necessidades: por exemplo, nossa necessidade de previsões exatas, de manipulação exitosa de nosso ambiente, de um sistema coerente de crenças ou de explicações que façam sentido para nós; aquelas teorias que melhor satisfazem nossas necessidades são, tudo considerado, teorias científicas melhores. É fácil ver que o construtivismo é hospitaleiro a uma concepção nominalista tradicional acerca de espécies naturais: um nominalista não acredita que existam quaisquer espécies *naturais* no sentido do realista. Todos os agrupamentos de coisas, todas as espécies dentro das quais elas são classificadas, são invenções humanas, movidas pelas necessidades e interesses humanos.[59]

É claro que Kuhn quer rejeitar todos esses bem conhecidos pontos de vista. Contra os construtivistas e os nominalistas tradicionais, ele acredita que o mundo é independente da mente e que nos impõe restrições sobre o que pode ser um léxico útil. O próprio fato de que encontramos alguns objetos que parecem violar o princípio de não superposição e que nos forçam, assim, a reestruturar nossa taxonomia preexistente para classificá-los, sugere que algumas soluções taxonômicas são melhores do que outras, não

---

59 Um nominalista que acredite que os indivíduos existam independentemente de nossas mentes e de nossa linguagem claramente não é um construtivista (ou idealista) com relação a indivíduos.

# 44 A INCOMENSURABILIDADE NA CIÊNCIA

apenas em termos de nossas preferências, mas também de sua adequação. Não é o caso que *qualquer* agrupamento seja equivalente a qualquer outro, por muito que nossos interesses e desejos o favoreçam. De modo similar, Kuhn ponderava que não faz sentido pensar no mundo como construído ou criado pelos seres humanos. Em seu período maduro, ele era inequívoco sobre o assunto:

> Em primeiro lugar, o mundo não é inventado ou construído. As criaturas às quais é imputada essa responsabilidade, na verdade, encontram o mundo já em seu devido lugar, os seus rudimentos ao nascer e a sua realidade cada vez mais plena durante sua socialização educacional, uma socialização na qual exemplos do modo como o mundo é desempenham uma parte essencial. O mundo, além do mais, foi dado experiencialmente, em parte diretamente aos novos habitantes, em parte indiretamente, por herança, incorporando a experiência de seus antepassados. Enquanto tal, ele é inteiramente sólido, muito pouco respeitoso em relação às vontades e desejos de um observador; completamente capaz de fornecer evidência decisiva contra hipóteses inventadas que fracassam em corresponder a seu comportamento. Criaturas nascidas nele devem aceitá-lo como o encontram.[60]

Contra o realista quanto a espécies naturais, entretanto, Kuhn rejeita a ideia de que o mundo já se encontre plenamente estruturado e dividido em espécies, apenas esperando pelo nosso léxico mais preciso para refletir as divisões na natureza. Nenhum léxico *simplesmente* espelha a natureza. As categorias que utilizamos para nos orientar no mundo são de nossa própria autoria; aquelas que utilizamos hoje não são as únicas que possibilitariam tal orientação. O mundo poderia ser descrito de modo diferente, bem como seus elementos ser diferentemente categorizados, como podemos ver ao examinar diferentes línguas humanas. Embora o mundo restrinja nossas escolhas lexicais, ele não favorece *uma só* dentre elas. Léxicos múltiplos, mutuamente incomensuráveis, poderiam, cada um deles, dar-nos a conhecer o mundo. As metáforas realistas de correspondência e isomorfismo sugerem uma relação biunívoca entre nossos termos para espécie e os agrupamentos no mundo e são, portanto, inadequadas para expressar a

---

60 "The Road since *Structure*", cap.4, em *Road since* Structure, op. cit., p.101.

INTRODUÇÃO DA ORGANIZADORA **45**

pluralidade de modos possíveis pelos quais o mundo poderia ser acurada e utilmente descrito e organizado para a ação.

Para compreender melhor a maneira pouco usual como Kuhn pensa acerca do mundo e das espécies naturais, devemos partir do mesmo ponto que ele: da tese de que a experiência humana em geral, as várias práticas humanas específicas e a ciência em particular requerem, todas, *alguma* categorização em espécies. Termos para espécie são, assim, essenciais tanto para a linguagem ordinária como para a ciência.[61] A Parte II de *A pluralidade* haveria de mostrar que os cérebros humanos são pré-programados, por assim dizer, para ver o mundo como dividido em espécies. Não poderíamos experimentar o mundo como se consistisse em propriedades distribuídas aleatoriamente, sem quaisquer objetos; nem poderíamos experimentá-lo como se contivesse uma variedade de objetos sem quaisquer similaridades ou diferenças significativas entre eles. Numa única passagem, Kuhn parece ter pensado nas capacidades inatas para a percepção categorial como algo análogo a uma contribuição kantiana *a priori* para a cognição humana. Após refletir, entretanto, ele concluiu que a distinção entre os aspectos *a priori* e *a posteriori* da experiência é insustentável. Em *A pluralidade*, ele procurou caracterizar a percepção categorial como resultado contingente e flexível de um processo evolutivo igualmente contingente, que tende a favorecer aquelas características e capacidades que se revelam úteis para a sobrevivência. Nesse aspecto, os léxicos humanos têm a mesma base evolutiva que as capacidades dos outros animais para categorizar o mundo, mas nossas linguagens especificamente humanas ampliam drasticamente nossa habilidade de ver o mundo como um mundo de espécies.[62]

É nesse sentido que um léxico estruturado fornece uma ontologia à qual se aplicam nossas palavras, no interior da qual estas referem-se efetivamente a objetos no mundo. Algumas espécies emergem *como naturais* no interior de nosso léxico. Kuhn diz que isto é o que torna transparentes

---

61 Todas as nossas práticas – das culturalmente universais, tais como o cozimento, o acasalamento ou a criação dos filhos, às cultural e historicamente específicas, tais como votar, tomar parte em rituais religiosos ou a engenharia – são práticas que se baseiam no reconhecimento de *algumas* espécies, sejam elas naturais ou artificiais, concretas ou abstratas.

62 Portanto, a explicação de Kuhn contempla fortes continuidades entre espécies biológicas e não vincula a categorização – nem mesmo a categorização linguística – *necessariamente* à racionalidade.

46  A INCOMENSURABILIDADE NA CIÊNCIA

nossos termos para espécies naturais: vemos o mundo por seu intermédio.[63] Termos para espécie tornam possíveis e guiam as nossas interações com o mundo, incluindo as observações que dele fazemos. Pela observação direta, de fato descobrimos diversas propriedades dos membros de espécies naturais, porém, insiste Kuhn, *quais* propriedades serão efetivamente observadas dependerá do conjunto disponível de espécies, e tanto a seleção como a estrutura dos conjuntos de espécies são profundamente influenciadas pelos interesses e propósitos humanos, ainda que não sejam totalmente constituídas por eles. Todavia, argumenta Kuhn, porquanto haja uma pluralidade de léxicos possíveis, também há uma pluralidade de maneiras de individuar espécies e classificar objetos no seu interior. Podemos aprender a *ver* de novas maneiras ao dominar novas estruturas lexicais.[64]

É isso o que efetivamente fazem os cientistas. Os primeiros cientistas levantavam questões em suas línguas naturais, utilizando os termos para espécie disponíveis para criaturas, materiais ou corpos celestes particulares: eles acabavam por encontrar respostas que efetivamente reestruturavam partes do léxico cotidiano no qual sua investigação original fora formulada. Esse processo de revisões lexicais reiteradas conduziu à ciência madura, que só pode se expressar por meio de termos altamente técnicos. Do ponto de vista de Kuhn, cada léxico torna *possíveis* certas questões, crenças e práticas. "Aquilo com o que nos comprometemos num léxico não é, portanto, um mundo, mas um conjunto de mundos possíveis, mundos que compartilham espécies naturais e compartilham, assim, uma ontologia. Descobrir o mundo efetivo dentre os membros desse conjunto é o que procuram fazer os membros das comunidades científicas", escreve ele na conclusão da segunda das Shearman Lectures.[65] Porém, o conjunto de possibilidades autorizadas por um léxico é limitado. Para explicar certos fenômenos anômalos e mesmo para fazer novas questões, as comunidades por vezes precisam reestruturar uma parte de seu léxico científico para "ganhar acesso a mundos que antes eram inacessíveis".[66] Um modo de caracterizar a ciência normal para o Kuhn tardio é vê-la como a busca pelo mundo efetivo dentre os mundos possíveis que o léxico compartilhado autoriza.

---

63  Notas de Kuhn para o Cap.9 da *A pluralidade*.
64  Notas de Kuhn para o Cap.9 da *A pluralidade*.
65  Shearman Lectures, neste volume, p.136.
66  Ibidem.

As revoluções são, então, aberturas graduais, mas, em última análise, radicais, de novos conjuntos de mundos possíveis, inimagináveis para comunidades científicas ancestrais. Nesse sentido, poder-se-ia dizer que diferentes comunidades científicas trabalham em diferentes mundos que elas próprias descobrem e criam. Como disse Kuhn, devemos aprender a dar sentido a enunciados como este.

## Verdade

Kuhn frequentemente afirmava que a teoria da verdade como correspondência precisava ser substituída por uma teoria que pudesse explicar melhor a prática científica. Ele esperava apresentar uma nova teoria da verdade no Capítulo 9 de *A pluralidade dos mundos*, para o qual deixou tão somente notas esparsas. Antes de tentar imaginar o que teria sido sua teoria da verdade, devemos nos perguntar, para começar, por que ele pensava que uma nova teoria fosse necessária.

A teoria da correspondência é provavelmente a teoria da verdade mais natural e, por conseguinte, a mais amplamente defendida; ela também suscitou crítica considerável no decorrer da história da filosofia. Kuhn, entretanto, não parecia ter em mente nenhuma das objeções habituais quando rejeitava a teoria da correspondência. Ao contrário, ele estava insatisfeito com as duas formas como a verdade – entendida como a teoria da correspondência a entende – figura numa diversidade de filosofias gerais da ciência.

Em primeiro lugar, Kuhn achava profundamente problemática a concepção difundida de que a verdade seja a finalidade da investigação – de que a ciência vise oferecer teorias verdadeiras acerca do mundo e de que ela progrida aproximando-se cada vez mais desse objetivo. Desse ponto de vista, não podemos explicar a tese de que a verdade faz avançar o desenvolvimento da ciência, porquanto a verdade final é epistemicamente inacessível da perspectiva das comunidades científicas a se defrontarem com escolhas difíceis. Pela mesma razão, um filósofo da ciência não pode explicar por que os cientistas aceitaram, rejeitaram ou modificaram crenças particulares relativas à verdade como o objetivo último da ciência. Em vez disso, a explicação tem que ser dada levando em conta as razões e a evidência disponíveis para aqueles que fizeram a escolha. A aproximação da verdade também não bastaria, pois poderia haver aproximações que são mutuamente incompatíveis, porém equidistantes da verdade.[67] Assim, concluía Kuhn, nem a verdade como correspondência, nem a verdade como aproximação poderia constituir o objetivo da ciência ou explicar a mudança e o progresso da crença científica.

A sua outra razão para rejeitar a teoria da verdade como correspondência era que ele a via como implicada nas narrativas historiográficas presentistas privilegiadas pelos empiristas lógicos. Os filósofos que se perguntavam se as crenças científicas passadas eram verdadeiras estavam, na opinião de Kuhn, enganados quanto ao modo apropriado de compreender o passado. Em sua abordagem internalista da história, a questão da verdade ou falsidade das crenças científicas passadas só surgia como uma questão sobre como as comunidades científicas passadas distinguiam entre crenças verdadeiras e falsas. A questão se suas crenças eram *realmente* verdadeiras, segundo Kuhn, efetivamente não faz nenhum sentido, a menos que a trivializemos traduzindo-a nos termos da questão anacrônica se as crenças em questão são verdadeiras à luz de *nossas* crenças.

Kuhn estava igualmente insatisfeito com todas as outras teorias da verdade que considerou. A teoria da verdade como coerência não pode dar à observação empírica o *status* especial que, na visão de Kuhn, ela precisa possuir; isto é especialmente problemático quando descrevemos debates científicos, nos quais a evidência empírica desempenha um papel considerável, embora nem sempre decisivo. Kuhn também rejeitava o que considerava como duas versões da teoria pragmática da verdade: verdade como assertividade justificada e verdade como o fim ideal da investigação. Ele argumentava que a verdade não podia ser analisada como assertividade justificada, pois essa análise violava a lógica dos enunciados de verdade. Duas pessoas defendendo crenças logicamente incompatíveis podem, cada uma delas, ter uma justificação, mas no máximo uma delas poderia estar dizendo algo verdadeiro – uma situação que a teoria da assertividade justificada da verdade não pode explicar.[68] Por fim, Kuhn pensava que a verdade definida como o consenso ideal ao fim da investigação não ajudaria, de

---

67 Ver a terceira das Shearman Lectures, neste volume, p.148-9.

68 Para a visão pragmatista clássica da assertividade justificada, ver Dewey, *Logic: The Theory of Inquiry*; e seu estudo "Propositions, Warranted Assertability, and Truth", *Journal of*

modo algum, a explicar o que fazemos quando, *correntemente*, entendemos algumas crenças como verdadeiras e outras como falsas.[69] O fim da investigação é epistemicamente inacessível e, assim, não disponível para explicar as crenças que foram efetivamente defendidas, bem como as escolhas que foram de fato feitas pelas comunidades científicas.

Kuhn não viveu para formular uma nova teoria da verdade capaz de cumprir um papel em sua filosofia da ciência. Isto talvez não surpreenda, pois uma teoria filosófica da verdade não é o que sua filosofia realmente necessitava. Existem dois contextos distintos nos quais ele precisava *usar* o conceito de verdade, mas nenhum deles requer uma teoria geral e completa sobre o que *é* a verdade.

O primeiro é o contexto comunicativo dos investigadores científicos, membros da mesma comunidade científica. Kuhn insiste que a lógica da comunicação requer que todo discurso possua os meios para proibir contradições e para marcar certas crenças como verdadeiras e outras como falsas. A avaliação de crenças como verdadeiras ou falsas é, para Kuhn, simplesmente uma condição da comunicação. Os critérios que regem essa espécie de avaliação são compartilhados através da comunidade, porém distintas comunidades epistêmicas podem desenvolver diferentes critérios de verdade. Nesse sentido, os critérios são internos e locais. Nenhuma comunidade será capaz de distinguir crenças verdadeiras daquelas que, após um escrutínio mais rigoroso, apenas *parecem* ser verdadeiras. No momento em que

---

*Philosophy*, v.38, n.7, p.169-86, 1941. Kuhn oferece uma breve crítica dessa concepção na terceira das Shearman Lectures e no Cap.1 de *A pluralidade*. É provável que um tratamento mais detalhado se seguisse no Cap.9, que prometia apresentar a teoria kuhniana da verdade.

69 É provável que Kuhn tivesse em mente a concepção de verdade de Hilary Putnam tal como defendida em *Reason, Truth, and History*, e não a concepção frequentemente malcompreendida de Charles Sanders Peirce. Ao dizer que a verdade é o fim da investigação, Peirce não tencionava definir verdade como "o que quer que nos entregue o fim da investigação". Na verdade, a intenção de Peirce não era de modo algum definir *verdade* ou definir os predicados *verdadeiro* e *falso*, ainda que algumas de suas formulações possam sugeri-lo. Seu principal interesse era iluminar o papel que o conceito de verdade exerce na prática, especialmente na investigação científica. Em sua concepção, uma investigação científica coletiva, conduzida por investigadores que partem de diferentes observações e pressuposições, há de convergir àquilo que é verdadeiro acerca do domínio sob investigação. Ver, por exemplo, Charles S. Peirce, "How to Make our Ideas Clear", *Popular Science Monthly*, v.12, p.286-302, jan. 1878; reimpresso em *Writings of Charles S. Peirce: A Chronological Edition*, v.3: 1872-1878, p.257-76; "Truth and Falsity and Error" (1901), em *Collected Papers of Charles Sanders Peirce*, v.5-6, p.394-8.

uma crença é examinada, não existem marcadores de sua verdade além dos marcadores de sua racionalidade e plausibilidade, à luz das melhores razões evidenciais e inferenciais disponíveis para a comunidade em questão. De um ponto de vista externo, a distinção entre a racionalidade de uma crença e a sua verdade é tanto óbvia como relevante, mas não está epistemicamente disponível para aqueles que se defrontam com a escolha de aceitar, revisar ou rejeitar uma crença.

O segundo contexto no qual Kuhn refletiu sobre o uso do conceito de verdade é aquele da história da ciência. Um historiador recorda um léxico científico que há muito tempo caiu em desuso; as crenças, métodos e práticas associados a ele são estranhos para a comunidade científica ativa na época desse historiador. Um enunciado feito no novo léxico é, com frequência, um enunciado diferente em relação a um feito no léxico antigo. Os enunciados mais interessantes da ciência passada escapam a uma tradução imediata: Kuhn acredita que o que eles dizem é *inefável* em léxicos posteriores. Como as crenças da ciência passada não podem ser simplesmente reformuladas em um vocabulário moderno, elas tampouco podem ser simplesmente avaliadas como verdadeiras ou falsas. A tarefa do historiador é, assim, a de explicar por que as crenças passadas eram razoáveis e plausíveis no contexto epistêmico delas. Para utilizar o exemplo preferido de Kuhn, um historiador descobre que Aristóteles tinha excelentes razões, tanto conceituais como evidenciais, para pensar que o vácuo não existisse. Para compreender o que ele realmente queria dizer, não podemos simplesmente traduzir sua tese em nossa linguagem; temos que compreendê-la no âmbito da *sua* estrutura lexical, no âmbito do sistema de crenças enquadrado por suas pressuposições, e, nesse contexto, não seria apenas verdadeiro, mas tautológico, que o vácuo não exista. Ainda que negasse que fosse um relativista acerca da verdade, Kuhn aceitava ser um relativista acerca da efabilidade:* o significado de palavras e frases é relativo ao contexto, e o contexto epistêmico global não pode ser ele próprio avaliado como verdadeiro ou falso, tendo-se em conta sua estrutura lexical, suas pressuposições, crenças e práticas. Ele pode ser avaliado de outras maneiras, assinala Kuhn – por

---

\* *Efabilidade* é a capacidade de expressar devidamente o que se quer dizer. Em linguística, o chamado *princípio de efabilidade* afirma que qualquer pensamento pode ser expresso por alguma sentença em alguma língua natural. Isso significa que tudo o que pode ser expresso numa língua pode igualmente ser expresso numa outra. (N. T.)

exemplo, por sua efetividade em servir aos objetivos para os quais foi posto em uso –, mas essa é uma avaliação movida por interesse, não uma avaliação da verdade ou falsidade.[70]

É claro que, ao pontuar essas questões, Kuhn dá destaque à racionalidade, à justificação e à plausibilidade das crenças. Estas, porém, precisam ser distinguidas da verdade. As crenças mais razoáveis e mais bem examinadas de uma comunidade epistêmica podem se revelar como falsas, e as crenças que essa comunidade julga justificadamente como irracionais ou como não apoiadas pela razão e pela evidência, podem ser verdadeiras. Embora Kuhn não negue a importância da distinção entre verdade, por um lado, e racionalidade, justificabilidade e plausibilidade, por outro, e embora ele não enfatize que os cientistas estejam interessados na verdade e não só na racionalidade de suas crenças, sua filosofia não faz *nenhum uso* dessa distinção. Quando examina o discurso científico da perspectiva imaginada de seus participantes, Kuhn nota que a distinção entre verdade e racionalidade não está epistemicamente disponível para a avaliação de crenças. Quando ele pensa acerca da ciência como um historiador hermenêutico, não está nem um pouco interessado na verdade das crenças passadas, mas tão somente em sua razoabilidade à luz das crenças locais. Ele parece, assim, reconhecer, por um lado, a distinção entre racionalidade e verdade, mas somente para então miná-la, por outro lado. Isso ocorre, creio eu, porque reconhece a importância da distinção somente em um contexto filosófico abstrato. Como historiador da ciência, ou como participante ativo de sua própria comunidade científica, Kuhn de fato não vê *nenhum sentido* em traçar essa distinção. Kuhn pode ter estado muito bem justificado nessa indiferença, mas, então, ao que parece, também deveria ter visto que sua filosofia da ciência não tem qualquer necessidade de uma nova teoria da verdade.

E, de fato, Kuhn não parece estar nem um pouco engajado no esforço de formular e de defender tal teoria. Não encontramos em nenhum de seus escritos, publicados ou não, uma investigação sobre o que *é* a verdade, ou o que são os que criam a verdade. Em lugar disso, Kuhn está interessado na *pragmática* do discurso que avalia enunciados como verdadeiros ou falsos, bem como nos requisitos e recursos epistêmicos específicos que uma comunidade tem à sua disposição para distinguir entre as teses que julga verdadeiras e aquelas que julga falsas. O que Kuhn quer, essencialmente, é

---

70  Na terceira das Shearman Lectures, Seção 2, p.144 deste volume.

52 A INCOMENSURABILIDADE NA CIÊNCIA

compreender como os predicados *verdadeiro* e *falso* são usados no interior de uma prática comunicativa.[71] Parece que ele desejava uma explicação do que os cientistas de uma comunidade em particular querem dizer, e o que estão a fazer, quando dizem que um enunciado é verdadeiro ou falso. Porém, se essas eram as suas questões acerca da verdade, então não havia nada de abstrato e geral que ele devesse ter oferecido. Ele não precisava de uma teoria filosófica da verdade para substituir a teoria da correspondência, mas precisava apenas reiterar sua rejeição à dependência filosófica da histo-riografia presentista, bem como sua rejeição à ideia de que a verdade – como quer que seja analisada – seja a finalidade da ciência. Após afirmar que toda comunidade precisa classificar suas crenças em verdadeiras ou falsas, e que a lógica do discurso acerca da verdade deve respeitar o princípio de não con-tradição, ele poderia ter deixado para um historiador ou para um etnógrafo a busca por respostas específicas acerca de comunidades específicas e seus critérios para avaliar crenças como verdadeiras ou falsas. Isso deixou Kuhn inquieto, mas sem motivo. Na vida cotidiana, bem como na comunicação científica, a *verdade* é prontamente compreendida e isenta de problema.

As dificuldades que Kuhn teve ao articular uma concepção plausível do papel que a verdade desempenha na ciência provavelmente estão entre as principais razões pelas quais a Parte III de *A pluralidade* permaneceu inacabada. Suspeito que essas dificuldades se devessem a uma incongruên-cia entre os modos nos quais questões acerca da natureza da verdade são tradicionalmente formuladas em filosofia, e o modo historicista e prag-mático como Kuhn pensa acerca das comunidades científicas. Talvez, em vez de tentar trabalhar no âmbito de um referencial estranho a seu modo de pensar, Kuhn devesse ter simplesmente posto de lado a questão acerca da natureza da verdade, com o mesmo espírito que pôs de lado os desafios céticos radicais.

## III. Observações finais

A impressão vívida de que Kuhn foi, primeiro e acima de tudo, um filósofo da prática científica pode ser um pouco ofuscada por seus últimos

---

71 Nesse aspecto (bem como em muitos outros), Kuhn é um pragmatista.

escritos, que dão destaque à linguagem, ao significado e às estruturas lexicais. Entretanto, seria um erro concluir que, em seu período maduro, ele acabou por pensar na ciência principalmente em termos de seus aspectos linguísticos e teóricos. A ausência de uma discussão explícita da prática na filosofia madura de Kuhn se deve a dois fatores. Em primeiro lugar, ele estava satisfeito com o que dissera sobre isso em suas obras anteriores, e não sentia nenhuma necessidade de aprimorar ou desenvolver o que já fora dito. A ênfase nas estruturas lexicais em seu período final se devia a sua percepção crescente de que a incomensurabilidade – o conceito central de sua filosofia – ainda não fora analisada e explicada com suficiente detalhe. Em segundo lugar, uma leitura cuidadosa de suas últimas obras há de mostrar que a prática permanece central para sua concepção de ciência. Ela não é mais posta em primeiro plano, mas, em vez disso, está entrelaçada com as questões de desenvolvimento que ele se faz acerca da aquisição e do uso da linguagem; ela permanece a lente por meio da qual Kuhn vê todos os problemas filosóficos que lhe interessam. Para Kuhn, assim como para Wittgenstein, questões sobre significado tendem a ser redefinidas como questões sobre aprendizagem e uso. De modo similar, aprender uma linguagem é aprender como estar no mundo: o que perceber, como organizar e relatar percepções, o que dizer e como agir. Isto vale tanto para cientistas quanto para todos os outros indivíduos, mas os modos de estar no mundo dos *cientistas* são mediados pelas estruturas lexicais intelectuais altamente complexas que Kuhn buscava compreender. Durante toda sua trajetória, ele continuou a ver a prática como crucial e o conhecimento científico especializado como consistindo principalmente em conhecimento tácito sobre como ver problemas, classificar fenômenos e procurar soluções.

As questões filosóficas acerca de significado, realidade, verdade e conhecimento, das quais Kuhn se ocupou em seus últimos anos, só assumem na aparência a forma abstrata característica da epistemologia e da metafísica tradicionais. Na verdade, seu pensamento sempre começa com a prática científica e a ela retorna. Por exemplo, sua intuição persistente acerca da incomensurabilidade não diz respeito apenas aos significados dos termos para espécie ou às dificuldades de tradução entre léxicos diferentemente estruturados. Como ele reiteradamente assinalou em seus escritos pós-*A estrutura*, a incomensurabilidade entre linguagens não é um obstáculo intransponível nem à comunicação contemporânea nem à compreensão retrospectiva. A incomensurabilidade robusta na filosofia de Kuhn diz respeito ao *fazer*, e não ao dizer ou ao compreender. Comunidades científicas divididas pela incomensurabilidade de seus problemas, seus léxicos e seus padrões avaliativos ainda podem *dar sentido* a seus respectivos projetos, mas não podem colaborar nesses projetos – não podem *fazer* ciência em conjunto. Se tivesse vivido para completar *A pluralidade dos mundos*, Kuhn teria enfatizado, na Parte III, a prioridade da prática sobre a teoria científica, e a independência relativa daquela em relação a esta.[72]

No final, tanto o leitor quanto os editores deste volume se defrontam com uma questão crucial: poderá uma obra inacabada ser bem-sucedida? A resposta imediata parece óbvia e negativa: Kuhn não viveu para completar *A pluralidade*, e o que foi publicado aqui não é o que ele desejava ver impresso. Porém, o sucesso de sua última obra não precisa ser medido só por sua distância do objetivo visado; também podemos medi-lo pela distância de seu ponto de partida: as ideias revolucionárias de *A estrutura*. No decorrer de sua vida intelectual intensa e prolífica, Kuhn modificou, desenvolveu e reestruturou essas ideias, acrescentando matizes e ampliando-lhes a aplicabilidade. Se adotarmos uma perspectiva evolucionária em relação aos últimos escritos de Kuhn, veremos os textos aqui publicados como apenas um momento no repensar maduro das intuições valiosas de um jovem. Também veremos o método filosófico que ele desenvolveu nesse processo ainda em plena atividade em seus últimos escritos. O Kuhn maduro se move sem dificuldade entre estudos de caso particulares, detalhados, e considerações filosóficas sinóticas, mobilizando estas últimas em sua – assim refinada – compreensão da prática científica e de seu desenvolvimento. O método dinâmico de Kuhn de pesquisar, reestruturar, pôr em destaque e expandir perpetuamente jamais teria terminado com uma conclusão definitiva ou com o descanso final de seu caso; mas acho que essa é justamente a aparência do sucesso em filosofia.

## Referências bibliográficas

ANDERSEN, Hanne; BARKER, Peter; CHEN, Xiang. *The Cognitive Structure of Scientific Revolutions*. Cambridge: Cambridge University Press, 2006.

---

72 Em suas notas para *A pluralidade*, Kuhn expressa sua gratidão a Ian Hacking, Jed Buchwald e Peter Galison por ter ressaltado esse ponto com a maior clareza e do modo mais persuasivo.

BIRD, Alexander. *Thomas Kuhn*. Princeton, NJ: Princeton University Press, 2000.

DEWEY, John. *Logic*: The Theory of Inquiry. Nova York: Henry Holt, 1938.

HACKING, Ian. Working in a New World: The Taxonomic Solution. In: HOR-WICH, Paul (org.). *World Changes*: Thomas Kuhn and the Nature of Science. Cambridge, MA: MIT Press, 1993.

KUHN, Thomas S. *Desarrollo científico y cambio de léxico*: Conferencias Thalheimer. Org. Pablo Melogno e Hernán Miguel. Trad. Leandro Giri. Montevidéu; Uruguai: ANII; UdelaR; Sadaf, 2017.

_____. Possible Worlds in History of Science. In: ALLÉN, Sture (org.). *Possible Worlds in Humanities, Arts, and Sciences*. Berlim: Walter de Gruyter, 1989.

_____. *The Essential Tension*: Selected Studies in Scientific Tradition and Change. Chicago: University of Chicago Press, 1977. [Ed. bras.: *A tensão essencial*: estudos selecionados sobre tradição e mudança científica. São Paulo: Editora Unesp, 2011.]

_____. *The Road since* Structure: *Philosophical Essays, 1970-1993, with an Autobiographical Interview*. Org. James Conant e John Haugeland. Chicago: University of Chicago Press, 2000. [Ed. bras.: *O caminho desde* A estrutura: ensaios filosóficos, 1970-1993, com uma entrevista autobiográfica. Trad. Cezar A. Mortari. São Paulo: Editora Unesp, 2017.]

_____. *The Structure of Scientific Revolutions*. Chicago: University of Chicago Press, 1962. [Ed. bras.: *A estrutura das revoluções científicas*. Trad. Beatriz Vianna Boeira e Nelson Boeira. São Paulo: Perspectiva, 1996.]

LAKATOS, Imre. Falsification and the Methodology of Scientific Research Programmes. In: LAKATOS, Imre; MUSGRAVE, Alan (orgs.). *Criticism and the Growth of Knowledge*. Cambridge: Cambridge University Press, 1970. [Ed. bras.: O falseamento e a metodologia dos programas de pesquisa científica. In: LAKATOS, Imre; MUSGRAVE, Alan (orgs.). *A crítica e o desenvolvimento do conhecimento*. Trad. Octavio Mendes Cajado. São Paulo: Cultrix; Edusp, 1979.]

LEWIS, David. *On the Plurality of Worlds*. Oxford: Blackwell, 1986.

MARCUM, James A. *Thomas Kuhn's Revolution*. Londres: Continuum, 2005.

MLADENOVIĆ, Bojana. *Kuhn's Legacy*: Epistemology, Metaphilosophy, and Pragmatism. Nova York: Columbia University Press, 2017.

NEWTON-SMITH, W. H. *The Rationality of Science*. Oxford: Oxford University Press, 1981.

NICKLES, Thomas. Historicist Theories of Scientific Rationality. In: ZALTA, Edward N. (org.). *The Stanford Encyclopedia of Philosophy*. ed. primavera 2021.

PEIRCE, Charles Sanders. Truth and Falsity and Error (1901). In: HARTSHORNE, Charles; WEISS, Paul. *Collected Papers of Charles Sanders Peirce*. v.5-6. Cambridge, MA: Harvard University Press, 1935.

_____. *Writings of Charles S. Peirce*: A Chronological Edition. v.3: 1872-1878. Org. Christian J. W. Kloesel. Bloomington: Indiana University Press, 1986.

POPPER, Karl. *The Poverty of Historicism*. 2.ed. Londres: Routledge, 1961. [Ed. bras.: *A miséria do historicismo*. São Paulo: Edusp, 1980.]

PUTNAM, Hilary. *Reason, Truth, and History*. Cambridge: Cambridge University Press, 1981.

ROSCH, Eleanor. Wittgenstein and Categorization Research in Cognitive Psychology. In: CHAPMAN, Michael; DIXON, Roger A. (orgs.). *Meaning and the Growth of Understanding*: Wittgenstein's Significance for Developmental Psychology. Berlim: Springer, 1987.

SCHEFFLER, Israel. *Science and Subjectivity*. 2.ed. Indianápolis: Hackett, 1982.

SHARROCK, Wes; READ, Rupert. *Kuhn, Philosopher of Scientific Revolutions*. Cambridge: Polity Press, 2002.

SUPPE, Frederick. *The Structure of Scientific Theories*. Urbana: University of Illinois Press, 1974.

WRAY, K. Brad. *Kuhn's Evolutionary Social Epistemology*. Cambridge: Cambridge University Press, 2011.

# Nota da organizadora

Todas as fontes primárias foram publicadas apenas com intervenções editoriais mínimas. Completei e atualizei as referências de Kuhn, corrigi erros de grafia e adicionei, aqui ou ali, alguma palavra que obviamente faltasse. Todos os acréscimos editoriais, incluindo as referências em notas de rodapé, estão entre colchetes. Kuhn utilizou os mesmos colchetes em algumas das citações, para marcar as *suas* adições, e não alterei nenhuma destas.

Ao final de cada um dos cinco capítulos de *A pluralidade dos mundos*, Kuhn anotou a data da última revisão. Deixei essas datas em seu devido lugar.

As anotações de Kuhn a seus textos estão em notas de rodapé; as notas de fim são acréscimos editoriais.

Criei resumos para as Shearman Lectures e para a última versão de *A pluralidade*, usando as próprias formulações de Kuhn sempre que possível. Os dois resumos mostrarão, em um relance, as áreas de superposição temática entre as duas obras. Além disso, o resumo para *A pluralidade* esboça as principais questões das quais iriam se ocupar as partes não escritas do livro, tanto quanto elas puderam ser reconstruídas a partir dos esboços dos capítulos e a partir das anotações (publicamente disponíveis) que Kuhn deixou para cada capítulo. Agradeço à University of Chicago Press e à família Kuhn por franquear-me o acesso a essas notas.

# O CONHECIMENTO CIENTÍFICO COMO PRODUTO HISTÓRICO

*Thomas S. Kuhn*

Abrirei esta conferência com uma breve declaração de intenção auto-biográfica.[a] Há quase um quarto de século, fui um dos membros de um grupo emergente de acadêmicos que, quase simultaneamente e de modo praticamente independente, atacou a tradição empirista em filosofia da ciência, que havia muito tempo dominava o campo.[b] Anunciamos que o que era chamado de ciência por essa tradição tinha tão pouca semelhança com o que fazem os cientistas que a relevância de suas conclusões para o que aqueles produziam era duvidosa. Será que a tradição, perguntamos retoricamente, de fato lidava com o conhecimento científico? Nossa resposta foi um retumbante não (em retrospectiva, acho que nossa estridência era excessiva) e nossa evidência para essa negação provinha principalmente da história da ciência. Também nos valemos dessa evidência para inaugurar o que entendemos como uma abordagem mais adequada.

Contudo, para a maioria de nós, a história parecia, antes de tudo, uma fonte conveniente de dados acerca da ciência real, dados que poderiam em grande parte ter sido reunidos sem exumar o passado. Eu, por exemplo, certa vez escrevi: "na prática da ciência, a experiência real provavelmente seria uma ponte [através do fosso que separa os filósofos da ciência da ciência real] muito mais eficaz do que o estudo de sua história. A sociologia da ciência [...] também serviria".[1]

---

1 Kuhn, "The Relations between the History and the Philosophy of Science", em *The Essential Tension: Selected Studies in Scientific Tradition and Change*, cap.1. [Há tradução dessa obra disponível em língua portuguesa: *A tensão essencial: estudos selecionados sobre tradição e*

## 60 A INCOMENSURABILIDADE NA CIÊNCIA

Pela mesma razão, embora todos nós concebêssemos a ciência como um empreendimento essencialmente humano, nenhum de nós pensava em enfatizar que ela devesse *ipso facto* ser essencialmente histórica. Olhando em retrospecto, penso que a principal fonte de nossos pontos de vista escapou-nos. Os aspectos mais fundamentais que separavam a nova filosofia da ciência da antiga eram menos uma resposta aos fatos da história do que à perspectiva que ela proporcionava. A tradição se ocupara da ciência como um corpo estático de conhecimentos, mas para nós ela era necessariamente um processo dinâmico de desenvolvimento. A ciência tornou-se para nós uma espécie de fator de conhecimento e essa mudança acabou por se verificar mais importante do que os dados que ela revelava ao gerar a nova filosofia da ciência.

Hoje, procurarei oferecer um panorama dessa mudança de perspectiva tentando mostrar a forma assumida no âmbito da abordagem evolucionária da filosofia da ciência pelos problemas – especialmente o problema da avaliação de teorias – que são fundamentais para a tradição que a antecedeu. Esse objetivo exigirá algumas comparações. Para lhes dar uma base, começo com um breve epítome da tradição que a abordagem histórica na filosofia da ciência, ainda em desenvolvimento, visa afastar.

A característica principal da tradição tem sido conhecida como fundacionismo e a maioria de seus outros aspectos, presentemente relevantes, derivam dessa característica. Como muitas outras coisas na filosofia moderna, o fundacionismo originou-se com a ciência moderna no decorrer do século XVII. Bacon e Descartes são seus primeiros grandes defensores. Ambos proclamaram a impotência e a falta de confiabilidade das afirmações com pretensão ao conhecimento de seus predecessores; ambos atribuíram essas deficiências a um método inadequado, tanto no nível observacional quanto no intelectual; e ambos acreditavam que as circunstâncias exigiam um novo começo. "Portanto, restava apenas um caminho", escreveu Bacon no início de *A grande instauração*, "tentar tudo de novo de acordo com um plano melhor e iniciar a reconstrução total das ciências, das artes e de todo o conhecimento humano, assente em alicerces apropriados". "A própria mente", continuava ele, não deve "ser abandonada a seu próprio curso

---

*mudança científica.* (N. T.)] A citação está na p.13 e a conferência de onde ela foi extraída foi pronunciada em 1968.

desde o princípio, mas deve ser guiada a cada passo, como se fosse por um maquinário".[2] E Descartes resolveu, em seu *Discurso*, "conduzir por ordem meus pensamentos, começando pelos objetos mais simples e mais fáceis de conhecer, para subir [...] pouco a pouco, como por degraus, até o conhecimento dos mais compostos", não acolhendo, a cada passo, "alguma coisa como verdadeira [...] que não se apresentasse tão clara e tão distintamente a meu espírito, que eu não tivesse nenhuma ocasião para pô-lo em dúvida".[3] Seus estilos eram diferentes, mas suas noções do que o método devia realizar eram as mesmas. Certo conhecimento haveria de ser construído passo a passo de modo indubitável, sobre um fundamento inquestionável.

Todavia, acerca da natureza tanto dos fundamentos como da ascensão a partir deles, Bacon e Descartes discordavam. Posto de um modo simplificado em demasia, Bacon acreditava que os fundamentos fossem empíricos, enquanto para Descartes eles eram inatos; de modo correspondente, a ascensão a partir dos fundamentos era indutiva para Bacon, enquanto para Descartes era matemática e dedutiva. Em filosofia da ciência, a tradição que descende de suas obras adotou elementos de ambos. De modo geral, ela seguiu Bacon ao insistir que, com as possíveis exceções da lógica e da matemática, os fundamentos do conhecimento científico deviam ser empíricos, baseados no testemunho criticamente examinado dos sentidos. Contudo, ela também seguiu Descartes ao olhar para a prova matemática como modelo das conexões passo a passo entre esses fundamentos e as conclusões para as quais eles servem de base. Cada escolha tem sido responsável pela emergência de características adicionais da tradição, inclusive alguns de seus problemas característicos.

Consideremos primeiramente o fundamento empírico. Para que possam servir de base para conhecimento certo, as observações e os experimentos dos quais se constitui esse conhecimento devem ser eles próprios certos, acessíveis e vinculativos para todos os observadores humanos normais.

---

2 Bacon, *The Works of Francis Bacon*, v.8: Translations of the Philosophical Works, p.18, 60-1. [A primeira passagem é de *A grande instauração* (*The Great Instauration*), citada de acordo com a tradução de Miguel Morgado (Bacon, *Nova Atlântida/A grande instauração*, p.6); a segunda é do *Novum Organum* (*The New Organon*), traduzida do original. (N. T.)]

3 Descartes, "Discourse on Method", em Smith (org.), *Descartes' Philosophical Writings*, p.129. [Citado conforme a tradução de J. Guinsburg e Bento Prado Júnior (Descartes, "Discurso do método", em *Os Pensadores, Descartes*, p.78). (N. T.)] As linhas são da segunda parte do *Discurso* e a ordem dos dois fragmentos está invertida aqui.

As observações, munidas de tal autoridade universal, devem ser independentes de qualquer idiossincrasia cultural e pessoal. Mais particularmente, elas devem ser *puramente* observacionais, incorporáveis em relatos que sejam *puramente* descritivos. Todo recurso, direto ou indireto, a crenças anteriores deve ser eliminado desses relatos. Eles devem descrever a sensação sem adornos e sem interpretação.

As concepções acerca do que seria uma observação pura, ou um relato puro de observação, variaram consideravelmente no decorrer dos últimos três séculos. Mas, caracteristicamente, elas foram consideradas, ou literalmente ou como um ideal, como sistematicamente construíveis a partir de elementos sensoriais elementares – cores, formas, cheiros etc. –, elementos que seriam identificados do mesmo modo por todas as pessoas equipadas com um aparato sensorial normal. "Vermelho ali", acompanhado pelo gesto de apontar é, então, um relato sensorial simples ou atômico; "triângulo vermelho ali", um relato sensorial complexo ou molecular. Relatos sobre a presença e o comportamento de objetos físicos de tamanho mediano – sejam maçãs em queda ou metais em dilatação – haveriam de ser compostos do mesmo modo e, assim, adquiririam a mesma objetividade que as sensações elementares das quais se constituíam. Qualquer relato puro de observação poderia, em princípio, ser reformulado em termos desses dados sensoriais elementares. Embora nem este, nem qualquer outro programa com o mesmo objetivo – operacionalismo, verificacionismo etc. –, jamais tenha sido desenvolvido com êxito, a insistência em que todos os relatos de observação sejam componíveis a partir de elementos indubitáveis permaneceu uma característica essencial da tradição. Tentativas representativas vão das "ideias simples dos sentidos" de Locke ao "conhecimento por contato" [*knowledge by acquaintance*] de Russell e às "proposições elementares" de Wittgenstein.[c] A frustração contínua destes e de outros esforços tem sido uma dificuldade central para a tradição.

Diversas outras características da tradição, bem como sua outra dificuldade central, resultam da escolha do modelo matemático dedutivo para conectar os fundamentos empíricos concretos do conhecimento com as conclusões gerais para as quais esses fundamentos servem de suporte. O objetivo tanto de Bacon como de Descartes fora criar um método de descoberta que certificasse a verdade. A intenção de seus métodos era, assim, construtiva, a certeza dos fundamentos sendo transmitida de baixo para cima para cada novo pavimento que se acrescentasse. Porém, as observações são sempre de algo singular, concreto, e, a despeito das esperanças alimentadas por Descartes, a dedução só pode nos levar do mais geral ao mais particular, por exemplo, de axiomas e postulados de nível superior a teoremas particulares de nível inferior. Somente após se ter chegado a leis ou teorias hipotéticas, por qualquer meio que seja, é que se lhes pode aplicar métodos dedutivos. Esses métodos funcionam de cima para baixo, ao aduzir não novas generalizações, mas as consequências das que já se possui. Nenhum método que vise à certeza da matemática pode gerar descobertas. Esse objetivo da tradição foi logo abandonado.

Contudo, o modelo dedutivo não foi abandonado junto com ele. O que a dedução pode fazer é gerar conclusões testáveis a partir de generalizações já estabelecidas, e o resultado para a tradição foi a introdução de uma distinção cada vez mais categórica entre os assim chamados contextos de descoberta e de justificação.[d] O primeiro diz respeito à via pela qual os cientistas chegam a generalizações. Uma vez que a esperança de um método construtivo fora abandonada, a descoberta foi relegada pela tradição aos psicólogos e aos sociólogos. Somente a justificação, ou seja, a avaliação das leis e teorias propostas, permaneceu como o interesse próprio da filosofia da ciência. Como enfatizaram em particular os empiristas lógicos, leis e teorias podem nascer de muitas maneiras: acidentes ou idiossincrasias pessoais frequentemente desempenham algum papel; os interesses específicos e a formação do investigador sempre o fazem. Porém, não é o seu modo de geração que converte as inovações resultantes em contribuições ao conhecimento. Os mesmos processos também poderiam ter conduzido a um erro terrível, e se de fato o fizeram é algo que só pode ser determinado por uma ou outra forma de teste, validação, confirmação. Esses processos pertencem ao âmbito do contexto de justificação; é quando eles são mobilizados que a metodologia dedutiva funciona; e somente eles foram considerados pela tradição como sendo de interesse filosófico.

Tendo limitado o enfoque da tradição a problemas de avaliação, o modelo matemático continuou a dar-lhe uma forma especial. Se a metodologia dedutiva havia de ser aplicada, as afirmações com pretensão ao conhecimento a serem avaliadas tinham que estar necessariamente corporificadas num conjunto de enunciados intemporais. O conhecimento científico, assim, acabou por ser visto como uma coleção de proposições – enunciados

# 64 A INCOMENSURABILIDADE NA CIÊNCIA

cuja verdade ou falsidade é independente do tempo, das circunstâncias e da linguagem em que são expressos. De modo correspondente, o problema do filósofo era o de especificar as técnicas racionais para determinar quais dentre as proposições na coleção – quais das generalizações num texto científico, por exemplo – eram verdadeiras e quais falsas. Soluções propostas assumiam a forma de relações lógicas que deviam fornecer critérios de aceitabilidade.

Alguns desses critérios eram internos ao conjunto de proposições que corporificavam as afirmações com pretensão ao conhecimento. Dentre esses critérios, a consistência era o mais óbvio e praticamente o padrão; a simplicidade, uma noção notoriamente mais difícil de tornar precisa, era com frequência um segundo critério; e, além desses, havia ainda outros critérios. Ainda mais importante era um segundo grupo de critérios parcialmente externos. Nenhum dos enunciados de observação, nenhuma dentre as proposições que incorporassem dados empíricos disponíveis no momento, deviam conflitar com qualquer outra que fizesse parte do conjunto das afirmações com pretensão ao conhecimento ou suas consequências dedutivas. A perfeição do encaixe entre os enunciados de observação, de um lado, e as leis e teorias, de outro, era então uma condição de aceitabilidade. Uma outra condição era o alcance, a gama e a variedade dos enunciados de observação que pudessem corresponder às consequências das leis e teorias. Novamente, além dessas, havia outras mais.

Tanto o justificacionismo como o que chamarei barbaramente de proposicionalismo sobreviveram a mais uma alteração da tradição, o abandono em muitos círculos da insistência em que o método tenha que resultar em conhecimento certo. Não importa por quantos testes uma lei ou teoria passe, ela ainda pode malograr no próximo com que se defronte. Satisfazer a critérios de teste, como os mencionados, só pode tornar uma teoria provável, não certa. Portanto, muito esforço no âmbito da tradição foi dedicado ao desenvolvimento de técnicas probabilísticas para avaliar teorias. Porém, nenhuma dessas tentativas alterou as características presentemente importantes da tradição. Elas eram consequências da insistência num modelo matemático e não da forma particular desse modelo.

Duas dessas características já foram mencionadas. Em primeiro lugar, o que havia de ser avaliado era um corpo estático de proposições, o conteúdo cognitivo da ciência ou alguma parte da ciência num dado período.

Em segundo lugar, somente considerações especificáveis em termos de relações entre proposições poderiam ser relevantes para o resultado de uma avaliação. Seguem-se duas outras características, a primeira sendo conhecida, por vezes, como solipsismo metodológico.[e] Como a prova matemática, o resultado de uma avaliação era necessariamente coercivo, determinável por e vinculativo para qualquer indivíduo racional. Uma avaliação que requeresse juízo e, assim, permitisse que indivíduos racionais diferissem era vista como maculada pela subjetividade. Por princípio, portanto, qualquer indivíduo racional poderia ser substituído por qualquer outro numa avaliação objetiva e era necessário tão somente um único indivíduo. A ciência tornava-se assim um jogo de uma só pessoa. Não era a natureza da ciência que exigia a participação de outrem, seja ao longo do tempo, seja num momento dado, mas o poder limitado dos seres humanos.

Por fim, todas as avaliações, desde que fossem rigorosas, também se demonstravam holísticas. Porquanto todo procedimento avaliativo envolve uma variedade de proposições, um fracasso se reflete necessariamente em todas elas. Normalmente, existem razões plausíveis para atribuir-se tal fracasso a um pequeno subconjunto das proposições envolvidas, contudo a atribuição não pode ser certa, mas tão somente plausível. O que pode ser testado com a certeza a que almejava a tradição nunca é, portanto, uma afirmação individual com pretensão ao conhecimento, mas somente um corpo de tais afirmações, e o tamanho desse corpo revelou-se algo notavelmente difícil de determinar. Sob o nome de tese de Duhem-Quine, essa característica da tradição emergiu no século XX como a segunda barreira proeminente à realização das esperanças de seus fundadores, a primeira sendo as dificuldades, anteriormente mencionadas, em implementar o conceito de uma base empírica indubitável.[f]

Em suma, um fundacionismo empírico e um justificacionismo dedutivo eram os dois objetivos essenciais da tradição principal em filosofia da ciência. Além do mais, com o justificacionismo veio o solipsismo, o proposicionalismo e um holismo indesejado. Como, permitam-me começar a questionar, esses aspectos da tradição se parecem do ponto de vista da abordagem histórica ainda em desenvolvimento na filosofia da ciência? Qual é o efeito sobre eles daquilo que anteriormente chamei de perspectiva alterada a partir da qual aqueles que se orientam pela história consideram a ciência? Os historiadores necessariamente vêm a ciência como um processo

## 66 A INCOMENSURABILIDADE NA CIÊNCIA

contínuo, em que não é possível assinalar nenhum ponto de partida no qual a aquisição do conhecimento começasse do zero. Todas as narrativas do desenvolvimento científico começam do meio, com o processo científico já em curso. Seja qual for o momento em que se inicie a narrativa, seus protagonistas já possuem o que reputam como um corpo relativamente completo de conhecimentos e de crenças sobre a natureza. Embora reconheçam que restem algumas coisas a serem conhecidas, estas, em sua maior parte, não são as coisas que os cientistas subsequentes haverão de descobrir.

Nessas circunstâncias, o historiador que deseje recontar o desenvolvimento de um ou outro conjunto de leis e teorias tem duas tarefas, cada uma delas com implicações relevantes para a filosofia da ciência. Em primeiro lugar, ele deve descobrir e explicar como essas doutrinas mais antigas (amiúde bastante estranhas e aparentemente implausíveis) nem sequer puderam ser aceitas por pessoas inteligentes como base para uma tradição duradoura de prática científica. Em segundo lugar, o historiador deve procurar compreender como e por que o *status* dessas crenças se modificou, o que levou à sua substituição por um outro conjunto, as fronteiras da pesquisa a moverem-se junto com a mudança. Em suma, para o historiador, à diferença do filósofo tradicional da ciência, o avanço da ciência é marcado menos pela conquista da ignorância do que pela transição de um corpo de afirmações com pretensão ao conhecimento para um conjunto distinto, que se superpõe ao primeiro. Uma explicação dessa transição deve, portanto, primeiro exibir a integralidade do conjunto mais antigo e, então, examinar sua substituição.

Nesta conferência, vou me ocupar principalmente com as implicações para a filosofia da segunda dessas tarefas, ou seja, com as consequências de enxergar-se a emergência de conhecimento novo como uma substituição do antigo, em lugar de considerá-la como um avanço em território anteriormente vazio. Terminarei, todavia, falando brevemente sobre a tarefa inicial do historiador, que é a de descobrir e reconstituir a integralidade de uma tradição científica obsoleta. No final das contas, essa tarefa reconstitutiva se revelará, como espero, como a mais importante das duas.

Ao considerar a introdução de novas ideias nas ciências, estou interessado principalmente nos aspectos da justificação, possivelmente o problema central da filosofia da ciência. No âmbito da tradição, sua forma básica foi: "por que alguém deveria acreditar num dado corpo de afirmações com pretensão ao conhecimento?". Desde o ponto de vista mais recente, evolucionário, a questão passa a ser: "por que alguém mudaria de um corpo de afirmações com pretensão ao conhecimento para outro?". Os antigos critérios – consistência, simplicidade, alcance, adequação e outros similares – continuam a funcionar quando a questão é colocada dessa forma, mas agora sua função é comparativa ou relativa, e não absoluta, como fora antes. Com relação à adequação, por exemplo, não se precisa mais perguntar se "o corpo 'X' de leis e teorias científicas se ajusta suficientemente bem aos relatos de observação para ser aceito", porque o ajuste nunca é perfeito, essa formulação inevitavelmente suscitava mais uma questão: "quão bem é 'suficientemente bem'?" e ninguém sugeriu sequer que aparência teria uma solução geralmente aceitável para essa questão. No âmbito da abordagem evolucionária, por outro lado, pergunta-se somente se "o corpo 'X' de leis e teorias se ajusta aos relatos de observação melhor do que o corpo 'Y'". Uma fonte importante de equívoco é então eliminada. Questões de simplicidade, alcance etc. se transformam da mesma forma e com o mesmo resultado. A eliminação da necessidade de estabelecer um padrão de aceitabilidade aparentemente arbitrário é uma primeira consequência de enxergar-se o desenvolvimento científico não como a aquisição de conhecimento novo onde nenhum conhecimento existia antes, mas como a substituição de um corpo de afirmações com pretensão ao conhecimento por um outro, que se superpõe ao anterior, mas dele difere.

Uma segunda diferença relevante está intimamente relacionada com essa primeira. Quando a avaliação se torna comparativa, considerações que só foram pensadas como relevantes para o contexto de descoberta adquirem importância crítica também para o contexto de justificação. Para compreender uma descoberta científica ou a invenção de uma nova teoria científica, primeiro devemos desvendar o que sabiam, ou achavam que sabiam, os membros da especialidade científica pertinente, antes de ter sido feita a descoberta ou invenção. Ademais, devemos determinar qual parte, se é que havia alguma, desse corpo anterior de afirmações com pretensão ao conhecimento precisava ser posta de lado e substituída quando a inovação foi aceita. Enquanto a avaliação era considerada absoluta, considerações como essas pertenciam somente ao contexto de descoberta, porém a avaliação comparativa as situa também no contexto de justificação. São somente as afirmações alteradas, resultantes da inovação, que requerem justificação e não todo o corpo de teses comuns entre a nova e a antiga concepção que permanece inalterado. Essas crenças, qualquer que seja seu destino, simplesmente não estão em risco na escolha entre corpos de conhecimento que as compartilham. A justificação, assim, requer conhecimento do corpo de crenças aceitas pelos cientistas imediatamente antes de ter ocorrido a inovação a ser avaliada.

O que está em jogo não é que descoberta e justificação sejam o mesmo processo, mas que muitas das considerações relevantes para aquela mostram-se centrais também para esta. De fato, nos primeiros estágios de cada uma delas, a superposição normalmente é tão grande que mesmo os processos, eles próprios, não podem ser diferenciados. Uma descoberta para a qual ainda não haja nenhuma justificação não é, *ipso facto*, uma descoberta em absoluto. Embora mais testes sejam com frequência necessários após uma descoberta ter sido feita, não existe nenhuma descoberta a ser testada até que haja evidência a seu favor. Ainda que explorem o registro histórico tão atentamente quanto possam, os historiadores normalmente acham impossível dizer quando, no desenvolvimento contínuo do conhecimento científico, cessa a descoberta e quando começa a justificação, e qual experimento ou porção de análise conceitual pertence a cada uma delas.

Implícita no que acaba de ser dito há ainda outra diferença entre as abordagens estática e evolucionária na filosofia da ciência. Tal como esta última concebe a justificação, somente as inovações – as afirmações com pretensão ao conhecimento que distinguem o novo corpo de crenças do antigo – estão em risco. O problema do holismo posto pela tese de Duhem-Quine parece, assim, ter sido resolvido. Porém, o que de fato ocorreu é algo mais fundamental, não tanto uma resolução, mas, sim, uma dissolução. O holismo era um subproduto do modo como o problema da justificação foi posto pela tradição estática e não possui equivalente no âmbito da abordagem evolucionária. Uma vez que a justificação se torne comparativa, não podemos mais ser pressionados a aceitar o holismo. Embora a lógica da tese de Duhem-Quine permaneça impecável, ela não mais exerce qualquer efeito sobre a justificação. Começando sempre pelo meio, um filósofo da escola evolucionária pode procurar boas razões somente para a *mudança* de crença. Embora as crenças, compartilhadas pelas posições que estão em comparação, sejam vitais para os argumentos de ambos os lados, sua justificação não tem efeito sobre a escolha que um cientista deve fazer entre essas posições, e é dessa escolha que depende o *status* cognitivo da ciência.

Se lhe perguntarmos o que justifica a aceitação da ciência atual como base para a prática científica adicional, o adepto da concepção evolucionária só pode redarguir com uma outra questão: pode alguma alternativa racional para a aceitação ser sequer concebida? Pode-se supor que a abordagem mais prudente seria a de traçar a rota histórica até o corpo atual de crenças e justificar cada uma das decisões individuais que foram tomadas ao longo do caminho. Porém, nem todas as decisões relevantes do passado são acessíveis. Em todo caso, descobrir um exemplo de escolha irracional dentre aquelas que são [acessíveis] não tornaria irracional o corpo de crenças atuais, nem permitiria inverter o sentido do relógio e traçar a rota alternativa. Quando o ponto em questão diz respeito a todo um corpo de crenças, a justificação simplesmente não está em pauta.

Um cientista *deve* aceitar muitas das atuais afirmações com pretensão ao conhecimento de sua comunidade, pois elas são constitutivas da prática da comunidade, ou seja, da forma de vida de uma tribo que persiste ao longo do tempo. Recusar aceitá-las seria rejeitar o pertencimento a essa tribo e, assim, recusar a prática da ciência. Embora haja muitas coisas sobre as quais os membros de uma tribo individual – físicos ou químicos, por exemplo – possam discordar, essas mesmas discordâncias só se tornam possíveis, reconhecíveis e discutíveis em virtude do corpo de crenças muito mais amplo que os membros compartilham, crenças que os unem enquanto membros de uma só tribo. Grande parte de seu corpo de crenças está simplesmente entre os dados de uma determinada época. Descobrir esses dados é o que o historiador precisa fazer para recapturar a integralidade de um modo de pensamento mais antigo. Ora, se mais tempo fosse dedicado a descobrir como o historiador realiza essa tarefa, expressões como "constitutivo da prática da comunidade" deixariam de ser vistas como trechos de algum encantamento mágico.

Entretanto, dizer tudo isto é simplesmente dizer que a forma tradicional da questão justificatória é incoerente. Juntamente com o fundacionismo, do qual surgiu, essa questão pressupôs uma plataforma arquimediana fora da tribo e fora de sua história, uma plataforma sobre a qual poderia se posicionar um indivíduo engajado numa avaliação racional. Mas, de um ponto de vista divino, que tal plataforma proporcionaria, não há necessidade dessa abordagem de orientação histórica e, nesta última, tampouco haveria espaço onde tal plataforma pudesse ser erigida. Embora a avaliação crítica desempenhe um papel vital no desenvolvimento ulterior da tribo, a crítica só pode provir de dentro da própria tribo.

Até agora, abordei três dos resultados da substituição da crença pela mudança de crença como o objeto da justificação. Em primeiro lugar, os critérios de avaliação se tornam comparativos, eliminando a necessidade de estabelecer um limiar para a aceitabilidade racional. Em segundo lugar, considerações relevantes para os contextos de descoberta e de justificação cada vez mais se superpõem, pois agora o que requer justificação é somente aquilo que foi descoberto, o conjunto de enunciados em relação aos quais a crença mudou. Em terceiro lugar, como resultado dos dois primeiros, o problema do holismo foi dissolvido, pois não faz mais sentido perguntar pela justificação de quaisquer crenças exceto aquelas para as quais se propõe mudança. Essas mudanças são amplas, mas outras estão por vir. Como indicam minhas referências a tribos e pertencimento tribal, a *estrutura* da justificação não é tudo que muda com a transição para uma abordagem evolucionária. Também mudam, como haverei de argumentar a seguir, a natureza da autoridade que alicerça tanto a própria crença como o processo de justificação de crenças. O que desapareceu na transição não é simplesmente o fundacionismo e o holismo, mas igualmente o solipsismo metodológico.

Do ponto de vista da tradição estática, a autoridade de uma crença derivava dos procedimentos de justificação aos quais ela respondia exitosamente, e qualquer indivíduo racional estava em condição de administrar os testes requeridos. Embora ninguém duvidasse que, na prática, muitas crenças fossem aceitas com base na autoridade – a autoridade de pais e professores, por exemplo –, elas não precisavam sê-lo. Cada crença poderia, em princípio, ter sido avaliada antes de sua aceitação, e a avaliação seria, portanto, o único aspecto da aquisição de crenças do qual o filósofo precisaria se ocupar. Todos os outros aspectos poderiam ser deixados para a psicologia e a sociologia, depositárias às quais a tradição já relegou as observações relevantes para a descoberta. No âmbito da abordagem evolucionária, entretanto, a ciência já deixou de ser, mesmo em princípio, um jogo de uma só pessoa e tornou-se, em vez disso, uma prática social. Agora é o grupo e não o indivíduo que resguarda a racionalidade da crença, e muito da crença que ele resguarda, por ser constitutiva do modo de vida da comunidade, simplesmente não está sujeita à justificação. As perspectivas do psicólogo, do sociólogo e, sobretudo, do antropólogo tornam-se afinal relevantes para a filosofia.

É claro que agora estou traçando um círculo que vai da prática até as crenças constitutivas e retorna destas à prática, mas não se trata de modo algum de um círculo vicioso. Ele engloba apenas o núcleo das crenças e práticas de uma dada tribo num dado período, e essas crenças e práticas, uma vez apreendidas, determinam muitas outras coisas.[4] Introduza o círculo em algum período selecionado, como é o dever do historiador; reconstrua as crenças que então determinam a prática e as práticas que então determinam a crença; e, com esse ponto de partida temporal estabelecido, observe o modo como as crenças e as práticas se desenvolvem conjuntamente a partir dele. O ponto de partida, tão somente por ser um ponto de partida, deve permanecer como um conjunto meramente contingente de estados de coisas históricos. Porém, cada passo adiante no tempo a partir desse ponto pode ser visto como o produto de escolhas que, se as circunstâncias da tribo o permitiram, foram feitas simplesmente porque prometiam soluções aos problemas que a prática, em seu estado atual, deveria resolver. Como sua predecessora, a abordagem evolucionária da filosofia da ciência postula critérios racionais para a escolha de teorias. Agora, porém, os critérios são aqueles de uma tribo; assimilá-los é parte do que torna um indivíduo membro dessa tribo, e os critérios são, portanto, aplicáveis sem vacuidade somente a uma explicação do desenvolvimento ulterior da prática tribal, e não a um entendimento de todo o seu estado atual.

Quanto aos próprios critérios, eles permanecem o que eram antes – adequação, escopo, simplicidade etc., apenas um pouco ampliados pela adição de alguns padrões dependentes de tempo, como a fecundidade observada. Porém, agora é o grupo dos iniciados e não apenas o indivíduo racional, que detém a autoridade última sobre sua aplicação. Para a abordagem evolucionária, a própria avaliação é um processo ampliado. Quando uma nova teoria é proposta pela primeira vez, as razões para adotá-la são poucas e equívocas. Em geral, por exemplo, o seu escopo será muito mais estreito do que o de sua predecessora já estabelecida, mas ela terá êxito retumbante com alguns poucos problemas em aberto que sua predecessora fora incapaz de resolver até o momento. Em tais circunstâncias, os indivíduos

---

4 Estou falando daquilo que é usualmente chamado de *círculo hermenêutico*. Charles Taylor, "Interpretation and the Sciences of Man", *Review of Metaphysics*, v.25, n.1, p.3-51, 1971 [reimpresso em seu livro *Philosophy and the Human Sciences: Philosophical Papers*, v.2, p.15-57], apresenta uma esplêndida introdução a esse modo de falar.

72 A INCOMENSURABILIDADE NA CIÊNCIA

totalmente comprometidos com os padrões estabelecidos para a escolha racional de teorias podem, ainda assim, divergir sobre qual teoria escolher, por discordarem com relação ao peso a ser dado aos diferentes critérios. A escolha de teorias torna-se uma questão de juízo, e as diferenças entre os juízos de indivíduos racionais tornam-se vitais para a solidez da ciência.

Suponha que, como reza a tradição, a racionalidade tenha constrangido todos os indivíduos envolvidos na escolha entre teorias a tomar a mesma decisão com base na mesma evidência. Qual deve ser a força dessa evidência para justificar a substituição de uma teoria estabelecida há muito tempo por uma alternativa recentemente sugerida? Se o grau de exigência for muito alto, então nenhuma teoria recentemente proposta teria tempo para demonstrar seus pontos fortes; se esse grau for muito baixo, nenhuma teoria já estabelecida teria a oportunidade de se defender contra ataques. O método solipsista sufocaria o avanço científico. Um procedimento judicativo de decisão permite que a comunidade distribua os riscos que qualquer escolha de forma de vida [*life-form*] deve envolver.

No início desta conferência, ao esboçar a tradicional abordagem estática da filosofia da ciência, dividi suas principais preocupações em dois conjuntos. A primeira era o estabelecimento de um fundamento empírico indubitável sobre o qual poderia ser edificada uma estrutura de generalizações sobre a natureza ou contra o qual tal estrutura poderia ser posta em questão. A segunda era [o] estabelecimento de um método, modelado com base em provas matemáticas, que forneceria uma cadeia de elos indubitáveis, coercivos para todos os seres humanos racionais, entre essa estrutura e seu fundamento. (Quando esses elos se revelavam como probabilísticos e não certos, era a avaliação de sua força que havia de ser coerciva.) Na transição para a abordagem evolucionária, o fundamento tornou-se simplesmente o corpo de crenças compartilhado pelos membros de uma comunidade científica numa época determinada. O que lhe está vinculado pelo método, pela lógica e pela razão não é mais algum conjunto de generalizações de nível superior, mas somente as crenças de membros posteriores da mesma comunidade, crenças que evoluíram mediante pesquisa e crítica avaliativa a partir das crenças defendidas no momento inicial que foi escolhido. E, por fim, a natureza da crítica avaliativa tornou-se judicativa em vez de coerciva, seu *locus* sendo transferido, nesse processo, do indivíduo racional para o pertencimento coletivo a um grupo comprometido com os padrões estabelecidos da ciência. A transformação aparentemente está completa! Mas só aparentemente. Ainda falta um elemento central da tradição e é com ele que encerrarei esta conferência.

O elemento que falta é a linguagem ou, mais precisamente, aquela parte da linguagem na qual os componentes dos fundamentos empíricos do conhecimento sólido deviam ser tradicionalmente expressos. Quer sua forma fosse a de uma linguagem de dados dos sentidos, quer fosse qualquer outra, ela devia ser independente de todas as formas de crença e capaz de expressar os componentes mínimos de toda experiência humana, experiência da qual ninguém que fosse a ela exposto e tivesse um aparato sensorial normal poderia duvidar. A existência de tal linguagem descritiva neutra, mas onicompetente, era um elemento essencial da tradição estática, pré-requisito para a realização de suas principais pretensões. O que ocorreu com ela na transição em curso para uma abordagem evolucionária?

Após três séculos de esforço infecundo, ninguém mais continua a esperar que algo que se assemelhe, mesmo que remotamente, a uma linguagem de dados dos sentidos venha a ser encontrado. Contudo, os filósofos da ciência historicamente orientados têm dedicado muito pouca atenção às consequências de aceitar-se a linguagem cotidiana dos cientistas como adequada para a avaliação de suas afirmações com pretensão ao conhecimento. A maioria parece sentir que, embora a linguagem descritiva de que se valem os cientistas seja inevitavelmente um pouco limitada pelas teorias no âmbito das quais é usada, ela ainda está próxima o suficiente de uma linguagem de descrição pura para servir às funções daquele ideal. Acredito que o ideal de uma descrição neutra seja, ele próprio, questionável e que o seu abandono possa se revelar a mais profunda de todas as consequências da virada para a história. Permitam-me tentar agora, bem brevemente, indicar como poderia ser esse o caso.

Comecemos com o óbvio. Quando adquirimos um vocabulário, um léxico, adquirimos uma ferramenta altamente desenvolvida, adequada, entre outras coisas, para a descrição do mundo. Mais particularmente, ainda que em parte metaforicamente, adquirimos uma taxonomia: os nomes das coisas, das atividades e das situações que precisarão ser descritas, bem como os nomes das características que serão úteis em sua identificação e descrição. Além do mais, para permitir a identificação, ou seja, a afixação dos nomes às coisas que eles nomeiam, o processo de aquisição lexical também deve

## 74 A INCOMENSURABILIDADE NA CIÊNCIA

associar os nomes das coisas aos nomes das características mais salientes usadas para descrevê-las. Até que esse processo de aprendizado tenha percorrido uma certa distância, a descrição não pode sequer começar, mas, quando ela puder se iniciar, teremos aprendido bem mais do que uma linguagem útil para a descrição: também teremos aprendido muito sobre o mundo ao qual essa linguagem se aplica. Esse aspecto da aquisição lexical vale, acredito, tanto para estudantes de ciência em cursos universitários como para os alunos do jardim da infância. Ambos estão a aprender conjuntamente sobre o mundo e sobre o léxico. Nenhum deles pode colocar o léxico resultante em uso antes que esse processo bifacetado de aprendizado tenha ultrapassado um certo nível. Não existe nenhum vocabulário neutro, puramente descritivo, com o qual pudéssemos começar.

Afastei-me brevemente da história, mas volto imediatamente a ela. O que torna importantes essas observações sobre a linguagem é que a história exibe repetidos episódios nos quais o preço de novos conhecimentos foi uma mudança na linguagem descritiva. Dentre as crenças adquiridas com o léxico estão muitas que posteriormente podemos encontrar boas razões para modificar. O desenvolvimento da ciência acaba por depender da alteração não somente do que dizemos sobre o mundo, mas também do léxico de que nos valemos para dizê-lo. Essas mudanças lexicais requeridas estão no próprio âmago dos fenômenos que uma vez rotulei como *manifestações de incomensurabilidade*. Porque o uso de certas palavras mudou, alguns dos enunciados recorrentes nos textos de uma ciência mais antiga não podem ser traduzidos na linguagem de uma ciência subsequente, pelo menos não com a precisão necessária para compreender por que essas mudanças ocorreram. Esse é o problema que dá origem ao que descrevi anteriormente como a primeira das duas tarefas do historiador: recapturar a integralidade de uma tradição científica obsoleta.

Ao ler os escritos científicos de uma era anterior, o historiador reiteradamente encontra passagens que não fazem sentido. A dificuldade não é que elas contenham enunciados que estão claramente errados, pois isso é de se esperar, mas que esses enunciados pareçam tão pouco razoáveis e despropositados que é difícil imaginar como uma pessoa cujos escritos sobre outros assuntos foram considerados modelos de razão e de inteligência pôde tê-los escrito. Ao defrontar-se com tais passagens, a tarefa do historiador é a de mostrar como eles podem ser compreendidos, que sentido é possível

O CONHECIMENTO CIENTÍFICO COMO PRODUTO HISTÓRICO **75**

lhes dar. Costumeiramente, um passo essencial nessa direção é descobrir e ensinar aos leitores modos há muito abandonados de usar algumas das palavras que essas passagens destituídas de sentido contêm.

Para ilustrar e esclarecer este ponto e seus predecessores imediatos, seriam necessários exemplos estendidos, mas aqui devo me contentar com um único exemplo simples, uma peça minúscula que faz parte de uma série de ilustrações que discuto em outro texto.[5] Dentre os requisitos para o entendimento da física aristotélica, está a percepção de que, para Aristóteles, o conceito que os tradutores de língua inglesa normalmente vertem pelo termo *movimento* se refere não somente à mudança de posição, mas a mudanças qualitativas de todos os tipos; por exemplo, a maturação de uma bolota até tornar-se um carvalho, a transição da doença à saúde ou a transformação do gelo de sólido em líquido. Para um aristotélico, estes são todos exemplares da mesma categoria natural, a classe dos movimentos. Embora diferenças entre eles fossem reconhecidas (havia subcategorias de movimento), as principais características de todos esses exemplos eram aquelas que eles compartilhavam enquanto movimentos e as principais generalizações sobre o movimento eram aquelas que se aplicavam a todos eles. Chegou-se a essa unificação ao se conceber todos os movimentos como mudanças de estado, como transições de um estado de coisas a outro, ou seja, como propriedades dos dois pontos terminais.[6] As características mais

---

5 Dois outros exemplos, junto com uma versão muito mais completa deste, podem ser encontrados em meu "What Are Scientific Revolutions?" ["O que são revoluções científicas?"], em Krüger; Daston; Heidelberger (orgs.), *The Probabilistic Revolution*, v.1: Ideas in History, p.7-22 [reimpresso como cap.1 em *The Road Since Structure: Philosophical Essays, 1970-1993, with an Autobiographical Interview*, org. Conant e Haugeland].

6 Para esses conceitos, ver os livros III e V da *Física* de Aristóteles [Aristóteles, *Physics*, ed. e trad. P. H. Wicksteed e F. M. Cornford, 2v., p.228, 255]. Dois termos gregos estão envolvidos, *kinesis* e *metabole*, e as traduções em inglês moderno normalmente os vertem como "movimento" [*motion*] e "mudança" [*change*], respectivamente. Não existem palavras melhores disponíveis, mas somente a segunda se refere a mais ou menos o mesmo fenômeno que o termo utilizado para traduzi-las, de modo que sua justaposição oculta uma diferença crucial entre os conceitos embutidos no grego de Aristóteles e no inglês moderno. Tal como Aristóteles usa o termo, todo referente de *kinesis* é também um referente de *metabole*, mas não vice-versa. (Os referentes de *metabole* incluem o vir-a-ser e o deixar de ser; os de *kinesis* estão restritos a casos de *metabole* nos quais algo persiste através da mudança.) Em inglês moderno, por outro lado, movimentos podem ser a causa de mudanças, mas não precisam ser mudanças em e por si mesmos: um organismo em crescimento é *ipso facto* um organismo em mudança, mas um corpo em movimento não precisa ser um corpo em mudança.

A INCOMENSURABILIDADE NA CIÊNCIA

salientes para a identificação ou especificação de um movimento eram, assim, dois pontos terminais, um inicial e outro final, juntamente com o tempo requerido para a passagem entre eles.

É evidente que esse modo de associar o termo *movimento* à natureza tinha que ser modificado antes que a palavra pudesse ser usada na física newtoniana. Para os newtonianos, o termo *movimento* se refere a um estado, não a uma mudança de estado. Seus aspectos salientes são velocidade e direção, as propriedades que o caracterizam em certo instante. O termo não se refere mais, em absoluto, a mudanças tais como o crescimento de um carvalho ou a passagem da doença à saúde. Essas alterações semânticas são apenas alguns dos muitos aspectos, intimamente relacionados, nos quais o vocabulário newtoniano recorta o mundo de modo diferente do aristotélico. E foi só no âmbito da nova taxonomia propiciada por esse vocabulário que a concepção de movimento inercial pôde surgir. Para um aristotélico, o conceito de um movimento linear que perdura era uma contradição em termos por lhe faltarem os pontos terminais.

Notem que o que está em questão aqui não é a maneira certa ou errada de usar o termo *movimento*. Nenhuma convenção linguística ou taxonomia convencional pode estar certa ou errada. Porém, para um propósito especificado, uma convenção pode ser mais eficaz do que outra, ou seja, um meio melhor para um dado fim. Uma razão para as mudanças linguísticas que subjazem à física newtoniana é que os objetivos do estudo do movimento mudaram entre Aristóteles e Newton, e a linguagem newtoniana era uma ferramenta muito mais poderosa para se trabalhar tendo em vista os novos objetivos. O novo uso do termo *movimento* é apenas uma entre inúmeras outras mudanças que tornaram essa linguagem tão eficaz.

A história da ciência oferece incontáveis exemplos desse tipo, embora poucos tenham tido tanta repercussão quanto a transição da física aristotélica para a física newtoniana. Os historiadores os encontram quando, ao tentar compreender um texto obsoleto, descobrem que o êxito exige que utilizem algum conjunto de termos familiares de maneiras não familiares, o que lhes permite fornecer uma taxonomia diferente daquela característica de seus equivalentes modernos. Tendo passado por essa experiência, o filósofo historicamente orientado pode concluir comigo que o conhecimento científico transmitido pelo texto estava corporificado não somente nos enunciados sobre a natureza que ele contém, mas também na linguagem agora obsoleta na qual esses enunciados foram formulados. Para permitir um outro conjunto de descobertas, essa linguagem precisava ser reformada e o processo tem prosseguido desde então. A evolução da linguagem, inclusive a linguagem descritiva elementar, é parte da ciência tanto quanto a evolução das leis e teorias. Não existe algo como uma descrição pura e simples e um aspecto fundamental do conceito tradicional de objetividade científica está, portanto, em risco.

Tenho que interromper aqui minha exposição, mas não sem uma peroração. O que venho esboçando são os primeiros frutos resultantes da decisão de tomar seriamente o fato óbvio de que o conhecimento científico é um produto da história humana. Eles são os primeiros frutos, sujeitos tanto a desenvolvimento ulterior quanto, pelo menos em certos casos, a uma possível decomposição. Além disso, todos eles são bastante controversos. Não existe garantia de que o movimento que os produziu há de sobreviver, mas acredito que sim e prevejo que, se for esse o caso, a filosofia da ciência não será o único campo a mudar. Desde o século XVII, a ciência tem sido o exemplo fundamental do conhecimento sólido. Nenhuma transformação significativa de nosso entendimento da ciência pode ocorrer sem transformar também nosso entendimento do conhecimento. Essa transformação também está, como acredito, em curso.

# A PRESENÇA DA CIÊNCIA PASSADA (SHEARMAN MEMORIAL LECTURES)

## RESUMO

### *Lecture* I: Reconquistando o passado

O conhecimento científico só pode ser propriamente compreendido como o resultado de um processo histórico, que envolve mudanças conceituais significativas. Somente se entendermos por que um conjunto de crenças mais antigo era adotado e o que parecia ser evidência para ele, podemos ter esperança de compreender o processo pelo qual esse conjunto foi abandonado e substituído. O historiador da ciência aborda o passado como estranho e visa lhe dar sentido como um quase etnógrafo dos conceitos e crenças passados.

Três exemplos dessa história quase etnográfica da ciência são discutidos.

*Seção 1.* Se entendermos a física de Aristóteles como um todo integrado, com conceitos diferentes dos nossos, entenderemos por que Aristóteles *tinha* de pensar que o vácuo é impossível.

*Seção 2.* Os primeiros diagramas da bateria elétrica de Volta parecem errôneos quando vistos pelas lentes fornecidas pela física posterior, mas eles fazem todo sentido desde que restituamos os significados dos termos-chave correntes no tempo dos escritos de Volta.

*Seção 3.* Os primeiros trabalhos de Planck sobre o problema do corpo negro não deveriam ser lidos do ponto de vista da teoria quântica já desenvolvida; precisamos entender que os termos de Planck se ligam à natureza do modo diferente de nossos termos.

80  A INCOMENSURABILIDADE NA CIÊNCIA

*Seção 4.* Exemplos anteriores mostraram que a taxonomia de uma comunidade fornece sua ontologia – ela dá nomes às coisas que seu mundo pode e não pode conter. Uma taxonomia e um sistema de crenças formam um amálgama inextricável. A história da ciência requer, assim, a restituição de crenças passadas como conceitualmente estranhas, porém plausíveis, uma vez que os conceitos passados sejam compreendidos em seu próprio contexto histórico. A importância desse ponto não é somente historiográfica, mas igualmente filosófica, como há de mostrar a conferência seguinte.

## *Lecture* II: Retratando o passado

A incomensurabilidade é mais bem compreendida como caracterizando não uma barreira à comunicação entre praticantes contemporâneos da ciência, mas como a experiência de um historiador em luta para entender um passado conceitualmente estranho.

*Seção 1.* O trabalho do historiador requer o aprendizado da linguagem na qual o conhecimento passado foi enunciado. Esse trabalho envolve dominar o léxico estruturado incomensurável com o léxico do próprio historiador.

*Seção 2.* Adquirir um léxico é aprender coisas sobre o mundo. Os usuários do mesmo léxico têm que dividir o mundo nas mesmas espécies naturais e identificar os mesmos objetos e situações como se encaixando nessas espécies. Alguns termos para espécies naturais são comuns a todas as linguagens humanas, mas alguns se desenvolvem em resposta a necessidades e a ambientes de comunidades particulares e, assim, variam através de línguas, culturas e períodos históricos. As espécies naturais são organizadas hierarquicamente, por relações de similaridade e diferença; elas não permitem superposições. Um objeto anômalo que se assemelhe igualmente a membros de duas espécies distintas ameaça a taxonomia aceita; a solução provável é uma reestruturação lexical – uma mudança conceitual suscetível de eventualmente afetar vastas áreas do léxico.

A necessidade de uma interpretação histórica quase etnográfica provém de uma disparidade entre taxonomias correntes e passadas, o que impede traduções que preservem a verdade. Termos como *verdadeiro* e *falso* só funcionam na avaliação das escolhas feitas no *âmbito de* uma comunidade que tenha uma ontologia de espécies e um léxico estabelecidos.

*Seção 3*. Léxicos científicos especializados só podem ser dominados mediante uma reestruturação do vocabulário antecedente do aprendiz, derivado do linguajar comum. O aprendizado envolve tanto a aquisição de novos significados para palavras familiares como de novas crenças sobre o mundo. O domínio das espécies naturais científicas com frequência requer que se aprendam as leis que regem o comportamento de seus membros; ao mesmo tempo, o entendimento do conteúdo das leis exige que se aprenda como espécies científicas se constituem e se diferenciam. Nem as leis nem as definições de espécies naturais científicas são analíticas e podem mudar com o tempo. Diferentes indivíduos podem adquirir léxicos identicamente estruturados por diferentes caminhos. A questão ontológica sobre o que existe no mundo é inseparável da questão epistêmica de como devem ser especificados os referentes de um termo.

Aquilo com o que nos comprometemos num léxico é um conjunto de mundos possíveis, permitidos pela ontologia das espécies naturais que eles compartilham. Descobrir o mundo real dentre os membros do conjunto de mundos possíveis é o que os cientistas fazem durante os períodos de ciência normal. Entretanto, o desenvolvimento científico por vezes tem que reestruturar alguma parte do léxico para, assim, ganhar acesso a mundos que antes eram inacessíveis.

## *Lecture* III: Corporificando o passado

Quais são as consequências e os problemas filosóficos provenientes da adoção de uma perspectiva histórica que vê a ciência passada como estranha e as estruturas lexicais passadas como incomensuráveis entre si e com as nossas próprias?

*Seção 1*. O problema das *cabeças de ponte*: quanta comunalidade é requerida para explicar o sucesso do historiador na reconstrução do sistema de crenças de outra época? Argumentamos que cabeças de ponte mínimas

## 82 A INCOMENSURABILIDADE NA CIÊNCIA

são suficientes para o entendimento e que este não requer tradução, mas sim bilinguismo.

*Seção 2.* O problema do relativismo: pode a verdade ou a falsidade de uma crença sobre o mundo depender do léxico da comunidade no âmbito da qual essa crença é adotada? Se o mesmo enunciado pode ser feito em diferentes léxicos, então ele deve ter o mesmo valor de verdade em todos eles. Porém, esse nem sempre é o caso. O que é relativo não é a verdade, mas a efabilidade. Os próprios léxicos não podem ser propriamente rotulados como *verdadeiros* ou *falsos*, mas podem ser avaliados de outras formas. Os pragmatistas estavam certos neste ponto: os léxicos são instrumentos a serem julgados por sua eficácia comparativa em promover os fins para os quais são postos em uso e a escolha dentre eles é relativa a interesses.

*Seção 3.* O problema do realismo *versus* construtivismo: pode o discurso sobre mudança de mundo ser ouvido como algo além da mais selvagem das metáforas? As formulações em *A estrutura* podem ter sido enganosas. Não é o caso que a comunidade tenha ficado quieta enquanto o mundo mudou ao seu redor, de modo que um enunciado que era verdadeiro antes da mudança tornou-se falso depois dela. Na verdade, tanto o mundo como a comunidade se modificaram junto com a mudança do léxico mediante o qual eles interagiam. As categorias da mente são necessárias para constituir a experiência do mundo. Essa posição kantiana difere da posição do próprio Kant pelo fato de as categorias em questão não serem necessárias e universais, mas, ao contrário, contingentes, locais, historicamente situadas e sujeitas à mudança.

*Seção 4.* Dado o papel de uma estrutura lexical na constituição do mundo, como um léxico pode mudar? Aspectos do conhecimento do mundo que pertencem a uma comunidade estão embutidos na estrutura do léxico e novas experiências por vezes tensionam esse conhecimento embutido de modos que só podem ser distendidos pela mudança lexical. Essa tese é ilustrada e defendida por meio de breves vinhetas históricas (Aristóteles, Galileu, Einstein).

*Seção 5.* O problema das conexões entre presente e passado: se o léxico de uma comunidade passada torna seu mundo estrangeiro, como esse mundo

A PRESENÇA DA CIÊNCIA PASSADA (SHEARMAN MEMORIAL LECTURES)     83

pode ser o *nosso* passado? Precisamos de dois tipos de história: a história hermenêutica, etnográfica, que revela a incomensurabilidade e tem grande valor filosófico; e a história presentista ou Whig,* que é necessária para a formação da identidade presente, especialmente a dos cientistas. Narrativas hermenêuticas nos permitem compreender o passado, enquanto narrativas Whig nos permitem usar o passado no presente. Os dois tipos de narrativas históricas são mutuamente incompatíveis, mas cada um deles é necessário em seu próprio contexto e para seus próprios objetivos.

---

\* O termo *"Whig history"* foi cunhado pelo historiador britânico Herbert Butterfield (1900-1979) em seu ensaio "The Whig Interpretation of History" (1931). Ele designa uma concepção teleológica da história em que esta é vista como uma marcha linear e progressiva de um passado obscurantista para um presente glorioso. (N. T.)

# A PRESENÇA DA CIÊNCIA PASSADA

Thomas S. Kuhn

Shearman Memorial Lectures
University College, Londres
23, 24 e 25 de novembro de 1987

# SUMÁRIO

*Lecture* I: Reconquistando o passado    89
*Lecture* II: Retratando o passado    115
*Lecture* III: Corporificando o passado    139

# LECTURE I
## RECONQUISTANDO O PASSADO

Nestas conferências, retorno a um conjunto de temas que alguns filósofos contemporâneos e eu pusemos em discussão há cerca de 25 anos.[1] Nosso tópico era a natureza e a autoridade do conhecimento científico e nós o abordávamos com uma convicção compartilhada de que concepções há muito tempo prevalentes sobre nosso tema deveriam ser drasticamente modificadas por uma maior atenção àquilo que os cientistas realmente fazem. Encontramos dados sobre o comportamento dos cientistas onde pudemos: alguns derivados de nossa própria experiência; alguns de uma sociologia da ciência ainda embrionária. Porém, a fonte principal dos dados com os quais bombardeávamos as abordagens empiristas tradicionais em filosofia da ciência acabou por se constituir de exemplos históricos de avanço científico. Pensávamos que, embora outras fontes pudessem ser igualmente úteis, estudos históricos relevantes já estavam disponíveis e nos sentíamos competentes para desenvolver ainda outros por conta própria.[2]

Em retrospecto, penso que nos equivocamos ao ver a história essencialmente como uma fonte de dados. Estudos de caso, especialmente aqueles que preparamos por conta própria, propiciavam não apenas dados, mas

---

1 Penso particularmente em Paul Feyerabend, N. R. Hanson e Stephen Toulmin. Para os problemas a serem considerados a seguir, as concepções dos dois primeiros foram especialmente importantes.

2 Os primeiros capítulos de *Origins of Modern Science* de Herbert Butterfield foram importantes para muitos de nós, tanto pelo que diziam como pelos outros estudos aos quais eles conduziam. De particular importância dentre estes últimos foram os *Études galiléennes* de Alexandre Koyré.

## 90 A INCOMENSURABILIDADE NA CIÊNCIA

uma perspectiva a partir da qual considerá-los. Essa perspectiva informava nossos dados, porém, quanto a seu papel em nosso trabalho, estávamos quando muito vagamente conscientes. Nossa situação era típica dos aspirantes a inovadores. Trabalhávamos demais com problemas e conceitos que evoluíram no âmbito do ponto de vista que procurávamos suplantar. Com frequência, não percebíamos pistas que nos poderiam ter indicado alternativas à tradição que criticávamos. Só há relativamente pouco tempo é que se tornou possível olhar com mais clareza para o território que o nosso trabalho revelou.

Tenho reexplorado esse território durante grande parte da última década, guiado cada vez mais pela convicção de que o conhecimento científico só pode ser propriamente compreendido como um produto da história, ou seja, como um processo de desenvolvimento temporal e espacialmente contínuo. Estas conferências se concentram num dos produtos dessa exploração: um conjunto de problemas referentes à natureza e às consequências da mudança conceitual. Embora tenham sido muito discutidos em anos recentes, esses problemas parecem diferentes quando considerados como consequências da natureza da história em vez dos fatos que a história oferece. Para enfatizar essa diferença, introduzirei meu tópico propriamente dito com algumas observações breves e dogmáticas sobre a própria perspectiva histórica. Evidência para elas emergirá aqui e ali conforme prossigam estas conferências.[3]

Considerado do ponto de vista do historiador, todo conhecimento da natureza emerge a partir de conhecimento anterior, normalmente estendendo-o, mas por vezes substituindo-o parcialmente. Essa generalização é tão relevante para o chamado contexto de justificação como para o contexto de descoberta. Para a descoberta, o corpo anterior de conhecimentos fornece as ferramentas conceituais, as técnicas de manipulação e grande parte dos dados empíricos necessários para a emergência da novidade cognitiva. Para a justificação, o mesmo corpo anterior de conhecimentos oferece o

---

3 Ver também meu artigo "Scientific Knowledge as Historical Product" [Conhecimento científico como produto histórico] a aparecer em *Synthèse*. [Kuhn se refere aqui à *Revue de Synthèse*, um periódico acadêmico francês dedicado à história e à filosofia da ciência. O artigo, entretanto, nunca foi publicado ali. Ele foi pronunciado como conferência em Tóquio em maio de 1986 e apareceu em *Shisō* em tradução japonesa em agosto de 1986 (ver introdução a este volume, p.15). Ele foi publicado aqui em inglês pela primeira vez. (N. E.)]

LECTURE I: RECONQUISTANDO O PASSADO **91**

único padrão de comparação pelo qual um candidato a sucedê-lo pode ser julgado. Ou seja, nas ciências, o fundamento para o conhecimento futuro é o conhecimento presente e inexiste outro fundamento – mais neutro, menos contingente – a ser considerado. Contribuir para o conhecimento e avaliar contribuições feitas por outros são atividades histórica e culturalmente situadas: nenhum indivíduo pode se engajar em qualquer uma dessas atividades até que tenha dominado tanto a língua da comunidade à qual é oferecida a contribuição como também certo número de verdades correntemente aceitas por essa comunidade. Enquanto enunciado descritivo acerca do modo como a ciência realmente se desenvolve, essa asserção de historicidade é trivial. Porém, entendo sua significação como mais do que apenas factual; ela está, de algum modo, profundamente implicada na própria natureza do conhecimento.

Se estou correto em supor que o fundamento cognitivo da ciência de uma época seja a ciência da época que imediatamente a precede, então a apresentação de exemplos para análise pelos filósofos da ciência envolve duas tarefas distintas. A segunda tarefa é amplamente reconhecida e aparentemente isenta de problemas: cada exemplo deve mostrar o caminho de um corpo mais antigo de afirmações com pretensão ao conhecimento até um sucessor expandido ou revisado; narrativas que traçam tais caminhos são o produto principal do historiador. Antes que uma narrativa possa começar, entretanto, os historiadores se defrontam com uma tarefa anterior: eles devem reconquistar, para si mesmos e para sua audiência, o passado a partir do qual sua narrativa se inicia; ou seja, eles devem restabelecer tanto um corpo mais antigo de afirmações com pretensão ao conhecimento como também a natureza de seu apelo. Durante esse estágio de seu trabalho, os historiadores são como etnógrafos lutando para compreender e descrever o comportamento aparentemente incongruente dos membros de uma cultura estranha.

Esse aspecto etnográfico da história é bem menos reconhecido do que seu sucessor narrativo e estas conferências se ocupam inteiramente dos problemas por ele apresentados. O balanço da conferência de hoje introduz esses problemas apresentando três exemplos da tarefa etnográfica que devem preceder o início da narrativa de um historiador.[4] Tanto individual

---

4 Estes exemplos foram elaborados pela primeira vez, mais ou menos na sua forma atual, para a conferência de abertura de uma série de conferências pronunciadas na Universidade de

## 92 A INCOMENSURABILIDADE NA CIÊNCIA

como coletivamente, esses exemplos mostrarão o passado como estranho, e a conferência de amanhã – na qual retorno à questão que já descrevi com termos tais como *incomensurabilidade* e *comunicação parcial* – questiona o que torna o passado estrangeiro, além da medida na qual e da maneira pela qual essa estraneidade pode ser transcendida. Por fim, minha terceira conferência enfrentará algumas das consequências da posição desenvolvida nas duas anteriores, argumentando que as ameaças com frequência atribuídas a essa posição – notadamente o relativismo e o idealismo – ou não são pertinentes ou não são causa apropriada para alarme.

# 1

Meu primeiro exemplo é uma experiência – o início de meu entendimento da física aristotélica – que, há quarenta anos, primeiro persuadiu-me de que a história da ciência poderia ser relevante para a filosofia da ciência. A primeira vez que li alguns dos escritos físicos de Aristóteles foi no verão de 1947, quando era estudante de pós-graduação em física e empenhava-me na preparação de um estudo de caso sobre o desenvolvimento da mecânica destinado a um curso de ciência para não cientistas. Não admira que eu tenha abordado os textos de Aristóteles com a mecânica newtoniana claramente na cabeça. A questão que eu esperava responder era quanto Aristóteles conhecia de mecânica e quanto ele deixara para pessoas como Galileu e Newton descobrirem. Dada essa formulação, rapidamente descobri que de mecânica Aristóteles não sabia praticamente nada. Tudo fora deixado para seus sucessores, principalmente para aqueles dos séculos XVI e XVII. Essa conclusão era típica, mesmo entre aqueles que conheciam grego, o que não era o meu caso, e ela poderia estar correta em princípio. Contudo, achei-a incômoda porque, quando eu o lia, Aristóteles parecia não apenas ignorante

---

Notre Dame no outono de 1981. Revistos para apresentação numa conferência independente, eles foram recentemente publicados como "What Are Scientific Revolutions?", em Krüger; Daston; Heidelberger (orgs.), *The Probabilistic Revolution*, v.1: Ideas in History, p.7-22 [reimpresso como cap.1 em *O caminho desde* A estrutura]. Hoje penso que [esse] título [é] decididamente enganador, e descobrir as dificuldades que ele suscita foi uma importante experiência de aprendizado para mim, um tópico ao qual voltarei brevemente na *Lecture* II.

de mecânica, mas também um cientista físico terrivelmente ruim. Sobre o movimento, em particular, seus escritos me pareciam eivados de erros flagrantes, tanto de lógica como de observação.

Eu pressentia que essas conclusões eram improváveis. Afinal, Aristóteles fora o muito admirado codificador da lógica antiga. Por quase dois milênios após a sua morte, sua obra cumpriu o mesmo papel em lógica que a obra de Euclides cumpria em geometria. Além disso, Aristóteles se revelara, com frequência, um observador da natureza extraordinariamente sagaz. Especialmente em biologia, seus escritos descritivos ofereciam modelos que foram fundamentais para a emergência da tradição biológica moderna nos séculos XVI e XVII. Como seus talentos característicos puderam abandoná-lo de modo tão sistemático quando ele se voltou para o estudo do movimento e da mecânica? Igualmente, se seus talentos o abandonaram assim, por que seus escritos em física foram encarados com tanta seriedade por tantos séculos após a sua morte? Essas questões perturbavam-me. Era fácil acreditar que Aristóteles houvesse tropeçado, mas não que, ao tratar da física, ele tivesse colapsado totalmente. Então perguntei-me: será que a falta não seria mais minha do que de Aristóteles? Talvez nem todas as suas palavras significassem para si e seus contemporâneos o mesmo que significavam para mim e os meus.

Com esse sentimento, continuei intrigado pelo texto e minhas suspeitas acabaram por mostrar-se bem fundadas. Estava eu sentado em minha escrivaninha, com o texto da *Física* de Aristóteles aberto diante de mim, e com um lápis de quatro cores em mão. Erguendo os olhos, lancei um olhar abstrato para fora da janela de meu quarto – ainda consigo lembrar-me da imagem visual. Inopinadamente, os fragmentos em minha cabeça se recombinaram de uma nova maneira e encaixaram-se uns nos outros. Caiu-me o queixo, pois, de súbito, Aristóteles parecia, na verdade, um físico muito bom, mas de um tipo que nunca sequer sonhei que fosse possível. Agora eu podia ver por que ele dissera o que dissera e por que lhe deram crédito. Enunciados que anteriormente eu tomara como erros flagrantes agora me pareciam, no pior dos casos, pequenas falhas no âmbito de uma tradição poderosa e no geral bem-sucedida.

Esse tipo de experiência – uma perplexidade e um desconforto crescentes que se resolvem de súbito pela redescrição, reclassificação e reagrupamento das partes – com frequência é o que caracteriza um estágio inicial

94 A INCOMENSURABILIDADE NA CIÊNCIA

na redescoberta do passado. Ela sempre deixa por fazer um considerável trabalho de absorção gradual, mas a mudança fundamental não pode ser experimentada gradualmente, passo a passo. Ao contrário, ela envolve uma transformação relativamente súbita e desestruturada na qual alguns aspectos das ideias e comportamentos em estudo se recombinam do modo diferente e exibem padrões diferentes daqueles que eram visíveis antes.

Para tornar tudo isso mais concreto, permitam-me agora ilustrar um pouco do que estava envolvido em minha descoberta de um modo de ler a física aristotélica, um modo que fez que os textos fizessem sentido. Uma primeira ilustração será familiar a muitos de vocês. Quando o termo ou os termos vertidos por "movimento" pelos tradutores ocorrem nos textos aristotélicos, ele(s) se refere(m) à mudança em geral e não apenas à mudança de posição de um corpo físico.[5] Mudança de posição, assunto exclusivo da mecânica para Galileu e Newton, é apenas uma dentre inúmeras subcategorias de movimento para Aristóteles. As outras incluem crescimento (a transformação de uma bolota num carvalho), alterações de intensidade (o aquecimento de uma barra de ferro) e inúmeras mudanças qualitativas mais gerais (a transição da doença à saúde). É evidente que Aristóteles reconhece que as várias subcategorias não são similares em *todos* os aspectos; mas o grupo de características relevantes para o reconhecimento e a análise do movimento é, para ele, aquele que se aplica às mudanças de qualquer tipo. Em certo sentido que não o meramente metafórico, todas essas variedades de mudança são vistas como similares umas às outras, como a constituírem uma única família natural. Aristóteles é explícito quanto às características que elas devem compartilhar: uma causa de movimento, um objeto do movimento, um intervalo de tempo no qual o movimento ocorre, e dois pontos terminais do movimento, aqueles em que ele começa e termina.

Um segundo aspecto da física de Aristóteles – mais difícil de reconhecer e mesmo mais importante – é o papel central das qualidades ou propriedades em sua estrutura conceitual. Com essa afirmação, não quero dizer

---

5 Na verdade, existem dois termos que os tradutores vertem como movimento ou, às vezes, como mudança: *kinesis* e *metabole*. Todos os exemplos de *kinesis* são também exemplos de *metabole*, mas não o inverso. Exemplos de *metabole* incluem vir a ser e deixar de ser e estes não são *kinesis*, pois não possuem um ponto terminal. Cf. Aristóteles, *Física*, Lv.V, caps.1-2, esp. 225a1-225b9. Aqui, utilizarei *movimento* para *kinesis*, excluindo a mudança do ser ao não ser e o seu oposto.

apenas que ele visasse explicar a qualidade e a mudança de qualidade, pois outros tipos de física já o fizeram. Mas a física aristotélica inverte a hierarquia ontológica entre matéria e qualidade que era o padrão desde a metade do século XVII. Na física newtoniana, um corpo é constituído por partículas de matéria e suas qualidades são consequência do modo como essas partículas organizam-se, movem-se e interagem. Na física de Aristóteles, por outro lado, o papel da matéria é secundário. A matéria é necessária, mas tão somente como um substrato neutro no qual as qualidades subsistem, e que permanece o mesmo conforme essas qualidades mudam ao longo do tempo. Esse substrato deve estar presente em todos os corpos individuais, em todas as substâncias, mas sua individualidade se explica não em termos das características de sua matéria, e sim em termos das qualidades particulares – calor, umidade, cor etc. – com as quais ela está impregnada. A mudança ocorre pela alteração das qualidades e não da matéria, ao remover-se algumas qualidades de uma dada matéria e as substituir por outras. Parece haver até mesmo leis de conservação a que algumas qualidades devem obedecer.[6]

As noções de movimento como mudança e de uma física qualitativa são dois possíveis pontos de entrada no texto de Aristóteles. Qualquer um deles poderia ter sido descoberto sem o outro: eles aparentam ser independentes. Todavia, quando reconhecemos esses e outros aspectos do ponto de vista de Aristóteles, eles começam a se encaixar, prestando apoio mútuo um ao outro e, assim, como que possuindo coletivamente um sentido de que individualmente careceriam. Em minha experiência original de penetrar no texto de Aristóteles, as novas peças que estou descrevendo e o sentido de seu encaixe coerente emergiram efetivamente juntos. Esse reconhecimento da coerência é um segundo aspecto característico da experiência de reconquistar ou recapturar o passado. Na verdade, *coerência* é uma palavra fraca demais. Quando nossos pontos de entrada iniciais começam por se encaixar, outros pontos parecem seguir-se quase necessariamente. Por vezes, ocorre de anteciparmos no que um autor deve ter acreditado para então o descobrirmos enunciado mais adiante no texto.

Um terceiro aspecto da física de Aristóteles começará a completar as relações entre aqueles já introduzidos. Na ausência de interferência externa,

---

6 Cf. Aristóteles, *Física*, Lv.I e esp. *Sobre a geração e a corrupção*, Lv.II, caps.1-4 [Aristóteles, *Generation of Animals*].

# 96 A INCOMENSURABILIDADE NA CIÊNCIA

a maioria das mudanças de qualidade são assimétricas, especialmente no domínio orgânico, que municia o modelo de Aristóteles para os fenômenos naturais. Uma bolota se desenvolve naturalmente até virar um carvalho, mas não vice-versa. Um homem doente, com frequência, se cura por si mesmo, mas uma causa externa é necessária, ou acredita-se ser necessária, para deixá-lo doente. Um conjunto de propriedades, um ponto terminal de mudança, representa o estado natural de um corpo, aquele que esse corpo luta para atingir por si só e depois disso para manter.

Tomadas em conjunto, essas propriedades (mais precisamente, um de seus subconjuntos próprios) constituem o que veio a se chamar de essência do corpo.[7] Realizadas ou potenciais, essas propriedades essenciais fazem do corpo aquilo que ele é. Em particular, elas fornecem o padrão para o desenvolvimento natural do corpo, a finalidade que, por sua natureza, ele luta para atingir: a maturação do carvalho realiza a essência já presente na bolota. Mudanças de posição também manifestam essência. A qualidade que uma pedra, ou outros corpos pesados, luta(m) para realizar é a posição no centro do universo; a posição natural do fogo está na periferia. Esse é o motivo pelo qual as pedras caem em direção ao centro até que sejam impedidas por um obstáculo e o fogo voa até os céus. Eles estão realizando sua natureza assim como o faz a bolota por meio de seu crescimento. Dada essa noção de essência, os conceitos anteriormente independentes de movimento como mudança e de uma física de qualidades tornam-se aspectos intimamente inter-relacionados de um só ponto de vista integrado.

O que subjaz a essa inter-relação é a classificação da posição ou do lugar de um corpo como uma de suas qualidades. O lugar ao centro é para uma pedra o que o tamanho e a forma da folha [são] para o carvalho maduro ou o que a frequência cardíaca normal é para um homem ou mulher saudável. Nenhuma dessas qualidades precisa ser realizada (a pedra pode estar no topo da colina; uma bolota não tem folhas; a frequência cardíaca pode

---

7 O termo *essência* deriva das traduções de Aristóteles em latim medieval: não existe um termo inteiramente equivalente em grego. Mas um conceito como esse de essência cumpre um papel fundamental em sua física e as traduções modernas, com frequência, têm boas razões para introduzir o termo correspondente, normalmente como um substituto para *eidos* (traduzido com mais frequência [como] "forma") ou para *physis* (traduzido com mais frequência [como] "natureza"). A ausência de um termo que corresponda plenamente ao conceito é um dos aspectos de uma dificuldade que não é somente verbal na posição de Aristóteles. Falarei mais acerca dessa questão na próxima nota.

LECTURE I: RECONQUISTANDO O PASSADO    **97**

ser perturbada por uma doença). Contudo, todos esses corpos devem se caracterizar por alguma qualidade do tipo pertinente e devem lutar para realizar aquela que lhes é natural. Fazer do lugar uma das qualidades tem consequências.[8] As qualidades de uma pedra em queda mudam quando ela

---

8 A asserção de que Aristóteles considera o lugar uma qualidade é categórica demais. Sua posição é sofisticada e, em certos momentos, aparenta ser inconsistente. A totalidade das qualidades que devem ser inerentes à matéria (*hyle*) para constituir uma substância é a forma (*eidos*) do corpo correspondente. A questão se o lugar (*topos*) é ou não uma qualidade é a questão se o *topos* de um corpo é ou não parte de seu *eidos*. Aristóteles oferece duas respostas diferentes que correspondem a dois usos distintos de *eidos*.

Na primeira resposta, o *eidos* de um corpo é constituído por todas as suas qualidades em algum momento particular. Algumas qualidades, como a cor do cabelo de um homem ou do pelo de um animal, são acidentais (*symbebekos*): elas poderiam ser distintas, por exemplo, em momentos diferentes, a substância particular permanecendo a mesma. Outras são essenciais (*kath 'auta* ou *to ti esti*), como o peso numa pedra ou a racionalidade num homem: se fossem diferentes, a substância não seria a espécie que ela é. Quando a mudança ocorre em relação ao *eidos*, é esse primeiro sentido de *eidos* que está envolvido, e ele exclui explicitamente o lugar do *eidos*. *Kinesis* pode ocorrer com relação tanto a *poion* (qualidade), como a *poson* (magnitude, tamanho) ou a *topos* (lugar), e somente a primeira destas é mudança em relação ao *eidos*. Em particular, Aristóteles afirma que *topos* não pode ser *eidos* porque um corpo não é separável de suas qualidades, mas pode ser separado (ou movido) de seu lugar. (Cf. *On the Heavens* [*Do céu*], Lv.IV, cap.2, 310a24 [Aristóteles, *De caelo*] e *Physics* [*Física*], Lv.IV, cap.2, 209b23.) Porém, Aristóteles também restringe com frequência *eidos* às propriedades essenciais ou definidoras de uma substância, aquelas que a tornam o que ela é e que não podem mudar. (Cf. "to eidos to kata ton logon", *Física*, Lv.II, cap.1, 193a30-33.) Concebido desse modo, *eidos* é a causa formal da mudança e o termo correspondente é amiúde usado intercambiavelmente com *physis* (natureza) como o princípio interno de movimento de um corpo. Este é o uso de *eidos* que fornece o conceito que seria posteriormente rotulado como *essência*, e nesse uso *topos*, que dá a finalidade de um movimento, é parte do *eidos*, tal como a posição potencial no centro é a finalidade para uma pedra. Quando *topos* é usado desse modo, Aristóteles fala dele por vezes como o *auto topos* (lugar próprio) do corpo ou como o *oikeios topos* (lugar imediato, o lugar em que o corpo, por acaso, se encontra). (Cf. *Física*, Lv.IV, cap.4, 211a6, 211a29; Lv.V, cap.6, 230b27.) Contudo, essa distinção entre os usos de *topos*, assim como a distinção relacionada entre os usos de *eidos*, não é feita regularmente e o fracasso em fazê-la parece por vezes fundamental para o argumento de Aristóteles.

Aristóteles está usando o segundo sentido de *eidos* quando diz, por exemplo, "o movimento de cada corpo para seu lugar próprio (*topos*) é movimento para sua forma própria (*eidos*)" (*Do céu*, Lv.IV, cap.2, 310a35). Um exemplo ainda mais claro é: "Pois, em geral, aquilo que é movido muda de uma coisa em outra, o ponto de partida e a finalidade sendo diferentes na forma (*eidei*). Por exemplo, recuperar a saúde é mudar da doença para a saúde, crescer é mudar da pequenez para a grandeza. A locomoção deve ser similar: pois ela também tem sua finalidade e seu ponto de partida – e, portanto, o ponto de partida e a finalidade do movimento natural diferem na forma (*eidei*)" (*Do céu*, Lv.I, cap.8, 277a13-21, citado a partir da tradução Oxford de J. L. Stocks).

As dificuldades desse duplo uso provêm da ênfase na definição aristotélica de lugar (*topos*) como "o limite do corpo continente, onde ele está em contato com o corpo contido" (*Física*,

se move: a relação entre seus estados inicial e final é similar àquela entre a bolota (ou broto) e o carvalho ou entre o jovem e o adulto. Para Aristóteles, entretanto, o movimento local é uma mudança de estado e não um estado, como era para Newton. A primeira lei do movimento de Newton, o princípio de inércia, torna-se então impensável, pois somente estados podem perdurar na ausência de intervenção externa. Se o movimento não é um estado, então um movimento que perdure requer força contínua.

Poderíamos prosseguir dessa maneira por algum tempo, ajustando partes individuais da física aristotélica para que encontrem seu lugar no todo. Mas, em vez disso, concluirei esse primeiro exemplo com uma última ilustração: a concepção de Aristóteles acerca do vácuo ou vazio. Ela se revela como uma manifestação particularmente marcante do modo como uma série de teses, aparentemente arbitrárias se tomadas isoladamente, podem, em conjunto, formar uma estrutura no interior da qual todas e cada uma delas encontram apoio. Aristóteles diz que o vazio é impossível: sua posição subjacente é que a própria noção é incoerente. A essa altura, já deveria ser evidente como isto pode ser assim. Se a posição é uma qualidade e se qualidades não podem existir separadas da matéria, então deve haver matéria onde quer que haja posição, isto é, onde quer que um corpo possa estar. Mas isso equivale a dizer que onde não haja matéria, não haverá nenhum lugar: o conceito de espaço vazio torna-se muitíssimo similar a uma contradição em termos, parente próximo do conceito de um círculo quadrado. Nas palavras de Aristóteles: "porquanto o vazio (se algo assim existir) deva ser concebido como um lugar no qual poderia haver um corpo, mas não há, é claro que, assim concebido, o vazio não pode existir em absoluto".[9]

É evidente que existem outras maneiras de conceber o vazio, maneiras que lhe subtraem o ar de paradoxo, mas Aristóteles não é livre para poder escolher entre elas. Aquela que ele de fato escolhe é principalmente determinada por sua concepção do movimento como mudança de estado, e

---

Lv.IV, cap.4, 212a5). O lugar é aqui firmemente associado com o corpo cujo lugar ele é e, simultaneamente, torna-se externo a esse corpo que pode, como insiste Aristóteles logo depois, mover-se para fora dele.

9 *Física*, Lv.IV, cap.7, 214a16-20, citado a partir da tradução Loeb de Philip H. Wicksteed e Francis M. Cornford. Como indica o final da nota precedente, falta um ingrediente em meu esboço desse argumento: a definição de lugar em Aristóteles, desenvolvida imediatamente antes da discussão da qual foi extraída esta citação.

LECTURE I: RECONQUISTANDO O PASSADO **99**

outros aspectos de sua física também dependem dessa concepção. Se o vazio pudesse existir, então o universo ou cosmos aristotélico não poderia ser finito. É justamente porque a matéria e o espaço são coextensivos que o espaço pode se encerrar onde encerra-se a matéria, na esfera das estrelas, para além da qual não existe absolutamente nada, nem espaço nem matéria. Mas se o universo não tivesse fronteiras, então a esfera em rotação que transporta as estrelas teria que ser infinita, uma fonte de grandes dificuldades para a astronomia. Mais difícil ainda, num universo infinito, qualquer ponto no espaço seria o centro, tanto quanto qualquer outro. Não haveria, então, nenhuma posição especial na qual pedras e outros corpos pesados pudessem realizar sua qualidade natural; ou, para colocar a questão de outro modo, no vazio um corpo não poderia descobrir a localização de seu lugar natural. É apenas por estar conectado com todas as posições no universo por meio de uma cadeia de matéria interveniente que um corpo é capaz de encontrar seu caminho para o lugar onde suas qualidades naturais se realizam plenamente. A presença de matéria é o que proporciona um espaço dotado de estrutura.[10] Assim, tanto a teoria aristotélica do movimento local natural, como a antiga astronomia geocêntrica seriam arruinadas pela rejeição da concepção de vazio de Aristóteles. Não existe nenhuma forma de "corrigi-la" sem reconstruir grande parte do restante de sua física. Não é por acidente que, nessa eventualidade, o universo infinito copernicano, a mecânica de Galileu e Newton, além dos primeiros vácuos terrestres, emergissem todos em conjunto.

## 2

Essas observações, embora simplificadas e incompletas, deveriam bastar para indicar como as peças da descrição do mundo físico por Aristóteles se encaixam para formar um todo integrado, um todo que tinha de ser reiteradamente desfeito e refeito no desenvolvimento histórico do vocabulário conceitual que eu, o historiador inicialmente etnocêntrico, tentei impor ao texto de Aristóteles. Em lugar de estendê-las ainda mais, passarei de imediato para um segundo exemplo, agora situado no início do século XIX.

---

10 Para esse e outros argumentos estreitamente relacionados, ver *Física*, Lv.IV, cap.8, esp. 214b27-215a24.

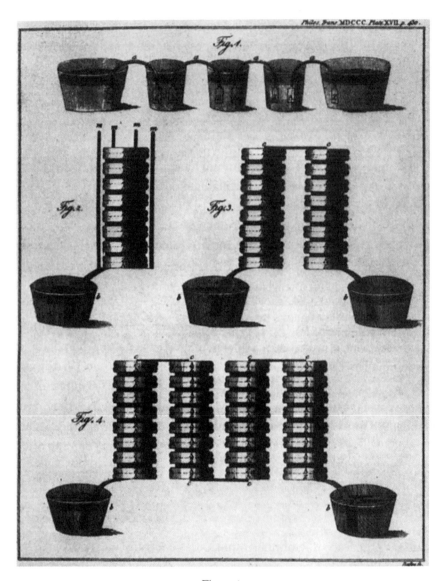

Figura 1

Entre os acontecimentos notáveis do ano 1800, está a descoberta da bateria elétrica por Volta, primeiramente anunciada numa carta para *sir* Joseph Banks, presidente da Royal Society.[11] Ela se destinava à publicação

---

11 Alessandro Volta, "On the Electricity Excited by the Mere Contact of Conducting Substances of Different Kinds", *Philosophical Transactions*, v.90, p.403-31, 1800. Acerca desse

LECTURE I: RECONQUISTANDO O PASSADO 101

e estava acompanhada por uma ilustração aqui reproduzida como Figura 1.
Para uma audiência moderna, há algo de estranho nessa ilustração, embora
essa estranheza seja raramente notada, mesmo por historiadores. Olhan-
do-se para qualquer uma das chamadas pilhas (de moedas) nos dois terços
inferiores do diagrama, vê-se, lendo de baixo para cima a partir do canto
inferior direito, uma peça de zinco, $Z$, e então uma peça de prata, $A$, e então
uma peça de papel mata-borrão úmido, e então uma segunda peça de zinco
e assim por diante. O ciclo zinco, prata, papel mata-borrão úmido é repetido
um número inteiro de vezes, oito na ilustração original de Volta. Agora suponha que, em vez de ter toda essa explicação, lhes tivesse pedido simplesmente que olhassem o diagrama, para depois deixá-lo de lado e reproduzi-lo
de memória. É quase certo que aqueles dentre vocês com conhecimento de
física, mesmo que elementar, teriam desenhado zinco (ou prata), seguido
de papel mata-borrão úmido, seguido por prata (ou zinco). Numa bateria,
como sabemos, o lugar do líquido é *entre* os dois metais diferentes.

Esse problema de reconhecimento resulta claramente de enxergarmos o
diagrama de Volta pelas lentes conceituais fornecidas por uma física posterior. Porém, se reconhecermos as anomalias no diagrama e nos intrigarmos
com elas com a ajuda do texto de Volta, emergirão duas leituras errôneas
relacionadas que necessitam de correção simultânea. Para Volta e seus seguidores, o termo *bateria* se refere à pilha inteira e não a uma subunidade
composta de um líquido e dois metais. Além do mais, essas subunidades,
às quais Volta se refere como *duplas*, não incluem o líquido literalmente.
Para ele, a subunidade se constitui das duas peças de metal em contato.
A fonte de seu poder é a interface metálica, a junção bimetálica que Volta
anteriormente descobrira como a sede da tensão elétrica, daquilo que de-
nominaríamos voltagem. O papel do líquido é simplesmente o de conectar
uma célula unitária à próxima sem gerar um potencial de contato que neutralizaria o efeito.

---

assunto, ver Theodore M. Brown, "The Electric Current in Early Nineteenth-Century
French Physics", *Historical Studies in the Physical Sciences*, v.1, p.61-103, 1969. [Kuhn
fez a seguinte anotação para si mesmo: "Devo acrescentar algumas observações sobre essa
história ser francesa, aonde foram principalmente os físicos que trabalharam na bateria.
Na Inglaterra, as coisas seriam diferentes. Agradecimentos a [June] Fullmer; citar Geoff
Sutton". (N. E.)]

## 102　A INCOMENSURABILIDADE NA CIÊNCIA

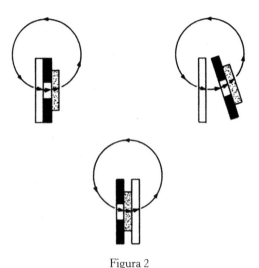

Figura 2

Essas características estão todas intimamente inter-relacionadas. O termo de Volta *bateria* foi emprestado da artilharia, onde se refere a um grupo de canhões que disparam juntos ou em rápida sucessão. Em sua época, era comum aplicá-lo também a um conjunto de garrafas de Leiden ou condensadores conectados em série, um arranjo que multiplicava a tensão ou o choque que poderia ser obtido com uma garrafa individual operando sozinha. Esse modelo eletrostático é aquele ao qual Volta assimila seu novo aparato. Cada junção bimetálica é um condensador ou garrafa de Leiden que se autocarrega e a bateria é formada pelo conjunto conectado. Para confirmar isso, olhem na parte superior do diagrama de Volta, que ilustra um arranjo que ele chamou de "a coroa de xícaras". Dessa vez, a semelhança com os diagramas de manuais elementares modernos é impressionante, mas novamente há uma excentricidade. Por que as xícaras nas duas pontas do diagrama contêm apenas uma peça de metal? O que explica a aparente incompletude das duas células terminais? A resposta é a mesma que a anterior. Para Volta, as xícaras não são células, mas simplesmente recipientes para os líquidos que conectam as tiras ou duplas bimetálicas em forma de ferradura, das quais se compõe a sua bateria. As posições aparentemente não ocupadas nas xícaras mais externas são o que pensaríamos como terminais de bateria, bornes de ligação. A incompletude que nos intrigava era de nossa própria autoria.

Como no exemplo anterior, as consequências dessa concepção da bateria são abrangentes. Por exemplo, como se mostra na Figura 2, a transição do ponto de vista de Volta para o ponto de vista moderno inverte a direção do fluxo da corrente. Um diagrama de célula moderno (na parte inferior da figura) pode ser derivado do diagrama de Volta (parte superior esquerda) por um processo como virar este último de dentro para fora (parte superior direita). Nesse processo, o que era o fluxo da corrente interno à célula se torna a corrente externa e vice-versa. No diagrama voltaico, o fluxo externo da corrente é de metal negro para metal branco, de modo que o negro é positivo. No diagrama moderno, tanto a direção do fluxo como a polaridade são invertidos. Muito mais importante conceitualmente é a mudança na fonte da corrente. Para Volta, a interface metálica era o elemento essencial da célula e necessariamente a fonte da corrente que ela produz. Quando a célula era virada de dentro para fora, o líquido e suas duas interfaces com os metais forneciam o essencial e a fonte da corrente passava a ser os efeitos químicos nessas interfaces. Durante as décadas de 1820 e 1830, quando os dois pontos de vista conviveram por um breve período, o primeiro era conhecido como a teoria do contato e o segundo como a teoria química da bateria.

Essas são apenas as consequências mais óbvias de considerar-se a bateria como um dispositivo eletrostático, mas algumas das outras consequências tiveram importância ainda mais imediata. Por exemplo, o ponto de vista de Volta suprimiu o papel conceitual do circuito externo. Aquilo que pensaríamos como um circuito externo é simplesmente um trajeto de descarga, como o curto-circuito no solo que descarrega uma garrafa de Leiden. Como resultado, os primeiros diagramas de bateria na tradição voltaica não mostram um circuito externo a não ser que algum efeito especial, como a eletrólise ou o aquecimento de um fio, esteja ocorrendo ali, e então com muita frequência a bateria não é mostrada. Antes da década de 1840, os diagramas de célula modernos normalmente não eram mostrados em livros sobre eletricidade. Quando eram, ou o circuito externo ou pontos explícitos para sua ligação apareciam junto com eles. Exemplos são mostrados nas Figuras 3 e 4.[12]

---

12 Essas ilustrações são de Auguste [Arthur] de La Rive, *Traité d'électricité théorique et appliquée*, v.2, p.600, 656. Diagramas estruturalmente similares, porém, esquemáticos, aparecem nas pesquisas experimentais de Faraday do início da década de 1830 [ver Faraday, "Experimental Researches in Electricity", *Philosophical Transactions of the Royal Society of London*,

Figura 3

Figura 4

Por fim, a concepção eletrostática da bateria conduz a um conceito de resistência elétrica muito diferente daquele que é o padrão agora. Existe, ou existia nesse período, um conceito eletrostático de resistência. Para um material isolante de uma dada seção transversal, a resistência era medida pela menor duração que o material poderia ter sem se romper – ou seja, sem escapar ou interromper o isolamento – quando submetido a uma dada voltagem. Para um material condutor, a resistência era medida pela menor duração que o material poderia ter sem derreter quando conectado através de uma dada voltagem. É possível medir a resistência concebida dessa maneira, mas os resultados não estão em conformidade com a lei de Ohm. Para fazer medidas que se conformam com essa lei, é preciso reconceber a bateria e o circuito com base num modelo mais hidrostático. A resistência deve se tornar semelhante à resistência friccional ao fluxo da água em canos. Tanto a invenção como

---

v.122, p.130-1, jan. 1832]. Minha escolha da década de 1840 como o período em que tais diagramas tornaram-se comuns resulta de uma revisão casual de textos sobre eletricidade que eu tinha à disposição. Um estudo mais sistemático teria que ter distinguido entre as respostas britânica, francesa e alemã à teoria química da bateria. [Kuhn indicou que desejava mudar esta nota de rodapé. Infelizmente, não especificou como ou por quê. (N. E.)]

a assimilação da lei de Ohm exigiram uma mudança não cumulativa desse tipo, e isso é parte do que tornou sua obra tão difícil de entender e de aceitar para muitas pessoas. Sua lei forneceu, por algum tempo, um exemplo típico de uma importante descoberta que inicialmente foi rejeitada ou ignorada.

## 3

Neste ponto, encerro meu segundo exemplo e passo sem demora a um terceiro, este mais moderno e mais técnico do que seus antecessores. Ele envolve uma nova interpretação, ainda não aceita em toda parte, dos primeiros trabalhos de Max Planck sobre o assim chamado problema do corpo negro.[13] No final de 1900, Planck aplicou a esse problema um método clássico desenvolvido alguns anos antes pelo físico austríaco Ludwig Boltzmann. Usando o método de Boltzmann, Planck foi capaz de derivar a agora familiar lei de distribuição do corpo negro, que ele próprio propusera poucos meses antes. Essa derivação marca a origem histórica da teoria quântica, uma teoria que rompe com a física clássica ao requerer que a energia dos corpos microscópicos seja restrita a níveis discretos, entre os quais ela só pode mudar por saltos descontínuos. Prevenidos por meus exemplos anteriores, nenhum de vocês ficará surpreso ao ouvir que os artigos da derivação de Planck foram lidos, por muitos anos, como se contivessem aqueles conceitos revolucionários – descontinuidade e o espectro de energia discreta – que foram associados à sua derivação pela física posterior. Porém, essa leitura etnocêntrica, assim como a leitura correspondente de Aristóteles ou Volta, apresenta dificuldades especiais, e estas são costumeiramente resolvidas transformando-se Planck num sonâmbulo que não compreendia muito bem o que estava fazendo.[14] Por exemplo, naqueles artigos da derivação, Planck não diz nada

---

13 Para uma exposição mais completa, juntamente com material de apoio, ver o meu livro *Black-Body Theory and the Quantum Discontinuity, 1894-1912*. Uma exposição mais breve dos principais argumentos pode ser encontrada no meu artigo "Revisiting Planck", *Historical Studies in the Physical Sciences*, v.14, n.2, p.231-52, 1984; reimpr. na edição do livro pela University of Chicago Press. [Posfácio à edição *paperback* de Kuhn, *Black-Body Theory*, p.349-70. (N. E.)]

14 A parte 4 do artigo citado na nota anterior inclui dois outros exemplos de leituras etnocêntricas do desenvolvimento da física moderna, desenvolve outras razões para chamar essas leituras de etnocêntricas e sugere o que é posto em risco por sua rejeição.

sobre mudanças descontínuas de energia ou sobre uma restrição a níveis permissíveis de energia, e sua derivação, se lida literalmente, é incompatível com esses conceitos. Anomalias resultam, assim, da leitura de Planck através de lentes modernas, e sua presença sugere a necessidade de um modo diferente de leitura, que restaure coerência conceitual aos textos.

Para ver como isso pode ser realizado, primeiro considerem, tal como fizemos com Volta, a derivação antecedente sobre a qual Planck modelou a sua própria. Boltzmann vinha considerando o comportamento de um gás, concebido como uma coleção de muitas moléculas minúsculas a moverem-se rapidamente no interior de um recipiente e a colidirem frequentemente tanto umas com as outras como com as paredes do recipiente. A partir de trabalhos anteriores de outros físicos, Boltzmann conhecia a velocidade média das moléculas (mais precisamente, a média do quadrado de sua velocidade). Porém, é evidente que muitas das moléculas estavam se movendo muito mais lentamente do que a média, enquanto outras se moviam muito mais rápido. Boltzmann queria saber qual proporção delas estava se movendo a, digamos, 1/2 da velocidade média, qual proporção a 4/3 da média e assim por diante. Nem essa questão nem a resposta que ele encontrou para ela eram novas. Mas Boltzmann chegou à resposta por um novo caminho, partindo da teoria da probabilidade, e esse caminho foi fundamental para Planck, tendo se tornado padrão a partir de sua obra.

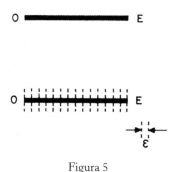

Figura 5

No momento, me deterei em apenas um aspecto do método de Boltzmann. Ele considerou a energia cinética total $E$ das moléculas. Então, para permitir a introdução da teoria da probabilidade, ele subdividiu mentalmente essa energia em pequenas células ou elementos de tamanho $\varepsilon$, como na Figura 5. Em seguida, imaginou distribuir as moléculas ao acaso entre essas células, retirando fichas numeradas de uma urna para especificar a atribuição de cada molécula e então excluir todas as distribuições com energia total diferente de $E$. Por exemplo, se a primeira molécula fosse atribuída à última célula (energia $E$), então a única distribuição aceitável seria aquela que atribuísse todas as outras moléculas à primeira célula (energia 0). Essa distribuição particular é claramente uma das mais improváveis. É bem mais provável que a maioria das moléculas terá energia apreciável e, pela teoria da probabilidade, podemos descobrir a distribuição mais provável de todas. Boltzmann mostrou como fazê-lo e seu resultado foi o mesmo que o obtido anteriormente por ele e outros físicos usando meios mais duvidosos.

A técnica probabilística de Boltzmann foi inventada em 1877 e 23 anos depois, no final de 1900, Max Planck aplicou-a a um problema aparentemente bastante diferente: a radiação do corpo negro. *Grosso modo*, o problema é explicar a maneira como a cor de um corpo aquecido muda com a temperatura. Pensem, por exemplo, na radiação de uma barra de ferro que, conforme aumenta a temperatura, primeiro libera calor (radiação infravermelha), em seguida adquire uma cor vermelho baça e então gradualmente se converte num branco brilhante. Para analisar essa situação, Planck imaginou um recipiente ou cavidade preenchida por radiação, ou seja, por luz, calor, ondas de rádio etc. Além disso, ele supôs que a cavidade contivesse um monte daquilo que ele denominou *ressonadores* (pensem neles como minúsculos diapasões, cada um sensível à radiação numa frequência, mas não em todas). Esses ressonadores absorvem energia da radiação e a questão de Planck era: como a energia captada por cada ressonador depende de sua frequência? Qual é a distribuição de frequência da energia pelos ressonadores?

Concebido desse modo, o problema de Planck estava muito próximo do de Boltzmann, e Planck aplicou-lhe as técnicas probabilísticas de Boltzmann. Em termos simples, ele usou a teoria da probabilidade para encontrar a proporção de ressonadores que caía em cada uma das várias células, justamente como Boltzmann havia encontrado a proporção de moléculas. Sua resposta se ajusta melhor aos resultados experimentais do que qualquer outra conhecida desde então, mas ocorre que havia uma diferença inesperada entre o seu problema e o de Boltzmann. Para Boltzmann, o tamanho $\varepsilon$ da célula poderia ter muitos valores diferentes sem modificar o resultado. Embora os valores permissíveis fossem limitados – não poderiam ser nem muito grandes, nem muito pequenos – nesse intervalo, uma infinidade de valores satisfatórios estava disponível. O problema de Planck revelou-se diferente: outros aspectos da física determinavam $\mathcal{E}$, que só poderia ter um único valor dado pela famosa fórmula $\mathcal{E} = hv$, onde $\mathcal{E}$ é a frequência do ressonador e $h$ é a constante universal subsequentemente conhecida pelo nome de Planck. É claro que Planck estava perplexo acerca da razão para as restrições no tamanho da célula, embora tivesse um forte palpite sobre isso, que em breve tentaria desenvolver. Porém, excetuando-se essa perplexidade residual, ele havia resolvido seu problema e sua abordagem permaneceu muito próxima da de Boltzmann. Em particular, o ponto presentemente crucial é que nas duas soluções a divisão da energia total $E$ em células de tamanho $\mathcal{E}$ era uma divisão puramente mental, feita para propósitos estatísticos. As moléculas e ressonadores poderiam estar em qualquer lugar ao longo da curva e eram regidos por todas as leis usuais da física clássica. A restrição no tamanho da célula não implicava, para Planck, uma restrição na energia dos ressonadores individuais; sua energia mudava continuamente com a passagem do tempo.

Essa maneira de ler Planck elimina anomalias e, ao fazê-lo, recupera um pedaço do passado. O que está em jogo na reconstrução será revelado por um esboço do que aconteceu a seguir. O trabalho que acabou de ser descrito foi feito no final de 1900. Seis anos mais tarde, na metade de 1906, dois outros físicos argumentaram que o resultado de Planck não poderia ter sido obtido do modo como Planck o obteve. Havia um erro menor em seu argumento. Para fazer seu trabalho de derivação, uma alteração pequena, porém absolutamente crucial, se fazia necessária. Os ressonadores não poderiam estar em qualquer lugar na curva contínua de energia, mas somente nas divisões entre células. Isso significa que um ressonador poderia ter energia 0, $\mathcal{E}$, $2\mathcal{E}$, $3\mathcal{E}$ e assim por diante, mas não $(1/3)\,\mathcal{E}$, $(4/5)\,\mathcal{E}$ etc. Quando um ressonador mudava sua energia, ele não o fazia continuamente, mas por saltos descontínuos de tamanho $\mathcal{E}$ ou um múltiplo de $\mathcal{E}$.

Após essas alterações, o argumento de Planck era, ao mesmo tempo, radicalmente diferente e precisamente o mesmo. Matematicamente, ele permaneceu virtualmente inalterado, um fato que tornou mais fácil que se lesse seu artigo de 1900 como se contivesse o argumento revisado, aquele que ainda permanece. Mas, fisicamente, as entidades às quais a derivação se refere são muito diferentes. Em particular, o elemento $\mathcal{E}$, que era uma divisão mental da energia total, converteu-se num átomo físico de energia separável, no qual cada ressonador pode ter 0, 1, 2, 3 ou algum outro número. A Figura 6 tenta capturar essa mudança de um modo que sugere sua semelhança com a bateria de dentro para fora do meu último exemplo. Também aqui, a mudança é elusiva, difícil de ver, mas, ao mesmo tempo, e mais uma vez, significativa. O ressonador se converteu de um tipo familiar de entidade, regida pelas leis clássicas usuais, numa criatura estranha, cuja existência mesma é incompatível com as formas tradicionais de se fazer física. Como a maioria de vocês sabe, mudanças do mesmo tipo continuaram por mais vinte anos, quando fenômenos não clássicos similares foram encontrados em outras partes do campo.

Não tentarei acompanhar essas mudanças posteriores, mas, em vez disso, concluirei este exemplo, que é o meu último, indicando um outro tipo de mudança que ocorreu num estágio precoce. Ao discutir os exemplos anteriores, assinalei que a eliminação de anomalias na leitura de um texto requer mudanças no modo em que termos como *movimento* ou *célula* ligam-se à natureza. Neste exemplo, as mudanças para as quais deve atentar o historiador mostram-se nas próprias palavras. Quando Planck, por volta de 1909, persuadiu-se por fim de que a descontinuidade viera para ficar, ele transitou para um vocabulário que tem sido o padrão desde então, um vocabulário que enfatiza essa concepção alterada da situação física da qual tratava sua teoria. Anteriormente, ele normalmente se referira ao tamanho $\varepsilon$ da célula como o elemento de energia. Agora, em 1909, ele começou a falar normalmente do quantum de energia, pois *quantum*, tal como usado na física alemã, referia-se a uma parte separável e indivisível, uma entidade semelhante a um átomo que poderia existir isoladamente. Enquanto $\varepsilon$ era apenas o tamanho de uma subdivisão mental, não era um quantum, mas um elemento.

Também em 1909, Planck abandonou a analogia acústica. As entidades que ele inicialmente rotulara como *ressonadores*, agora foram renomeadas como *osciladores*, este último sendo um termo neutro referindo-se a uma entidade que apenas vibra regularmente de um lado para outro. *Ressonador*, ao contrário, refere-se em primeira instância a uma entidade acústica ou, por extensão, a algo que, como um diapasão, responde gradualmente à estimulação, a amplitude de suas oscilações crescendo e decrescendo continuamente com a magnitude do estímulo aplicado. Para alguém que acreditasse que a energia muda descontinuamente, *ressonador* não era um

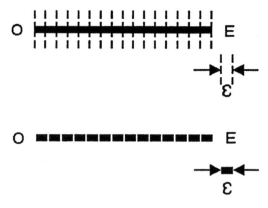

Figura 6

termo apropriado e Planck renunciou a ele após 1909. Com essa mudança e a transição que a acompanhou de *elemento* para *quantum*, aspectos essenciais da teoria do corpo negro de Planck foram incorporados ao vocabulário usado desde então para descrevê-la. E é por meio desse vocabulário – usado para traduzir o que dizia Planck sobre ressonadores e elementos de energia – que, por mais de meio século, tanto cientistas como historiadores têm lido seus primeiros artigos, neles encontrando conceitos que não haviam sido inventados quando esses artigos foram escritos.

# 4

Essa observação encerra meu terceiro exemplo. Em vez de introduzir outros mais, concluirei rapidamente essa conferência lembrando ao que esses exemplos se referem e assinalando, ainda que de forma preliminar, uma característica fundamental compartilhada por todos eles.

No início da conferência, sugeri que os historiadores que estudam o desenvolvimento do conhecimento sobre a natureza têm uma dupla tarefa. Eles devem propor uma narrativa explicativa fiel em relação às mudanças nas ideias sobre um conjunto inter-relacionado de fenômenos naturais. Mas, antes que possam fazê-lo, devem realizar uma outra tarefa, bem menos reconhecida. Narrativas sobre desenvolvimento devem se iniciar em um ou outro ponto no tempo e os historiadores devem preparar o cenário antes de contar a história da mudança a partir desse ponto. Ou seja, devem mostrar à sua audiência no que as pessoas acreditavam então e não devem fazê-lo apenas citando o que essas pessoas disseram. Citações literais, como mostram esses exemplos, com frequência geram absurdos. Os historiadores devem, em vez disso, abordar ideias mais antigas de um modo etnográfico, um modo que visa dar conta da coerência e da plausibilidade dessas ideias para as pessoas que as defendiam. Somente se compreendermos por que um conjunto mais antigo de crenças era adotado e o que parecia ser evidência em seu apoio, podemos esperar recontar, analisar ou avaliar o processo pelo qual ele foi abandonado e substituído. Os três exemplos que discuti são ilustrações concretas tanto da necessidade como dos resultados dessa tarefa etnográfica. A essa altura, pode parecer que sua importância seja tão somente historiográfica, mas, no restante destas conferências, tentarei mostrar que eles também possuem relevância filosófica. Permitam-me antecipar sucintamente um pouco do que penso ser relevante.

Em cada um desses exemplos, descrevi um conjunto de crenças passadas acerca de algum aspecto da natureza. Entretanto, para fazê-lo, também precisei descrever, em cada caso, os significados de alguns dos termos nos quais essas crenças foram enunciadas. Esses termos, além do mais, geralmente eram de um tipo especial; eles estão entre os nomes das categorias taxonômicas disponíveis para membros da comunidade de falantes que os utiliza. Eles contêm a ontologia da comunidade, fornecendo nomes para as coisas que seu mundo pode ou não conter. Eles são muito similares aos termos que Mill descreveu como os nomes de espécies naturais e sua descrição deles, que descobri apenas recentemente, tem influenciado cada vez mais meu pensamento.[15]

Em alguns casos, esses termos problemáticos ainda estão em uso, mas com significados diferentes: os termos elétricos *bateria* e *resistência* na virada do século; os termos aristotélicos pelos quais os tradutores substituem *movimento* e *matéria*. Em outros casos, os próprios termos eram diferentes, porém usados de maneiras que facilmente sugerem um equivalente moderno enganoso. *Oscilador* e *quantum* ocorrem em contextos muito similares

---

15  Mill, "A System of Logic, Ratiocinative and Inductive, Being a Connected View of the Principles of Evidence and the Methods of Scientific Investigation", em Robson (org.), *The Collected Works of John Stuart Mill*, v.7-8. (N. E.) [Existe tradução dessa obra disponível em língua portuguesa: "Sistema de lógica dedutiva e indutiva e outros textos", em *Os Pensadores: Jeremy Bentham, John Stuart Mill*, p.69-293. (N. T.)]

# 112 A INCOMENSURABILIDADE NA CIÊNCIA

àqueles que antes continham os termos *ressonador* e *elemento* de Planck, mas estes últimos não têm o mesmo significado que seus antecessores; a típica substituição do último pelo primeiro desvirtua aquilo em que Planck acreditava quando escreveu seus primeiros artigos sobre o corpo negro.

Em prol da clareza, minha apresentação desses exemplos separou, na medida do possível, descrições de significados de descrições de crenças. Mas a separação foi incompleta e parcial. Através de todos os esforços interpretativos que produziram esses exemplos, crenças e significados foram encontrados juntos, num amálgama inextricável. Os enigmas com os quais se iniciou cada reinterpretação assumiram a forma, *grosso modo*, de declarações de crença que não poderiam ser compreendidas sem rediagnosticar os significados, e para tanto essas mesmas enigmáticas declarações de crença forneceram pistas essenciais. É por isso que exercícios deste tipo são por vezes descritos como tentativas de penetrar no círculo hermenêutico.

Na próxima conferência, argumentarei que tais entrelaçamentos de crenças e significados são intrínsecos à natureza do conhecimento. Parte do que conta como conhecimento em qualquer época determinada é adquirida durante o processo de aprendizado da linguagem na qual esse conhecimento é enunciado. Partes essenciais do conhecimento da natureza que pertence a uma comunidade estão corporificadas na estrutura do léxico compartilhado pelos membros dessa comunidade. Adquirir um léxico contendo termos aristotélicos tais como *movimento, lugar* e *matéria* é aprender coisas acerca do mundo: que uma pedra em queda é como um carvalho em crescimento, que a natureza não pode exibir vácuo ou movimento inercial, não mais do que poderia exibir um círculo quadrado. Descrever a bateria de Volta com o léxico da eletrostática (nenhum outro léxico era aplicável então aos fenômenos envolvidos) é tornar a bateria similar a uma garrafa de Leiden, localizar a fonte da corrente na interface metálica e especificar a direção da corrente. Empregar os termos *ressonador* e *elemento*, como fez Planck, é representar a radiação do corpo negro como similar à radiação acústica e o elemento de energia $\varepsilon$ como uma subdivisão num *continuum* em vez de como um átomo separado de energia. Em cada um desses casos, a descrição dos fenômenos exigia compromisso com um léxico e esse léxico trouxe consigo restrições sobre o que esses fenômenos poderiam ou não ser. Se mais tarde se descobrisse que a natureza violava essas restrições – como ocorreu em cada um dos exemplos que apresentei –, o próprio léxico estaria ameaçado. A eliminação da ameaça exigia não simplesmente a substituição das antigas crenças por novas, mas a alteração do léxico no qual as crenças anteriores foram enunciadas.

Porquanto mudanças lexicais desse tipo nos separam do passado – em algumas áreas, mesmo do passado bem recente –, não podemos recapturar plenamente a ciência passada com nosso léxico atual. Essa é a posição ilustrada em minha conferência de hoje. Amanhã, ao esboçar um modelo de como o léxico funciona, oferecerei uma base mais analítica para essa posição, uma base que há de sugerir como o passado deve ser recapturado e qual a necessidade daquilo que estive fazendo hoje. Na terceira conferência, meu foco de atenção passará para os problemas que surgiram a partir das posições assumidas nas duas conferências anteriores, notadamente os problemas do relativismo, da objetividade e da verdade. Se esses problemas ainda não forem aparentes, permitam-me deixá-los com uma questão que aponta para eles: será que Aristóteles estava equivocado sobre o vácuo? Quando ele disse que na natureza não poderia haver vazio, será que seu enunciado era simplesmente falso?

# *Lecture* II
## Retratando o passado

No início de minha conferência anterior, sugeri que, antes de começar uma narrativa sobre algum aspecto do desenvolvimento do conhecimento, os historiadores deveriam preparar o cenário. É pré-requisito para a narrativa, tanto para eles como para sua audiência, uma interpretação quase etnográfica do que é reputado como conhecimento pela comunidade, tendo em vista o tempo e o lugar em que a narrativa se inicia. Assim, a maior parte da conferência foi dedicada a três exemplos desse empreendimento interpretativo inicial e a conclusão da conferência acentuava uma característica compartilhada por todos os três exemplos. Cada um deles estava centralizado numa descrição, não somente das crenças defendidas pelos membros da comunidade, mas também do significado de algumas das palavras nas quais essas crenças foram expressas. Desde então, alguns desses termos caíram em desuso, enquanto outros, embora ainda em uso, agora funcionavam de modo diferente e possuíam diferentes significados. Ademais, até que os significados mais antigos fossem restituídos, muitas passagens nos textos que registravam um conhecimento mais antigo pareciam absurdas. Torná-las compreensíveis exigia o estudo dos significados, assim como das crenças.

Ao mencionar as alterações de significado que inicialmente separam o historiador do passado, retorno a um aspecto do desenvolvimento conceitual que, há 25 anos, Paul Feyerabend e eu [independentemente] denominamos incomensurabilidade.[1] Para mim, naquela época, o termo se aplicava

---

1 Acredito que nosso recurso à *incomensurabilidade* foi independente e tenho uma memória incerta de Feyerabend encontrando o termo num rascunho de um manuscrito meu e me

## 116 A INCOMENSURABILIDADE NA CIÊNCIA

principalmente à relação entre teorias científicas sucessivas. Nessa aplicação, as mudanças no significado das palavras explicavam as dificuldades características de comunicação entre defensores de teorias rivais. Modificações conceituais correspondentes foram a base para minha discussão das mudanças de *Gestalt* que acompanhavam a mudança de teoria. Olhando retrospectivamente, esse ponto de vista me parece correto no essencial, mas carece de considerável modificação no detalhe. Um aspecto dessa modificação é particularmente relevante aqui: no passado, modelei a experiência dos cientistas a moverem-se para a frente no tempo de modo muito próximo à experiência do historiador que tenta mover-se para trás.[2] Essa é a experiência do historiador, mas não a dos cientistas, as quais ilustrei com os exemplos desenvolvidos da última vez, e é em termos da experiência do historiador que quero agora reintroduzir o tópico da incomensurabilidade.

## 1

O termo *incomensurabilidade* foi emprestado da antiga matemática grega, na qual ele especificava a relação entre duas quantidades que não possuíam nenhuma medida em comum – ou seja, nenhuma unidade que cada uma contivesse algum número inteiro de vezes. A hipotenusa e os lados de um triângulo retângulo são o exemplo mais famoso; o raio e a circunferência de um círculo são outro exemplo. Aplicada metaforicamente à relação entre teorias científicas sucessivas, a *incomensurabilidade* significava

---

dizendo que ele também fazia uso dele. Porém, Feyerabend restringiu a incomensurabilidade à linguagem, enquanto eu falava também da diferença de "métodos, campo problemático e padrões de solução", algo que eu não mais faria, a não ser na medida considerável em que estas últimas diferenças são consequências do processo de aquisição lexical, sobre o qual falarei mais adiante. A citação foi tirada de *The Structure of Scientific Revolutions* (1970), p.103; ela ocorre também na edição original (1962).

2 Diversas dificuldades resultam dessa decisão. Em primeiro lugar, o historiador em geral engloba num único salto uma série de mudanças que historicamente ocorreram em passos menores. Em segundo lugar, é um *grupo* (de cientistas) a mover-se para a frente no tempo e um só *indivíduo* (o historiador) a se mover para trás, e não se pode aplicar a ambos, de forma acrítica, a mesma terminologia descritiva. Um indivíduo pode, por exemplo, experimentar uma mudança de *Gestalt*, mas trata-se de erro categorial atribuir uma experiência a um grupo. Equívocos de ambos os tipos tornaram muito mais difícil do que seria necessário a descrição dos procedimentos disponíveis aos oponentes em épocas de escolha de teoria.

que não havia nenhum conjunto de termos nos quais todos os componentes das duas teorias pudessem ser plena e precisamente enunciados.[3] Hoje, 25 anos após o aparecimento de *Palavra e objeto* de Quine, *intraduzível* é uma palavra melhor do que *incomensurável* para o que Feyerabend e eu tínhamos em mente, por isso me valerei dela aqui.[4] Em vez de pretender, por exemplo, que a discussão da física de Aristóteles, em minha última conferência, mostrasse que ela era, aqui e ali, incomensurável com a física de Newton, afirmarei que minha discussão mostrava algumas crenças aristotélicas que não podiam ser traduzidas usando-se o léxico da física newtoniana ou de uma física posterior.

É evidente que estou apenas substituindo uma metáfora por outra, mas agora a metáfora é de Quine e não minha. Uma tradução que preserve a verdade que estou sugerindo nem sempre pode ser feita. Normalmente, é impossível substituir termos de uso corrente pelos termos de um texto mais antigo de modo que o valor de verdade de cada enunciado assim formado possa ser apropriadamente aplicado a seu original.

Para ver o que está em questão, pensem brevemente em traduções de literatura – digamos, de poesia ou drama. É um clichê dizer que traduções literárias não podem ser exatas, que as palavras na língua original carregam associações que se superpõem apenas parcialmente às de seus equivalentes mais próximos na língua de chegada. Portanto, os tradutores devem proceder por compromisso, decidindo em cada caso quais aspectos do original é mais importante preservar, [e] quais podem, nessas circunstâncias, ser abandonados. Acerca de tais questões, diferentes tradutores podem divergir e o mesmo tradutor pode, em diferentes lugares, tomar diferentes decisões sobre como verter um termo, embora nem esse termo nem qualquer um dos que o substituem sejam ambíguos. O que estou sugerindo é que as dificuldades ao se traduzir ciência são muito mais semelhantes às dificuldades

---

3 Tanto aqui como em outros lugares, falo de léxico, de termos e de enunciados, mas meu foco de atenção no momento está nas categorias conceituais ou intensionais de um modo mais geral; por exemplo, aquelas categorias que possam ser razoavelmente atribuídas a animais ou ao sistema perceptivo. A capacidade de conceitualização e taxonomização do ser humano manifesta-se de modo mais claro na linguagem, mas a linguagem vai além da conceitualização e esta, por seu turno, também se manifesta de maneiras que são anteriores à linguagem.

4 O que não era o caso na época em que utilizamos *incomensurabilidade* publicamente pela primeira vez, em 1962, pois *Word and Object* aparecera apenas dois anos antes. [Existe tradução do livro de Quine disponível em português: *Palavra e objeto*. (N. T.)]

encontradas ao se traduzir literatura do que em geral se supôs. Além do mais, tanto em ciência como em literatura, as dificuldades relevantes não surgem só ao traduzirmos de uma linguagem para outra, mas também ao traduzirmos entre versões anteriores e posteriores da mesma linguagem.

Os três exemplos em minha última conferência exemplificam essas dificuldades. Na ausência de interpretação etnográfica estendida – interpretação que transcende as traduções por invocar significados não familiares de alguns dos termos que eles contêm –, cada um de meus textos exemplares seria sistematicamente enganoso. Passagens ocasionais, que claramente tinham papel central para seus autores, malogravam patentemente em apreender o significado das passagens que elas substituíam. Algumas frases nessas passagens – frases que devem ter sido verdadeiras ou falsas no original – hoje soam tão estranhas quando traduzidas que é problemático estabelecer se cabe ou não atribuir valores de verdade ao que elas parecem dizer. Ao substituir *incomensurabilidade* por *intraduzibilidade*, são frases ou enunciados desse tipo que tenho em mente, ou seja, enunciados para os quais nenhuma técnica disponível de tradução permite a preservação do valor de verdade. Daqui por diante, nestas conferências, quando falar de enunciados como traduzíveis ou intraduzíveis, o que terei em mente são traduções que preservem a verdade.

Essa questão pode ser expressa de outro modo, que há de requerer muita elaboração mais adiante. É amplamente aceito que qualquer coisa que possa ser dita numa língua pode ser dita em qualquer outra língua, pelo menos se o léxico da língua para a qual se traduz for adequadamente enriquecido. Essa é a chamada tese da efabilidade linguística. Se ela estiver correta, então qualquer coisa dita numa língua transportaria consigo seu valor de verdade quando traduzida para outra língua. Caso contrário, um enunciado poderia ser verdadeiro numa língua, mas falso quando traduzido para outra, um tipo de relatividade linguística que insistirei ser inaceitável. Porém, outro tipo de relatividade linguística pode ser aceitável. Um enunciado que seja candidato à verdade ou falsidade numa língua pode, em outra, ser impossível de enunciar como candidato a um valor de verdade.[5] Argumentarei

---

5 Ian Hacking introduziu uma distinção similar entre tipos de relativismo: o primeiro tornaria o valor de verdade de uma proposição relativo a um estilo de pensamento; o segundo só tornaria relativa a disponibilidade da proposição como candidata [à verdade ou falsidade].

que algo desse gênero é o caso. (Esse é o motivo pelo qual perguntei, ao final de minha última conferência, se Aristóteles simplesmente se enganara quando proclamou a impossibilidade do vazio.) Embora muitos dos enunciados que podem ser feitos com o léxico de uma língua também possam ser feitos com o léxico de outra ou com aquele da mesma língua num momento posterior, outros enunciados não podem ser trasladados, mesmo com a ajuda de um léxico enriquecido.[6] O conteúdo desses enunciados pode, não obstante, ser comunicado, mas o que se exige então não é uma tradução e sim o aprendizado da língua.[7]

Foi nisso que tive de me empenhar antes que pudesse compreender os textos que discuti na última vez, e é isso que tive de lhes pedir para fazer aqui e ali ao acompanhar minha discussão. Ou seja, durante grande parte de minha conferência anterior, estive falando minha própria variante do inglês cotidiano, e assim fui capaz de comunicar muitas das crenças dos cientistas que discuti: Aristóteles, Volta e Planck. Porém, nem todas as suas crenças relevantes puderam ser comunicadas desse modo. Quando as versões portuguesas dos textos de Aristóteles empregavam termos como *movimento* e *lugar*, ou *matéria*, *forma* e *vazio*, eu tinha de oferecer a alguns ou a todos vocês significados não familiares para esses termos familiares, e então me valer das versões restauradas para comunicar aquilo em que Aristóteles acreditava. Alterações similares foram necessárias para passagens nas quais Volta se vale de termos como *bateria* ou *resistência elétrica* e nos

---

Assim como eu, ele rejeita o primeiro como "subjetivismo oco", mas pensa que o último seja real. Hacking, no entanto, vê como cumulativos os efeitos da mudança de estilos de pensamento. Ver seu texto "Language, Truth, and Reason", em Hollis; Lukes (orgs.), *Rationality and Relativism*, p.48-66.

6 Comparem com o meu estudo "Possible Worlds in History of Science", em Sture (org.), *Possible Worlds in Humanities, Arts, and Sciences: Proceedings of Nobel Symposium 65*, p.9-32 [reimpr. como cap.3 em *O caminho desde A estrutura*]. Argumento aí que léxicos diferentes dão acesso a diferentes conjuntos de mundos possíveis.

7 Pode ser esclarecedor aplicar essa posição à de Quine. Seu antropólogo imaginário, o tradutor radical, na verdade não é um tradutor e sim um aprendiz da língua. Quine simplesmente considera a efabilidade como garantida: se a língua nativa pode ser aprendida pelo antropólogo, então ela pode, supõe ele sem comentário, ser traduzida para a língua que o antropólogo trouxe de casa. Ao examinar o tipo de evidência disponível para o tradutor, ele argumenta então em defesa da indeterminação da tradução, mas a maioria de seus argumentos poderia muito bem ser lida como indicando, ao contrário, a impossibilidade da tradução. Esses argumentos podem mostrar que a universalidade e a determinação da tradução são incompatíveis, mas não têm nenhum efeito aparente na questão de qual deve ser posta de lado.

quais Planck fazia uso de termos como *oscilador* e *elemento de energia*. Nenhum desses termos se aplicava aos fenômenos naturais do mesmo modo que seus substitutos posteriores, e [o] léxico no qual esses termos posteriores ocorrem não pode ser utilizado para fornecer palavras ou expressões que possam substituí-los.

Nosso léxico moderno tampouco poderia ter sido utilizado para conservar esses termos mais antigos, a não ser no sentido em que ele pode conservar termos especiais factícios, como *verdul* [*grue*] e *azerde* [*bleen*] de Goodman.* Como enfatizei ontem ao concluir, os termos que eu tinha de lhes ensinar eram os nomes das categorias taxonômicas fundamentais, portadoras da ontologia da comunidade. Eles funcionavam como termos projetáveis, a classe de termos que podem aparecer em leis da natureza, em condicionais contrafactuais ou em pretendentes à generalização indutiva. Em outras palavras, eles tinham as características dos termos para espécies naturais, e duas dessas características são presentemente essenciais. Em primeiro lugar, os termos que se referem a espécies naturais distintas – seja a cães ou gatos, ouro e prata ou estrelas e planetas – não podem se superpor em seus referentes a menos que uma das espécies contenha inteiramente a outra. Ou seja, nenhum objeto pode ser um membro de duas espécies distintas a menos que elas estejam numa relação de gênero para espécie. Em segundo lugar, e igualmente fundamental, termos cujos referentes têm, ou são pensados como tendo, tais características portam um rótulo especial *no léxico*, um rótulo que indica o que se pode esperar deles.[8] Segue-se que, porquanto

---

* O filósofo Nelson Goodman forjou os predicados *verdul* [*grue*] e *azerde* [*bleen*] para ilustrar o que chamou de o "novo enigma da indução" em seu livro *Fact, Fiction, and Forecast*. Goodman definiu "verdul" em relação a um tempo arbitrário, mas fixo $t$: um objeto é "verdul" se e somente se for observado antes de $t$ e for verde, ou então não for observado e for azul. Um objeto é "azerde" se e somente se for observado antes de $t$ e for azul, ou então não for observado e for verde. Esse experimento de pensamento pretende demonstrar que, da perspectiva dos observadores antes do tempo $t$, não é possível determinar quais predicados são projetáveis no futuro (verde e azul ou verdul e azerde). (N. T.)

8 Sigo Mill ao assumir tanto o critério de "nenhum membro compartilhado" como o rótulo para espécies naturais como aspectos necessários dos termos para espécies naturais (aquelas que denotam a *infima species* de Mill). Um outro critério que Mill também enfatiza particularmente é que os membros de espécies naturais devem compartilhar um número indefinidamente grande de características, algumas conhecidas em algum momento particular, outras restando por ser descobertas. Quando falo de termos para espécies naturais, tenho em mente quaisquer termos cujos referentes tenham essas características. Incluo, portanto, um termo como *movimento* (no sentido de Aristóteles, em que o contraste é com os termos restantes,

se superponham na referência, dado um par de termos como o termo aristotélico *movimento* e o termo newtoniano *movimento*, nenhum deles pode servir simultaneamente para designar uma espécie natural. Se os dois ocorrerem no mesmo léxico, então no máximo um deles pode portar o rótulo que o marca como projetável e o torna um termo apropriado para ocorrência em leis naturais. Se incluído no léxico newtoniano, o termo aristotélico deve ser privado daquele rótulo e deixa, assim, de possuir o significado que tinha antes.

## 2

Em sua forma atual, essas asserções são uma nota promissória que não posso esperar resgatar complemente nestas conferências. Mas posso esperar esclarecê-las o suficiente para permitir a discussão de alguns dos problemas que elas apresentam. Permitam-me começar desenvolvendo e ilustrando um modelo preliminar do léxico tal como é corporificado pelos membros individuais de uma comunidade linguística e também (o que não é a mesma coisa) tal como é corporificado na comunidade linguística como um todo. Embora seja esquemático e redutor, o modelo ilustra características que qualquer versão mais articulada deveria possuir. Em particular, ele responde aos enigmas da interpretação textual esboçados nas partes iniciais destas conferências, enigmas de cuja contemplação o modelo claramente deriva. Ele também indica o caminho em direção a uma concepção de significado que relaciona o sentido de um termo ao modo como seu referente é determinado, sem sucumbir, nesse processo, às dificuldades que acometiam as teorias da verificação.

Meu foco de atenção é a parte do léxico que contém termos supostamente referenciais (na maioria substantivos), cada um dos quais vinculado aos nomes (na maioria adjetivos) de propriedades ou características que são úteis na especificação de seus referentes. Tal léxico corporifica a taxonomia da comunidade linguística cujos membros a utilizam. Ele nomeia as

---

mas não no sentido de Newton). [Mill, "A System of Logic, Ratiocinative and Inductive, Being a Connected View of the Principles of Evidence and the Methods of Scientific Investigation", em Robson (org.), *The Collected Works of John Stuart Mill*, v.7-8, Lv.I, cap.vii, §§ 3-6; Lv.III, cap.xxii, §§ 1-3.]

# 122   A INCOMENSURABILIDADE NA CIÊNCIA

espécies de coisas, de comportamentos e de situações que ocorrem em seu mundo natural e social, e nomeia também as características mais salientes dessas espécies, características pelas quais elas são conhecidas. Assim, o conhecimento que o léxico corporifica diz respeito tanto à linguagem como ao mundo: aos nomes das coisas e suas propriedades, por um lado, e a essas coisas mesmas e suas propriedades, por outro. Sua origem evolutiva é, sem dúvida, pré-linguística (os humanos não são os únicos animais a mobilizarem taxonomias), mas aqui ocupo-me apenas com a forma que ele assume quando corporificado na língua.

Algumas categorias no léxico devem ser inatas, geneticamente determinadas, compartilhadas por todas as criaturas humanas. Objetos físicos individuados são um exemplo provável, bem como os aspectos focais na percepção de cores.[a] É provável que outras categorias, embora não inatas, sejam universais para certas espécies biológicas, em virtude dos aspectos compartilhados de seu ambiente natural. É difícil imaginar uma língua que não possua palavras para o Sol, o dia e a noite ou nenhuma palavra cujos referentes incluam as estrelas. Mas existem ainda outras categorias lexicais que evoluíram em resposta às necessidades cambiantes de comunidades particulares, e essas necessidades podem variar tanto em tempo e lugar, com o ambiente relevante para a comunidade, quanto no modo como os membros da comunidade interagem com esse ambiente. Categorias desse tipo podem diferir de uma cultura para outra, de uma comunidade linguística para outra ou, dentro de uma dada comunidade, de um período histórico para o seguinte.[9] Transmitidas de geração em geração como parte do processo de socialização linguística, essas diferenças, que se desenvolvem sem parar, limitam a extensão em que a comunicação é possível entre membros de grupos com léxicos distintos. As mesmas diferenças restringem a comunicação com o passado. Em particular, elas limitam a especificidade com a qual crenças científicas passadas podem ser enunciadas utilizando-se o léxico corrente.

---

9 Argumentos chomskyanos em defesa da universalidade da língua me parecem inteiramente persuasivos com relação à sintaxe e, talvez, também com relação à semântica composicional. [Ver, por exemplo, Chomsky, *Language and Mind* (1972); uma 3.ed. atualizada foi publicada em 2006 pela Cambridge University Press]. [Há tradução desta obra disponível em língua portuguesa: *Linguagem e mente*. (N. T.)] No entanto, não vejo evidência de que esses argumentos também se apliquem à semântica lexical de termos e expressões individuais.

Permitam-me dar um exemplo de como concebo o léxico e a mudança lexical. Comparem a taxonomia usada na Antiguidade grega para categorizar observações dos céus com a versão revisada empregada a partir da metade do século XVII. Na Antiguidade, havia apenas dois tipos de corpos celestes, planetas e estrelas. A maioria deles era visível como pontos de luz. Todos eles eram eternos, visíveis na maioria das noites do ano e em movimento regular durante e entre os aparecimentos. Outros fenômenos vistos no céu noturno – cometas, estrelas cadentes, a Via Láctea – compartilhavam poucas dessas características e eram colocados na categoria separada, não celestial, dos meteoros, ela própria subdividida em outras mais. Quanto aos próprios corpos celestes, os planetas eram diferenciados das estrelas por muitas outras características. Eles tendiam a ser mais brilhantes do que as estrelas, a aparecer somente na região zodiacal dos céus e a ter um brilho mais constante do que as estrelas cintilantes. O que é ainda mais notável é que, embora as estrelas e os planetas movam-se continuamente em conjunto traçando círculos para oeste ao redor do polo celestial, os planetas possuíam um movimento adicional para leste, muito mais lento, através ou entre as estrelas. Valendo-se dessas características diferenciadoras em conjunto, os gregos identificaram sete planetas: a Lua, Mercúrio, Vênus, o Sol, Marte, Saturno e Júpiter.

Como os exemplos que desenvolvi da última vez, este trata da taxonomia de uma área separável de fenômenos naturais, neste caso fenômenos celestes. Também como aqueles, este exemplo diz respeito a palavras e coisas num amálgama inextricável. (É por esse motivo que minha fala sobre o léxico assume tantas vezes a forma de uma fala sobre o mundo e vice-versa, um aparente estratagema que pretendo examinar ao final de nosso horário.) Também nesse caso, as palavras envolvidas são de dois tipos. Por um lado, elas nomeiam espécies, em sua maioria espécies naturais (planetas), mas igualmente espécies artificiais (baterias) que satisfaçam as mesmas condições. Por outro lado, elas nomeiam propriedades pelas quais os referentes do primeiro conjunto de termos podem ser especificados. Um iniciante que estivesse a aprender como a comunidade categoriza uma determinada área de fenômenos naturais pode fazer uso de propriedades e de termos para elas que lhe estivessem anteriormente disponíveis a partir de outras aplicações. No caso dos céus, movimento e circularidade, dia e ano são exemplos prováveis. Contudo, outras propriedades úteis (cintilação, por exemplo)

## 124 A INCOMENSURABILIDADE NA CIÊNCIA

podem ser novas. Aprender a reconhecer essas propriedades é parte da aquisição do sistema taxonômico que elas ajudam a constituir.[10]

Notem em seguida, ainda que meu exemplo astronômico não seja totalmente adequado para essa finalidade, o modo como essas propriedades salientes cumprem sua função taxonômica. Elas proporcionam uma orientação útil para a classificação, mas não precisam especificar as condições necessárias e suficientes para o pertencimento a uma classe. Nem todos os corpos que os gregos entendiam como planetas aparecem como pontos no céu; nem são todos especialmente brilhantes; nem são os únicos corpos que vagam lentamente e, por algum tempo, regularmente entre as estrelas. Em lugar de apresentar as condições necessárias e suficientes, essas propriedades proporcionam um espaço espectral dentro do qual os corpos celestes se agrupam de igual para igual. Se avaliado em relação a essas propriedades coletivamente, qualquer planeta seria mais similar a um outro planeta do que a uma estrela.[11] Um corpo que anteriormente passou despercebido no céu noturno poderia ser classificado ao ser comparado, *no espaço espectral correspondente*, aos corpos cuja classificação já era conhecida.

A essa altura, corro o risco de ser tomado por defensor de uma teoria dos grupos com relação ao significado ou à categorização: um objeto pertence a uma determinada categoria se e somente se ele manifesta *suficientes* características distintivas dessa categoria. Porém, essa posição difere da minha em dois aspectos. Em primeiro lugar, as características que estou invocando não se ligam unicamente a categorias individuais. Ao contrário, elas propiciam um espaço para determinar o pertencimento de todo um conjunto de categorias inter-relacionadas que, por essa razão, têm que ser adquiridas juntas. Elas fornecem informação sobre as características que os membros

---

10 Nem todas as características úteis no reconhecimento de objetos ou de espécies precisam possuir nomes correspondentes. Pensem, por exemplo, nas características que permitem o reconhecimento facial ou na habilidade cotidiana de distinguir cães e gatos.

11 A semelhança com a discussão dos jogos por Wittgenstein não é acidental. Contudo, penso que Wittgenstein não enfatiza suficientemente o papel das diferenças específicas [*differentia*] e dos conjuntos de contraste. A habilidade de especificar jogos não depende apenas [de] um conhecimento das características que os jogos tendem a compartilhar, mas também do [conhecimento] daquelas necessárias para distinguir entre alguns jogos e alguns exemplos, digamos, de combate. [Wittgenstein, *Philosophical Investigations* (1953); 4.ed., org. Hacker; Schulte (2009). Kuhn pode ter pensado nos §§ 66-71, §75. (N. E.)] [Há tradução recente desta obra disponível no Brasil: *Investigações filosóficas* (2022). (N. T.)]

de uma dada categoria tendem a compartilhar, mas um papel mais significativo é frequentemente desempenhado pelas características em relação às quais os membros de categorias distintas diferem. Essas características distintivas abrem um espaço vazio entre as regiões ocupadas pelos membros das diversas categorias. Em segundo lugar, e mais importante, por conta desse espaço vazio, não existe necessidade de especificar o número de características que um corpo deve manifestar para pertencer a uma categoria. Essa é a razão pela qual abordamos termos que são marcados no léxico como os nomes das espécies naturais.

Espécies naturais, recordo a vocês, não podem se superpor ou mesmo se tocar: nenhum objeto pode ser um membro de duas espécies [kinds] naturais diferentes a não ser que as duas se relacionem como gênero e espécie [species]. Portanto, enquanto a natureza manifestar o comportamento que o léxico evoluiu para descrever, qualquer objeto efetivamente encontrado claramente se assemelhará, no espaço espectral provido pelo léxico, mais aos membros de uma espécie do que aos membros de qualquer outra. Um objeto anômalo, que se assemelhasse igualmente a membros de duas espécies distintas, ameaçaria o *status* das espécies naturais a cujos membros ele se assemelhava. Se a ameaça persistisse, o resultado provável seria um redesenho lexical.[12] O conhecimento da natureza está, como eu disse antes, corporificado no léxico. Quando esse conhecimento é ameaçado, o próprio léxico, e não apenas crenças particulares que podem ser enunciadas com o seu auxílio, está em risco.

Antes de desenvolver mais esse modelo do léxico, será útil examinar os efeitos do redesenho lexical. Para essa finalidade, comparemos a taxonomia grega para os céus com a taxonomia que resultou da obra de Copérnico, Kepler, Galileu e Newton. Nesta última, o Sol se tornou uma estrela, a Terra juntou-se aos planetas e uma nova categoria, satélite, foi criada para a Lua e os satélites recém-descobertos de Júpiter. Ao mesmo tempo, os

---

12 Notem que o conceito de uma espécie natural [natural kind] é modelado com base no de uma espécie biológica [biological species] e remonta à discussão da substância secundária no Livro V das Categorias de Aristóteles. [Ver Aristóteles, "Categories", em Categories. On Interpretation. Prior Analytics.] A ameaça representada pela superposição ou pelo contato entre espécies naturais distintas tem paralelo na ameaça ao conceito de espécie [species] representada pela teoria da evolução. Duas espécies [kinds] que se tocam deixam de ser naturais: uma espécie [species] que evolui para duas, deixa de ser uma só espécie.

cometas e a Via Láctea (mas não as estrelas cadentes) foram deslocados da classe dos meteoros para a dos corpos celestes. Em suma, houve uma ampla reestruturação taxonômica, uma mudança com respeito a quais corpos são semelhantes entre si e quais são diferentes.

O que permite ou acompanha essa mudança é um conjunto de modificações, a maioria delas pequenas, porém com efeitos desproporcionais, no espaço espectral no âmbito do qual os diversos corpos celestes são reunidos em agrupamentos de distintas espécies. No caso das estrelas, todas as características antigas permanecem relevantes, mas uma nova característica de especial saliência foi introduzida: a luminosidade própria, sem a qual nenhum objeto é uma estrela. Também no caso dos planetas, as antigas características permanecem relevantes, mas o movimento adicional, que torna os planetas andarilhos entre as estrelas, teve sua saliência reduzida, liberando a Lua para ser classificada como um satélite e o Sol para ser classificado como uma estrela. Essas reclassificações, no entanto, dependem do acréscimo de mais uma característica, que é teórica e difícil de ser aplicada, tal como a luminosidade própria, mas mesmo assim crucial. A não ser que circule ao redor de uma estrela, nenhum objeto é um planeta. Para acomodar esses andarilhos que, em vez disso, circulam ao redor de um planeta, é que foi aberta a classe dos satélites. Outras mudanças, algumas associadas com a introdução do telescópio, também são relevantes para a emergência de um espaço espectral pós-copernicano, mas estas hão de bastar para nossos propósitos no momento.

Minha referência à luminosidade própria e às órbitas centradas nas estrelas como "teóricas e difíceis de ser aplicadas" introduz características que não são diretamente acessíveis aos sentidos e, em breve, pretendo dizer algo sobre como tais características são adquiridas e postas em uso. Mas permitam-me antes descrever um aspecto adicional desse modelo lexical. Até o momento, sugeri que o que subjaz ao reagrupamento dos corpos celestes no início da modernidade é uma mudança nas características usadas para categorizá-los. Porém, é evidente que não é qualquer mudança de características que teria produzido um reagrupamento. Se a natureza tivesse sido diferente, a prática continuada da astronomia ptolemaica poderia ter aperfeiçoado e refinado o espaço espectral da astronomia grega sem nenhuma reestruturação dos corpos celestes entre categorias. O telescópio de Galileu poderia, por exemplo, não ter revelado os satélites em torno de

Júpiter ou não ter decomposto a Via Láctea numa miríade de estrelas distinguíveis. Se isso tivesse ocorrido, não teria havido ocasião para se falar em mudança lexical.

Assim, o que particulariza um léxico não são as características que ele introduz, mas os agrupamentos que resultam do uso dessas características, quaisquer que elas possam ser. O que mudou durante a transição da astronomia da Grécia antiga para a astronomia moderna foram, em primeiro lugar e acima de tudo, as relações de similaridade-diferença entre objetos nos céus. Na Antiguidade, o Sol e a Lua eram como Marte e Júpiter; depois de Copérnico e Galileu, o Sol era como as estrelas e a Lua como os recém--descobertos satélites de Júpiter. Porém, os mesmos agrupamentos podem ser realizados em muitos espaços espectrais diferentes. Em princípio, dois membros de uma comunidade linguística não precisam usar as mesmas características para agrupar os objetos de seu ambiente nos mesmos conjuntos de espécies naturais. Na prática, muitas das características que eles usam são, por certo, as mesmas, mas não precisariam sê-lo.[13] Esse é um terceiro aspecto, talvez o mais importante de todos, pelo qual minha posição difere da posição dos teóricos dos grupos.[b]

Contudo, diferentes indivíduos não podem, de modo algum, valer-se de quaisquer características. Duas características devem ser compartilhadas pelos membros de uma comunidade de fala para que eles dividam o mundo fenomênico nas mesmas espécies naturais, identifiquem os mesmos objetos e situações como membros dessas espécies e empreguem essas identificações em suas interações com o mundo e entre si. Em primeiro lugar, em suas corporificações individuais do léxico, os mesmos termos devem ser marcados com o rótulo para espécies naturais. Em segundo lugar, quaisquer que sejam as características que seus léxicos individuais corporifiquem, cada um dos espaços espectrais resultantes deve produzir as mesmas relações hierárquicas entre termos para espécies e as mesmas relações de similaridade-diferença entre os referentes dos termos no mesmo nível hierárquico. (Poderíamos dizer que eles devem compartilhar relações de parentesco.) Nessa concepção do léxico, o significado de um termo está associado não com qualquer conjunto particular de características,

---

13 O que está em jogo não é se eles podem identificar as mesmas características, mas se fazem uso das mesmas características ao identificar os referentes de um dado termo.

## 128 A INCOMENSURABILIDADE NA CIÊNCIA

mas com aquilo que chamarei doravante de *estrutura* do léxico, as relações hierárquicas e de similaridade-diferença que ele corporifica. O que separa a linguagem dos astrônomos do início da modernidade como um grupo daquela de seus predecessores gregos não é tanto que eles usassem características diferentes para especificar os referentes de termos como *planeta* e *estrela*, mas que aqueles termos ocorressem em léxicos com estruturas relevantemente diferentes.

É a diferença estrutural, como sugiro, que impede uma tradução que preserve a verdade. Os historiadores, por exemplo, geralmente relatam (eu mesmo o fiz com frequência) que os gregos diziam "o Sol é um planeta" e existem boas razões para que procedessem assim. Nosso léxico não permite uma versão mais próxima do original. Forçados a contentar-se com uma solução imperfeita, os tradutores de ciência, tal como os tradutores de literatura, fazem o melhor que podem. Mas a tradução é pior do que imperfeita. Se nos valermos de nosso léxico, "o Sol é um planeta" é um enunciado falso. Supomos, portanto, que os gregos estivessem equivocados. Mas, no léxico grego, o Sol *era* um planeta, ou seja, ele era mais similar a Marte e Júpiter do que a qualquer uma das estrelas. A frase grega correspondente era, portanto, verdadeira e não era o caso que simplesmente se acreditasse que ela fosse verdadeira.

Meu objetivo, permitam-me repetir, não é afirmar que a mesma frase era verdadeira para os gregos, mas falsa para nós. Ao contrário, o que estou dizendo é que, embora as duas sequências de palavras sejam idênticas, os enunciados feitos com elas são diferentes, e que não existe nenhuma forma pela qual o enunciado grego possa ser vertido para nosso léxico posterior preservando-se a verdade. Em particular, não bastaria colocar no lugar do equivalente grego para *planeta* alguma sequência de termos que forneça uma suposta definição em termos das características de que se valem os gregos. Não existe uma sequência como esta: gregos diferentes poderiam ter se valido de características distintas. Em todo caso, as características utilizadas por um indivíduo grego forneciam um sistema de inter-relações e não um significado para termos unitários. E, por fim, o uso grego de *planeta* requeria que ele ocorresse no léxico como o nome de uma espécie natural, e nenhuma sequência de características numa língua moderna pode prover esse marcador sem inconsistência. Acrescentá-la ao léxico tornaria o Sol, por exemplo, um membro de duas espécies que se interseccionam.

## 3

Retornarei depois a essas questões sobre verdade e tradução, mas, antes disso, quero estender esse modelo do léxico a termos e características de um tipo mais elaborado. As próprias considerações que levaram à escolha desse exemplo astronômico limitam os usos que podemos lhe dar. Particularmente quando tratava da Antiguidade, o exemplo se restringia a um vocabulário de objetos e propriedades que se aproxima, tanto quanto possível, de uma pura linguagem de observação. Na verdade, essa linguagem não era pura: a divisão entre estrelas, planetas e meteoros pode ser feita de outras maneiras; a taxonomia particular, implementada pelos gregos, não foi ditada tão somente pela observação. Mas a taxonomia grega provavelmente poderia ter sido adquirida por pura ostensão, quando um professor ou um dos pais apontasse para objetos exemplares no céu noturno e simultaneamente pronunciasse os nomes apropriados. Nenhuma palavra, além dos nomes de espécies celestes, precisaria ter sido pronunciada. Grande número de termos para espécies naturais deve ser aprendível desse modo, pela exposição direta ao mundo na presença de um guia, que já sabe tanto como a comunidade categoriza o mundo como o que suas categorias nomeiam. Embora não sejam dados só pela observação, esses termos suprem uma parte importante do vocabulário observacional da comunidade.

Tal como o exemplo astronômico, os três exemplos da conferência de ontem ilustram as taxonomias para espécies naturais corporificadas no léxico, bem como o modo como essas taxonomias se modificam com o tempo. Além disso, embora eu tenha desenvolvido pouco esse ponto, esses exemplos manifestam a existência de espaços espectrais no âmbito dos quais agruparam-se os referentes de vários termos para espécies naturais. Porém, poucos dos termos para espécies naturais nesses exemplos poderiam ter sido aprendidos por ostensão direta (pensem na matéria e forma aristotélicas, na corrente elétrica ou no elemento de energia $\varepsilon$ de Planck). Especificá-los, reconhecer as características em virtude das quais eles se agruparam, exigia o uso de instrumentos especiais (por exemplo, o galvanômetro) ou de cálculos especiais (o elemento de energia de Planck). Na aquisição desses termos e de suas características correspondentes, precisava-se de mais do que pura ostensão. O ato de apontar ou seu equivalente muitas vezes desempenhava um papel, mas também eram necessárias palavras compreendidas anteriormente. E quando isso ocorre, quando as palavras são necessárias para introduzir termos para espécies naturais, então o conhecimento corporificado no léxico inclui mais do que o conhecimento das espécies que existem ou não existem, bem como das propriedades que é ou não provável que essas espécies compartilhem.

Imaginem-se na escola a aprender o termo específico *eletricidade*. Provavelmente, embora haja uma alternativa, vocês precisariam ser expostos a uma variedade de situações que manifestem a presença do referente desse termo. Dentre estas, poderiam estar: uma haste de vidro que, quando friccionada, atrai a palha; as lâminas de um eletroscópio divergindo e reconvergindo à medida que a haste friccionada se aproximava e então se afastava de sua esfera condutora; a repulsão mútua das duas hastes de vidro friccionadas; o insucesso das lâminas do eletroscópio em reconvergirem se a haste estiver em contato com a esfera condutora; uma pequena centelha a passar da haste para o solo e uma referência à centelha maior conhecida como raio. Além disso, você precisaria ser exposto a situações que poderiam parecer manifestar eletricidade, mas que não era isso que ocorria. Um ímã atrai limalha de ferro, mas não atrai palha; e assim por diante.

Demonstrações como essas são uma maneira especialmente eficaz de ensinar termos para espécies naturais, razão pela qual elas desempenham um papel tão relevante na educação científica. Contudo, não são absolutamente necessárias. Em lugar de serem demonstradas, as situações exemplares podem ser descritas verbalmente ao estudante fazendo-se uso de termos já familiares, tal como acabo de fazer aqui. Porém, quer a exposição aconteça por demonstração, quer por descrição, cada situação exemplar deve ser acompanhada pelo proferimento de uma ou mais sentenças que contenham a palavra *eletricidade* ou algum termo como *eletrificado*, relacionado à exposição de modo evidente. E algumas dessas sentenças também devem incluir outros termos novos para espécies naturais, tais como *carga, condutor e isolante*, termos que devem ser aprendidos junto com *eletricidade*, para que sejam efetivamente aprendidos. Sentenças apropriadas incluiriam: "friccionar uma haste de vidro carrega-a com eletricidade"; "um corpo eletricamente carregado atrai corpos não carregados"; "dois corpos carregados atraem-se um ao outro"; "a eletricidade viaja pelo condutor ao qual as lâminas do eletroscópio estão ligadas"; "porque o vidro é o isolante, a haste de vidro não perde sua carga quando entra em contato com o solo"; e assim por diante.

Agora notem que expressões como "atrai palha", "descarrega um corpo eletrificado no solo" e outras semelhantes são nomes de características no léxico elétrico. Aquilo a que acabo de expô-los são algumas das técnicas pelas quais é possível adquirir um espaço espectral no âmbito do qual os referentes de termos para espécies naturais tais como *eletricidade, condutor* e *isolante* podem ser identificados. Como no caso de termos como *estrela* e *planeta*, nenhum conjunto dessas características precisa prover condições necessárias e suficientes para o uso desses termos elétricos, e não é necessário que dois membros da comunidade de eletricistas sejam expostos aos mesmos exemplos ou se valham das mesmas características na identificação de seus referentes. Porém, todos os membros da comunidade devem utilizar da mesma maneira características que estruturam o léxico dos termos para espécies naturais, identificam os mesmos corpos como condutores ou não condutores e as mesmas situações como manifestando ou não a presença de eletricidade. Caso contrário, provavelmente haverá problemas, por exemplo com a instalação de para-raios.

Entretanto, é evidente que qualquer um que tenha adquirido esses termos dessa maneira aprendeu muito sobre eletricidade no processo. Tendo adquirido o léxico necessário, não só sabemos que a eletricidade existe, mas também que corpos eletricamente carregados se repelem mutuamente, mas atraem corpos que não têm carga; não só que condutores e isolantes existem, mas [também] que um corpo condutor aterrado em contato com a esfera condutora de um eletroscópio carregado fará que suas lâminas convirjam. Novamente, não é necessário que dois membros da comunidade precisem saber as mesmíssimas coisas sobre eletricidade. Eles podem ter adquirido seus léxicos individuais por caminhos diferentes, valendo-se de diferentes exemplos. Porém, se seus léxicos possuem a mesma estrutura, então cada um deles está equipado, sem maiores mudanças nessa estrutura, para receber e assimilar o conhecimento do outro.

Ao discutir a bateria da última vez, enfatizei que um léxico como o que acabo de descrever já vigorava antes da descoberta de Volta, um léxico que continha não somente os termos *eletricidade, isolante* e *condutor*, mas também *tensão, condensador* e alguns outros termos do mesmo gênero. Esse era o léxico da comunidade de eletricistas em 1800 e Volta o ajustou à sua descoberta (ou ajustou-lhe sua descoberta) de uma maneira bastante direta. Ele declarou que o que tinha descoberto era um modo de construir

132 A INCOMENSURABILIDADE NA CIÊNCIA

e interconectar condensadores que se autocarregam. Essa descrição não estava simplesmente errada. Ela se ajusta com precisão ao instrumento que Volta tinha construído. Porém, esse instrumento não é bem aquele que chamamos de bateria, e essa diferença se revelou crucial. Por exemplo, a direção do fluxo de corrente na bateria de Volta era oposta à sua direção nas nossas baterias. A interconexão de suas células para magnificar-lhes o efeito exigia condutores líquidos, enquanto em nossas baterias nos valemos de condutores metálicos. Que ocorressem efeitos químicos nesses conectores era para ele algo incidental, um efeito colateral a ser eliminado, no final das contas, pelo desenvolvimento de células secas.

Mas, no caso, os efeitos químicos não poderiam ser eliminados. O fato de Volta ter assimilado sua descoberta ao léxico anterior induziu expectativas que não puderam se concretizar, e sua eliminação exigiu mais do que a correção de uma crença individual. Seu próprio instrumento tinha que ser reconcebido e essa mudança trouxe consigo alterações no espaço espectral no âmbito do qual as baterias poderiam ser definidas. (As baterias de Volta, por exemplo, não possuíam terminais aos quais conectar um circuito externo, talvez a mais saliente de todas as características pelas quais os leigos identificam as baterias hoje.) Durante as décadas de 1830 e 1840, a lista de características relevantes para o léxico elétrico se ampliaram, e a estrutura dos termos para espécies no léxico se modificou. A maioria dos termos do vocabulário para eletricidade estática – *carga, tensão, condutor, condensador e isolante* – retiveram suas antigas inter-relações. Mas *bateria* foi relocalizada a grande distância de *condensador*; os antigos termos *resistência* e *condutibilidade* também mudaram de lugar; e a estrutura sofreu mais ajustes no intuito de abrir espaço para novos termos como *circuito* e *terminais*.

Depois dessas modificações estruturais no léxico, muito cuidado era necessário na leitura de textos elétricos antigos. A crença de Volta de que os efeitos químicos seriam eliminados de seus conectores líquidos pôde, então, ser vista como falsa, e fora falsa mesmo no tempo em que Volta a defendia. Contudo, o enunciado de Volta de que a corrente fluía do zinco para a prata não era falsa se considerarmos o que Volta entendia por *bateria*. É claro que, em nossas baterias, a corrente flui da prata para o zinco, mas isso não contradiz o que disse Volta.

Um último exemplo pode esclarecer o modo como taxonomias de nível superior estão corporificadas no léxico e ampliar o entendimento sobre os gêneros de conhecimento que sua corporificação traz consigo. Tendo desenvolvido esse exemplo de modo mais completo em outro texto, serei dogmático e extremamente seletivo ao invocá-lo aqui.[14] Como no caso da eletricidade, começo com a situação de aprendizado. Como os estudantes adquirem o léxico da mecânica newtoniana, especialmente os termos *força*, *peso* e *massa*?

Uma primeira parte da resposta é que eles não podem começar a aprender até que um considerável vocabulário anterior esteja em seu devido lugar, juntamente com a habilidade de utilizá-lo. Entretanto, diferente do caso da eletricidade estática, esse vocabulário é em parte técnico, adquirido durante a escolarização primária: um vocabulário de matemática suficiente para descrever trajetórias, o movimento de corpos ao longo delas e a manipulação de magnitudes extensivas; alguns termos para a categoria dos objetos físicos. Além do mais, embora isso não seja estritamente necessário, o léxico com o qual os estudantes começam normalmente inclui versões pré-newtonianas dos termos a serem aprendidos provenientes do senso comum: *força*, *peso* e *massa*, esta última talvez rotulada como *quantidade de matéria*. Ao ensinar a mecânica newtoniana, essa parte do léxico deve ser reestruturada, um processo para o qual não havia nenhum equivalente no caso da eletricidade estática, em que os termos a serem aprendidos eram novos.

A reestruturação geralmente começa com o termo *força* e a principal técnica empregada é a de expor o estudante a exemplos de movimento forçado e livre. Para esse objetivo, usualmente pode ser empregada ou a demonstração direta ou a descrição no vocabulário anterior. O uso prévio de *força* pelos estudantes cumpre um papel, mas é necessária uma redistribuição considerável de exemplos. No léxico inicial dos estudantes, o exemplo típico de um movimento forçado é o lançamento de um projétil; movimentos livres são exemplificados pela pedra em queda, o volante de inércia ou o pião. No léxico newtoniano, por outro lado, todos esses são exemplos de movimento forçado. O único movimento livre da ação de forças não pode ser diretamente demonstrado e deve ser descrito com termos anteriormente disponíveis. É o movimento em linha reta com velocidade constante, e declará-lo livre da ação de forças é enunciar a primeira lei do movimento

---

14  Ver Kuhn, "Possible Worlds in History of Science", op. cit.

## 134 A INCOMENSURABILIDADE NA CIÊNCIA

de Newton: na ausência da aplicação de força, o movimento continua numa linha reta com velocidade constante. Essa lei fornece uma característica do espaço no âmbito da qual os referentes do termo *força* podem ser identificados, e também diz algo sobre o modo como as forças se comportam. Ela aponta em duas direções: para fora, em direção ao mundo, e para dentro, em direção ao léxico com o qual o mundo é descrito; ela manifesta aspectos tanto do analítico como [do] sintético.

A mecânica newtoniana inclui outras leis que servem a tais funções duais. O conceito de força é quantitativo e qualitativo, e seu aspecto quantitativo é mais bem introduzido pela exposição (novamente, seja pela demonstração, seja em palavras) à balança de mola. Esse uso, no entanto, requer o recurso a duas outras leis da mecânica: a lei de Hooke e a terceira lei de Newton; e, conforme continua a aquisição lexical, passando do termo *força* para os termos *massa* e *peso*, verificamos que outros instrumentos e outras leis têm a mesma função dual. A distinção entre os referentes de *massa* e *peso*, por exemplo, está estreitamente ligada à distinção entre as quantidades medidas pela balança de pratos e pela balança de mola; e essa distinção, por sua vez, invoca a lei da gravidade. Aqui, novamente, o conhecimento do mundo e o conhecimento dos termos nos quais o mundo é descrito estão inextricavelmente amalgamados, e haveria ainda outros exemplos.

Sendo esse o caso, é essencial enfatizar, uma vez mais, que não existe nenhuma lista predefinida de exemplos ou de leis às quais os estudantes devessem ser expostos ao adquirir o léxico newtoniano. A primeira e a terceira leis de Newton são provavelmente essenciais; a lei de Hooke também pode ser necessária, mas em outros casos há opões. O artigo do qual estou extraindo partes deste exemplo delineia três caminhos distintos para a aquisição do termo *força* até o léxico newtoniano completo, que inclui os termos *massa* e *peso*. Junto com a primeira lei de Newton, a segunda lei é estipulada durante o processo de aquisição lexical, como a primeira lei tinha sido estipulada no estabelecimento do termo *força*. Uma vez que a estrutura do léxico tenha sido estabelecida desse modo, os termos que ele contém podem ser usados para derivar a lei da gravidade a partir da observação. No segundo caminho, a lei da gravidade é estipulada durante a aquisição lexical, após o que a segunda lei pode ser obtida empiricamente. Um terceiro caminho fixa a estrutura lexical ao estipular o período de vibração de um peso conhecido na extremidade de uma mola de elasticidade conhecida.

Na prática, os estudantes normalmente têm sido expostos a todos os três caminhos antes de dominarem o léxico requerido, mas, em princípio, qualquer um dos três bastaria por si só, ou seja, todos os três resultam na mesma estrutura lexical. Indivíduos expostos a qualquer um deles concordarão em suas identificações de forças, massas e pesos, e dirão as mesmas coisas acerca deles. Pelo menos no âmbito da mecânica newtoniana, sua comunicação não será problemática.

Por fim, estou em condições de abordar o problema do aparente estratagema, ao qual me referi no início da conferência. Hoje e ocasionalmente também ontem, oscilei reiteradamente, sem discriminação aparente, entre os modos material e formal. Ou, para colocar a questão de outro modo, pareci confundir questões de metafísica ou ontologia – o que existe para que os termos se refiram – com questões de epistemologia – como os referentes desses termos são identificados. É muito provável que o procedimento tenha parecido totalmente circular. Concluirei argumentando que não é esse o caso.

Permitam-me ressaltar, desde o começo, o enorme papel desempenhado pelo mundo no processo de aquisição lexical e o papel correspondentemente pequeno representado por algo como uma definição. Isso é óbvio no caso de termos como *estrela* e *planeta*, termos que, como eu disse anteriormente, poderiam ser aprendidos por ostensão direta e que então facultariam à comunidade a mais estreita aproximação com um vocabulário de observação. Mas isso se aplica igualmente, ainda que pareça menos óbvio, à aquisição de termos para espécies de nível superior como *eletricidade* e *força*, termos que são introduzidos contextualmente, no âmbito de enunciados que, caso contrário, seriam formulados no vocabulário anteriormente disponível.

A função de tais enunciados – muitas vezes chamadas de *definições contextuais* – tem sido tradicionalmente concebida como a de relacionar novas palavras a antigas, oferecendo assim um substituto parcial para uma definição explícita, tal como *"solteiro* é equivalente a *homem não casado"*, mas essa me parece uma concepção equivocada. Enunciados como "um corpo eletrificado atrai palha" funcionam de outro modo. Eles relacionam palavras a outras palavras, mas somente tendo o mundo externo como um intermediário essencial. Da mesma forma que podemos investigar corpos, que nos disseram serem estrelas e planetas, buscando características compartilhadas e distintivas, também podemos investigar as situações descritas verbalmente mediante as quais são introduzidos termos como *eletricidade* e *condutor*. Quando isso ocorre, a imagem da situação evocada pelo vocabulário anterior cumpre o papel que, caso contrário, poderia ser cumprido pela própria situação. De fato, como já indiquei, as situações reais e as descritas são frequentemente intercambiáveis.

O que me traz à minha questão. Na medida em que adquirir o léxico de uma comunidade linguística depende de um processo como a ostensão, o processo de aquisição deve invocar o mundo real, seja exibindo-o, seja descrevendo o modo como as coisas nele ocorrem. É assim que leis e outras generalizações descritivas envolvem-se no processo de aquisição lexical. Porém, uma pessoa que se valha do léxico assim adquirido não está obrigada por todas as generalizações ou exemplos que tiveram um papel em sua aquisição. Esse papel não tornou analítica nenhuma dessas generalizações.

Diferentes indivíduos podem, como eu disse, adquirir léxicos identicamente estruturados ao percorrerem distintos caminhos. Características que uma pessoa encontra no processo de aprendizado podem ser adquiridas posteriormente, ou não serem adquiridas, por outrem. É somente a estrutura do léxico, e não o espaço espectral no qual cada membro da comunidade o insere, que precisa ser compartilhada. Dada essa estrutura compartilhada, cada um pode aprender coisas que o outro sabe, e ambos também podem aprender juntos coisas novas sobre o mundo. Entre essas coisas novas, aliás, estão correções de leis e generalizações encontradas durante o processo de aprendizado. Alguns dos exemplos ostensivos no decurso do processo de aquisição lexical podem se mostrar ilusórios; algumas das generalizações podem, sem precipitar uma crise, se revelarem falsas. Sempre existe algum espaço de jogo no sistema, alguma margem para ajustes. Mesmo que não possamos, por exemplo, colocar em questão todos os três caminhos alternativos para o léxico newtoniano, a estrutura desse léxico provavelmente resistiria bem se tivéssemos que ajustar um ou dois deles.

Aquilo com que nos comprometemos num léxico não é, portanto, um mundo, mas sim um conjunto de mundos possíveis, mundos que compartilham espécies naturais e, assim, compartilham uma ontologia. Descobrir o mundo real entre os membros desse conjunto é o que os membros de comunidades científicas se empenham em fazer, e o que resulta de seus esforços é o empreendimento que denominei ciência normal. Porém, o conjunto de mundos que se lhes abre é limitado pela estrutura lexical compartilhada, da qual depende a comunicação entre os membros da comunidade, e o desenvolvimento científico por vezes teve que romper esses limites para reestruturar alguma parte do léxico e ganhar acesso a mundos que eram antes inacessíveis. Uma série desses episódios separam Aristóteles de Newton; um único deles separa Faraday de Volta ou os primeiros leitores de Planck daqueles que o leem hoje. É a sua ocorrência que cria as anomalias textuais com as quais se iniciou minha primeira conferência, e são essas anomalias que uma tradução que preserve a verdade não pode eliminar. Quando a tradução malogra, resta ainda um recurso (e isso nos dá o primeiro tópico da conferência de amanhã), mas esse recurso não autoriza o uso de termos como *verdadeiro* e *falso*. Seu papel se restringe à avaliação de escolhas entre mundos – mundos aos quais a estrutura lexical da comunidade faculta acesso.

# Lecture III
## Corporificando o passado

Na primeira conferência desta série, apresentei três exemplos do tipo de interpretação quase etnográfica de que o historiador precisa para compreender um corpo de crenças passadas – para torná-las plausíveis e coerentes. Ontem, em minha segunda conferência, sugeri que a necessidade de tal interpretação surge de uma disparidade entre a taxonomia corrente na sociedade do historiador e a da sociedade para a qual os textos que ele estuda foram originalmente escritos. Ao esboçar um modelo do modo como o léxico de termos para espécies naturais oferece categorias taxonômicas e modos de aplicá-las, argumentei ainda que essas disparidades taxonômicas entre passado e presente impedem uma tradução que preserve a verdade de algumas das crenças essenciais do passado em termos modernos. Esse argumento aplicava-se, além do mais, quer a tradução fosse feita a partir de uma linguagem estrangeira, quer fosse feita a partir de uma versão anterior da língua nativa do tradutor. Concluí que o papel essencial e indispensável dos juízos de verdade e falsidade cumpria-se no âmbito da história e não através dela. Termos como *verdadeiro* e *falso* só precisam funcionar na avaliação das escolhas do dia a dia feitas no âmbito de uma comunidade que possua uma ontologia de espécies e um léxico correspondente já em seus devidos lugares.

Entretanto, minha conferência também indicou que barreiras para a avaliação de afirmações com pretensão à verdade não precisam ser obstáculos ao entendimento e este é justamente o objetivo da tarefa quase etnográfica do historiador. Os historiadores e sua audiência precisam adquirir o léxico da comunidade que está sendo estudada. Eles devem assimilar sua

140   A INCOMENSURABILIDADE NA CIÊNCIA

taxonomia de espécies naturais e, além disso, se situarem imaginativamente em seu mundo. Porém, não precisam e não podem propriamente empregar seu próprio léxico e o conhecimento de seu próprio mundo numa avaliação caso a caso das afirmações com pretensão à verdade dessa comunidade mais antiga. Embora possam fazer juízos acerca do passado, não é apropriado formular esses juízos no vocabulário do *verdadeiro* e *falso*.

Obviamente, essa posição é profundamente problemática e quatro de seus problemas propiciar-me-ão os tópicos de hoje. O primeiro é o problema das cabeças de ponte: quanta comunalidade é necessária para explicar o sucesso do historiador (ou do antropólogo) na reconstrução do sistema de crenças de outra época (ou de outra sociedade)? O segundo é o problema do relativismo: será que a verdade ou falsidade de uma crença acerca do mundo depende do léxico da comunidade no âmbito da qual essa crença é defendida? O terceiro é o problema do realismo: será que, quando falamos dos outros mundos de outras comunidades ou de outras culturas, isso pode ser entendido como algo mais do que a mais selvagem das metáforas? E o quarto é o problema das conexões entre presente e passado ou passado e presente: se o léxico de uma comunidade passada torna estrangeiro o seu mundo, como esse mundo pode ter se tornado nosso próprio mundo; como ele pode ser o nosso passado? Essas são questões amplas e esta é minha última conferência, por isso terei que ser mais conciso do que desejaria.

# 1

Sugeri que crenças passadas são recapturadas pelo aprendizado da língua, ou melhor, pela aquisição do léxico de termos para espécie nos quais essas crenças foram enunciadas. Esse processo, quando bem-sucedido, produz indivíduos bilíngues, mas não necessariamente tradutores. Os dois léxicos resultantes poderiam mesmo ser compartimentalizados separadamente, sem qualquer concorrência possível entre eles. Onde estão envolvidas duas línguas comunitárias, não se observa uma compartimentalização tão extrema, e sugerirei brevemente razões para supor que esse nunca será o caso. Como geralmente enfatizam os antirrelativistas, os falantes de uma língua humana parecem sempre capazes de encontrar uma cabeça de ponte a partir da qual entrar numa outra língua, e a presença de algumas dessas cabeças de ponte é essencial para a aquisição de um segundo léxico. Contudo, a cabeça de ponte exigida não precisa ser particularmente ampla ou sólida. Em princípio, ela nem sequer precisa permitir uma tradução que preserve a verdade. Na prática, ela sem dúvida permite alguma tradução desse tipo, mas apenas dentro de um leque restrito.

Para que uma cabeça de ponte cumpra a sua função, algumas das categorias taxonômicas fornecidas por um léxico devem superpor-se substancialmente, em seu pertencimento, a categorias no outro léxico. Em particular, deve ser esse o caso de algumas categorias cujos membros podem ser identificados por ostensão direta, pelo ato de apontar. Pensem nos referentes do termo *estrela* nos léxicos da astronomia ptolemaica e copernicana ou nos referentes de *movimento* nos léxicos da física aristotélica e newtoniana. Superposições desse tipo são sem dúvida um pré-requisito para a aquisição de um segundo léxico, mas, como esses próprios exemplos lhes recordarão, somente a superposição, e não a identidade ou o pertencimento, é necessária. O Sol é uma estrela para nós, mas para os gregos era um planeta; o crescimento de um carvalho era um movimento para Aristóteles, mas não para seus sucessores newtonianos.

Além disso, não é necessário que existam categorias específicas num dos léxicos que possam, antes da investigação, garantir a sobreposição de categorias no outro. Ontem, observei que era difícil imaginar uma cultura sem um termo para estrelas; era difícil, mas não impossível. Os céus poderiam ser referidos como "cravejados" (tendo certo tipo de textura), sem que haja algo dizível sobre aquilo de que os céus estão cravejados. Quando se tenta adquirir um segundo léxico, a categoria estrelas é um lugar provável para procurar superposições, mas não é necessário que se encontre alguma superposição. A aquisição lexical só requer que, para qualquer par de linguagens, uma superposição seja encontrada em lugares suficientes para dar início no processo de aprendizado. Não é necessário nada nem remotamente similar a um conjunto universal de noções observacionais primitivas compartilhadas, e é inútil procurar por um tal conjunto.

Pode ser útil formular esses pontos de um modo negativo. Na aquisição de um segundo léxico, é essencial que o aprendiz seja capaz de formar e de testar hipóteses acerca do objeto ou da situação particular ao qual o usuário desse léxico está se referindo quando emprega uma palavra ou expressão específica. E é igualmente essencial que alguns dos objetos ou situações

142 A INCOMENSURABILIDADE NA CIÊNCIA

agrupados pelo novo léxico também sejam agrupados pelo léxico antigo. Porém, essas condições valem apenas para os referentes dos itens lexicais; o sucesso em satisfazê-las não nos dá absolutamente nenhuma informação sobre o que esses itens significam. Em relação aos significados, a cabeça de ponte não precisa oferecer absolutamente nenhuma restrição. O estabelecimento de significados exige um segundo processo independente, um processo que descrevi detidamente ontem quando tratei da aquisição de um primeiro léxico. O aprendiz deve encontrar características compartilhadas pelas várias ocasiões nas quais um dado termo foi invocado, bem como características que diferenciem essas ocasiões de outras, quando o aprendiz antecipava o mesmo termo, mas não o encontrava. Dois aprendizes não precisam selecionar as mesmas características, mas cada um deles deve selecionar características que gerem a mesma taxonomia, a mesma estrutura lexical e as mesmas relações de similaridade-diferença entre os referentes de termos para espécies naturais. Caso contrário, identificarão referentes distintos para os mesmos termos e as comunicações envolvendo esses termos entrarão em colapso.

Diferenças na estrutura lexical, como venho argumentando, são o que limita a possibilidade de uma tradução que preserve a verdade. O requisito de que termos para espécies naturais sejam projetáveis – ou seja, um veículo para induções e para a enunciação de leis naturais – bloqueia o remédio aparente. Não podemos simplesmente acrescentar termos do novo léxico ao antigo e, então, usar o léxico expandido para fazer a tradução. Como enfatizei ontem, termos para espécies naturais que incidem sobre categorias do mesmo nível podem não se superpor. Se dois termos compartilham alguns referentes, eles podem não ser ambos marcados como termos para espécies naturais no léxico. Se esse for o caso, é importante ressaltar que não há razão para que o repertório de um grupo, formado por características e por termos que se referem a elas, não possa se expandir indefinidamente. Pelo contrário, aprender novas características é aprender novos modos de discriminação e a herança biológica compartilhada do *homo sapiens* torna natural supor que uma discriminação utilizada por qualquer ser humano, normalmente equipado, possa ser aprendida por qualquer outro ser humano.

O enriquecimento que resulta do estudo do passado ou da imersão numa outra cultura é um enriquecimento de características e discriminações disponíveis. E a universal capacidade de aprender características, que permite esse enriquecimento, parece ser o que garante a existência de cabeças de ponte a partir das quais léxicos diferentemente estruturados – taxonomias que não se superpõem às nossas – podem ser adquiridos. Os dois léxicos podem ter estruturas completamente diferentes; eles não precisam conter quaisquer termos coextensivos para espécies naturais; nenhum enunciado que inclua o nome de uma espécie natural precisa ser traduzível entre eles. A aquisição lexical requer tão somente a habilidade de examinar objetos ou situações nomeados em nosso próprio léxico, bem como de discernir características – que muitas vezes não foram reconhecidas antes – que os reagruparão em conformidade com o léxico a ser adquirido. Compartilhar características, atuais ou potenciais, é base suficiente para a constituição de uma cabeça de ponte.

Entretanto, na prática, como indicou a conferência de ontem, cabeças de ponte normalmente englobam muitas outras coisas. No desenvolvimento histórico, pelo menos, só podemos esperar encontrar grandes disparidades entre estruturas lexicais quando comparamos léxicos de períodos ou culturas muito diferentes – a Antiguidade e o século XVII, por exemplo –, e mesmo essas disparidades não são totais. Em todo caso, elas só interessam ao historiador que tenta olhar para trás, através delas, para localizar o ponto em que se inicia sua narrativa. Conforme essa narrativa avança – no âmbito do próprio processo de desenvolvimento –, as mudanças estruturais ocorrem em estágios menores e isoláveis. Normalmente, essas mudanças se restringem a uma ou outra região local do léxico: a região que contém *força, massa* e *peso*, por exemplo, ou *bateria, resistência* e *corrente*, ou *oscilador* e *elemento de energia*. Fora dessas regiões, as estruturas dos léxicos alterados e inalterados são homólogas, e uma tradução que preserve a verdade deixa de ser problemática. Em transições históricas reais, a cabeça de ponte é robusta.

No entanto, trata-se de apenas uma cabeça de ponte. Restam aquelas regiões do léxico nas quais a estrutura diverge, e essas regiões contêm os termos fundamentais de uma ciência, termos que, tal como aqueles recém-mencionados, são necessários para enunciar suas generalizações e leis constitutivas. Tal como outros enunciados contendo aqueles termos, essas generalizações não são traduzíveis. O conhecimento moderno não pode ser utilizado para julgá-las como verdadeiras ou falsas. Valores de verdade que se lhes apliquem só podem ser supridos a partir do âmbito do léxico usado para as enunciar.

144 A INCOMENSURABILIDADE NA CIÊNCIA

## 2

Minha insistência em que, a muitos enunciados constitutivos de uma ciência, só podem ser atribuídos valores de verdade a partir do âmbito da comunidade de praticantes fez minha posição parecer relativista, e talvez ela o seja. O epíteto *relativista* é usado de tantos modos diferentes – seu referente é identificado por tantas características distintas – que é improvável que a discussão da questão "relativista ou não relativista" se mostre fecunda. Permitam-me substituí-la por uma outra: será que alguma coisa, que valha a pena preservar, se perdeu?

Penso que não, pois o que estou relativizando não é o valor de verdade, mas a efabilidade. Se o mesmo enunciado pode ser feito com o léxico de comunidades diferentes, ele deve ter o mesmo valor de verdade em todas. Meu argumento era, antes, que alguns enunciados que são pretendentes óbvios ao valor de verdade numa comunidade são simplesmente indizíveis em outra. As situações que eles descrevem não ocorrem em nenhum dos mundos possíveis aos quais o léxico dessa comunidade dá acesso. São esses enunciados que estive descrevendo como impossíveis de traduzir com a especificidade necessária para o jogo do valor de verdade.

Usando as técnicas do compromisso *ad hoc* empregadas pelos tradutores profissionais, podemos aproximar o conteúdo de tais enunciados, e são essas declarações de compromisso, feitas com nosso próprio léxico, que muitas vezes nos sentimos obrigados a julgar. Porém, nada se obtém ao proceder-se assim. Traduções desse tipo, em geral, não são traduções que preservem a verdade. Se lhe pedirmos para dizer se alguma dessas traduções de compromisso é verdadeira ou falsa, o historiador que adquiriu o léxico no qual o original foi enunciado com frequência ficaria perplexo sobre qual resposta dar. Considerem uma vez mais o enunciado "o Sol é um planeta", que visa registrar algo em que os gregos acreditavam sobre os céus. Valendo-nos do nosso léxico, não existe um jeito melhor de verter a crença grega e, em nosso léxico, esse enunciado é obviamente falso. Mas o que tem isso que ver com o que acreditavam os gregos? Dada a taxonomia das espécies celestes, corporificada na estrutura do léxico grego, o Sol era um planeta. Verter sua crença com nossas palavras como "o Sol é um planeta" é um compromisso enganoso. Nenhuma tradução melhor está disponível, mas o valor de verdade que deveria ser aposto a esse enunciado é, no

LECTURE III: CORPORIFICANDO O PASSADO **145**

mínimo, pouco claro. Será que realmente faz diferença se a questão de sua verdade tem ou não uma resposta?

Para ver a perplexidade de uma forma mais típica, considerem a questão que lhes fiz no final da primeira conferência: quando Aristóteles disse que não poderia existir vazio na natureza, será que ele estava simplesmente errado? Seu enunciado era falso? Se os termos nesse enunciado são os nossos, então a resposta é por certo sim: o enunciado é falso. Sabemos que pode existir espaço vazio, lugar sem matéria. Já no século XVII, o barômetro e a bomba de ar ofereceram evidência convincente disso. Porém, Aristóteles, vocês hão de recordar, não queria dizer por *matéria* a mesma coisa que os filósofos do século XVII, defensores da nova teoria corpuscular. Segundo ele, matéria era um substrato neutro, disponível em toda parte para receber forma e, ao fazê-lo, para constituir uma substância, um corpo, uma coisa. Onde não havia nenhuma matéria, não poderia haver nenhum corpo, nem mesmo potencialmente. Utilizando-se termos do léxico aristotélico, a própria concepção de um lugar sem matéria era incoerente. Tendo aprendido o que significam os termos, adquirido as partes necessárias do léxico de Aristóteles e posto sua coerência à prova, será que ainda diríamos que o enunciado de Aristóteles era falso?

Eu não diria isso, mas tampouco desejo declarar que o enunciado era correto. Em vez disso, quero manter a questão em suspenso, distanciar-me dela, investigar o que exatamente me está a ser perguntado. Não posso reformular o enunciado de Aristóteles no meu léxico e então rotulá-lo como verdadeiro ou falso do mesmo modo que rotularia um enunciado meu ou de um de meus contemporâneos. Mas, em vez disso, se adoto o léxico de Aristóteles e tento responder à questão a partir dele, tenho o benefício da visão retrospectiva. Conheço os argumentos a favor e contra (estes não incluem o barômetro ou a bomba de ar, que são só indiretamente relevantes) e conheço também algo sobre o modo como o equilíbrio entre eles se modificou com o tempo. Porém, esses argumentos, cada um em sua época, sempre deixaram a questão irresolvida, nunca permitiram uma escolha decisiva entre verdadeiro e falso. Seu efeito, juntamente com o de muitos outros eventos e questões, foi criar pressão sobre o léxico, pressão que, no final das contas, resultou numa revisão de sua estrutura, numa taxonomia alterada e num conjunto modificado de espécies naturais nas discussões sobre os corpos e suas propriedades, sobre o espaço e sobre o movimento. Esse resultado, contudo, não foi a falsificação do enunciado de Aristóteles. Em lugar disso, alguns termos-chave, utilizados na formulação e na discussão desse enunciado, perderam o seu significado e não havia nenhum jeito de reformular o que os aristotélicos tinham em mente usando os termos que substituíram esses termos-chave.

Nenhum desses argumentos visa isentar o léxico aristotélico de qualquer juízo. Sem dúvida, seu sucessor do século XVII era um instrumento muito mais poderoso para resolver os enigmas dos quais os cientistas caracteristicamente se ocupam. O ajustamento da estrutura lexical que tornou o Sol uma estrela, a Terra um planeta e a Lua um satélite permitiu soluções mais precisas do que qualquer uma antes disponível para uma gama muito mais vasta de problemas acerca de fenômenos celestes. E a taxonomia pós-galileana da matéria, do espaço e de suas propriedades teve o mesmo efeito nos problemas sobre os recém-delimitados fenômenos do movimento. Porém, a avaliação de um léxico com o qual descrever fenômenos e construir teorias sobre eles é uma tarefa muito diferente da atribuição de valores de verdade a enunciados individuais que o léxico nos permita construir. E este último empreendimento, a atribuição de valores de verdade a enunciados individuais, só pode ocorrer depois que um léxico já está em seu devido lugar. Quer o enunciado seja "neutrinos não têm massa", "a Lua gira em torno da Terra" ou apenas "está chovendo", a atribuição de um valor de verdade requer a discussão da evidência e só pode ocorrer entre aqueles que sabem o que o enunciado significa.

Avaliar um léxico é uma questão bem diferente, pois um léxico não pode ser propriamente rotulado como verdadeiro ou falso. Sua estrutura, a taxonomia que ele oferece, é um fato social ou linguístico, como o uso grego de *movimento* e *estrela*, como o uso de *bateria* e *resistência* por Volta ou como o uso do *elemento de energia* por Planck. Um léxico tampouco pode ser propriamente descrito como "confuso", embora seu uso possa ocasionalmente resultar em confusão. Em lugar disso, um léxico é um instrumento melhor ou pior do que outro para atingir objetivos sociais especificáveis e a escolha entre léxicos – ou melhor, a direção da evolução lexical – necessariamente depende desses objetivos.[1]

---

1  As teorias estão numa posição, de certa forma, intermediária. Elas ajudam a determinar um léxico e devem, assim, ser julgadas como instrumentos. Mas também determinam enunciados individuais que devem ser julgados como verdadeiros ou falsos.

Com relação aos léxicos, sugiro assim, os pragmatistas estavam geralmente certos. Léxicos são instrumentos a serem julgados por sua eficácia comparativa em promover os fins para os quais foram postos em uso. A "escolha" entre eles é relativa a interesses. Com relação aos léxicos, minha posição é instrumental e relativista. Porém, o relativismo com relação aos léxicos não precisa trazer consigo o relativismo com relação à verdade, e penso ser vital que não permitamos que o faça. Na medida em que os membros de uma sociedade estão vinculados entre si em todos os momentos, é o jogo do valor de verdade – mais precisamente, a lei de não contradição – que propicia os laços entre eles. Onde essa lei se aplica, as diferenças podem ser debatidas e pode-se esperar um acordo com base na evidência. Onde os interesses se introduzem, começa a fragmentação em comunidades, a discussão torna-se problemática e o acordo com base em evidência está em risco. Todavia, se o jogo do valor de verdade de fato promove solidariedade, então os pragmatistas devem estar errados sobre a verdade. A verdade não pode ser assertividade justificada: dois membros de uma comunidade podem, com justificação, afirmar coisas contrárias, mas é uma regra do jogo que somente um deles pode estar certo; a dissolução da comunidade começa com a violação dessa regra. A verdade tampouco pode ser o produto limitador final do processo de investigação racional: como um requisito fundamental de discurso e de negociação, ela é necessária o tempo inteiro; colocá-la, por princípio, para além do alcance atual é bloquear sua função. O que estou sugerindo é que comunidades humanas são comunidades de discurso e o jogo do valor de verdade lhes é essencial. Isso é bastante evidente para as comunidades de cientistas – seja quando as regras são quebradas seja quando são observadas –, mas reputo sua aplicabilidade como universal.

# 3

Embora a posição que acaba de ser delineada apresente dificuldades, relativismo não me parece um nome apropriado para elas. As afirmações com pretensão à verdade e sua avaliação permanecem em vigor onde são necessárias, na vida cotidiana de uma comunidade. Entre comunidades diferenciadas pela estrutura lexical, a avaliação de afirmações com pretensão à verdade é, muitas vezes, impossível. Mas, então, haverá suficientes cabeças de ponte disponíveis para possibilitar juízos sobre a forma de vida (ou a forma de praticar ciência) que o léxico da outra comunidade permitir. Se essa forma de vida parece superior com relação ao que se valoriza (se, por exemplo, ela permite resolver problemas técnicos anteriormente sem solução), então podemos migrar para a outra comunidade, adquirir sua estrutura lexical e nos tornar doravante nativos, abandonando o léxico com o qual crescemos. Pelo menos metaforicamente, esse é o modo como ocorre boa parte do progresso científico e a realidade do progresso está para mim fora de dúvida.

Esse progresso, contudo, é instrumental. Embora real, ele não é progresso em direção à realidade. A ciência nos proporciona uma taxonomia cada vez mais poderosa para tratar do mundo, mas não o faz ao descobrir uma verdade independente de léxico. Não podemos propriamente dizer que os gregos estivessem errados ao identificar o Sol como um planeta ou que Aristóteles estivesse enganado sobre a impossibilidade do vazio. Tampouco podemos dizer que Volta estava equivocado sobre a direção do fluxo da corrente numa bateria ou que Newton não estava correto em supor que a simultaneidade entre dois eventos era independente do sistema de coordenadas a partir do qual esses eventos eram observados. Em sua própria época, cada uma dessas crenças era enunciada ou derivada de enunciados que apelavam para partes do léxico estruturadas de modo distinto do nosso próprio léxico. Esses enunciados não são traduzíveis; eles não podem ser comparados individualmente com enunciados que nós faríamos; nossos juízos sobre valores de verdade não lhes podem ser aplicados.

Com relação a esses enunciados e outros similares, tampouco podemos dizer que, embora não sejam exatamente verdadeiros, eles fossem aproximações da verdade, uma verdade da qual as ciências se acercariam cada vez mais. Quando a comparação é impossível, qual pode ser o significado de expressões como "cada vez mais próximo da verdade"? Além do mais, todas essas expressões – "mirar no alvo", "talhar a natureza próximo de suas articulações", e assim por diante – implicam que um enunciado pode ser mais verdadeiro do que outro e são, portanto, irreconciliáveis com a lei de não contradição. A verdade e a falsidade não admitem gradações. Aceitar que sim, como sugeri, significa abandonar uma exigência fundamental do discurso, da negociação e da comunidade à qual elas dão suporte. Além disso, com relação às espécies naturais, isto é, à ontologia corporificada no léxico, a história da ciência não apresenta nada que equivalha a mirar no alvo. Enquanto as soluções para os problemas constantemente progridem em número e precisão, as ontologias das quais derivam essas soluções variam amplamente em diversas direções. Até hoje, ninguém demonstrou que haja algo como uma assíntota em direção à qual a ciência, ao longo de sua história, esteja se aproximando cada vez mais. Em qualquer época, existem estimativas científicas melhores do que outras sobre a natureza dos constituintes fundamentais do mundo, mas elas não permanecem no mesmo lugar quando os léxicos se modificam.

Considerações como essas me levaram no passado a falar de como o mundo se modificava durante os episódios revolucionários que aqui são interpretados como épocas de mudança na estrutura lexical. Por outro lado, eu disse algumas vezes que, após uma revolução, os cientistas vivem e trabalham num mundo diferente. Estas conferências talvez tenham sugerido por que tais metáforas pareciam apropriadas. Porém, falar da mudança de mundo também é enganoso e estive entre aqueles que se enganaram. Permitam-me, portanto, tentar, ainda que provisoriamente, assinalar a direção na qual possamos encontrar uma posição mais literal e defensável.

A dificuldade na sugestão de que o mundo mude é que ela suscita questões como "você quer dizer que existiam bruxas no século XVII?" ou "então existia flogisto no mundo dos químicos do século XVIII?". A tais questões por vezes tive que redarguir com um sim, mas sempre no mais equívoco e envergonhado dos tons. Vejo agora que o que eu deveria ter feito é rejeitar as questões como malformadas. O que pode nos desencaminhar quando dizemos "o mundo muda" é a implicação de que a comunidade permanecesse inalterada enquanto o mundo a seu redor se modificava, de forma que um enunciado que era verdadeiro antes tornou-se falso após a mudança. Na verdade, tanto o mundo como a comunidade mudaram em conjunto com a modificação no léxico mediante o qual eles interagiam.

Considerem o termo *flogisto*. Entre as décadas de 1730 e 1760, o flogisto era um termo de espécie natural num léxico que o relacionava estruturalmente a espécies denotadas por termos como *princípio* e *elemento*. Esses termos ou desapareceram do léxico da química moderna ou mudaram sua posição dentro dele e a estrutura do novo léxico não oferece nenhum lugar para acomodá-los. Os princípios químicos, por exemplo, eram espécies naturais portadoras de qualidades e o flogisto era um desses princípios.[2] Se os termos que se lhes referiam ainda fossem termos para espécies naturais, então muitos termos para espécies no léxico moderno não poderiam sê-lo. Apenas um dentre os dois conjuntos inter-relacionados poderia ser projetável [e] permitir induções. Dada a escolha entre eles, não resta dúvida de qual seria escolhido por uma pessoa cujo objetivo fosse resolver problemas químicos. Para isso, a química objetiva moderna é a mais poderosa das ferramentas. Mas, antes que essa escolha estivesse disponível, o léxico que continha *flogisto, princípio* e o uso mais antigo de *elemento* permitia induções bem-sucedidas e os termos projetáveis nesse léxico eram termos para espécies naturais da mesma forma que o são seus atuais sucessores. Seja qual for o sentido em que podemos dizer que seja real o mundo dos isótopos, dos orbitais moleculares e dos polímeros, podemos igualmente dizer que, em sua época, também era real o mundo do flogisto e dos outros princípios portadores de qualidades.

Não somente os dois mundos eram reais, mas eles também eram objetivos e externos em quase qualquer sentido padronizado que possamos pensar. Termos que denotavam espécies naturais em qualquer um deles poderiam ser aprendidos por ostensão, inicialmente pelo gesto de apontar diretamente para seus referentes no mundo lá fora e, subsequentemente, descrevendo-se, num vocabulário compartilhado anterior, situações nas quais seus referentes ocorriam. O mundo descrito com o léxico resultante (em qualquer um dos dois) era sólido. Teorias sobre as espécies naturais que ele contivesse poderiam ser desenvolvidas e os valores de verdade dos enunciados, que se seguissem dessas teorias, poderiam ser atribuídos por observação e experimentação. O acordo sobre essas atribuições era algo normalmente esperado e, em caso de desacordo, um pedido de explicação era sempre legítimo. Embora os membros individuais da comunidade, envolvidos nessas atividades, pudessem diferir subjetivamente – em seus gostos ou em seus interesses, por exemplo –, essas diferenças raramente afetariam suas atribuições de valores de verdade e jamais anulariam a obrigação de apresentar razões para o desacordo. O mundo habitado pelos membros da comunidade era, em suma, intersubjetivo.

---

2 Para mais detalhes sobre esse tema, cf. o meu texto "Commensurability, Comparability, Communicability", em Asquith; Nickles (orgs.), *PSA 1982*, v.2, p.669-88 [reimpr. como cap.2 em *Road since* Structure].

LECTURE III: CORPORIFICANDO O PASSADO 151

Mas a intersubjetividade, como a habilidade de estabelecer valores de verdade compartilhados, só precisa se estender às fronteiras da comunidade. Dentre os critérios usuais de realidade e objetividade, ainda falta a independência da mente e acho que esse critério não será recuperado. As mentes são parte daquilo que constitui um mundo e sem elas nenhum mundo pode existir. Não estou pensando na mente de um ou outro indivíduo em particular, pois um mundo não é subjetivo. Tampouco estou pensando na mente de um grupo, pois um grupo não possui uma mente. Mas não existe mundo sem um grupo de indivíduos vivos que o compartilhem, que interajam com ele de formas confiavelmente similares e que interajam entre si de formas que o pressuponham. Para os animais superiores, pelo menos, o que as ações dos indivíduos pressupõem é uma forma compartilhada de dividir o mundo em espécies inter-relacionadas, e, para os humanos, essas espécies têm nomes que são encontrados e inter-relacionados nas estruturas mentais que venho denominando léxicos.

A essa altura, já há de estar claro que a posição em direção à qual estou tateando é vagamente kantiana. As categorias da mente são necessárias para a constituição da experiência do mundo; sem elas, nenhuma experiência existe. Mas, se essa posição é kantiana, como suponho, ela é kantiana com duas diferenças. Em primeiro lugar, as categorias que procuro não são aquelas de um indivíduo humano, tampouco são comuns a todos os indivíduos humanos. Seu *locus* é, em vez disso, uma comunidade historicamente situada, um grupo cujos membros compartilham uma estrutura lexical adquirida de seus pais e professores que, por seu turno, transmitem esse léxico, talvez numa forma alterada, a seus sucessores. Em segundo lugar, como indica minha referência à alteração, essas categorias podem variar – não totalmente, mas em medida considerável – de grupo para grupo e também, no caso de um grupo único, com a passagem do tempo.

É evidente que comunidades não podem fabricar quaisquer categorias que agradem aos [seus] membros. O mundo descrito por um léxico é sólido. [O mundo] tem participação na determinação de valores de verdade, ao distinguir os enunciados verdadeiros dos falsos sobre si. O léxico é um produto das mentes humanas em ação (não de um jogo de faz de conta) e deve haver algo sobre o que elas ajam. Este mesmo algo garante a existência de cabeças de ponte a partir das quais os léxicos de outras comunidades podem ser explorados. Porém, sobre esse algo, não podemos falar. Como a

## 152  A INCOMENSURABILIDADE NA CIÊNCIA

*Ding an sich** de Kant, ele é inefável, anterior tanto aos mundos como às comunidades que os habitam. A fala exige não somente algo sobre o que falar, mas também alguém com quem falar e alguém para ouvir. Com todos esses três elementos em seu devido lugar, já existe um mundo e uma comunidade de fala. Os dois são historicamente situados, em interação mediante o léxico que os constitui a ambos. Acerca do que veio antes, não há nada que possa ser dito e nem mesmo a questão "o que veio antes, o mundo ou seu grupo?" é admissível.

## 4

Restam-nos duas questões a serem respondidas, ambas relativas ao desenvolvimento histórico. A primeira é: dado o papel de uma estrutura lexical na constituição de um mundo, como um léxico pode ser modificado? A segunda é: dados os problemas de traduzibilidade que resultam da mudança lexical, quais conexões com o passado estão disponíveis para o presente [e] como o passado pode ser parte da identidade presente? A primeira questão já foi abordada de passagem. Aspectos do conhecimento do mundo de uma comunidade estão embutidos na estrutura de seu léxico e novas experiências, por vezes, tensionam esse conhecimento embutido de modos que só podem ser distendidos pela mudança lexical. Tais tensões podem ocorrer de diversas maneiras, mas um único exemplo simples mostrará por que me valho de um termo como *tensão*.[3] Com esse objetivo, retorno pela última vez à física aristotélica, em particular ao conceito aristotélico de movimento.

Na primeira destas conferências, eu disse que o termo aristotélico traduzido como "movimento" se refere a mudanças de todos os gêneros: da doença para a saúde ou [da] bolota para o carvalho, bem como às mudanças de um lugar para outro. Movimento é, assim, mudança de estado e suas características salientes são seus dois pontos terminais, bem como o tempo que transcorre na transição entre eles. Porém, movimentos ou, pelo menos,

---

\* Coisa em si (em alemão, no original). (N. T.)

3 Cf. "The Function for Thought Experiments", disponível em meu livro de ensaios *The Essential Tension: Selected Studies in Scientific Tradition and Change*, p.240-65.

movimentos locais possuem outra característica saliente, que denominarei *indefinição perceptiva*. Aristóteles a invoca de tempos em tempos ao discutir a velocidade de um movimento. Em geral, como seria de se esperar, ele entende a velocidade como diretamente proporcional à distância entre os pontos terminais de um movimento e inversamente proporcional ao tempo necessário para que o movimento ocorra, uma concepção que evoluiria para nossa noção de velocidade média. Em outras ocasiões, porém, ele fala do aumento ou diminuição da velocidade durante o curso de um movimento, uma concepção que evoluiria para nossa velocidade instantânea. Para Aristóteles, entretanto, não se trata de dois conceitos ou gêneros de velocidade, mas de dois aspectos ou características – uma estática e a outra dinâmica – de um único conceito.

Tanto Aristóteles como seus sucessores escolásticos agiam normalmente como se essas duas características se encaixassem sem maiores percalços, como se qualquer movimento que fosse mais rápido quando considerado como um todo, também fosse mais rápido no curso de cada uma de suas partes. Essa era uma parte do conhecimento da natureza embutido em seu léxico. Na maioria das situações, esse léxico não apresenta nenhum problema e num mundo apenas ligeiramente diferente – um mundo no qual, por exemplo, todos os movimentos ocorressem em velocidade uniforme – não haveria absolutamente nenhuma dificuldade. Porém, há situações nas quais os dois entram em conflito: um movimento considerado mais rápido por um critério, é mais lento quando considerado por outro critério. Galileu explora impiedosamente uma dessas situações no primeiro [dia] de seu *Diálogo sobre os dois [máximos] sistemas do mundo*, um episódio importante na reestruturação lexical que tornou o movimento um estado e a velocidade uma característica não do movimento como um todo, mas do movimento num instante determinado.[4]

No *Diálogo*, Galileu pede que seus interlocutores imaginem dois planos inclinados, um vertical ou praticamente vertical e o outro oblíquo (observem o diagrama a seguir). Duas bolas serão largadas simultaneamente do

---

4 Também contribuíram outros episódios importantes, muitos deles bem antes de Galileu. Entre estes, estavam a introdução de uma distinção entre a latitude e a longitude de um movimento e também o debate recorrente sobre a natureza do movimento, se ele é um *fluxus formae* ou uma *forma fluens* [um fluxo de formas sucessivas ou uma forma única que flui]. Esses dois desenvolvimentos eram escolásticos e ocorreram principalmente no século XIV.

alto desses planos inclinados e Galileu pergunta qual movimento será o mais rápido. A primeira resposta é unânime: o movimento ao longo do plano vertical é o mais rápido; a percepção dinâmica direta da velocidade prevaleceu. Mas Galileu então lembra aos outros participantes da discussão de que os dois planos possuem comprimentos muito desiguais. Para compensar essa diferença, ele delimita a partir da parte inferior do plano oblíquo uma distância igual ao comprimento do plano vertical e sugere que seja utilizada para avaliar a velocidade do movimento oblíquo. Quando ele pergunta novamente qual movimento é o mais rápido, a resposta inicial é invertida. O movimento ao longo do plano oblíquo é declarado o mais rápido, pois nele é percorrida a mesma distância em menos tempo. Dessa vez, entretanto, o tom da resposta revela incerteza, desconforto e constrangimento. Depois disso, Galileu move o segmento que havia delimitado no plano oblíquo para o alto desse plano, no meio, e depois novamente para a parte inferior, perguntando em cada caso qual é o mais rápido, se o movimento ao longo do plano oblíquo ou do plano vertical. As respostas são inconsistentes e deixam de ser unânimes. Por fim, os participantes, que se inclinam ora para uma resposta ora para outra, apercebem-se ou lhes é mostrado que suas dificuldades são apenas conceituais. O uso típico, estabelecido há muito tempo, de termos como *movimento, velocidade* e *mais rápido* não é adequado para descrever certos aspectos dos fenômenos que os participantes viam todos os dias.

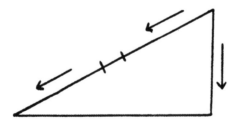

Ao ler essa passagem de Galileu, quase sempre me recordo de um episódio da minha época de escola que alguns de vocês devem reconhecer. Disseram-me que Einstein descobrira a relatividade da simultaneidade. Não duvidei dessa atribuição, mas tampouco consegui entendê-la. Para mim, ela parecia vagamente agramatical. Por certo, a simultaneidade era como a verdade: ela não poderia ser relativa sem perder seu significado e sua força. A relatividade da simultaneidade não era o tipo de efeito que alguém pudesse descobrir. O que era, então, que me estavam a dizer? Descobri mais tarde – quando tomei conhecimento do célebre experimento de pensamento sobre o trem em movimento atingido por raios em suas duas extremidades. Quando um observador fora do trem relata que as duas extremidades foram atingidas simultaneamente, um observador dentro do trem relata que a frente do trem foi atingida primeiro. Mas, o que aprendi com esse experimento não foi simplesmente um fato sobre simultaneidade, mas igualmente e mais fundamentalmente [um fato] sobre o espaço e o tempo, sobre relógios e réguas, e essas lições não foram apenas factuais, embora também o fossem. Essas lições eram conceituais e lexicais em igual medida; aprendi a pensar diferentemente acerca da natureza do espaço e do tempo e a fazer um uso diferente do vocabulário que se lhes referia. Terem me dito que Einstein havia descoberto a relatividade da simultaneidade ajudou a me preparar para essa mudança lexical, mas não creio que eu estivesse errado em achá-la agramatical.

Esses exemplos não são típicos. Como eu disse ao introduzir o primeiro deles, existem outros caminhos para a mudança lexical. Porém, esses exemplos possuem a virtude especial de demonstrar claramente o envolvimento do léxico na mudança revolucionária da teoria. Sendo assim, eles localizam a tensão que precede essa mudança no lugar certo – no léxico.

# 5

A questão restante é uma questão que, há meses – antes que eu descobrisse quanto tempo me demandaria essa tarefa –, deu título a esta terceira e última conferência. Como narrativas históricas podem colmatar as lacunas e rupturas que permanecem após a mudança lexical? Para colocar o problema de outro modo, como o passado pode ser transportado ao presente e incorporado na identidade atual? Creio que essas questões têm duas respostas, ambas inescapáveis e completamente inconsistentes entre si. Terminarei estas conferências com algumas palavras sobre cada uma delas e sua relação.

A primeira resposta pressupõe o gênero de história que venho descrevendo reiteradamente nestas conferências. Uma narrativa histórica se inicia com uma reconstrução etnográfica ou hermenêutica dos aspectos relevantes de algum período no passado. Ela prepara o cenário e introduz os atores,

**156** A INCOMENSURABILIDADE NA CIÊNCIA

seu léxico e seu mundo. A história propriamente dita só começa após esse passo preliminar, sempre narrada num presente especioso, sempre concebida como que numa tela sincrônica. Tensões no léxico são descritas conforme surjam; as confusões resultantes são explicitadas; são introduzidas as primeiras tentativas metafóricas de ajuste lexical; e o episódio culmina com o estabelecimento de um novo léxico, de uma nova forma de vida, de um novo mundo. Uma só narrativa pode incluir apenas um ou uma longa sucessão de tais episódios. Ela pode se concentrar em alguma época no passado ou numa época próxima do presente.

Esse é o gênero de história que tentei promover, tanto produzindo-a eu próprio como ensinando os outros a fazê-lo. Nela acredito profundamente. Na medida em que seja exitosa, ela torna possíveis novas discriminações, abre portais para novos mundos. Nesse sentido, ela é como qualquer outra etnografia bem-sucedida. Porém, por tratar de um presente que está em perpétuo movimento, ela faz algo que a etnografia não pode fazer: revela a evolução histórica em ação, sempre a mover-se cegamente em direção a um futuro ainda não existente. Ela também revela algo sobre a natureza dos produtos dessa evolução, um dos quais sendo o conhecimento humano. Praticada dessa maneira, a história é, de fato, filosofia ensinada pelo exemplo.

Contudo, também existe uma função importante que esse gênero de história não pode cumprir. Podemos estudá-la e aprender com ela, mas sempre como o relato de uma tribo estrangeira. A história de nosso passado, aquela que fez de nós o que somos hoje, deve ser escrita de outro modo, usando nosso próprio léxico. Nessa história, o Sol sempre foi uma estrela, o movimento sempre foi um estado governado pela primeira lei de Newton, a força da bateria sempre foi química, a simultaneidade sempre foi relativa, e assim por diante. Sobre todos esses temas, as pessoas algum dia defenderam crenças errôneas, corrigidas no decorrer da história por meio de lutas corajosas contra a ignorância ou o fanatismo. Segundo essa concepção, podemos explicar por que essas crenças foram defendidas, mas elas eram, de todo modo, falsas.[5] Esse gênero de história não tenta adquirir e mobilizar

---

5 Em princípio, essas explicações sobre os erros passados poderiam seguir o caminho pelo qual enveredei nestas conferências, ao tomar conhecimento de estruturas lexicais mais antigas, mas insistir que essas estruturas se equivocaram sobre a natureza do mundo e eram, portanto, falsas. A disputa entre essa abordagem e aquela que venho desenvolvendo revelaria,

os léxicos mais antigos usados pelas comunidades que estão sendo estudadas; em lugar disso, ele conta a narrativa de um passado em tradução, abandonando a tentativa de preservar os valores de verdade em troca da preservação de uma verdade constante. A narrativa resultante não avança às cegas, mas é constantemente guiada pelo que o tradutor – já em posse do futuro e por ele dominado – pensa ser importante enfatizar. Amplamente conhecido sob o rótulo de *historiografia Whig*, esse modo narrativo coincide com a abordagem mais etnográfica descrita anteriormente apenas durante o período transcorrido desde a última alteração da estrutura lexical, um período para o qual é discutível se a história pode ser de fato escrita.

Se o interesse de alguém for, como o meu, essencialmente filosófico, dirigido à natureza do processo histórico ou à natureza do conhecimento humano, não há dúvida sobre qual dessas formas narrativas deve ter a preferência. Sou bastante conhecido pela firmeza com que denunciei e ridicularizei a historiografia Whig e, dados os meus interesses teóricos, não tenho a intenção de mudar de opinião. Mas é correlativamente importante para mim insistir que a historiografia Whig tem uma função humana indispensável que não pode ser cumprida pelo gênero de história ao qual dou mais crédito. Ela municia os membros da comunidade com um passado que não é estrangeiro, mas doméstico, que pode ser diretamente assimilado e servir como uma plataforma a partir da qual seguir adiante.

Para ilustrar a clivagem que tenho em mente, permitam-me falar brevemente de minha experiência como um cientista que se voltou para a história da ciência. Neste último papel, muitas vezes me perguntaram se a ciência deveria ser ensinada pelo modo histórico e quase sempre respondi que não, pelo menos não para estudantes que esperavam praticar ciência mais tarde.[6] Esses estudantes devem adquirir domínio das ferramentas correntes

---

então, uma semelhança marcante com o debate histórico sobre a relatividade especial: seus oponentes a insistirem que de fato havia um ponto de referência preferencial e que as contrações das hastes em movimento eram contrações reais etc., e seus defensores a insistirem que, na ausência de um modo de estabelecer um ponto de referência preferencial, seria mais razoável abandonar o conceito, supor que todos os pontos de referência inerciais são simultâneos e alterar correspondentemente nossas concepções de espaço e de tempo.

6 O que eu desaconselhava era o uso sistemático da história na apresentação do tema que o estudante deve aprender. Uma ou duas histórias de caso detalhadas de avanços científicos individuais poderiam muito bem ser úteis para futuros cientistas, mas apenas depois de já terem aprendido a ciência envolvida.

da profissão, tanto as conceituais como as instrumentais; a história é, na melhor das hipóteses, um modo lento e ineficiente de fazê-lo. Aprender possibilidades alternativas – como Aristóteles concebeu o movimento ou o vácuo, como Volta concebeu a bateria, como Planck concebeu sua primeira derivação da lei do corpo negro – seria sobrecarregar o estudante com distrações irrelevantes. É possível imaginar que esse procedimento poderia até mesmo prejudicar o domínio e a fé do estudante nas ferramentas necessárias para a prática corrente. Embora o gênero de história que pratiquei deva, como acredito, ser ensinado a muitos tipos de público, inclusive aos cientistas, ele não é um caminho apropriado para a profissionalização. Futuros profissionais deveriam aprender diretamente a usar as suas ferramentas.

Em algum lugar aqui espreita-nos uma aporia. As ferramentas de que um profissional necessita são produtos da história e aqueles que se valem delas devem ver-se como participantes plenos do processo histórico pelo qual essas ferramentas foram e serão desenvolvidas. Como ocorre com qualquer um de nós, sua identidade presente requer um passado apropriado e este é suprido por um gênero de narrativa que, em sua pior e mais difundida versão, simplesmente atribui fragmentos do conhecimento presente, bem como itens dos manuais habituais, a figuras históricas que se supõem terem sido seus descobridores, afastando a ignorância ou a superstição no processo. São justamente as inadequações, factuais e conceituais, dessa abordagem que a convertem numa fonte mais efetiva da identidade requerida para a prática exitosa da ciência. Se eles foram educados com uma mentira – que é exatamente o que estou sugerindo –, trata-se de uma nobre mentira.

Estou exagerando, é claro, mas, nestes momentos finais, eu não poderia ter agido de outro jeito. Os dois modos narrativos que estive descrevendo nunca são encontrados em forma pura; em maior ou menor medida, eles sempre se interpenetram. Mas a clivagem entre eles é, mesmo assim, real. Numa forma mais atenuada, por exemplo, ela separa os historiadores cujo tema é sua terra natal daqueles que estudam outras nações ou outras culturas. Trata-se da clivagem entre aqueles que precisam da história para olhar para trás e aqueles que precisam dela para olhar adiante, e não há como eliminá-la. Embora só tenha emergido explicitamente em minhas últimas observações, a preocupação com esta clivagem perpassa todas estas conferências. Não vendo nenhuma maneira de afastá-la, deixo-os com ela.

# A PLURALIDADE DOS MUNDOS: UMA TEORIA EVOLUCIONÁRIA DO DESENVOLVIMENTO CIENTÍFICO

## RESUMO

## Prefácio

Este livro é um retorno às teses fundamentais de *A estrutura das revoluções científicas* e aos problemas que ela suscitou, mas não resolveu. Ambas as obras defendem que é incoerente pensar que os cientistas estejam tentando descobrir verdades objetivas acerca do mundo real. Reconhecer a natureza dessa incoerência abre caminho para uma reafirmação da autoridade cognitiva das ciências.[a]

## Parte I: O problema

### Capítulo 1: O conhecimento científico como produto histórico

A concepção da ciência como uma prática cambiante e historicamente situada é o ponto de partida desta obra. Segue-se então um breve panorama, capítulo por capítulo, do livro planejado.

*Seção I*. A filosofia tradicional e a filosofia evolucionária da ciência têm formas muito distintas de produzir explicações históricas da ciência passada, bem como de lhes atribuir usos filosóficos. Isto se revela ao contrastar-se a explicação tradicional com a explicação evolucionária da descoberta de Torricelli de que a natureza não tem aversão ao vácuo.

160    A INCOMENSURABILIDADE NA CIÊNCIA

*Seção II*. A filosofia tradicional da ciência era assolada por dois problemas: a necessidade de um vocabulário observacional neutro e o fato de que nenhum resultado de teste poderia ser conclusivo. A abordagem evolucionária da ciência não carece de uma linguagem-objeto neutra, tampouco de uma explicação da testagem conclusiva para uma hipótese isolada.

*Seção III*. Muitas das críticas à abordagem evolucionária provêm do modo estranho como os filósofos empregam os termos *objetivo e subjetivo, racional e irracional*. Os conceitos denotados por esses termos demandam exame filosófico sistemático. O relativismo metodológico diz respeito à racionalidade e não é algo novo nem um problema. O problema real não concerne à própria verdade, mas tão somente à verdade como correspondência.

## Capítulo 2: Adentrando o passado

O conhecimento científico é produto de um processo particular de desenvolvimento. Para compreendê-lo, a filosofia da ciência precisa se basear numa história hermenêutica e etnográfica da ciência. A melhor forma de mostrá-lo é por meio de exemplos particulares.

*Seção I*. Se compreendermos a física de Aristóteles como um todo integrado, com conceitos diferentes dos nossos, compreenderemos por que razão Aristóteles *tinha* de pensar que o vazio é impossível.

*Seção II*. Os primeiros diagramas da bateria elétrica feitos por Volta parecem errôneos quando vistos através das lentes de uma física posterior, mas fazem todo sentido quando restituímos os significados dos termos-chave correntes no tempo dos escritos de Volta.

*Seção III*. A obra inicial de Planck sobre o problema do corpo negro não deveria ser lida da perspectiva da teoria quântica já desenvolvida; precisamos compreender que os termos de que se vale Planck se ligam à natureza de forma diferente dos nossos.

*Seção IV*. Em todos os três exemplos, um historiador inicialmente teve a impressão de que o texto continha absurdidades e as eliminou restituindo a estrutura lexical e o sistema de crenças, diferentes daqueles do próprio historiador, que eram pressupostas pelo texto. A incomensurabilidade se dá principalmente entre modos de fazer ciência distantes no tempo e é, assim, essencialmente um problema para um historiador. A incomensurabilidade entre estruturas lexicais contemporâneas é sempre somente parcial e, ainda que torne difícil a comunicação, não a impossibilita. É típico que os contemporâneos discordem acerca de questões de substância em vez de apenas manter um diálogo de surdos.

*Seção V.* Uma análise mais aprofundada do exemplo apresentado na Seção I deste capítulo mostra que os conceitos aristotélicos de *vazio, movimento* e *matéria* estão estreitamente inter-relacionados, mas são muito diferentes de nossos conceitos. Assim, não podemos avaliar simplesmente como verdadeiro ou falso o enunciado de Aristóteles de que o vazio é impossível.

## Capítulo 3: Taxonomia e incomensurabilidade

As raízes dos conceitos para espécie são pré-linguísticas: os seres humanos compartilham com outros animais a habilidade de discriminar espécies.

*Seção I.* Existem duas maneiras de responder à problematização das distinções entre analítico e sintético, bem como entre intensão e extensão. Quine abandona a noção de significado ou intensão no intuito de preservar para o conhecimento um fundamento neutro e isento de valores culturais. Este livro segue outro caminho: as ciências possuem fundamentos localizados, móveis e historicamente situados. Argumentar em defesa dessa posição exige a reabilitação de uma concepção de significado que não proceda por via da articulação de condições necessárias e suficientes, mas inclua mais do que apenas a extensão.

*Seção II.* As histórias de caso do capítulo anterior apresentam duas pistas importantes para a reformulação do conceito de significado. Em primeiro lugar, os termos que requerem reinterpretação são todos termos para espécie. Em segundo lugar, os termos para espécie são normalmente

# 162 A INCOMENSURABILIDADE NA CIÊNCIA

inter-relacionados em grupos localizados que devem se modificar conjuntamente para que se obtenha uma leitura coerente.

Termos para espécie são de dois tipos: espécies taxonômicas e conjuntos unitários. O significado de um termo taxonômico para espécie está associado com os significados dos outros termos para espécie no mesmo conjunto; nenhum deles possui significado independentemente dos demais. Os conjuntos unitários são categorias de pensamento fundamentais: o espaço, o tempo e o corpo físico individuado; talvez também os conceitos de causa, de eu [*self*] e de outro. Os conjuntos unitários não são agrupados com espécies similares em conjuntos de contraste: eles são *sui generis*. Todavia, também são interdependentes e precisam ser aprendidos conjuntamente em pequenos grupos locais. Nas ciências naturais, onde cumprem um papel fundamental, os conjuntos unitários precisam ser adquiridos juntamente com as generalizações universais em forma de lei.

*Seção III*. Tanto espécies unitárias como espécies taxonômicas estão sujeitas ao *princípio de não superposição*. Para espécies taxonômicas, isto significa que as espécies no âmbito de um único conjunto de contraste não compartilham nenhum membro. Para os conjuntos unitários, o princípio é mais robusto e equivale a uma forma do princípio de não contradição. O princípio de não superposição se aplica tanto ao mundo como à linguagem – cada um sendo consequência inescapável do outro e nenhum deles possuindo prioridade ontológica. Isto não significa que não haja qualquer distinção entre palavras e coisas.

Os membros de comunidades linguísticas compartilham um conjunto estruturado de espécies, cujas raízes são inatas, mas que é adquirido principalmente por meio do aprendizado. A estrutura de seu conjunto de espécies codifica a ontologia de uma comunidade e restringe sobremaneira quais poderiam ser as crenças dos membros da comunidade.

*Seção IV*. As técnicas e experiências de um historiador em luta para penetrar no texto são próximas daquelas que Quine atribui a um *tradutor radical*. Porém, Quine ainda busca uma plataforma arquimediana fixa para a tradução e espera encontrar uma classe privilegiada de sentenças de observação que possa ser avaliada apenas com base na estimulação sensorial. Essa premissa fundacionista, empirista e transcultural está equivocada.

*Seção V.* A incomensurabilidade como um obstáculo ao entendimento é sobrepujada pelo aprendizado de uma nova linguagem. O bilinguismo precede a tradução: embora os bilíngues possam compreender ambas as linguagens e responder ao que é dito em cada uma delas, o que ouvem e o que dizem nem sempre pode ser expresso em ambas. Portanto, eles devem estar sempre conscientes da comunidade linguística da qual estão participando. A herança biológica e ambiental compartilhada pelos seres humanos é o que torna possível o bilinguismo. Se descobríssemos um grupo, lhe imputássemos linguagem, mas não pudéssemos aprendê-la, *não* poderíamos concluir que descobrimos uma linguagem humana inacessível.

## Parte II: Um mundo de espécies

A finalidade desta parte é apresentar um fundamento com base empírica para uma teoria do significado dos termos para espécie.

Capítulo 4: Pré-requisitos biológicos para a descrição linguística: trajetos e situações

Os estudos no campo do desenvolvimento do aparelho cognitivo humano oferecem uma base para explicar a aquisição da linguagem, a incomensurabilidade entre linguagens e o entendimento através de incomensurabilidades.

*Seção I.* Um levantamento da pesquisa recente mostra que bebês estão equipados com uma forma primitiva e neurologicamente corporificada do *conceito de objeto*: o objeto como uma região delimitada cujas parte se movem em conjunto. A resposta de rastreamento em bebês não implica qualquer separação cognitiva do que, para nós, são os conceitos de espaço, tempo e objeto. Esses conceitos só se tornam diferenciados com a aquisição da linguagem.

*Seção II.* O *conceito* básico *de uma espécie* também está em evidência horas após o nascimento. Os conceitos de espécie e de objeto possuem, assim, raízes biológicas; eles estão disseminados por todo o mundo animal.

*Seção III*. A pesquisa no campo da percepção categorial sugere que o reconhecimento de objetos e de espécies não exige o conhecimento de características que são comuns a todas as apresentações do objeto ou que são compartilhadas por todos os membros da espécie. O reconhecimento é um processo não inferencial que parte da *percepção de diferenças específicas* em vez de partir da percepção de características compartilhadas. Diferenças específicas fornecem o meio mais célere e garantido para discriminar situações que requerem respostas comportamentais diferentes.

*Seção IV*. Evidência empírica e considerações evolucionárias sustentam a tese de que a linguagem cumpre um papel fundamental no desenvolvimento conceitual de proto-objetos a objetos dotados de permanência.

*Seção V*. Este capítulo estende a interpretação do comportamento, discutida na Parte I, à interpretação do comportamento pré-linguístico. Essa extensão apresenta novas dificuldades, pois a possibilidade de uma interpretação adulta de um bebê pré-linguístico é extremamente limitada. Ainda assim, podemos estabelecer que o aparelho neurológico desenvolvido para a vida pré-linguística restringe o que pode ser coerentemente expresso em palavras em absolutamente qualquer língua.

## Capítulo 5: Espécies naturais: como seus nomes significam

Este capítulo começa a desenvolver uma teoria das espécies que vê o pertencimento a uma espécie como estabelecido por diferenças específicas e pelo princípio de não superposição, em vez de ser estabelecido por feições características.

*Seção I*. O sistema de espécies dos organismos vivos, encontrado na vida cotidiana, opera do mesmo modo que as espécies das ciências naturais, exceto que as condições requeridas para o adequado funcionamento das espécies cotidianas são muito menos rigorosas.

*Seção II*. A reidentificação de um indivíduo só é possível quando sua espécie é conhecida. A identificação de espécies torna-se possível ao situá-las numa hierarquia.

*A PLURALIDADE DOS MUNDOS: UMA TEORIA EVOLUCIONÁRIA DO DESENVOLVIMENTO...* **165**

As propriedades dos membros de espécies naturais podem ser estabelecidas por observação direta, mas quais propriedades de fato são observadas é algo que terá profunda influência do interesse e da crença. Contudo, uma comunidade linguística requer que seus membros sejam capazes de chegar a um acordo definitivo sobre as propriedades observadas dos objetos.

*Seção III.* Nem um conjunto finito de observações nem suas consequências lógicas podem determinar todas as propriedades compartilhadas pelos membros de uma espécie natural. Os membros de espécies naturais são inexauríveis e nenhuma de suas características é necessária.

As categorias taxonômicas são vinculadas à cultura: aprender a classificar indivíduos em espécies envolve aprender as categorias de uma cultura. Os falantes competentes partilham uma estrutura lexical: todos eles agrupam objetos do mesmo modo.

Pessoas criadas em culturas diferentes por vezes diferem em seus vocabulários distintivos porque suas culturas agrupam objetos em diferentes espécies. Porém, a incomensurabilidade, tal como experimentada na prática, é sempre um fenômeno local. Os membros de uma cultura podem enriquecer seu vocabulário distintivo com características mobilizadas por uma cultura diferente sem prejuízo para sua própria cultura. Entre qualquer par de culturas, muitas espécies e muitos elementos dos vocabulários distintivos devem ser compartilhados.

*Seção IV.* As restrições a um conjunto de espécies são pragmáticas. As únicas questões relevantes ao avaliar-se um tal conjunto dizem respeito a seu êxito em satisfazer as necessidades de seus usuários, inclusive sua necessidade de observação compartilhada. As necessidades variam, contudo, de cultura para cultura, bem como entre as diversas subculturas das sociedades complexas.

Um objeto anômalo que se assemelhe igualmente a membros de duas espécies distintas ameaça a taxonomia aceita; a solução provável é um redesenho lexical, mas há inúmeras maneiras de fazê-lo. Um grupo de especialistas evolui para se responsabilizar por tais afazeres, que envolvem a descoberta de importantes similaridades e diferenças. A necessidade que tem a sociedade de respostas inteligentes a tais questões é o que confere autoridade ao grupo de especialistas.

166  A INCOMENSURABILIDADE NA CIÊNCIA

*Seção V*. Os materiais partilham com os organismos três características salientes: o papel das diferenças específicas em sua identificação; o papel da hierarquia na localização do conjunto apropriado de diferenças específicas; e o papel das observações sobre cujo resultado os membros da comunidade devem normalmente acordar-se. Quatro diferenças inter-relacionadas são tão dignas de nota quanto as analogias. Em primeiro lugar, materiais não são objetos. Em segundo lugar, a hierarquia para materiais não se esgota em indivíduos que pertençam a espécies, mas nas próprias espécies. Em terceiro lugar, as espécies de materiais não se modificam ao longo do tempo. Por fim, a hierarquia das espécies naturais de materiais é muito mais simples do que a dos organismos.

*Seção VI*. Se os membros de duas culturas (ou de dois períodos no desenvolvimento de uma só cultura) possuírem conjuntos incomensuráveis de espécies, a tradução direta entre eles será impossível. Se não pudermos enunciar duas crenças rivais na mesma linguagem, então não poderemos compará-las diretamente com a evidência observacional. Isso não deveria sugerir que não haja boas razões para que, ao longo do tempo, somente uma dentre elas sobreviva. Tampouco deveria sugerir que essas razões não se baseiem na observação. Mas deveria sugerir que a concepção usual de uma *escolha* entre as duas com base na evidência observacional não pode estar correta. A comparação exige o acesso simultâneo às coisas a ser comparadas e aqui tal acesso é barrado pelo princípio de não superposição.

## Capítulo 6: Práticas, teorias e espécies artificiais

Tal como as espécies taxonômicas da ciência surgem das espécies naturais da vida cotidiana, também as espécies abstratas que figuram nas teorias científicas surgem das espécies artificiais cotidianas.

*Seção I*. A natureza dos artefatos é dual: enquanto objetos físicos, eles manifestam propriedades observáveis, porém é sua função o que os agrupa em espécies. Os artefatos e suas funções são, assim, nodos numa prática e os nodos são diferenciados ao relacionarmos suas funções às de outros nodos que desempenham outras funções. No que toca às espécies artificiais, não cabe falar em espaço perceptivo vazio ou nas articulações da natureza.

*Seção II.* A física se origina do estudo da matéria em movimento. Tanto o conceito de matéria como o de movimento são abstraídos do estudo das espécies naturais e artificiais. Porém, o que é abstraído como *matéria e movimento* difere. Nem a forma aristotélica de abstrair nem a newtoniana podem ser propriamente descritas como corretas ou incorretas, verdadeiras ou falsas. O que as diferencia é sua eficácia como ferramentas para a prática em duas situações históricas bastante distintas. O fato de serem ferramentas e o fato de que vieram a existir pela ação humana é o que torna apropriado agrupá-las junto com os artefatos.[*]

*Mais sobre artefatos.* Visto que artefatos diferentes pertencem à mesma espécie quando partilham a mesma função, objetos de aparência muito diferente podem pertencer à mesma espécie artificial. Um certo artefato também pode ser utilizado em diferentes práticas; numa emergência, por exemplo, um artefato pode ser utilizado com uma finalidade completamente inédita.

Os membros de espécies naturais podem ser, ao mesmo tempo, membros de espécies artificiais. Por exemplo, um membro da espécie natural *cão* pode ser um membro da espécie artificial *de salvamento* [*rescuer*] ou *de caça* [*hunter*] se ele foi treinado para cumprir um papel específico na prática humana.

Alguns artefatos são objetos observáveis (por exemplo: facas, serras, cães de salvamento, microscópios), mas outros artefatos são construtos mentais inventados que não podem ser observados. Espécies abstratas artificiais são aprendidas por meio de sua relação com outros construtos mentais no âmbito de uma prática.

*Duas espécies de espécie.* Existem dois tipos de conceitos de espécie: espécies taxonômicas e conjuntos unitários. As espécies taxonômicas se apresentam em conjuntos de contraste no âmbito de uma hierarquia, mas conjuntos unitários não. Ambos são governados pelo princípio de não superposição.[b]

---

[*] Aqui terminam os sumários do texto existente de *A pluralidade*. O que se segue neste resumo são reconstruções editoriais das ideias centrais para as partes planejadas, mas não escritas do livro. (N. E.)

## 168 A INCOMENSURABILIDADE NA CIÊNCIA

Os dois tipos de termos para espécie se originam de protoconceitos primitivos que não requerem linguagem e são geralmente exibidos por animais não linguísticos e humanos pré-linguísticos. Tais conjuntos unitários pré-programados incluem *objeto, tempo* e *espaço*. Módulos cognitivos que tornam possíveis os protoconceitos também fornecem a base para a formação de conceitos (taxonômicos e conjuntos unitários) usados na linguagem cotidiana e na ciência.

À diferença das espécies taxonômicas, os conjuntos unitários científicos (tais como *massa* e *força*) jamais são observáveis diretamente e a esse respeito a distinção entre espécies taxonômicas e conjuntos unitários na ciência se assemelha à velha distinção entre termos observáveis e termos teóricos. Numa ciência natural madura, os conjuntos unitários são normalmente introduzidos juntamente com uma ou mais generalizações universais (leis da natureza); com frequência, com eles também são introduzidos instrumentos. Entretanto, é possível aprender como usar termos que são conjuntos unitários sem conhecer as teorias que os levaram a ser reconhecidos pelos cientistas. Isto assinala a necessidade de ênfase na prática científica.

## Parte III: Reconstruindo o mundo

A Parte III retorna aos temas da Parte I, para os quais a Parte II tentou estabelecer os fundamentos.

## Capítulo 7: Olhando para trás e movendo-se para a frente

A mudança conceitual se dá em todas as linguagens, tanto nas naturais como nas especializadas.[c] Os conjuntos de espécies recém-estruturados surgem da necessidade de acomodar objetos e processos que a estrutura antiga não era capaz de abrigar. A concepção histórica da mudança conceitual a concebe como gradual, localmente holística e, em alguns aspectos, como a revelar um padrão similar ao da especiação biológica.

Léxicos cientificamente estruturados se desenvolvem pelo refinamento ou pela reforma das espécies naturais da linguagem cotidiana. Esse processo envolve a busca por regularidades que governam essas espécies e a abstração de algumas de suas propriedades (por exemplo, geométricas, lógicas, dinâmicas etc.).

Precisamos distinguir duas questões que, infelizmente, não foram devidamente separadas em *A estrutura*. A primeira é: como os defensores de diferentes estruturas lexicais e diferentes modos de fazer ciência (diferentes *paradigmas*, no vocabulário usado em *A estrutura*) se comunicam através da incomensurabilidade durante períodos de ciência extraordinária? A segunda é: como um historiador restitui significados e crenças passados que são incomensuráveis com os seus próprios, mas necessários para o entendimento da ciência passada?

Cientistas que são coetâneos uns aos outros compartilham diversos conceitos, crenças, valores e métodos; em qualquer momento dado, sua discordância é local, mesmo que seja profunda. É com base na lógica e na evidência que conduzem seus debates, cujos cânones são amplamente compreensíveis para todos eles e também ampla (embora imperfeitamente) compartilhados. A questão se uma tese científica particular é verdadeira é tanto significativa como relevante para todos os membros de uma comunidade científica e precisa ser respondida quando os cientistas anseiam pelo restabelecimento do trabalho detalhado que é característico da ciência normal.

Um historiador, em contrapartida, relembra um léxico científico que há muito caiu em desuso; as crenças, métodos e práticas associados com esse léxico são estranhos à comunidade científica ativa na época do historiador. A questão da *verdade* das crenças passadas nem sequer vem à tona. Um enunciado feito no novo léxico é diferente de um que fosse formulado no léxico antigo. Claro que um enunciado que possa ser plena e precisamente traduzido pode ser julgado como verdadeiro ou falso, mas a maioria dos enunciados científicos interessantes da ciência passada escapam a tal tradução. O que eles dizem é inefável em léxicos posteriores. Assim, visto que as crenças científicas do passado não podem ser simplesmente reenunciadas em um vocabulário moderno, tampouco podem ser simplesmente julgadas como verdadeiras ou falsas. Ao contrário, a tarefa do historiador é a de restituir léxicos, crenças e práticas do passado com o propósito de compreendê-los como razoáveis e plausíveis em seu próprio contexto, e de explicar por que enunciados que parecem obviamente falsos ou mesmo destituídos

170 A INCOMENSURABILIDADE NA CIÊNCIA

de sentido para um leitor moderno tinham, numa ciência passada, o *status* justificado de tautologias.

## Capítulo 8: Escolha de teorias e a natureza do progresso

Numa explicação do conhecimento científico, os indivíduos e os grupos devem ser tratados de modo diferente, um ponto importante que foi por vezes ignorado em *A estrutura*. O desenvolvimento científico deixa aos indivíduos muito mais espaço para variação metodológica do que tradicionalmente se permite. As variações não autorizadas dizem respeito apenas àqueles aspectos da ciência que são constitutivos do pertencimento do indivíduo a uma comunidade científica. Os membros do grupo precisam de uma linguagem compartilhada para se comunicarem, o que significa que precisam compartilhar não só a referência, mas também o significado das palavras. Essa linguagem assume a forma de uma estrutura lexical compartilhada. Essa estrutura, porém, poderia ser implementada de diferentes formas. Os cientistas não necessitam compartilhar todas as crenças, mas precisam compartilhar um léxico estruturado que *confira sentido* a todas elas.

O motor que impulsiona as mudanças conceituais nas ciências naturais difere dos motores que impulsionam mudanças similares em outros tipos de práticas. A comunidade dos cientistas naturais é altamente coesa e nitidamente demarcada em relação a outros grupos por fatores como formação, léxicos especializados, práticas estabelecidas e trabalho compartilhado.

A racionalidade da mudança conceitual e de crenças na ciência não é ameaçada pela incomensurabilidade ou pelo relativismo metodológico, pois é compatível com ambos. A racionalidade é sempre medida com relação a um certo corpo de evidência, que é avaliado pelos métodos disponíveis. À medida que se modifica a base compartilhada e a mudança inclui alterações lexicais, a crença e a escolha racionais dizem respeito a uma comunidade científica num cenário histórico particular.

A finalidade das avaliações de crenças científicas, a adequação em descrever essas avaliações como racionais e o tipo de progresso produzido ao longo do tempo por tais avaliações são fatores que exigem que reconheçamos que a lógica das afirmações com pretensão à verdade é essencial para o trabalho das comunidades científicas. Contudo, deveríamos rejeitar a ideia de que a convergência à verdade seja a finalidade da ciência. Enquanto a lógica das afirmações com pretensão à verdade é nitidamente um pré-requisito para o desenvolvimento científico, esse desenvolvimento é impelido de trás, distanciando-se do léxico, das crenças e dos problemas herdados. Não há lugar para a concepção de que as crenças científicas se aproximem cada vez mais da própria natureza do mundo real.

## Capítulo 9: O que existe num mundo real?

Este capítulo deveria ocupar-se principalmente de duas questões: o que confere à verdade seu papel constitutivo na ciência se não a correspondência com o real? O que poderia ser um mundo real?[d]

Diferentes comunidades científicas trabalham em mundos diferentes. Um mundo modificável é necessário para explicar por que teorias antigas funcionam. Um léxico oferece a ontologia do mundo ao qual se aplica a linguagem e, ao usarmos esse léxico, as palavras efetivamente referem-se a objetos no mundo. Termos para espécies naturais são *transparentes* quando funcionam adequadamente: então eles dão-nos o mundo. Quando não o fazem, tornam-se opacos e têm de ser vistos tão somente como palavras.

A explicação dos mundos diferentes, constituídos por estruturas lexicais incomensuráveis, deveria ser estendida com cautela a outras práticas além da ciência. Em certo sentido, sempre nos movemos entre mundos incomensuráveis. Transitamos entre mundos quando vamos da casa ao escritório ou à sala de aula. Entre eles, não há transições suaves e causamos dano quando não percebemos os limiares que cruzamos. (Por exemplo: se tratamos nossos filhos como se fossem nossos alunos ou vice-versa, ou quando tratamos uma briga de família como um procedimento judiciário.) Em tais ocasiões incorremos, por assim dizer, em erros categoriais. Quando transitamos suavemente entre mundos, quando lidamos corretamente com léxicos e situações incomensuráveis, somos, em certo sentido, bilíngues em nossas vidas reais.

## Epílogo

A abordagem evolucionária insiste com razão na centralidade da historiografia hermenêutica e etnográfica da ciência para a filosofia da ciência.

# 172 A INCOMENSURABILIDADE NA CIÊNCIA

Compreender a ciência passada e seu desenvolvimento exige que se supere as dificuldades postas pela incomensurabilidade ao restituir os léxicos estruturados de práticas científicas anteriores. No entanto, a historiografia da ciência anacrônica ou Whig não deveria ser abandonada. Sua finalidade é explicar o sucesso das teorias científicas dos dias atuais e, assim, ela produz narrativas anacrônicas nas quais a ciência passada figura como constituída por uma série de conclusões e escolhas racionalmente justificadas que desembocam nas teorias científicas atuais. Desacordos científicos do passado são vistos então, inevitavelmente, como conflitos entre precursores racionais e seus oponentes irracionais. Tais narrativas são necessárias para a formação da identidade científica atual. Embora os dois tipos de historiografia sejam incompatíveis, ambos são necessários por cumprirem diferentes funções. As narrativas históricas hermenêuticas nos permitem compreender o passado, enquanto as narrativas Whig nos permitem vê-lo como o *nosso* passado e fazer uso de suas lições no presente.

## Apêndice

O objetivo do apêndice é estabelecer uma comparação entre as teses de *A estrutura* e de *A pluralidade*, levando em consideração os modos de argumentar em sua defesa. Há um núcleo compartilhado de ideias, continuidades e desenvolvimentos, mas há também descontinuidades e revisões. O principal aspecto em comum nas duas obras é o fato de se concentrarem em comunidades científicas, constituídas por uma prática, um léxico e uma cultura compartilhados. Os problemas filosóficos concernentes a questões de significado, mudança conceitual, entendimento, conhecimento científico e progresso assumem uma forma distinta e suscitam respostas diferentes em termos dos grupos que toleram alguns desacordos, mas proíbem outros, das que assumiriam e suscitariam se essas questões fossem formuladas em termos de um agente racional individual idealizado.

# A PLURALIDADE DOS MUNDOS

## UMA TEORIA EVOLUCIONÁRIA DO DESENVOLVIMENTO CIENTÍFICO

Thomas S. Kuhn

*Para Jehane*
*Sem ela, muito pouco!*

# AGRADECIMENTOS

Ned Block, Sylvain Bromberger, Susan Carey, Dick [Richard] Cartwright, Josh Cohen, James Conant, Caroline Farrow, Michael Hardimon, Gary Hatfield, Richard Heck, James Higginbotham, Paul Horwich, Paul Hoyningen[-Huene], Philip Kitcher, Jehane Kuhn, Eric Lormand, Richard Rorty, Quentin Skinner, Liz [Elizabeth] Spelke, Noel Swerdlow e o grupo do National Endowment for the Humanities Institute em Santa Cruz.[a]

# PARTE I

# O PROBLEMA

# Capítulo 1
## O conhecimento científico como produto histórico

Durante os últimos trinta anos, um número crescente de filósofos da ciência tem adotado uma nova perspectiva em relação a seu objeto de estudo. Influenciados em proporções variadas pelas profundas dificuldades no âmbito da tradição recebida anteriormente, pelo estudo de exemplos da história da ciência e pela filosofia tardia de Ludwig Wittgenstein, eles têm se concentrado cada vez mais no que os cientistas normalmente fazem. Em lugar de estudar a ciência como um corpo atemporal de conhecimento, redirecionaram seu foco de atenção para o processo dinâmico pelo qual esse conhecimento é gerado e modificado.[1] Assim, eles conceberam a ciência como uma prática, uma entre muitas outras.

A nova perspectiva tem algumas vantagens marcantes. Sua explicação da ciência se assemelha muito mais à atividade efetiva dos cientistas do que a explicação de sua antecessora. Além do mais, ela resolve por dissolução duas dificuldades centrais com que, por dois séculos, defrontou-se, com clareza cada vez maior, a tradição que ela visa substituir. Tradicionalmente, o conceito de objetividade científica se baseou nas pressuposições gêmeas de que a verdade de pretendentes individuais à crença poderia ser testada caso a caso e de que esses testes poderiam ser conduzidos com base em evidência

---

[1] Estas generalizações e as que virão logo em seguida deveriam, propriamente, se restringir à filosofia da ciência do mundo anglófono. A história da filosofia continental da ciência, especialmente em suas principais vertentes francesa e alemã, é diferente, embora talvez convergente. Para um esboço perspicaz da duradoura clivagem entre essas duas tradições e da possibilidade atual de reaproximação, cf. Gutting, "Continental Philosophy and the History of Science", em Olby et al. (orgs.), *Companion to the History of Modern Science*, p.127-47.

# 182 A INCOMENSURABILIDADE NA CIÊNCIA

independente de crença. Apesar de muito esforço, nenhuma dessas pressuposições foi justificada até agora; a insatisfação com esse estado de coisas desempenhou um papel importante na motivação do novo movimento; eliminar a necessidade dessas pressuposições foi uma contribuição particular, embora nem sempre reconhecida, do novo movimento. Para muitos observadores, porém, esses ganhos tiveram um custo alto demais, pois não deixam claro o que pode ser a objetividade. Para muitos de seus críticos, o novo movimento privou a ciência de sua autoridade cognitiva. Afirma-se que sua representação do modo como os cientistas chegam a conclusões sobre a verdade de suas observações, leis e teorias torna essas conclusões subjetivas ou irracionais, profundamente dependentes de fatores como época, cultura e interesses especiais. O novo movimento tem sido reiteradamente recriminado por concepções relativistas desse gênero e alguns de seus adeptos de fato defendem tais concepções, uma circunstância que achei melhor reconhecer antes de sugerir a direção que meu contra-argumento haverá de tomar.[2]

Do meu ponto de vista, a acusação de relativismo se dirige a um problema genuíno que ela identifica erroneamente. Tradicionalmente, a racionalidade de uma crença foi entendida como relativa, pelo menos, à evidência em que se baseia e, assim, à época, ao lugar e à cultura. Muitos dos defensores da tradição foram além, reconhecendo a coerência com outras crenças estabelecidas como sendo, ela própria, um padrão racional para a avaliação de crenças.[3] Não é claro, de modo algum, que o novo movimento em filosofia da ciência, com exceção de alguns entusiastas, seja mais subjetivista ou relativista do que seu antecessor. O novo movimento, todavia, de fato desafia a tradição de uma forma distinta e, acredito, bem mais profunda. O que está em questão não são os critérios que regem a avaliação racional, mas sim a sua finalidade. Tradicionalmente, essa finalidade foi entendida como a descoberta de verdades objetivas acerca do mundo real. Este livro é um

---

2 Para um exemplo inicial da resposta dos opositores do novo movimento, cf. Scheffler, *Science and Subjectivity*. Para uma introdução à resposta mais simpática ao relativismo e outras posições aparentadas, cf. os ensaios reunidos em McMullin (org.), *Construction and Constraint: The Shaping of Scientific Rationality*. Uma discussão muito mais completa foi incluída em Pickering (org.), *Science as Practice and Culture*.

3 Cf., por exemplo, Hempel, *Philosophy of Natural Science*, p.38-40, 45-6. [Há tradução dessa obra disponível em língua portuguesa: *Filosofia da ciência natural*. (N. T.)]

CAPÍTULO 1: O CONHECIMENTO CIENTÍFICO COMO PRODUTO HISTÓRICO  **183**

argumento estendido que visa demonstrar que essa forma de compreender o que os cientistas fazem é incoerente e que reconhecer a natureza de sua incoerência franqueia o caminho para uma reafirmação da autoridade cognitiva das ciências.

A rota que temos pela frente é longa e marcada por desvios aparentes. Um mapa esquemático, antes de partirmos, há de ser útil. Este capítulo visa dar corpo às teses que acabam de ser enunciadas sobre a diferença essencial entre o novo movimento e a tradição principal em filosofia da ciência. Com esse objetivo, ele primeiramente examina as formas opostas como os dois gêneros de filosofia da ciência valem-se de exemplos históricos, uma oposição que sugere qual é a fonte do novo movimento e apresenta pistas essenciais para identificar as inovações básicas de sua abordagem. O segundo capítulo ilustra uma dificuldade inesperada encontrada na tentativa de oferecer exemplos adequados à nova abordagem, e o terceiro capítulo procura uma maneira preliminar de compreender a natureza dessa dificuldade. Com esse objetivo, ele ressuscita o conceito de incomensurabilidade, um conceito especialmente enfatizado por alguns dos primeiros praticantes do novo movimento, mas com frequência ignorado nos anos mais recentes.[4] Embora tenha sido geralmente vista como uma noção que amplia a ameaça de relativismo, desafia a objetividade da ciência e bloqueia o caminho para o progresso científico, a incomensurabilidade nos dá o fio de Ariadne que é pré-requisito para o entendimento da autoridade cognitiva que a ciência pode propriamente reivindicar.

Esses três primeiros capítulos formam a Parte I deste livro. Dela emerge a tese de que os membros das comunidades devem compartilhar algo que chamarei de um *conjunto estruturado de espécies*, cujas raízes são inatas, mas que é adquirido, em larga medida, pela educação pós-natal. A estrutura de seu conjunto de espécies codifica a ontologia de uma comunidade: os tipos de objetos, comportamentos e situações que se manifestam em seu

---

4 Paul Feyerabend e eu, independentemente, recorremos ao termo *incomensurabilidade* em 1962, mas os fenômenos que nos motivaram estavam estreitamente relacionados àqueles já discutidos por N. R. Hanson em 1958. Todos nós falávamos de mudanças de significado que ocorriam com a introdução de novas teorias. Cf. Hanson, *Patterns of Discovery*; Feyerabend, "Explanation, Reduction, and Empiricism", *Minnesota Studies in Philosophy of Science*, v.3, p.28-97, 1962; e Kuhn, *The Structure of Scientific Revolutions* (1962). Vou me referir a esse livro doravante como *A estrutura*. Salvo especificação em contrário, todas as citações serão da segunda edição (1970).

mundo. A incomensurabilidade torna-se então uma relação entre as estruturas dos conjuntos de espécies, e restringe consideravelmente a medida em que o conjunto de espécies de uma comunidade pode ser enriquecido pelo empréstimo de conceitos ou de seus nomes do conjunto incomensurável de espécies de outra comunidade. Bolsões locais de incomensurabilidade normalmente caracterizam a relação entre o conjunto de espécies de uma comunidade científica mais antiga e aquele de suas sucessoras, bem como a relação entre os conjuntos de espécies das diversas comunidades científicas de um dado período. Onde afirmações com pretensão ao conhecimento feitas por membros de uma dessas comunidades fazem uso de conceitos e de termos vindos de um desses bolsões, essas afirmações não podem ser traduzidas sem resíduo ao se fazer uso do conjunto de espécies de outra comunidade. Compreender essas afirmações exige que se aprendam as partes incomensuráveis do outro conjunto de espécies e que se as coloque no lugar das partes correspondentes do próprio conjunto de espécies. O que resulta desse processo não é o enriquecimento de um conjunto de espécies, mas um tipo de bilinguismo.

Quando comecei a pensar dessa maneira, há meio século, eu era inocentemente ignorante de que nenhuma teoria existente sobre conceitos e seus significados era compatível com ela, um fato que deu ensejo a muita confusão, tanto para mim como para outros filósofos da ciência. Mas uma teoria como essa é, por muitas razões, extremamente necessária e os três capítulos da Parte II deste livro sugerem os contornos que tal teoria poderia ter. O Capítulo 4 discute as raízes biológicas dos conceitos de espécie e de objeto, tal como foram embutidos pela evolução na estrutura neurológica de animais muito jovens, inclusive as crianças humanas. O Capítulo 5 considera algumas relações entre essas estruturas-raiz e a linguagem humana: em particular, ele apresenta uma teoria do significado dos nomes daquilo que denominarei *espécies taxonômicas*, as espécies majoritariamente prevalentes na vida cotidiana. O Capítulo 6 se volta para aquilo que denominarei *espécies conjuntos unitários*, espécies como massa ou força que desempenham um papel considerável e progressivo no desenvolvimento das ciências e que geralmente são introduzidas em conjunto com uma ou mais das generalizações universais normalmente chamadas de leis da natureza.

A Parte III retorna aos temas da Parte I, para os quais a Parte II tentou propor uma fundamentação. O Capítulo 7 examina o processo pelo qual

CAPÍTULO 1: O CONHECIMENTO CIENTÍFICO COMO PRODUTO HISTÓRICO **185**

conjuntos de espécies recém-estruturadas surgem a partir de conjunto mais antigos, apoiando-se fortemente para tanto no conceito biológico de especiação. O Capítulo 8 questiona o que diferencia o motor que impulsiona essas mudanças na ciência dos motores que impulsionam mudanças similares em outros tipos de práticas. Ele sugere, assim, respostas para questões tais como [as que se referem] à finalidade das avaliações de afirmações com pretensão a crença científica, a pertinência de descrever tais avaliações como racionais e o tipo de progresso que tais avaliações produzem ao longo do tempo. As respostas sugeridas para essas questões não deixam lugar para a concepção de que as crenças científicas chegam cada vez mais próximas da natureza do mundo real, ainda que a lógica das afirmações com pretensão à verdade seja claramente um pré-requisito para o desenvolvimento científico. O Capítulo 9 questiona o que confere à ciência seu papel constitutivo se rejeitarmos a ideia da correspondência com o real e, ao responder a essa indagação, também questiona o que poderia ser um mundo real. Por fim, o livro se conclui com um breve epílogo que discute as funções da distinção entre o que a próxima seção descreve como dois gêneros de história. Agora chegou a hora de levantar a cortina.

I

A família de abordagens desenvolvida pelos praticantes do novo movimento é com frequência chamada de "metodologias históricas"[5] e existem boas razões para essa designação. Em seu trabalho, exemplos históricos de atividade científica efetiva ocupam um espaço desproporcionalmente maior do que no trabalho do grupo que criticam. Esses exemplos lhes proporcionam a evidência para o fato de terem restituído o que chamei anteriormente de "a atividade efetiva dos cientistas". Em consequência, o novo movimento é muitas vezes visto, tanto por defensores como por detratores, como mais bem fundamentado empiricamente do que a filosofia

---

5 Para o nome e as razões de seu uso, cf. Laudan, "Historical Methodologies: An Overview and Manifesto", em Asquith; Kyburg Jr. (orgs.), *Current Research in Philosophy of Science*, p.40-54.

186 A INCOMENSURABILIDADE NA CIÊNCIA

tradicional da ciência.[6] Seus críticos chegaram mesmo a sugerir que a nova linhagem de praticantes da filosofia da ciência substituiu os interesses propriamente filosóficos pela mera descrição.

Existem, no entanto, dois fatos peculiares sobre a designação "metodologias históricas". Nenhum daqueles que iniciaram o novo movimento foram atraídos para ele a partir da história ou da história da ciência. Em vez disso, a maioria deles tinha formação em filosofia e todos foram atraídos para a história em virtude de um descontentamento anterior com a filosofia da ciência predominante.[7] Uma segunda peculiaridade teve mais longo alcance. O recurso a exemplos históricos tem sido um procedimento-padrão em filosofia da ciência por muitos anos: o que distingue o novo movimento não é tanto seu recurso a tais exemplos, mas a forma que lhes dá.[8] Tanto as formas antigas como [as] novas são históricas e ambas têm funções especiais

---

6 Por muito tempo, essa também foi a minha posição. Minha contribuição central para o novo movimento se iniciou com a crítica da imagem da ciência, há muito tempo prevalecente, "extraída, mesmo pelos próprios cientistas, principalmente dos [...] manuais com os quais cada geração de cientistas aprende a praticar seu ofício". Sugeri que minha obra, em contrapartida, apresentava o "conceito bem diferente de ciência que emerge do registro histórico da própria atividade de pesquisa". Cf. *A estrutura*, p.1.

7 Penso particularmente em Paul Feyerabend, N. R. Hanson, Mary Hesse e Stephen Toulmin. Michael Polanyi, que também contribuiu, não era nem filósofo nem historiador, mas um cientista que derivou seus exemplos de seu conhecimento da prática científica contemporânea. Também eu fui educado como cientista e meu interesse em filosofia antecede em uma década minha descoberta da relevância da história para a filosofia da ciência. Não estou certo sobre o que nos atraiu a todos para a história como um remédio para nossos descontentamentos filosóficos, mas talvez valha a pena registrar alguns fragmentos de evidência. O episódio crucial para mim (que será descrito no início do próximo capítulo) logo me levou à obra de Koyré, *Études galilèennes*, um trabalho que me influenciou profundamente e que tenho quase certeza de que também era conhecido por alguns dos outros participantes do movimento. [Há tradução dessa obra disponível em língua portuguesa: *Estudos galilaicos*. (N. T.)] Stephen Toulmin, pelo menos, foi profundamente influenciado pelos primeiros capítulos do livro de Butterfield, *The Origins of Modern Science*, que, por seu turno, foi muito influenciado por Koyré. (A primeira página do capítulo 1 do livro de Butterfield enfatiza que as mudanças centrais na ciência dos séculos XVI e XVII foram "trazidas, em primeira instância, não por novas observações ou experimentos adicionais, mas por transposições que estavam ocorrendo nas mentes dos próprios cientistas", o que é quase uma paráfrase do tema mais importante de Koyré.) Em seu texto, "Continental Philosophy and the History of Science", op. cit., Gutting sugerirá que a formação de Koyré na tradição filosófica continental o equipou especialmente para seu provável papel.

8 Para um exame detalhado do uso de exemplos históricos na filosofia da ciência e para o modo como seus princípios de seletividade, bem como sua forma são modelados pela posição filosófica, cf. Agassi, *Towards an Historiography of Science*.

CAPÍTULO 1: O CONHECIMENTO CIENTÍFICO COMO PRODUTO HISTÓRICO    **187**

às quais o Epílogo deste livro retornará. Contudo, as funções cumpridas pelos dois gêneros de história são diferentes e fundamentalmente incompatíveis e essa diferença demanda explicações correspondentemente distintas tanto da natureza como da autoridade do conhecimento científico.[9]

Para ilustrar essas diferenças e ter um primeiro vislumbre do que elas põem em risco, considere dois tipos de explicação da descoberta de Torricelli de que a natureza não tem aversão ao vácuo. A explicação tradicional conta a história da substituição da crença errônea pelo conhecimento sólido. Ela mostra a ciência a se desenvolver *em direção* a uma finalidade predeterminada, ou seja, o estado de coisas real, ainda desconhecido quando ocorreram os eventos na história, mas descrito agora em manuais confiáveis. Apresentarei duas versões desse tipo de explicação. A primeira provém da reimpressão de 1958 do clássico de W. Stanley Jevons, *Principles of Science*, um livro originalmente publicado em 1874:

> Os seguidores de Aristóteles defendiam que a natureza tem aversão ao vácuo e explicavam assim a elevação da água numa bomba. Quando Torricelli assinalou o fato evidente de que a água não se elevaria mais do que 33 pés numa bomba, nem o mercúrio mais do que cerca de 30 polegadas num tubo de vidro, eles tentaram representar esses fatos como exceções limitadoras, alegando que a natureza só tinha aversão ao vácuo numa certa medida. Porém, os membros da Accademia del Cimento* completaram sua desmoralização ao mostrar que, se removermos a pressão do mar de ar ao redor, e na proporção em que a removermos, o sentimento de aversão da natureza decresce e, por fim, desaparece por completo. Nem mesmo a doutrina aristotélica poderia resistir a uma contradição tão direta como essa.[10]

---

9 A tensão entre esses dois gêneros de história não se restringe à história da ciência. Herbert Butterfield, em seu livro *The Whig Interpretation of History*, apresenta uma discussão elegante do caso geral. Mas aqueles que, como Butterfield e eu, reiteradamente atacaram a historiografia Whig, tenderam a desconsiderar seu papel constitutivo no âmbito do processo histórico.

\* A Accademia del Cimento (Academia da Experiência) foi uma sociedade científica fundada na cidade de Florença em 1657 por Giovanni Borelli e Vincenzo Viviani, que haviam sido discípulos de Galileu. A Accademia punha forte ênfase no processo de experimentação científica, rejeitando meras especulações sem base empírica. Ela deu início à padronização de processos, instrumentos e padrões de medida científicos em toda a Europa. (N. T.)

10 Jevons, *The Principles of Science: A Treatise on Logic and Scientific Method*, p.666-7.

188    A INCOMENSURABILIDADE NA CIÊNCIA

A segunda versão da explicação tradicional, em particular, faz a atenção valer a pena. Ela vem de um texto elementar muito respeitado de C. G. Hempel, um texto de que me valho regularmente em minhas aulas. Publicado em 1966, quando o novo movimento em filosofia da ciência já estava em curso, ele só difere do manual de Jevons por sua maior precisão e circunspecção.

Como já se sabia no tempo de Galileu, e provavelmente muito antes, uma simples bomba de sucção, que retira água de um poço por meio de um êmbolo que pode ser levantado no cilindro da bomba, não fará a água se elevar mais do que cerca de 34 pés acima da superfície do poço. Galileu ficara intrigado por essa limitação e sugeriu-lhe uma explicação que se verificou inconsistente. Após a morte de Galileu, seu discípulo Torricelli propôs uma nova resposta. Ele argumentou que a terra está rodeada por um mar de ar que, em virtude de seu peso, exerce pressão sobre a superfície embaixo e que essa pressão sobre a superfície do poço força a água a sobrelevar-se no cilindro da bomba quando o êmbolo é levantado. A altura máxima de 34 pés para a coluna de água no cilindro reflete, assim, simplesmente a pressão total da atmosfera sobre a superfície do poço.

É evidentemente impossível determinar, por inspeção ou observação direta, se essa explicação é correta e Torricelli a testou apenas indiretamente. Ele raciocinou que se sua conjectura estivesse correta, então a pressão da atmosfera também deveria ser capaz de suportar uma coluna proporcionalmente menor de mercúrio. De fato, como a gravidade específica do mercúrio é cerca de 14 vezes a da água, a altura da coluna de mercúrio deveria ser de cerca de 34/14 pés ou pouco menos do que 2½ pés. Ele verificou essa implicação de seu teste por meio de um dispositivo engenhoso e simples, o famoso barômetro de mercúrio. O poço de água é substituído por um recipiente aberto contendo mercúrio; o cilindro da bomba de sucção é substituído por um tubo de vidro selado numa de suas extremidades. O tubo é completamente preenchido com mercúrio e fechado ao manter-se o polegar apertado sobre a extremidade aberta. Ele é então invertido, a extremidade aberta é submersa no poço de mercúrio e o polegar é retirado; após o que a coluna de mercúrio no tubo cai até que sua altura seja cerca de 30 polegadas – exatamente como previra a hipótese de Torricelli.[11]

---

11  Hempel, *Philosophy of Natural Science*, op. cit., p.9.

CAPÍTULO 1: O CONHECIMENTO CIENTÍFICO COMO PRODUTO HISTÓRICO **189**

Como Jevons, Hempel conclui mencionando observações subsequentes nas quais a redução da pressão na superfície de mercúrio aberta (nesse caso, transportando-se o barômetro para o alto de uma montanha, o Puy de Dôme) resultava numa redução da altura da coluna.

Essas versões da história de Torricelli revelam duas características intimamente relacionadas. Para começar, cada uma delas se concentra num episódio único, que cada qual apresenta como provendo evidência empírica (e também uma razão) para se acreditar numa hipótese particular, uma teoria ou uma generalização em forma de lei. Nesse caso, o episódio é o experimento de Torricelli com o tubo preenchido com mercúrio e a hipótese é a explicação pela pressão do ar de fenômenos que antes eram explicados pela suposta aversão que a natureza teria ao vácuo. Se o mercúrio no tubo invertido não tivesse se comportado como o fez, a hipótese da pressão do ar teria se tornado imensamente mais difícil de defender.[12]

Dado esse enfoque, somente as hipóteses e as observações que as testam cumprem um papel significativo na história. Outros detalhes são irrelevantes e as diversas versões são livres para divergir sobre quais e quantas hipóteses e observações devem ser incluídas. Os testes teriam, por exemplo, cumprido o mesmo papel (isto é, teriam corroborado a teoria na mesma medida) tivessem ou não existido a teoria de Aristóteles (Jevons) ou a explicação "inconsistente" de Galileu (Hempel). Igualmente gratuita é a fonte da hipótese de Torricelli. Tanto Jevons como Hempel atribuem esse papel à observação de que bombas de sucção só poderiam elevar a água a 34 pés; mas esse papel poderia igualmente ter sido exercido por alguma outra observação ou poderia ter sido completamente omitido; sua função histórica como estímulo não tem qualquer influência sobre a autoridade que a hipótese adquire após o experimento. Por fim, nada depende do modo como essas várias observações remetem umas às outras. Dada a hipótese, em conjunção com as bombas de água, o mercúrio e o tubo de vidro, as observações

---

12 Tanto a versão de Jevons como a de Hempel visavam ilustrar o chamado método hipotético-dedutivo, no qual a hipótese é articulada antes do experimento que ela deve testar. A outra principal metodologia empirista, o método indutivo; inverte a ordem, derivando a hipótese da evidência previamente adquirida. Todavia, a centralidade da relação entre algum experimento em particular e sua explicação hipotética é a mesma em ambos os casos e é essa centralidade que é importante para nós no momento.

# 190 A INCOMENSURABILIDADE NA CIÊNCIA

poderiam, com a mesma eficácia que os testes, ter sido realizadas em qualquer ordem, em qualquer momento e em qualquer local.

A segunda e mais significativa característica compartilhada por essas versões da história de Torricelli é a pressuposição que legitima seu enfoque restrito. O objetivo dos testes, dado como certo em todo o processo, é o de determinar se dada lei ou teoria é ou não verdadeira, se corresponde ao mundo como ele realmente é, independentemente do que possam pensar os cientistas acerca dele. Essa pressuposição expressa a chamada teoria da verdade como correspondência, que muitos pensaram ser incontestável. Nenhuma explicação do conhecimento científico pode se afastar dela sem esclarecer sua aparente inevitabilidade. Porém, verdadeira ou falsa, a teoria da correspondência não precisa determinar de antemão a estrutura de uma possível narrativa histórica e esse é o seu lugar nos relatos examinados até agora: existe um mundo real; a teoria do mar de ar é uma hipótese sobre a sua natureza; o experimento com o tubo preenchido com mercúrio é um teste da verdade da hipótese. A única coisa que importa é a relação entre o experimento e o mundo real. A fonte da hipótese, o contexto histórico no qual o teste foi realizado, bem como as crenças anteriores das pessoas que o realizaram e o avaliaram, são irrelevantes para o *status* evidencial do experimento.[13]

Comparem essas duas versões da explicação tradicional com o tipo de explicação oferecida pelos praticantes da nova filosofia evolucionária da ciência. Seus relatos dizem respeito a mudanças de crença e muitos estágios são normalmente necessários antes que a crença incorporada nos manuais seja estabelecida. Eles mostram a ciência se desenvolvendo, não *em direção a* um estado ainda desconhecido do mundo real, mas *a partir de* algum conjunto de crenças histórico (e, portanto, contingente) sobre o mundo. Por falta de uma versão manejável e publicada do relato de Torricelli, recorro a uma versão que eu próprio tenho usado reiteradamente ao ensinar filosofia da ciência.[14] Ela se inicia no mesmo ponto em que a versão de Jevons e,

---

13 Tem sido comum descrever esses fatores irrelevantes como pertencentes ao "contexto de descoberta". Diz-se então que a filosofia da ciência só deve se preocupar com o "contexto de justificação". [Cf. Reichenbach, *Experience and Prediction: An Analysis of the Foundations and the Structure of Knowledge.*]

14 Esta versão foi retirada principalmente da monografia brilhante de De Waard, *L'Expérience barométrique: ses antécédents et ses explications*, p.96-115. [Acredito que a longa citação que vem a seguir no texto principal seja uma tradução feita por Kuhn do livro de Waard. (N. E.)]

CAPÍTULO 1: O CONHECIMENTO CIENTÍFICO COMO PRODUTO HISTÓRICO **191**

assim, num ponto anterior à de Hempel, mas, devido à sua natureza, exige muito mais espaço para ser recontada.

Aristóteles e seus seguidores imediatos acreditavam na impossibilidade do vácuo. Com base nisto, eles explicavam uma variedade de fenômenos naturais conhecidos, inclusive: a operação de sifões e bombas, a aderência de placas polidas e a retenção de líquido num tubo aberto no fundo, mas tapado por um polegar no topo. Essas explicações eram ainda correntes no início do século XVII, embora fossem cada vez mais frequentes as dúvidas sobre se o vácuo era, por princípio, impossível. Na Antiguidade tardia, por exemplo, muitos filósofos naturais acreditavam que poderia haver vácuo disperso entre as partículas elementares de matéria: em sua concepção, era somente o vácuo extenso que era impossível. Durante a Idade Média, em geral se aceitava que Deus pudesse criar uma região do espaço inteiramente vazia se ele assim quisesse, embora nenhuma força natural ou humana pudesse fazê-lo. No século XVI, embora não seja o caso para a maioria dos filósofos que discutiam o vazio, também se sabia que as bombas de água em geral não conseguiam sobrelevar a água a uma altura muito maior do que trinta pés. Contudo, ninguém achava que essa falha representasse um problema de princípio: as hastes das bombas eram troncos ocos; seus êmbolos eram trapos enrolados em varas de madeira; grandes vazamentos eram inevitáveis.

Galileu foi o primeiro a postular uma relação entre a falha das bombas e as leis que proíbem o vácuo. Ele estava interessado na força dos materiais naturais e acreditava – por analogia com a coesão de placas achatadas – que pelo menos parte de sua força coesiva se devia ao vácuo disperso entre suas partes. Mas corpos materiais podem ser separados, sua força coesiva pode ser sobrepujada e parecia, portanto, que a aversão da natureza ao vácuo era limitada. O mesmo limite, sugeriu Galileu, se manifestava na falha das bombas de água acima de trinta pés. Essa falha era uma medida do peso que um vácuo suportaria e, portanto, do poder limitado do vácuo.

A hipótese de Galileu, publicada primeiramente em 1638 em sua obra *Duas novas ciências*, foi recebida com bastante ceticismo mesmo entre seus admiradores. Talvez se possa produzir um vácuo, mas não pela operação do maquinário normal. Então, um grupo em Roma decidiu testar a ideia de Galileu. Para evitar vazamentos, seus integrantes substituíram a haste de madeira da bomba por um cano de chumbo, no topo do qual afixaram um globo de vidro. O cano foi inicialmente preenchido com água e então erguido numa posição vertical com a abertura imersa numa cuba de água. A água que ele continha se afastava então do topo e permanecia a aproximadamente 34 pés, mantida nessa altura pela força do vácuo. Galileu estava justificado.

O experimento de Roma foi realizado em 1640 e a notícia logo alcançou os ouvidos do aluno de Galileu, Torricelli. Ele repetiu o experimento utilizando líquidos mais pesados, com base no raciocínio de que se era o vácuo que sustentava a coluna de líquido, então todas as colunas de uma dada seção transversal se romperiam com o mesmo peso e em alturas inversamente proporcionais à densidade do líquido. Foi somente quando anunciou o resultado do experimento com mercúrio em 1644 que Torricelli sugeriu que isso se devia ao peso da atmosfera, uma conclusão provavelmente sugerida pelas similaridades entre o trabalho que ele estava realizando então e sua experiência anterior com hidrostática ("vivemos", ele escreveu então, "no fundo de um 'mar de ar'"). Sem recorrer ao conhecimento considerável já existente na época sobre hidrostática, especialmente à obra de Arquimedes, nem o trabalho de Torricelli nem sua recepção seriam compreensíveis. É mais adequado descrever sua contribuição como a transposição para o domínio, já bem conhecido, da hidrostática de um conjunto de fenômenos anteriormente concebidos de uma forma para a qual a hidrostática era irrelevante.

Tal como suas predecessoras mais tradicionais, essa explicação pode ser estendida para incluir a obra tardia dos membros da Accademia del Cimento, assim como o experimento no Puy de Dôme. Contudo, a diferença essencial entre ela e suas predecessoras já é evidente. Não se trata do relato de um evento, a descoberta de Torricelli, mas sim do processo estendido que levou, *simultaneamente*, tanto a essa descoberta como a sua interpretação. Ele narra uma série de estágios estreitamente vinculados, entre os quais as distâncias cognitivas são pequenas: da impossibilidade do vácuo à impossibilidade de um vácuo estendido, à impossibilidade da produção de um vácuo estendido pela ação humana, à demonstração de que o homem pode sobrepujar a aversão da natureza ao vácuo (a coluna de água rompendo-se por seu próprio peso), à versão com mercúrio do experimento da água e, por fim, à hipótese de Torricelli do mar de ar. Cada um desses estágios é historicamente situado no tempo e no espaço, cada um prepara o caminho para seu sucessor ao proporcionar uma posição a partir da qual

## CAPÍTULO 1: O CONHECIMENTO CIENTÍFICO COMO PRODUTO HISTÓRICO 193

o estágio seguinte pode ser prontamente atingido e, por comparação com a qual, seus méritos podem ser avaliados. Definido um momento adequado a partir do qual iniciar o relato (as condições de adequação serão discutidas no próximo capítulo), todos os seus estágios posteriores cumprem papéis essenciais. Se um ou outro estágio tivesse sido diferente, seria normal que essa diferença se refletisse no transcorrer dos estágios posteriores do relato.

São essas diferenças de forma entre os dois tipos de exemplos e não as diferenças em seu conteúdo factual que se revelam filosoficamente significativas. Ambas mostram a ciência a avançar pela exposição de novas hipóteses aos resultados da observação, testando, assim, direta ou indiretamente essas hipóteses ou, com mais frequência, colocando-as em uso. Além do mais, em ambos os casos, os testes envolvem a comparação, medida pela observação, das novas hipóteses com alguma outra coisa que, no entanto, difere profundamente nos dois casos. Grande parte deste livro será necessária para articular plenamente essa diferença. Aqui, só posso sugerir a direção que o argumento irá tomar.

Se levarmos em consideração a forma que o movimento evolucionário dá aos exemplos, o resultado obtido exige uma série de comparações temporalmente estendidas. Além do mais, os termos nessas comparações são dois corpos de crenças, um efetivo ou em vigor, o outro sendo candidato a substituí-lo. Consequências observacionais podem ser deduzidas de cada um deles e, se um conjunto de consequências se ajusta melhor à observação do que outro, a diferença favorece a aceitação desse conjunto. Por outro lado, na forma que a tradição dá aos exemplos, só existe uma única comparação e apenas um de seus termos é um corpo de crenças, ou seja, algo a partir do qual as consequências possam ser deduzidas. O outro termo é a própria realidade, isto é, não um conjunto de crenças, mas algo *sobre o que* se possa ter crenças: sua relação com a observação é causal em vez de dedutiva. As observações só fornecem pistas para esse termo e qualquer conjunto presentemente dado de pistas é compatível com muitas concepções diferentes da realidade. Em suma, para a tradição, as hipóteses correntes devem ser comparadas com uma realidade ainda incompletamente conhecida, da qual, como se diz com frequência, hipóteses científicas sucessivas se aproximam cada vez mais. Para o movimento evolucionário, por outro lado, as hipóteses devem ser comparadas com o corpo de crenças que elas visam substituir. Assim, uma dessas concepções enxerga a ciência como que puxada para a frente pela realidade que seria capturada por um corpo de crenças verdadeiras. A outra concepção considera a ciência como que empurrada de trás e a afastar-se do que efetivamente se acreditava no passado imediato. Ambas são, podemos dizer, evolucionárias, mas a primeira é teleológica, dirigida para uma finalidade preexistente, enquanto a segunda é darwiniana.

Essa substituição da "evolução em direção àquilo que queremos conhecer" pela "evolução a partir do que conhecemos" é a inovação central do movimento evolucionário. O que a fez surgir é a constante atenção aos exemplos históricos.[15] Contudo, as realizações do novo movimento e os desafios que ele continua a enfrentar são, como sugeriu a discussão precedente, em grande medida independentes da informação descritiva particular que tais exemplos oferecem. Em lugar disso, elas resultam da substituição de eventos experimentais isolados e ilustrativos por uma narrativa ampliada que apresenta uma diversidade de exemplos juntamente com suas interconexões. A insistência na necessidade de tais narrativas constitui a perspectiva histórica, evolucionária ou desenvolvimentista e essa perspectiva, por sua vez, é constitutiva do novo movimento.

## II

Como assinalei anteriormente, a nova perspectiva resolve dois problemas tradicionais com que a tradição empirista se defrontava há muito tempo, particularmente nas formas que essa tradição assumiu no século XX: a necessidade de uma linguagem de observação neutra e a redução

---

15 As frases citadas provêm das últimas páginas da primeira edição original de *A estrutura* (p.170 nessa edição, p.171 na seguinte), onde elas acompanham uma breve discussão dos paralelos entre as dificuldades apresentadas inicialmente pela evolução darwiniana e as que são apresentadas hoje pela abordagem histórica da ciência. A primeira elimina a ideia de um plano divino como a força diretriz da evolução biológica, enquanto a segunda faz o mesmo para o papel causal do mundo externo na evolução das ideias científicas. Em *A estrutura*, onde a força do argumento depende principalmente da multiplicidade de exemplos históricos, o paralelo evolutivo é introduzido quase *en passant*, com o objetivo de postergar o tratamento do problema da verdade científica. Neste livro, em que os exemplos históricos desempenham um papel muito reduzido, o paralelo entra logo no princípio como uma característica intrínseca a qualquer processo de desenvolvimento não teleológico e sua exploração engloba uma grande parte do papel anteriormente exercido pelos exemplos.

do holismo duhemiano. Dificuldades com esses dois problemas pareciam desafiar a objetividade das avaliações cognitivas e, quando vistos de uma perspectiva evolucionária, ambos pareciam desaparecer de uma forma tão simples e natural que se revestia de grande força persuasiva. O primeiro problema é o mais antigo e o mais importante, e remonta pelo menos ao século XVII, quando nasceram a ciência e a filosofia modernas. A ciência deveria ser o paradigma do conhecimento sólido e, tanto quanto um método sólido pudesse garantir, suas conclusões deveriam se assemelhar às da matemática em seu grau de certeza. Para que isso fosse possível, a evidência sobre a qual essas conclusões se baseavam tinha que ser objetiva, ou seja, independentemente de crenças anteriores e de *idiossincrasias* individuais ou culturais. Isso significa que era necessário que essa evidência fosse ou inata, *a priori*, ou então puramente sensorial, dependente apenas da constituição biológica dos órgãos dos sentidos, que é compartilhada por todos os observadores humanos normalmente equipados. Pensava-se que uma evidência capaz de satisfazer essa última exigência devesse ser composta por puras sensações – ver uma cor, sentir calor ou ouvir um som. Essas sensações ofereciam as ideias simples dos sentidos com as quais, segundo a versão pioneira dessa perspectiva no pensamento de Locke, deveriam ser construídas as ideias complexas dos corpos no mundo físico.

Descobrir as sensações atômicas neutras das quais se comporia a sensação molecular de uma cadeira ou de uma bola de bilhar apresentava grandes dificuldades e uma outra foi acrescentada a elas nos primeiros anos do século XX. As conclusões deduzidas de leis e teorias assumem a forma de enunciados sobre o que deveria ser observado se essas leis e teorias fossem verdadeiras. Todavia, enunciados só podem ser comparados – como percebeu-se então – com outros enunciados e não diretamente com observações sensoriais. Portanto, o que o teste objetivo parecia exigir era não apenas puras sensações, mas também um vocabulário de observação neutro capaz de as expressar. Para preservar a objetividade da ciência, eram os enunciados formulados no vocabulário de observação que deveriam obter assentimento, independentemente de cultura ou crenças prévias.[16] A busca de

---

16 Um exame muito mais completo e nuançado da transição de ideias a enunciados foi incluído no livro de Hacking, *Why Does Language Matter to Philosophy?* [Há tradução dessa obra disponível em língua portuguesa: *Por que a linguagem interessa à filosofia?* (N. T.)]

um tal vocabulário foi a tarefa central da tradição durante a maior parte do século XX, uma tarefa que ainda está por realizar. Hoje, porém, a maioria dos filósofos duvida que ela possa vir a se realizar.[17]

No âmbito da filosofia evolucionária da ciência não existe nenhuma dificuldade comparável. O que requer avaliação não é um só conjunto de crenças consideradas isoladamente, mas os méritos *comparativos* das posições *efetivas* que coexistem numa época e num lugar particulares. Assim, nada depende da enunciação dos itens a serem comparados num vocabulário neutro e livre de crenças. O vocabulário só precisa ser compartilhado, ou seja, independente das crenças em relação às quais uma escolha deve ser feita. Além do mais, o que deve ser compartilhado não é o vocabulário como um todo, requerido por cada posição, mas apenas a parte desses vocabulários nas quais as observações são relatadas, e, mesmo nesse caso, a superposição não precisa ser completa. Pelo menos durante o período de avaliação, essas condições são inevitavelmente satisfeitas: os dois vocabulários coexistem, um deles se desenvolveu recentemente a partir do outro e ainda lhe é, em larga medida, coextensivo. É apenas posteriormente, conforme o novo conjunto de crenças continua a se desenvolver, que as diferenças de vocabulário entre esse conjunto e seu antecessor aumentam até um patamar que poderia bloquear a comparação avaliativa. Mas, a essa altura, a avaliação requerida já foi realizada há tempos e seus resultados já se acham em seu devido lugar. Em suma, quando a avaliação é vista como uma escolha historicamente situada entre um corpo tradicional de conhecimentos e seu potencial sucessor, que em grande parte se superpõe a ele, a necessidade de um vocabulário de observação neutro desaparece. Ainda que tal vocabulário existisse, seu uso não alteraria nem a decisão tomada nem sua legitimidade.

---

17 Impressionados por suas dificuldades insuperáveis, Otto Neurath e Karl Popper abandonaram a procura por uma linguagem de observação neutra no início dos anos 1930. Em suas versões quase revolucionárias da tradição, a linguagem de fato utilizada por praticantes de uma ciência para relatar observações é aceita para uso na avaliação de hipóteses e permite-se que se modifique com o tempo. Nesse sentido, suas concepções antecipam o novo movimento tanto quanto as de W.V. O. Quine. Entretanto, o que todas essas concepções omitem é justamente aquilo que, se olhado em retrospecto, parece ser o passo fundamental. Os méritos de uma hipótese (ou melhor, do corpo de crenças que a incluem) ainda devem ser avaliados isoladamente. A comparação com as concepções que seriam substituídas pela aceitação da hipótese não desempenha nenhum papel essencial.

# CAPÍTULO 1: O CONHECIMENTO CIENTÍFICO COMO PRODUTO HISTÓRICO    197

Esse é o primeiro dos problemas tradicionais que são dissolvidos pela abordagem evolucionária. O segundo problema, geralmente conhecido como a tese de Quine-Duhem, desaparece de modo muito similar. Para nossos objetivos presentes, é a forma que Duhem dá a essa tese que é relevante.[18]

Se retomarmos o experimento de Torricelli, perceberemos o que está envolvido aqui. Qualquer que fosse sua intenção original, o experimento do barômetro de Torricelli funciona como um teste para a hipótese do mar de ar. Porém, os resultados do experimento não são dedutíveis apenas da hipótese: hipóteses auxiliares são igualmente necessárias. Todo o campo da hidrostática deve se fundamentar numa série de generalizações em forma de lei sobre peso e densidade, sobre os instrumentos adequados para mensurá-las e sobre o papel nessas mensurações do meio no qual elas ocorrem. Será que madeira imersa em água tem o mesmo peso que madeira imersa em ar, não tem peso algum ou tem peso negativo (todas concepções já defendidas antes)? Além disso, características do ar e de seus recipientes devem ser pressupostas: que o mar de ar tem uma superfície superior; que o ar tem peso e pode ser tratado do mesmo modo que a água; que os recipientes capazes de conter ar são impermeáveis também para os fluidos ainda mais sutis usados para explicar uma diversidade de outros fenômenos naturais; e assim por diante. Se o experimento do barômetro falhou em produzir o resultado esperado, nem por isso temos que concluir que a culpa era da hipótese do mar de ar. Sem dúvida, ela era a suspeita mais provável, mas a dificuldade poderia provir de qualquer uma das hipóteses auxiliares. Testes são inevitavelmente holísticos; não parece existir uma maneira de testar isoladamente hipóteses específicas.

Embora técnicas para reduzir os efeitos do holismo duhemiano continuem a ser discutidas na filosofia tradicional da ciência, não se encontrou nenhuma solução universalmente aceita e parece improvável que se vá obter maior êxito no futuro. Contudo, no âmbito da filosofia evolucionária

---

18  O nome "tese de Quine-Duhem" opõe dois tipos de holismo que, embora relacionados, não são de modo algum o mesmo. O holismo de Quine, ao qual retornarei em breve no Capítulo 3, é uma forma de holismo semântico que o conduz a propor a eliminação do próprio conceito de significado. Duhem não está interessado nos significados e seu holismo, que será descrito logo em seguida, é muito mais modesto.

da ciência, o problema desaparece. Se a finalidade da avaliação é uma escolha entre dois corpos especificáveis de conhecimentos, então o que precisa ser testado são apenas as generalizações e os enunciados singulares sobre cujo *status* os dois divergem. Essa é uma fração muito pequena do todo: a nova hipótese, ela própria, junto com quaisquer enunciados do corpo mais antigo de conhecimentos, exige ajustes para abrir espaço para isso. Todo o restante – os enunciados sobre os quais os adeptos dos dois corpos de conhecimento estão em acordo – pode ser livremente invocado no processo que legitima a escolha, embora qualquer um dentre esses enunciados possa estar em risco em alguma avaliação posterior.

A hidrostática, por exemplo, era um denominador comum para os participantes do debate em torno da hipótese de Torricelli e, portanto, poderia ter sido pressuposta. O fato de a forma de hidrostática que os participantes compartilhavam iria requerer uma reformulação posterior, especialmente com relação à noção de peso, não tornava o debate menos racional. Por outro lado, questões sobre o ar – se ele tinha peso, se podia ser tratado como um fluido, se sua ausência do espaço acima do mercúrio indicava que esse espaço era vazio – estas e outras questões do mesmo gênero ainda não estavam resolvidas. O debate sobre o experimento de Torricelli era um debate também sobre essas questões e a conclusão desse debate modificou as concepções não somente sobre o vácuo, mas igualmente sobre elas. Felizmente, compartilhava-se o suficiente para que o debate chegasse a uma conclusão. Onde uma *escolha* entre dois corpos de conhecimento está em jogo, nem o holismo duhemiano nem a possível falsidade de crenças compartilhadas são obstáculos para um resultado racional.

## III

Essas duas dificuldades duradouras se desvanecem no âmbito da abordagem evolucionária. Mas, com elas, também se desvanecem outros aspectos característicos da tradição e a ausência destes, como enfatizei antes, parecia desafiar a autoridade cognitiva tradicional da ciência. Isso levou, em particular, a reiteradas acusações de relativismo. Porém, o relativismo do qual a nova perspectiva é acusada divide-se em dois tipos muito diferentes,

CAPÍTULO 1: O CONHECIMENTO CIENTÍFICO COMO PRODUTO HISTÓRICO **199**

embora muitas vezes eles sejam confundidos. Por ora, chamarei o primeiro, que é um relativismo genuíno, de relativismo metodológico. Se ele ameaça a tão celebrada objetividade da ciência, do que duvido, essa ameaça não é nova e aqui só tratarei dela brevemente. O outro tipo, que foi chamado de relativismo com relação à verdade, representa uma clara ameaça, mas que não pode ser apropriadamente descrita como relativismo. O que está em questão é a própria noção tradicional de verdade científica.

Na ausência de uma plataforma arquimediana, uma posição fixa imune aos caprichos da época e da cultura, o resultado da avaliação de um candidato a conhecimento deve depender de uma situação histórica particular, no âmbito da qual é feita a avaliação. Portanto, uma proposta que é julgada aceitável sob um conjunto de circunstâncias pode ser julgada inaceitável sob um outro conjunto e, historicamente, observou-se que tais mudanças na avaliação racional de fato ocorrem. Considerem, por exemplo, as recepções muito diferentes que foram concedidas à proposta de um universo heliocêntrico na Antiguidade grega e na Europa do início do período moderno. Pergunta-se, então, como juízos cujo resultado varia com a época e o lugar podem ser propriamente chamados de objetivos? Será que não seria melhor enxergá-los como subjetivos, talvez até mesmo como irracionais? Questões desse gênero ilustram o problema do relativismo metodológico.

Está fora de dúvida que esse gênero de relativismo é real e de fato nos coloca alguns problemas. Esses problemas, no entanto, não são novos. A solidez da racionalidade das conclusões científicas, por exemplo, sempre foi relativizada com relação à evidência disponível quando se chegou a essas conclusões. A relativização com relação às crenças aceitas – algo que o desenvolvimentista deve fazer – tampouco coloca problemas adicionais concernentes à subjetividade ou à racionalidade e, em todo caso, foi com frequência aceita pelos defensores da tradição. Assim, tanto o relativismo metodológico, que é inerente à abordagem evolucionária, quanto os critérios principais empregados nas avaliações cognitivas, são de um gênero bastante tradicional. Os problemas que eles colocam não resultam da abordagem evolucionária, mas do modo estranho como os filósofos da ciência (e outros) fazem uso dos termos *objetivo* e *subjetivo*, *racional* e *irracional*. Os conceitos que esses termos denotam exigem um exame filosófico sistemático, do qual é provável que resultasse uma reformulação. Pistas quanto à natureza dessa reformulação serão encontradas no Capítulo 8, que retorna ao problema da avaliação.[19]

A segunda forma de acusação – relativismo com relação à verdade – é uma outra questão. Algumas formulações da perspectiva evolucionária, particularmente a minha, foram entendidas como a implicar que não é somente a racionalidade de uma conclusão científica que é relativa a fatores como época, lugar e cultura, mas também a sua verdade. De acordo com essa leitura, a natureza de fato tinha aversão ao vácuo na Antiguidade grega, mas agora não tem mais; a Terra estava então no centro do universo, mas desde então foi substituída pelo Sol. As razões para que se tivesse lido minha obra dessa forma emergirão, forçosamente, no próximo capítulo.[20] Porém, qualquer que seja o apelo dessa leitura, ela não era o que eu tinha em mente. O que eu entendia como estando em risco não era tanto a permanência da verdade, mas, sim, a sua natureza. Por razões que ficarão claras em breve, eu não podia reconciliar a teoria da verdade como correspondência, com base na qual eu me formara, com o que vim a considerar como a forma de desenvolvimento efetiva do conhecimento científico. Todavia, eu tampouco conseguia enxergar um modo de explicar o progresso científico sem recorrer a ela. O resultado disso foi, para mim, um profundo dilema.

Esclarecer a natureza desse dilema exigirá uma discussão muito mais aprofundada, mas, para os propósitos atuais, ela pode ser esboçada rapidamente. Segundo a perspectiva evolucionária, todas as avaliações científicas são necessariamente situadas historicamente e comparativas. O que deve ser avaliado é algum ajuste efetivamente proposto no corpo existente de crenças e as crenças correntes que não forem afetadas pelo ajuste proposto

---

19 Cf. também meus artigos "Objectivity, Value Judgment, and Theory Choice", cap.13 de *The Essential Tension: Selected Studies in Scientific Tradition and Change*; e "Rationality and Theory Choice", *Journal of Philosophy*, v.80, p.563-70, 1983 [reimp. como cap.9 de *The Road Since* Structure: *Philosophical Essays, 1970-1993, with an Autobiographical Interview*].

20 Essa leitura ajustou-se especialmente a *A estrutura*, devido às minhas repetidas referências, embora equívocas, às reorientações conceituais segundo as quais "o cientista trabalha num mundo diferente" (p.121 e outras no capítulo do qual a frase foi retirada). Frases similares serão encontradas neste livro, mas não antes de seu último capítulo, quando já terá sido proposto um fundamento para elas. Sobre esse tema, cf. o esplêndido artigo de Hacking, "Working in a New World: The Taxonomic Solution", e também minha resposta a ele em "Afterwords". Ambos foram publicados em Horwich (org.), *World Changes: Thomas Kuhn and the Nature of Science*, p.275-310, 314-9. ["Afterwords" foi reimpresso como cap.11 em *Road Since* Structure, op. cit.]

ficam disponíveis como ferramentas na avaliação. Elas são aceitas por todos os participantes e externas às questões em exame. Embora não se assemelhem muito à tradicional plataforma arquimediana, sem elas nenhuma avaliação poderia ocorrer. Que possamos duvidar de algumas delas ou descartá-las posteriormente, numa situação histórica e evidencial alterada, é um fato irrelevante. Seria irracional não as utilizar. Essa forma de compreender avaliações científicas racionais é profundamente significativa. Se o resultado de tais avaliações não depende da verdade ou falsidade das crenças compartilhadas que lhe fornecem a base, então essas avaliações não podem ter qualquer efeito sobre a verdade ou falsidade das crenças em disputa cuja aceitação elas recomendavam. Nessa situação, não é de muito auxílio a substituição tradicional da verdade pela aproximação-da-verdade ou pela probabilidade-de-ser-verdadeiro na avaliação de candidatos à crença. Avaliações feitas a partir da plataforma movediça da perspectiva evolucionária não oferecem nenhum ponto de entrada para a verdade como correspondência com a realidade.

Entretanto, o que está em risco não é a própria verdade, mas apenas a verdade como correspondência, e existe uma longa e duradoura família de perspectivas filosóficas que defendem que uma noção bem mais fraca de verdade científica é suficiente para permitir o entendimento. Com nomes tais como pragmatismo ou instrumentalismo, essas perspectivas sugerem que as leis e teorias científicas não devem ser avaliadas por sua correspondência com alguma realidade hipotética, mas por sua habilidade de realizar um outro objetivo, mais imediato: predizer ou explicar fenômenos naturais são duas finalidades que foram sugeridas; controlar a natureza é uma terceira. Segundo essa perspectiva, a verdade como correspondência continua a governar a avaliação dos enunciados descritivos correntes nas atividades cotidianas, bem como os enunciados de observação que proporcionam evidência aos cientistas. Mas, para a avaliação de teorias e de leis cujo objeto transcende a observação bruta, entende-se que uma ou outra concepção menos estrita de verdade seja suficiente. Esboçarei as duas principais dentre essas concepções num instante.

Perspectivas desse tipo cumpriram um importante papel ao dar forma às doutrinas a ser apresentadas neste livro, mas suas formulações até o momento não são suficientes. Em primeiro lugar, essas formulações pressupõem uma solução para os problemas desencorajadores, discutidos

202  A INCOMENSURABILIDADE NA CIÊNCIA

anteriormente, da determinação de uma linguagem de observação. Ou seja, elas exigem, mas não oferecem, uma separação baseada em princípios entre enunciados de observação, aos quais se aplica a verdade como correspondência, e enunciados que se referem às entidades hipotéticas geradas pela ciência. Em segundo lugar, mesmo que tal separação pudesse ser realizada, coisa em que poucos ainda acreditam, as noções menos estritas de verdade apresentadas para enunciados não observacionais são fracas demais para sustentar as necessidades das ciências. A verdade como correspondência oferecia uma ferramenta essencial que está ausente nessas concepções pragmatistas da verdade.

A dificuldade básica com as concepções pragmatistas de verdade é sua incapacidade de explicar a necessidade de escolher entre leis ou teorias científicas incompatíveis. Suponha que os pragmatistas estivessem certos e que os átomos, por exemplo, fossem apenas um construto mental útil para propósitos de predição e explicação. Os cientistas ainda precisariam selecioná-los como a ferramenta apropriada para a condução de um trabalho de pesquisa ou como base aceita para uma avaliação. Num trabalho de pesquisa ou numa avaliação, seria irracional empregar, simultaneamente, a teoria atômica e uma outra teoria com consequências incompatíveis com a primeira. O desenvolvimento da ciência depende fortemente da exigência de que os cientistas escolham dentre leis ou teorias incompatíveis, e a teoria da verdade como correspondência proporcionava a base para essa exigência: enunciados científicos dizem respeito a questões de fato e princípios lógicos, como a lei de não contradição, que devem, portanto, ser aplicados neles. As teorias pragmatistas da verdade não apresentam nenhum substituto para essa base.

Uma teoria pragmatista da verdade transforma esta no limite em direção ao qual tende a investigação racional, mas essa formulação não nos dá nenhuma razão para usar leis como a de não contradição ou a do terceiro excluído na pesquisa e na avaliação *correntes*, mas é justamente aí que essas leis são mais necessárias.[a] Uma segunda formulação, que identifica verdade com assertividade justificada, é igualmente incapaz de forçar a escolha: com frequência, há excelentes razões evidenciais para asserir qualquer uma dentre duas leis ou teorias incompatíveis.[b] Nenhuma comunidade científica eficaz pode suportar tal inconsistência por muito tempo. Se ela persistir, a comunidade afetada normalmente restaura a lei de não contradição por bifurcação, um grupo empregando uma teoria e o outro adotando uma teoria incompatível com a primeira. Porém, a bifurcação é um recurso de última instância. O desenvolvimento científico parece depender da capacidade dos cientistas de resistirem à fácil fragmentação de suas comunidades. Em geral, cada um dos partidos numa disputa sobre leis ou teorias deve envidar grandes esforços para encontrar evidência capaz de persuadir o outro grupo. A ciência avança a partir de evidência e esta não teria qualquer função nas ciências se não pudesse ser utilizada dessa forma. Até hoje, a melhor justificação para esse modo de proceder foi proporcionada pela teoria da correspondência. Ao tornar factuais os enunciados científicos em todos os níveis, ela os sujeitou a leis lógicas como a lei de não contradição.

Essa é a forma fundamental do dilema da filosofia desenvolvimentista da ciência. Se entendido apropriadamente, seu ponto de vista evolucionário está em conflito irreconciliável com a teoria da verdade como correspondência. Ainda assim, a filosofia desenvolvimentista da ciência precisa de algum princípio cognitivo que exija que os cientistas escolham entre alternativas incompatíveis, mas nenhum princípio como esse é fornecido pelas substitutas disponíveis para a teoria da correspondência.[c]

19 de setembro de 1994

# Capítulo 2
## Adentrando o passado

O capítulo anterior sugeriu que o conhecimento científico deve ser compreendido como o produto de um processo de desenvolvimento, um produto que cada geração herda de suas predecessoras, ajusta para que se adéque a novas circunstâncias que surjam em seu ambiente e, então, transmite para a próxima geração, que continua o ciclo. Para a análise filosófica de tal processo, a unidade a ser examinada é uma narrativa que culmina no estabelecimento de um ou mais itens de conhecimento inter-relacionados. Essa escolha do ponto final não determina, por si só, onde a narrativa requerida deveria começar e, na verdade, não existe uma escolha única que seria também a melhor. Não obstante, aquelas escolhas que são adequadas para a análise filosófica devem reconciliar dois imperativos estratégicos em conflito. Por um lado, onde o tema da narrativa é a mudança de crenças, seu começo e seu fim devem estar conceitualmente distantes um do outro. Se, desde o princípio, o primeiro puder ser visto como a prefigurar o último, o caminho entre eles não transmitirá nenhuma informação. Por outro [lado], a distância temporal entre o começo e o fim da narrativa não deveria ser significativamente maior do que requer a distância conceitual. Quanto maior o intervalo de tempo da narrativa, maior o número de questões que ela deve cobrir, e as questões adicionais são, em larga medida, alheias ao propósito do filósofo.[1]

---

1 Aqui, apenas pressuporei que a história seja explicativa, embora esse tema tenha sido muito debatido em outros lugares.

206 A INCOMENSURABILIDADE NA CIÊNCIA

Uma vez que tenha sido escolhido um ponto de partida, emerge um terceiro imperativo, que é o mais importante de todos. A fim de preparar o cenário para a narrativa, devemos apresentar a parte relevante do corpo de crenças então corrente de uma forma que seja, a um só tempo, fiel à evidência textual detalhada e que também a torne "plausível". Apenas quando tornamos essas crenças plausíveis – somente depois de podermos compreender como e por que elas foram um dia levadas a sério – é que podemos responder a questões como o papel da razão nas decisões que levaram à sua modificação. Além disso, somente após termos dado uma resposta a essa questão (uma das respostas seria: absolutamente nenhum papel), poderemos investigar os objetivos que tais processos de tomada de decisão podem atingir. O conceito de plausibilidade invocado aqui será ilustrado reiteradamente no restante deste capítulo, mas é provável que, a essa altura, ele pareça problemático. Normalmente, a plausibilidade de uma crença ou de um conjunto de crenças é entendida como uma função da evidência a favor ou contra essa(s) crença(s). Porém, isso não pode ser o que é visado aqui, pois, nesse caso, cairíamos num regresso infinito. A totalidade do primeiro capítulo constitui um argumento estendido em defesa da ideia de que a evidência só funciona na avaliação da mudança de crenças e não na avaliação da própria crença. Se a plausibilidade das crenças defendidas no início da narrativa era de fato uma consequência da evidência que levou à sua aceitação, então tornar aparente a sua plausibilidade exigiria examinar as crenças que, em virtude dessa mesma evidência, elas substituíram. Esse processo, por seu turno, exigiria o exame de crenças ainda mais antigas, e assim por diante, até a origem dos tempos. Por isso, o sentido de *plausibilidade* que é aplicável aos pontos iniciais da narrativa deve ser de algum outro tipo.

Esse "outro tipo" é bem conhecido na vida cotidiana, nas ciências sociais não behavioristas e em grande parte da filosofia continental. É a plausibilidade que vem com o *entendimento* de um fragmento de texto ou de comportamento que antes causava perplexidade.[2] Geralmente, sua chegada é

---

2 O entendimento e o tipo de plausibilidade que ele traz consigo não tornam corretas as crenças mais antigas, nem eliminam seus erros e inconsistências. O que se vem a compreender inclui as razões que presidiram certos erros particulares e as razões para terem assumido a forma que assumiram. Entretanto, para a pessoa que procura esse tipo de entendimento, essa conversa sobre erros e inconsistências deve ser apenas um recurso de última instância. Como os exemplos a seguir deveriam sugerir, é fácil rejeitar excentricidades potencialmente reve-

CAPÍTULO 2: ADENTRANDO O PASSADO **207**

experimentada como aquela iluminação súbita e inesperada que é, às vezes, chamada de experiência do "eureca!". Geralmente, também, o entendimento por ela propiciado é entendimento do propósito, da intenção ou do significado de algum fragmento de comportamento humano: aquele do autor de um texto, aquele de um ou mais atores políticos ou apenas aquele da pessoa ou das pessoas com as quais estamos conversando. Nos casos mais familiares, esse entendimento envolve, de ordinário, o reconhecimento de que nos equivocamos e classificamos na categoria errada o comportamento que gerava perplexidade. A pessoa que parecia inexplicavelmente irritada estava apenas empolgada. Contudo, às vezes, a categoria requerida não está disponível para a pessoa que busca entendimento, e isso é especialmente provável se o ator ou atores, cujo comportamento gera perplexidade, pertence a uma cultura estrangeira. Encontrar categorias que deem sentido a esse comportamento, que o tornem plausível, que permitam que ele seja compreendido, é a atividade característica dos etnógrafos. Ela exige o gênero de interpretação holística do comportamento que hoje é cada vez mais chamado de hermenêutica.[3]

Para tornar plausíveis as crenças correntes no início de uma narrativa de desenvolvimento cognitivo, o historiador também deve se converter num etnógrafo, e o componente etnográfico da narrativa resultante intensifica as dificuldades filosóficas descritas no Capítulo 1, proporcionando a ferramenta necessária para resolvê-las. Infelizmente, é improvável que descrições verbais consigam comunicar o que está em questão aqui. Os etnógrafos insistem que o trabalho de campo é essencial para a aprendizado de sua profissão. Ao trabalhar como historiador, não consegui encontrar nenhuma outra forma de ensinar aos estudantes o componente etnográfico de seu futuro ofício, a não ser [por meio de] um trabalho de campo

---

ladoras como erros ou superstições. Embora esse diagnóstico não esteja sempre incorreto, devemos resistir a todo custo à tentação de adotá-lo.

3 Dentre as diversas discussões sobre a interpretação hermenêutica, a que achei mais útil é de Charles Taylor, no artigo "Interpretation and the Sciences of Man", publicado inicialmente em 1971 [*Review of Metaphysics*, v.25, n.1, p.3-51, 1971], mas agora convenientemente reimpresso como o primeiro capítulo de seu livro *Philosophy and the Human Sciences: Philosophical Papers*, v.2, p.15-57. Note, entretanto, que, na apresentação de Taylor, uma distinção de princípio entre as ciências humanas e as ciências da natureza desempenha o papel central. Para algumas reservas sobre essa dicotomia, cf. o meu artigo "The Natural and the Human Sciences", em Hiley; Bohman; Shusterman (orgs.), *The Interpretive Turn*, p.17-24 [reimp. como cap.10 em *Road Since* Structure].

# 208 A INCOMENSURABILIDADE NA CIÊNCIA

equivalente: ler com eles antigos textos científicos, indicar as dificuldades que surgem com suas primeiras tentativas de interpretação e alertá-los para pistas que possibilitem leituras alternativas. Os três exemplos que se seguem oferecem apenas substitutos indiretos para essa experiência, mas introduzem a problemática que está no próprio âmago deste livro.[4]

## I

Todos os três exemplos provêm de experiências pessoais. O primeiro exemplo – o início de meu entendimento da física aristotélica – tem especial significado para mim, porque meu encontro com Aristóteles, há quarenta anos, foi o que primeiro me persuadiu de que a história da ciência poderia ser relevante para a filosofia da ciência.[5] Mas há uma razão menos pessoal

---

4 Essas ilustrações foram originalmente desenvolvidas para a conferência de abertura de uma série de três conferências pronunciadas em 1980 na Universidade de Notre Dame. Com modificações apropriadas de enquadramento, tenho me valido delas reiteradamente em conferências individuais desde então. Uma dessas conferências foi publicada como "What Are Scientific Revolutions?", em Krüger; Daston; Heidelberger (orgs.), *The Probabilistic Revolution*, v.1: Ideas in History, p.7-22 [reimp. como cap.1 em *Road Since* Structure]. Em todas essas apresentações iniciais, bem como em *A estrutura*, procurei ilustrar um tipo especial de episódio no âmbito do desenvolvimento da ciência (daí o termo *revolução* em meus títulos) e associei a experiência dos cientistas a moverem-se para a frente no tempo com a dos historiadores a moverem-se para trás. Hoje, não penso que esse ponto de vista estivesse totalmente errado, mas a associação entre as duas experiências, por certo, estava. Portanto, a fim de poderem ser utilizados aqui, os exemplos foram amplamente revisados e reenfocados para ilustrar aquilo pelo que o historiador deve passar para recapturar uma posição passada plausível a partir da qual a narrativa possa começar.

5 Na época, eu trabalhava somente com traduções inglesas do grego de Aristóteles, algo que eu não teria permitido que um futuro profissional em história da ciência fizesse depois que passei da física para esse campo e aprendi os padrões de responsabilidade de minha nova profissão. Muito do que se segue data dessa época, mas, desde então, assistência de fora, junto com as edições bilíngues da Loeb Classical Library me permitiram aprimorar sobremaneira meu trabalho. Pela assistência, sou especialmente grato a minha esposa [Jehane Kuhn], a D. Z. Andriopoulos, John Murdoch, B. B. Price, Richard Sorabji, Gisela Striker e Noel Swerdlow, nenhum dos quais deve ser responsabilizado pelas opiniões expressas, mas somente pelo aperfeiçoamento de sua expressão. Agradeço também à professora Striker por franquear-me o acesso a sua cópia de "Concepts of Space in Classical and Hellenistic Greek Philosophy", uma tese holandesa defendida em 1988 por Keimpe Arnoldus Algra na Universidade de Utrecht [publicada como *Concepts of Space in Greek Thought*, por Brill, no v.65 da série Philosophia Antiqua, 1994]. Sobre temas como *chora*, *topos* e *kenon*, minhas conclusões diferem significativamente das de Algra, mas sua formulação atual, que passou por muitos

para conceder-lhe o lugar de honra. Diferentemente de muitos dos exemplos técnicos que virão pela frente, esse exemplo ainda é completamente acessível ao leitor em geral. Quando eu começar a analisar, no próximo capítulo, os fenômenos que este capítulo ilustra precisarei referir-me, portanto, reiteradamente ao exemplo de Aristóteles. Exemplos mais técnicos e mais obviamente científicos também serão utilizados, tanto neste como nos capítulos seguintes, mas não me apoiarei exclusivamente neles.

Li pela primeira vez alguns dos escritos físicos de Aristóteles no verão de 1947, quando eu era um estudante de pós-graduação em física e empenhava-me na preparação de um estudo de caso sobre o desenvolvimento da mecânica destinado a um curso de ciência para não cientistas. Não fora difícil decidir onde deveria culminar o estudo de caso. Newton e seus sucessores eram tecnicamente muito difíceis para nossos estudantes: a história que eu tinha de contar deveria encerrar-se com Galileu. Contudo, nesse caso, minha história deveria começar com Aristóteles, a figura cujas ideias Galileu tentou reiteradamente substituir pelas suas próprias.

Não admira que eu tenha abordado os textos de Aristóteles com a mecânica newtoniana claramente na cabeça. A questão que eu esperava responder era quanto Aristóteles conhecia de mecânica e quanto ele deixara para pessoas como Galileu e Newton descobrirem. Dada essa formulação, rapidamente descobri que de mecânica Aristóteles não sabia praticamente nada. Tudo fora deixado para seus sucessores, principalmente para aqueles dos séculos XVI e XVII. Essa conclusão era típica, mesmo entre aqueles que conheciam grego, o que não era o meu caso, e ela poderia estar correta em

---

aperfeiçoamentos, teria sido impossível sem sua respeitável monografia. Se eu tivesse tido acesso a ela antes do estágio final de minhas revisões, essa discussão de Aristóteles poderia ter sido ainda melhorada.

Note, entretanto, que a necessidade de discutir palavras *gregas* nas notas de rodapé que se seguem é só indiretamente uma consequência do fato de que Aristóteles escreveu em grego. As diferenças que me preocupo em ilustrar são diferenças conceituais e não linguísticas. Se Aristóteles tivesse escrito em inglês (ou se sua obra tivesse sido traduzida para o inglês em sua própria época), teria sido necessária uma discussão similar sobre a forma aparentemente familiar em que termos como *movimento*, *matéria* e *lugar* foram utilizados em seus textos. Contudo, os dois exemplos que se seguem a este podem sugerir que se, contrafactualmente, Aristóteles tivesse escrito no (ou sido traduzido para o) vocabulário de um inglês mais antigo, minha discussão sobre a mudança conceitual poderia ter sido acomodada, em larga medida, no interior de meu texto propriamente e o papel das notas de rodapé teria sido bastante reduzido.

210　A INCOMENSURABILIDADE NA CIÊNCIA

princípio. Contudo, achei-a incômoda porque, quando eu o lia, Aristóteles parecia não apenas ignorante de mecânica, mas também um cientista físico terrivelmente ruim. Sobre o movimento, em particular, seus escritos me pareciam eivados de erros flagrantes, tanto de lógica como de observação.

No entanto, essas conclusões não pareciam corresponder ao caso. Afinal, Aristóteles fora o muito admirado codificador da lógica antiga. Por quase dois milênios após a sua morte, sua obra cumpriu o mesmo papel em lógica que a obra de Euclides cumpria em geometria. Além disso, Aristóteles se revelara, com frequência, um observador da natureza extraordinariamente sagaz. Especialmente em biologia, seus escritos descritivos ofereciam modelos que foram fundamentais para a emergência da tradição biológica moderna nos séculos XVI e XVII. Como seus talentos característicos puderam abandoná-lo de modo tão sistemático quando ele se voltou para o estudo do movimento e da mecânica? Igualmente, se seus talentos o abandonaram assim, por que seus escritos em física foram encarados com tanta seriedade por tantos séculos após a sua morte? Essas questões perturbavam-me. Era fácil acreditar que Aristóteles havia tropeçado, mas não que, ao tratar da física, ele tinha colapsado totalmente. Então perguntei-me: será que a falta não seria mais minha do que de Aristóteles? Talvez nem todas as suas palavras significassem para si e seus contemporâneos o mesmo que significavam para mim e os meus.

Com esse sentimento, continuei intrigado pelo texto e minhas suspeitas acabaram por mostrar-se bem fundadas. Estava eu sentado em minha escrivaninha, com o texto da *Física* de Aristóteles aberto diante de mim, e com um lápis de quatro cores em mão. Erguendo os olhos, lancei um olhar abstrato para fora da janela de meu quarto – ainda consigo lembrar-me da imagem visual. Inopinadamente, os fragmentos em minha cabeça se recombinaram de uma nova maneira e encaixaram-se uns nos outros. Caiu-me o queixo, pois, de súbito, Aristóteles parecia, na verdade, um físico muito bom, mas de um tipo que nunca sequer sonhei que fosse possível. Agora eu podia ver por que ele dissera o que dissera e por que lhe deram crédito. Enunciados que anteriormente eu tomara como erros flagrantes agora me pareciam, no pior dos casos, pequenas falhas no âmbito de uma tradição poderosa e no geral bem-sucedida.

Permitam-me ilustrar agora um pouco do que estava envolvido em minha descoberta de um novo modo de ler a física aristotélica, um modo que fez que os textos tivessem sentido. Uma primeira ilustração será familiar a muitos de vocês. Quando o termo vertido por "movimento" pelos tradutores ocorre nos textos aristotélicos, ele se refere a todas as mudanças que um corpo físico pode sofrer.[6] Mudança de posição, assunto exclusivo da mecânica para Galileu e Newton, é apenas uma dentre inúmeras subcategorias de movimento para Aristóteles. As outras incluem crescimento (a transformação de uma bolota num carvalho), alterações de intensidade (o aquecimento de uma barra de ferro) e inúmeras mudanças de propriedade mais gerais (a transição da doença à saúde). É evidente que Aristóteles reconhece que as várias subcategorias não são similares em *todos* os aspectos; mas o grupo de características relevantes para o reconhecimento e a análise do movimento é, para ele, aquele que se aplica às mudanças de qualquer tipo. Em certo sentido, que para ele era literal e não só metafórico, todas essas variedades de mudança eram similares umas às outras; elas constituíam uma só família natural. Aristóteles é explícito sobre as características que elas compartilhavam: uma causa de movimento, um objeto de movimento, um intervalo de tempo no qual o movimento ocorre, e dois pontos terminais nos quais o movimento começa e termina. O recurso reiterado aos pontos terminais de um movimento estava entre as principais excentricidades que mais me impressionaram em minhas primeiras leituras (newtonianas) do texto de Aristóteles.

Um segundo aspecto da física de Aristóteles – mais difícil de reconhecer e mesmo mais importante – é o papel central desempenhado pelas propriedades de corpos físicos individuais.[7] Não quero dizer apenas que Aristóteles visasse explicar as propriedades dos corpos e as formas como elas mudam, pois outros tipos de física já o fizeram. A física aristotélica inverte

---

6 Na verdade, existem dois termos que os tradutores vertem como "movimento" ou, às vezes, como "mudança": *kinesis* e *metabole*. Todos os exemplos de *kinesis* são também exemplos de *metabole*, mas não o inverso. Exemplos de *metabole* incluem vir a ser e deixar de ser e estes não são casos de *kinesis*, pois não possuem um ponto terminal (o não ser não é um ponto terminal). Daqui por diante, utilizarei o termo *movimento* para *kinesis*, reservando *mudança* para *metabole*. Cf. Aristóteles, *Física*, Lv.V, caps.1-2, esp. 225a1-225b9.

7 Não existe nenhuma palavra em grego que corresponda a esse uso de *propriedade*, mas o termo capta muito bem as categorias especificadas por Aristóteles como aquelas com respeito às quais a mudança ocorre. Em *Física*, Lv.III, cap.1, 200b33, Aristóteles as lista como substância, qualidade, quantidade e lugar. A mudança com respeito à substância, ilustrada na nota anterior por vir a ser ou deixar de ser, está incluída na classe das mudanças (*metábole*), mas excluída da classe do movimento (*kinesis*).

## 212 A INCOMENSURABILIDADE NA CIÊNCIA

a hierarquia ontológica entre matéria e propriedades que era o padrão desde a metade do século XVII. Na física newtoniana, um corpo é constituído de partículas de matéria e suas propriedades são consequência da forma como essas partículas organizam-se, movem-se e interagem. Na física de Aristóteles, por outro lado, o papel da matéria é secundário. A matéria é necessária, mas principalmente como um substrato neutro no qual as propriedades inerem e que permanece o mesmo enquanto essas propriedades mudam ao longo do tempo. Esse substrato deve estar presente em todos os corpos individuais, em todas as substâncias, mas sua individualidade é explicada não pelas características de sua matéria, e sim pelas propriedades particulares – calor, umidade, cor, dimensão, e assim por diante – que conferem forma a essa matéria. A mudança ocorre pela alteração das qualidades e não da matéria, ao remover-se algumas qualidades de uma dada matéria e substituí-las por outras. Parece haver até mesmo leis de conservação a que algumas propriedades devem obedecer.[8]

Um terceiro aspecto da física de Aristóteles completará, por ora, esse primeiro exemplo, conduzindo-o ao ponto requerido para a comparação com os outros dois exemplos que se lhe seguirão. Na ausência de interferência externa, a maioria das mudanças de propriedade são assimétricas, especialmente no domínio orgânico que municia o modelo de Aristóteles para os fenômenos naturais. Uma bolota se desenvolve naturalmente até virar um carvalho, mas não vice-versa. Um homem doente amiúde se cura por si mesmo, mas uma causa externa é necessária, ou acredita-se ser necessária, para deixá-lo doente. Um conjunto de propriedades, um ponto terminal de mudança, representa o estado natural de um corpo, aquele que esse corpo luta

---

8 Cf. Aristóteles, *Física*, Lv.I e esp. *Sobre a geração e a corrupção*, Lv.II, caps.1-4 [Aristóteles, *On Sophistical Refutations. On Coming-to-be and Passing Away. On the Cosmos*]. Note, contudo, que a substituição-padrão do termo grego *hyle* pelo inglês *matter* [matéria] é significativamente enganosa em certos contextos. Não há um termo melhor em inglês: a *hyle* de um corpo é aquilo de que ele é feito, portanto, sua matéria. Porém, a especificação da *hyle*, à diferença daquela da matéria, ocorre em camadas ou estratos. No nível superior, o bronze de uma estátua e a madeira de um leito são os exemplos preferidos de *hyle* para Aristóteles. No entanto, tanto a madeira como o bronze também possuem sua própria *hyle*, constituída por uma ou outra combinação dos quatro elementos sublunares aristotélicos e há passagens, especialmente aquelas que envolvem a transformação de um dos quatro elementos num outro, que sugerem um nível ainda mais primitivo de *hyle*, um substrato que subjaz a tudo. Existe muita controvérsia sobre a concepção que Aristóteles tem sobre a existência desse substrato, mas nada que é relevante para nós no momento depende do resultado dessa controvérsia.

para atingir por si só e depois disso para manter.[9] Os movimentos que conduzem essas propriedades mais para perto de sua realização são conhecidos como *movimentos naturais*; eles se opõem aos chamados *movimentos violentos* que, devido a uma causa externa, afastam um corpo de seu estado natural.

As propriedades que os corpos de alguma dada espécie lutam para realizar são essenciais para esse processo; elas estão entre as propriedades que constituem o que veio a ser chamado de essência do corpo e que tornam o corpo a espécie de corpo que ele é.[10] Essas propriedades não precisam ser plenamente realizadas todas as vezes: somente para alguém que possuísse conhecimento absoluto, uma bolota revelaria as propriedades do carvalho no qual se converterá. Porém, elas devem estar todas potencialmente presentes todas as vezes, como uma semente da forma madura. Suas propriedades essenciais tampouco são as únicas que um corpo pode manifestar. Tanto homens como carvalhos variam em altura, em forma e um tanto em coloração. Essas chamadas propriedades acidentais podem variar entre os membros da mesma espécie e são, portanto, úteis para distingui-los, mas elas não interessaram muito a Aristóteles e a seus sucessores, que se ocupavam das propriedades essenciais e com os movimentos naturais que revelavam muitas delas. Embora propriedades acidentais e movimentos violentos tivessem causas, não se pensava que fossem regidos por quaisquer regularidades especiais. Aristóteles não as considerava como objetos de estudo a serem explicados.

Mudanças de posição – o tipo de mudança que é objeto da mecânica – também possuem essência. A qualidade que uma pedra, ou outros corpos pesados, luta(m) para realizar é sua posição no centro do universo; a posição natural do fogo está na periferia. Esse é o motivo pelo qual as pedras caem em direção ao centro até que sejam impedidas por um obstáculo e o fogo

---

9 É apenas porque o movimento é sempre *de* um corpo, uma substância, que a mudança *com respeito à substância* é excluída da classe dos movimentos.

10 O termo *essência* deriva das traduções de Aristóteles em latim medieval: não existe um termo equivalente no grego de Aristóteles. Contudo, Aristóteles se vale reiteradamente de uma distinção adjetiva entre o que, para nossos objetivos presentes, pode ser chamado de propriedades essenciais (*kath 'auta* ou *to ti esti*) e acidentais (*symbebekos*) de um corpo. Ele vincula esses adjetivos a uma diversidade de substantivos, especialmente a *eidos* (originalmente "aparência") e *morphe* (originalmente "forma"), mas também a soma ("corpo"). Para contextos nos quais mesmo essa descrição da distinção essência/acidente acaba por se perder, cf. o brilhante ensaio sobre Aristóteles em Anscombe; Geach, *Three Philosophers: Aristotle, Aquinas, Frege*, p.5-65, esp. p.5-39.

voa até os céus. Eles estão realizando sua natureza assim como o faz a bolota por meio de seu crescimento.

O que subjaz a essa inter-relação é a classificação da posição natural de um corpo (seu lugar nativo ou próprio) como uma de suas propriedades. O lugar ao centro é para uma pedra o que o tamanho e a forma da folha [são] para o carvalho maduro ou o que o calor corporal normal é para um homem ou mulher saudável. Nenhuma dessas propriedades precisa ser realizada (a pedra pode estar no topo da colina; uma bolota não tem folhas; a temperatura corporal pode ser perturbada por uma doença). Contudo, cada um desses corpos deve ser caracterizado por alguma propriedade de tipo relevante e deve lutar para realizar aquela que lhe é natural. Fazer do lugar uma propriedade essencial tem consequências. As propriedades de uma pedra em queda mudam quando ela se move: a relação entre seus estados inicial e final é similar àquela entre a bolota (ou broto) e o carvalho ou entre o jovem e o adulto. Para Aristóteles, entretanto, o movimento local é uma mudança de estado e não um estado, como era para Newton. A primeira lei do movimento de Newton, o princípio de inércia, torna-se então impensável, pois um estado é o que perdura na ausência de intervenção externa. Se o movimento não é um estado, então um movimento que perdure requer força contínua. A assimilação que Aristóteles faz entre mudança de lugar e outros tipos de mudança precisará ser desfeita e substituída no caminho que conduz à física de Galileu e Newton.[11]

Nessa transformação, concepções cambiantes sobre a possibilidade do vácuo desempenharam um papel essencial e retornarei à física de Aristóteles no fim deste capítulo para verificar como poderia ser esse o caso.

---

11 Uma fonte desse desfazer pode já estar clara. Com exceção daquelas mudanças (como repintar uma casa) que só envolvem alterações em propriedades puramente acidentais, todos os tipos de movimento dos quais trata a ciência aristotélica aproximam ou afastam um corpo da realização de sua essência. Mudança de lugar, a única alteração que chamamos de movimento, também possui essa característica, mas apenas para movimentos para cima ou para baixo, para o centro do cosmos aristotélico ou para fora dele. Movimentos laterais, que mantêm a distância de um corpo em relação ao centro, são neutros com respeito à realização ou privação de essência. Dificuldades em assimilar tais noções à teoria aristotélica (especialmente a distinção natural/violento) são a principal fonte dos conhecidos embaraços de Aristóteles em explicar a trajetória de uma flecha ou de um dardo, e tentativas de lidar com eles conduziram, já na Antiguidade, à invenção das chamadas teorias do ímpeto, que são o pano de fundo para as discussões do movimento num plano inclinado por Galileu e também do que é muitas vezes descrito como sua teoria da inércia circular. Para as teorias antigas do ímpeto e suas fontes, cf. Sorabji, *Matter, Space, and Motion: Theories in Antiquity and their Sequel*.

Contudo, antes de considerar esse aspecto da física de Aristóteles, apresentarei dois outros exemplos, ambos mais recentes e mais claramente científicos do que a concepção aristotélica de movimento, e, em seguida, direi algo sobre as características que todos os três exemplos compartilham.

## II

Meu segundo exemplo é o problema de preparar o palco para a história do desenvolvimento da teoria da eletricidade corrente. Essa história começa com a descoberta da bateria por Alessandro Volta em 1800. Um historiador contemporâneo que tentasse narrar essa história procuraria inicialmente compreender os artigos de Volta em termos do vocabulário conceitual aprendido pelo historiador para falar de bateria e corrente. Algumas palavras nos recordarão como é esse vocabulário. A Figura 1a mostra um diagrama esquemático de uma única célula de bateria: dois metais diferentes num recipiente de líquido. Os metais mostrados são prata e zinco, pois esses são os materiais das moedas com as quais Volta construiu suas primeiras baterias.

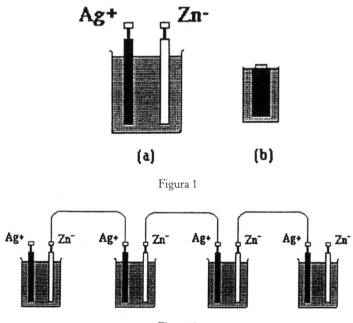

Figura 1

Figura 2

# 216 A INCOMENSURABILIDADE NA CIÊNCIA

O zinco fornece o terminal negativo da bateria e a prata o positivo. Se um fio é conectado entre eles, pode-se dizer que a corrente que flui através deles se move de positivo para negativo.[12] Para permitir comparação, a Figura 1b mostra a familiar bateria de lanterna. Nessa bateria, uma barra central de carbono substitui a prata da bateria esquemática e seu invólucro exterior é o zinco. O espaço intermediário é preenchido com uma substância granular impregnada com o líquido requerido. Com essas configurações, a força das células individuais é pequena. A maioria das aplicações exige mais do que isso, o que pode ser conseguido conectando-se várias células em cadeia, o terminal positivo de uma delas ligado ao terminal negativo da próxima, como se pode ver na Figura 2.

Com esses conceitos em mente, examine a imagem reproduzida na Figura 3, que acompanhava o anúncio de Volta para sua grande descoberta.[13] Ela era parte de uma carta, endereçada a *sir* Joseph Banks, presidente da Royal Society e destinada à publicação. À primeira vista, a imagem parece familiar, mas ela apresenta algumas peculiaridades pouco notadas. Olhe, por exemplo, para uma das chamadas pilhas (de moedas) nos dois terços inferiores do diagrama: lendo-se de baixo para cima a partir do canto inferior direito, vemos uma peça de zinco, $Z$, e então uma peça de prata, $A$, e então uma peça de papel mata-borrão úmido, e então uma segunda peça de zinco e assim por diante. O ciclo zinco, prata, papel mata-borrão úmido é repetido um número inteiro de vezes, oito na ilustração original de Volta. Mas, podemos pensar, as *baterias* não são construídas dessa maneira. O ciclo parece estar errado. Se o elemento inferior numa pilha é zinco, ele

---

12 A escolha da direção na qual o fluxo da corrente elétrica é representado é convencional. A direção efetiva de seu fluxo físico depende da carga das partículas que o conduzem; partículas negativas a moverem-se numa direção têm os mesmos efeitos que partículas positivas a moverem-se na outra direção. Eletricamente, as duas constituem a mesma corrente. Uma vez que a corrente em condutores metálicos é conduzida por elétrons que se movem do negativo ao positivo, a convenção positivo-para-negativo, que aprendi na escola e de que estou me valendo aqui, é com frequência invertida atualmente.

13 Volta, "On the Electricity Excited by the Mere Contact of Conducting Substances of Different Kinds", *Philosophical Transactions of the Royal Society*, v.90, p.403-31, 1800. Sobre esse assunto, cf. Brown, "The Electric Current in Early Nineteenth-Century French Physics", *Historical Studies in the Physical Sciences*, v.1, p.61-103, 1969; e Sutton, "The Politics of Science in Early Napoleonic France: The Case of the Voltaic Pile", *Historical Studies in the Physical Sciences*, v.11, n.2, p.329-66, 1981. Pelas melhorias significativas nas versões anteriores desse exemplo, sou muito grato a June Z. Fullmer pelas conversas que tive com ela.

CAPÍTULO 2: ADENTRANDO O PASSADO 217

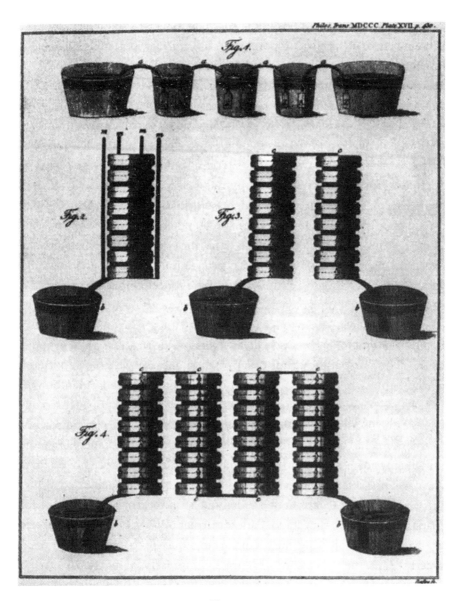

Figura 3

deveria ser seguido, sucessivamente, por papel mata-borrão úmido e prata, em vez de ser seguido por prata e papel mata-borrão. Dois dos elementos que constituem uma célula normal foram invertidos.

Essas anomalias percebidas não se devem a erros de Volta, mas resultam de termos observado o diagrama de Volta através das lentes conceituais

218 A INCOMENSURABILIDADE NA CIÊNCIA

fornecidas por uma física posterior. Além do mais, se entendidas apropriadamente, essas anomalias proporcionam uma pista importante para o restabelecimento das lentes que ele e seus contemporâneos efetivamente usavam.
Se nos intrigamos com o diagrama, auxiliados pelo texto que o acompanha,
emergem duas leituras errôneas que necessitam de correção simultânea.
Para Volta, o termo *bateria* se refere à pilha inteira e não a uma subunidade
composta de um líquido e dois metais. (Para ele, nenhuma das células isoladas que são mostradas na Figura 1 teriam sido vistas como uma bateria.)
Além do mais, as subunidades individuais de Volta, às quais ele se refere
como *duplas*, não incluem literalmente o líquido. A subunidade de Volta
consta simplesmente das duas peças de metal em contato. A fonte de sua
força é a interface metálica, a junção bimetálica que Volta previamente descobrira como a sede de uma tensão elétrica, daquilo que chamaríamos voltagem. O papel do líquido é simplesmente o de conectar uma célula unitária à
próxima sem gerar um potencial de contato que neutralizaria o efeito inicial.

Esses elementos estão todos intimamente inter-relacionados. O termo
de Volta *bateria* foi emprestado da artilharia, onde se refere a um grupo de
canhões que disparam juntos ou em rápida sucessão. Em sua época, era
comum aplicá-lo também a um conjunto de garrafas de Leiden ou condensadores conectados em série, um arranjo que multiplicava a tensão ou o
choque que poderia ser obtido com uma garrafa individual a operar sozinha.
O entendimento que Volta tinha de tais dispositivos eletrostáticos era muito
semelhante ao nosso próprio entendimento, e Volta ajustou seu novo aparato
aos conceitos que ele fornecia. Para ele, cada junção bimetálica ou *dupla* é
um condensador ou garrafa de Leiden que se autocarrega e a bateria é formada pelo conjunto conectado. Para confirmar isso, observe a parte superior
do diagrama de Volta, que ilustra um arranjo que ele chamou de "a coroa de
xícaras". A semelhança com a Figura 2 é impressionante, mas de novo há
uma peculiaridade. Por que as xícaras nas duas pontas do diagrama contêm
apenas uma peça de metal? O que explica a aparente incompletude das duas
células terminais? A resposta é a mesma que a anterior. Para Volta, as xícaras
não são células, mas simplesmente recipientes para os líquidos que conectam
as tiras ou duplas bimetálicas em forma de ferradura, das quais se compõe
sua bateria. As posições aparentemente não ocupadas nas xícaras mais externas são o que pensaríamos como terminais de bateria, bornes de ligação.
Novamente, a aparente anomalia no diagrama é de nossa própria autoria.

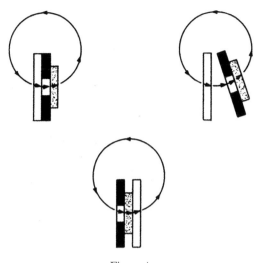

Figura 4

Como no exemplo anterior, as consequências dessa concepção eletrostática da bateria são abrangentes. Por exemplo, como se mostra na Figura 4, a transição do ponto de vista de Volta para o ponto de vista moderno inverte a direção do fluxo da corrente. Um diagrama de célula moderno (na parte inferior da figura) pode ser derivado do diagrama de Volta (parte superior esquerda) por um processo como virar este último de dentro para fora (parte superior direita). Nesse processo, o que era o fluxo da corrente interno à célula se torna a corrente externa e vice-versa. No diagrama voltaico, o fluxo externo da corrente é de metal negro a metal branco, de negativo a positivo. Na transição para o diagrama moderno, a direção do fluxo foi invertida. Muito mais importante conceitualmente é a mudança na fonte da corrente. Para Volta, a interface metálica era o elemento essencial da célula e necessariamente a fonte da corrente que ela produz. Quando a célula era virada de dentro para fora, o líquido e suas duas interfaces com os metais forneciam o essencial e os efeitos químicos nessas interfaces passavam a ser a fonte da corrente. Durante as décadas de 1820 e 1830, quando os dois pontos de vista conviveram por um breve período, o primeiro era conhecido como a teoria do contato e o segundo como a teoria química da bateria.

Essas são apenas as consequências mais óbvias de considerar-se a bateria como um dispositivo eletrostático, mas algumas das outras consequências tiveram importância ainda mais imediata: por exemplo, o ponto de vista eletrostático suprimiu o papel conceitual do circuito externo. Somente no momento da descarga as garrafas de Leiden estavam conectadas a alguma coisa além delas próprias. Sua trajetória de descarga não é um circuito externo mais do que a trajetória de uma série de relâmpagos, aos quais se assemelha seu padrão de descarga. Como resultado, os primeiros diagramas de bateria na tradição voltaica não mostram um circuito externo a não ser que algum efeito especial, como a eletrólise ou o aquecimento de um fio, esteja a ocorrer ali, e então com muita frequência a bateria não é mostrada; não até que diagramas de célula modernos começassem a aparecer regularmente em livros sobre eletricidade na década de 1840. Quando isso aconteceu, o circuito externo ou pontos explícitos para sua ligação apareciam com eles. Exemplos são mostrados na Figura 5.[14]

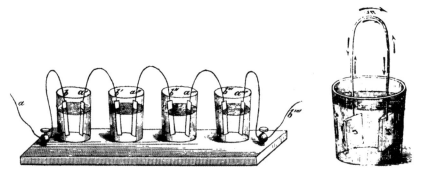

Figura 5

Por fim, a concepção eletrostática da bateria conduz a um conceito de resistência elétrica muito diferente daquele que é padrão agora. Existe, ou existia nesse período, um conceito eletrostático de resistência. Para um material isolante de uma dada seção transversal, a resistência era medida pela menor duração que o material poderia ter sem se romper – ou seja,

---

14 Essas ilustrações são de Auguste [Arthur] de La Rive, *Traité d'électricité théorique et appliquée*, v.2, p.600, 656. Diagramas estruturalmente similares, porém esquemáticos, aparecem nas pesquisas experimentais de Faraday do início da década de 1830 [cf. Faraday, "Experimental Researches in Electricity", *Philosophical Transactions of the Royal Society of London*, v.122, p.130-1, jan. 1832]. Minha escolha da década de 1840 como o período em que tais diagramas tornaram-se comuns resulta de uma revisão casual de textos sobre eletricidade que eu tinha à disposição. Um estudo mais sistemático teria que ter distinguido entre as respostas britânica, francesa e alemã à teoria química da bateria.

CAPÍTULO 2: ADENTRANDO O PASSADO    **221**

sem escapar ou interromper o isolamento – quando submetido a uma certa voltagem. Para um material condutor, a resistência era medida pela menor duração que o material poderia ter sem derreter quando conectado através de uma dada voltagem. É possível medir a "resistência" concebida dessa maneira, mas os resultados não estão em conformidade com a lei de Ohm. Para fazer medidas que se conformem com essa lei, é preciso reconceber a bateria e o circuito com base num modelo mais hidrostático. A resistência deve se tornar semelhante à resistência friccional ao fluxo de água em canos. Tanto a invenção como a assimilação da lei de Ohm exigiram uma mudança não cumulativa desse tipo, e isso é parte do que tornou sua obra tão difícil de entender e de aceitar para muitas pessoas.[15] Sua lei forneceu, por algum tempo, um exemplo típico de uma importante descoberta que inicialmente foi rejeitada ou ignorada.

## III

Meu terceiro exemplo é mais recente e mais técnico do que seu antecessor. Ele envolve uma nova interpretação, ainda não aceita em toda parte, dos primeiros trabalhos de Max Planck sobre o chamado problema do corpo negro, principalmente como este aparece nos célebres artigos que Planck escreveu no final de 1899 e no início do ano seguinte.[16] Eles contêm uma derivação da hoje familiar lei da radiação do corpo negro que Planck inventara alguns meses antes e os leitores modernos normalmente interpretam essa derivação como o feito revolucionário pelo qual Planck é conhecido. Novamente, começo por descrever essa leitura moderna que minha *mise-en-scène* visa substituir.

Para os objetivos de sua derivação, Planck imaginou uma cavidade fechada com paredes condutoras, mantida a uma temperatura fixa e preenchida

---

15 Schagrin, "Resistance to Ohm's Law", *American Journal of Physics*, v.31, p.536-47, 1963.

16 Para uma exposição mais completa, juntamente com material de apoio, cf. o meu livro *Black--Body Theory and the Quantum Discontinuity, 1894-1912*. Uma exposição mais breve dos principais argumentos pode ser encontrada no meu artigo "Revisiting Planck", *Historical Studies in the Physical Sciences*, v.14, n.2, p.231-52, 1984, reimpresso em *Black-Body Theory*, na edição de bolso. Para uma orientação com relação às fontes da discussão que se segue e para as fontes de todas as citações, cf. o livro, p.125-30 e esp. p.196-202.

por radiação eletromagnética. Dentro da parede ou no interior dessa cavidade, ele também imaginou uma grande quantidade de ressonadores eletromagnéticos (pense neles como minúsculos diapasões elétricos), cada um capaz de absorver e de reemitir energia numa frequência v especificada. Qualquer grão de fuligem ou pó na cavidade habilitaria esses ressonadores a trocarem energia entre si, aumentando sua quantidade em algumas frequências e diminuindo-a em outras. Quando Planck tomou a peito o problema, já se sabia havia alguns anos que, no aparato de laboratório que seu modelo pretendia representar, a radiação se distribuiria gradativamente de uma forma que dependia apenas da temperatura da cavidade. Alguma lei universal determinava a fração do total de energia radiante caracterizada por cada frequência. Em outubro de 1900, Planck propôs uma forma para essa lei que tem sido aceita desde então. Em seguida, em dezembro desse ano e janeiro do seguinte, ele apresentou essa lei junto com uma derivação.

O que parecia ser inusitado nessa derivação (e que, certamente, continuou a sê-lo na maioria de suas versões posteriores) é que ela restringia a energia $U_v$ de qualquer ressonador único a múltiplos inteiros de $hv$, onde $v$ é a frequência do ressonador e $h$ é uma constante universal introduzida por Planck e mais tarde conhecida por seu nome. Essa restrição é incompatível tanto com a mecânica clássica como com a teoria eletromagnética clássica e sua introdução marca o começo do fim da física clássica. Normalmente, ela é corporificada na equação para a energia do ressonador, $U_v = nhv$, e, para nossos objetivos atuais, pode ser útil representá-la por um diagrama como o da Figura 6. A barra contínua única, na metade superior do diagrama, representa a quantidade de energia permitida para um único ressonador, uma energia que pode estar em qualquer posição no intervalo entre 0 (nenhuma energia) e $E$ (a energia total disponível para o conjunto inteiro de ressonadores). Nenhuma dessas posições extremas é provável, mas ambas são matematicamente possíveis, portanto elas devem ser incluídas na derivação. A barra fracionada, na metade inferior da imagem, representa a situação que se supõe ter sido postulada na derivação de Planck. Cada um dos blocos individuais representa um único quantum indivisível de energia, $\varepsilon$, de dimensão $hv$. Em vez de ser capaz de ter qualquer energia entre 0 e $E$, um ressonador de frequência v deve estar numa das frações intraquânticas da barra ou então, improvavelmente, numa de suas duas pontas.

Figura 6

Esse entendimento dos primeiros artigos de Planck se ajusta com bastante precisão à forma que as derivações de sua lei assumiram desde cerca de 1910. Contudo, é quando esses primeiros artigos são lidos dessa forma que surgem as anomalias. Eles estão intimamente inter-relacionados e aquele que primeiro atraiu minha atenção já tinha sido notado pelo historiador da física Max Jammer. Ao descrever o primeiro dos artigos sobre a derivação de Planck, ele escreveu: "também é interessante notar que em nenhum lugar nesse artigo, nem em qualquer outro dentre seus primeiros escritos, Planck deu destaque ao fato fundamental de que $U$ [a energia do ressonador] é um múltiplo inteiro de $hv$".[17] Nesse caso, o argumento de Jammer é ainda mais interessante do que ele sugere. Planck não apenas não enfatizou que a energia do ressonador é um múltiplo inteiro de $hv$, mas nem sequer mencionou, antes de 1908, esse "fato fundamental", mesmo em sua copiosa correspondência. A essa altura, porém, esse fato já havia sido sugerido duas vezes por outros físicos. Podemos nos perguntar se Planck e

---

17 Jammer, *The Conceptual History of Quantum Mechanics*, p.22. Embora feita apenas *en passant*, essa observação é especialmente sagaz. Uma comparação de meus três exemplos sugerirá que os tipos de anomalias que exigem uma reinterpretação tornam-se cada vez mais difíceis de reconhecer conforme a data do texto no qual elas são encontradas se torna cada vez mais recente. Quando são reduzidas as diferenças de linguagem, tipografia e crença, as expectativas do leitor se impõem ao texto com facilidade crescente. Embora eu já tivesse lido anteriormente (e esquecido) a observação de Jammer, tive que redescobrir essa dificuldade por mim mesmo. Eu não teria feito essa descoberta se, ao tentar resolver um problema diferente, não estivesse procurando sistematicamente o momento em que Planck discutiu, pela primeira vez, a possibilidade de generalizar da quantização de seus ressonadores hipotéticos para a quantização dos sistemas mecânicos em geral. Anteriormente, eu havia lido e ensinado esses primeiros artigos sem reconhecer que Planck, por alguns anos, não havia absolutamente quantizado seus ressonadores.

A INCOMENSURABILIDADE NA CIÊNCIA

seus contemporâneos entendiam sua derivação da forma como ela tem sido entendida pelos físicos e historiadores subsequentes.

Duas outras peculiaridades textuais sugerem a possibilidade de que seja esse o caso. Na virada do século, o termo *quantum* era regularmente aplicado, na escrita científica alemã, a objetos e magnitudes indivisíveis: em particular, ao átomo (o quantum de matéria) e à carga eletrônica (o quantum de eletricidade). Planck aplicou o termo a esses dois casos e igualmente, com alguma ênfase, à nova quantidade $h$, que ele chamou de *quantum de ação* (*ação* sendo um termo técnico proveniente da mecânica). Porém, só começou a aplicar regularmente o termo *quantum* a $\mathcal{E}$ ou $hv$ após uma carta escrita a H. A. Lorentz em 1909.[18] Em seus primeiros artigos, ele não concebia essas quantidades como indivisíveis, como quanta.

A terceira peculiaridade não esteve visível na minha apresentação, que segue Planck ao se referir como *ressonadores* às entidades hipotéticas que sua derivação requeria. Mas a palavra usada para elas atualmente (e geralmente atribuída pelos historiadores a Planck) é *oscilador*. Existe uma diferença entre os dois, pois ressonadores são, em primeira instância, entidades acústicas. Quando Planck as introduziu pela primeira vez, ele indicou que, para o uso que tinha em mente, elas deveriam ser indistintamente concebidas como elétricas ou como acústicas. Elas eram, assim, como cordas ou tubos afinados, entidades que respondem gradualmente à estimulação, a amplitude de suas oscilações lentamente crescendo ou decrescendo junto com a magnitude do estímulo. Um oscilador, por outro lado, é simplesmente um objeto que se move em vaivém num ciclo regular. Assim, qualquer ressonador é um oscilador, mas não vice-versa (note o uso de *oscilação* nas frases precedentes). Logo após se ter persuadido de que a energia de seus ressonadores deve restringir-se a um número inteiro de quanta, Planck começou a banir sistematicamente o termo *ressonador*. Numa carta de 7 de janeiro de 1910, a H. A. Lorentz, Planck escreveu: "por certo, você está inteiramente

---

18 [A carta integral, escrita em 16 de junho de 1909, está publicada em Kox (org.), *The Scientific Correspondence of H. A. Lorentz*, v.1, p.285-6; uma reprodução parcial pode ser encontrada em Kuhn, *Black-Body Theory*, op. cit., p.305n37.] Uma vez em 1905 e novamente em 1907, Planck fez referências a *quanta de energia*, mas, nos dois casos, isso ocorreu em cartas endereçadas a físicos que estiveram se valendo, eles próprios, dessa terminologia ao discutir o trabalho de Planck. [As cartas são a Paul Ehrenfest, em 6 jul. 1905; e a Wilhelm Wien, em 2 mar. 1907; cf. *Black-Body Theory*, op. cit., p.132 e p.305n44.]

CAPÍTULO 2: ADENTRANDO O PASSADO  **225**

correto em dizer que um tal ressonador não merece mais o nome e isso moveu-me a despojá-lo de seu título de honra e a chamá-lo pelo nome mais geral de 'oscilador'".[19]

A investigação dessas três anomalias – a ausência nos primeiros artigos de Planck de uma restrição à energia do ressonador, juntamente com a substituição conceitual do *ressonador* e *quantum de energia* por *oscilador* e *elemento de energia* – revela que as três desaparecem na obra de Planck durante 1908 e 1909. Além do mais, todas elas foram reconhecidas pela primeira vez numa ampla correspondência com H. A. Lorentz, uma correspondência iniciada pela discussão deste último do problema da radiação num congresso internacional de matemáticos que ocorreu em Roma em abril de 1908. É difícil não concluir que, antes desse ano, a restrição quântica à energia do ressonador não desempenhava nenhum papel no trabalho de Planck. Assim, precisamos de alguma outra forma de compreender os primeiros artigos de Planck.

Dada essa convicção, um entendimento alternativo da teoria original do corpo negro de Planck pode ser prontamente obtido. Começando pouco antes de 1900, suas tentativas de desenvolver uma teoria para a distribuição da energia radiante foram modeladas com base na teoria de Ludwig Boltzmann acerca da distribuição da energia térmica em um gás. Esta última teoria era estatística: exigia a computação das probabilidades relativas de diferentes formas de distribuir a energia total disponível entre uma coleção de moléculas. Para essa computação, as técnicas matemáticas usuais exigiam que a energia total fosse conceitualmente dividida em pequenos elementos finitos de tamanho $\varepsilon$. Após a computação ser concluída, a continuidade característica da situação física poderia ser restaurada ao permitir-se que $\varepsilon$ assuma o valor zero.

Como indicou-se na Figura 7 (construída para sugerir as baterias de dentro para fora do exemplo anterior), Planck via-se procedendo da mesma forma. Para propósitos de computação, a energia, $E$, disponível para diversos ressonadores de frequência v, é mentalmente subdividida em elementos

---

19 [Lê-se no original: "Freilich sagen Sie mit vollem Recht, dass ein solcher Resonator sich seines Namens nicht mehr wurdig zeigt, und dies hat mich bewogen, dem Resonator seinen Ehrennamen abzuerkennen und ihn allgemeiner ‚Oscillator' zu nennen" (Kuhn, *Black-Body Theory*, op. cit., p.305n42; para a carta completa, cf. Kox, *Scientific Correspondence of H. A. Lorentz*, op. cit., p.296).]

de dimensão ε (=hv). São consideradas várias distribuições matemáticas desses elementos de energia entre os ressonadores, mas nenhuma restrição física correspondente lhes é aplicada. Os ressonadores de Planck, tal como as moléculas de Boltzmann, podem ter absolutamente qualquer energia, ficando em qualquer posição entre 0 e $E$ na barra da metade superior do diagrama. As equações dos primeiros artigos de Planck, que são por vezes lidas como restrições à energia do ressonador, sempre assumem uma forma como $U_N = P\varepsilon$, onde $P$ é um inteiro e $U_N$ é a energia *total* dos $N$ ressonadores de frequência v. É essa energia, e não a energia dos ressonadores individuais, que foi dividida em pequenos elementos *para propósitos de computação*. A energia dos ressonadores individuais não é restringida.

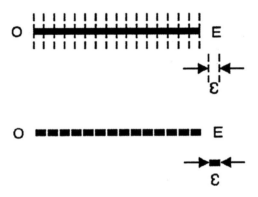

Figura 7

Nesse caso, é evidente que o problema de Planck não é similar ao de Boltzmann e Planck logo encontrou nele uma anomalia própria. Não se pode permitir que o elemento de energia, ε, caia a zero, pois ele deve ser mantido igual a $hv$. Embora ressonadores individuais possam se mover continuamente no interior e através das subdivisões do *continuum* de energia, essas subdivisões na parte superior da Figura 7 são fixadas de uma vez por todas. Posteriormente, Planck as atribuiu ao que chamou de "a estrutura física do espaço de fase",[20] e esperava vincular essa estrutura a alguma relação entre o quantum de eletricidade, $e$, e o quantum de ação, $h$. Contudo, seus esforços nessa direção não lograram êxito.

---

20 [Planck, "Die physikalische Struktur des Phasenraumes", *Annalen der Physik*, v.50, p.385-418, 1916.]

CAPÍTULO 2: ADENTRANDO O PASSADO **227**

Quando os primeiros artigos de Planck são interpretados dessa forma, verificamos que um bom número de suas conhecidas anomalias pode ser eliminado, anomalias que no passado reiteradamente levaram os leitores modernos a relatar que Planck não compreendia o que fazia ou que estava confuso. Em particular, o fato de Planck não ter conseguido seguir Boltzmann ao computar a distribuição mais provável de energia entre seus ressonadores, bem como a impossibilidade de $\varepsilon$ assumir o valor zero, são facilmente explicados.[21] Mas essas anomalias, embora ofereçam as razões mais fundamentais para que se adote essa interpretação, são técnicas demais para serem discutidas aqui. Em vez de investigá-las mais a fundo, farei uma pausa para examinar duas características centrais compartilhadas pelos três exemplos apresentados até este momento. Duas delas estão intimamente relacionadas e, juntas, introduzem a problemática central deste livro. O que vem a seguir é uma primeira apresentação de questões às quais haveremos de retornar muitas outras vezes.

## IV

A primeira dessas duas características-chave é a mais fácil de descrever. O percurso para todas essas três *mises-en-scène* exemplares começa com o reconhecimento de anomalias num registro textual de crenças passadas. Ninguém pode tentar ler um tal texto sem recorrer ao vocabulário e aos conceitos de seu próprio tempo e essas ferramentas, em sua maioria, parecem ser perfeitamente adequadas. Contudo, em todos os textos antigos e muitos dos mais recentes, também há frases ou passagens isoladas, equações ou diagramas que não fazem sentido quando examinados. Em geral, uma vez notados, eles são tão patentemente absurdos, nos termos atuais, que é difícil supor que uma pessoa inteligente possa lhes ter dado crédito (será que Volta de fato ignorava como se constrói uma bateria? Como Planck pôde deixar de perceber as descontinuidades na energia de seus ressonadores?). Por vezes, o próprio conteúdo dessas frases e passagens é

---

21 A interpretação esboçada antes não é logicamente necessária para a eliminação dessas anomalias mais técnicas. Mas a interpretação torna a trajetória para a sua eliminação absurdamente mais fácil.

228 A INCOMENSURABILIDADE NA CIÊNCIA

totalmente obscuro (o que queria dizer Aristóteles com a definição "movimento é a realização do que existe potencialmente, na medida em que existe potencialmente"?).[22]

Especialmente em textos do passado mais recente (que, para as ciências, pode remontar desde meados do século XVI), é extraordinariamente fácil negligenciar tais passagens. Um leitor moderno sabe quais devem ter sido as intenções do autor e tende a, inadvertidamente, ajustar o texto para que se conforme a elas. Se a anomalia, que foi camuflada por esse ajuste, é evidenciada, a dificuldade é então caracteristicamente atribuída à "confusão" do autor ou a algum outro lapso de racionalidade.[23] A maioria dos futuros historiadores da ciência só adquire a habilidade de reconhecer e de explorar tais anomalias no decurso de sua formação profissional. Ao introduzir novos estudantes ao campo, em geral lhes peço para permanecerem especialmente alertas a passagens que não fazem sentido e para evitar, a não ser como último recurso, atribuí-las à confusão ou a alguma limitação equivalente da razão humana. Diferente das passagens aparentemente isentas de problema no meio das quais elas estão disseminadas, as anomalias textuais oferecem pistas, não tanto sobre aquilo em que o autor acreditava, mas sobre seu modo de pensar.

A segunda característica da *mise-en-scène* histórica é bem mais difícil de descrever. É aquela cuja apresentação normalmente requer trabalho de campo ou a leitura de textos em conjunto com os estudantes. Um pequeno passo inicial para delineá-la é fornecido pelo termo *holístico*, usado anteriormente neste capítulo para descrever as interpretações que preparam o palco para o início de uma narrativa. Mais reveladora é a descrição da interpretação hermenêutica, usual em discussões sobre o tema, como um processo que revela não apenas a totalidade que está sendo reconstituída, mas, igual e inseparavelmente, as partes das quais se compõe a totalidade.

---

22 *Física*, Lv.III, cap.1, 201a10-11. O aparente disparate dessa definição era uma consequência da nova ciência de Galileu e Newton e tentativas de torná-la absurda eram, algumas vezes, deliberadas. No capítulo 7 de seu texto *Le Monde*, uma obra escrita em francês, Descartes cita a definição em latim, observando que apresenta a definição nessa língua porque não sabe como interpretá-la. Mas Descartes aprendeu Aristóteles com os jesuítas: sua pretensa ignorância é, no melhor dos casos, implausível. Descartes, "Le Monde", em Adam; Tannery (orgs.), *Œuvres de Descartes*, v.11, p.39.

23 Cf. a discussão da "confusão" no artigo citado na nota 14 [Faraday, "Experimental Researches in Electricity", op. cit.].

CAPÍTULO 2: ADENTRANDO O PASSADO    **229**

Essa inter-relação da totalidade com suas partes, que emerge subitamente junto com a interpretação, é o que está por trás da discussão sobre experiências de "eureca!", bem como do recorrente apelo a mudanças de *Gestalt* nas primeiras obras dos pioneiros da filosofia evolucionária da ciência.[24] O que emerge quando o processo interpretativo logra êxito – uma culminação muitas vezes descrita como um penetrar no círculo hermenêutico – é simultaneamente um novo conjunto de crenças e um novo conjunto de temas sobre os quais incidem as crenças. O que foi desvelado – ou escavado, se o leitor preferir – é uma plataforma arquimediana passada ou o que, no capítulo anterior, denominei um *conjunto de espécies*.

Retornemos brevemente aos nossos exemplos. As crenças de Aristóteles eram sobre o movimento, mas os movimentos que eram o objeto dessas crenças eram mudanças de todos os tipos e não apenas mudanças de lugar. Essa forma de categorizar o mundo fenomênico não era arbitrária, mas parte integrante de uma concepção coesa da natureza que tornava as propriedades causalmente anteriores à matéria: o movimento converte--se, então, em mudança de propriedade e a realização da essência em sua força motriz. Ou então considere a bateria de Volta, composta de duplas de unidades (que não eram, elas próprias, baterias) interconectadas por um líquido externo a elas. Novamente, a escolha das unidades não era arbitrária, mas um componente essencial de uma concepção eletrostática dos fenômenos que, posteriormente, viriam a ser concebidos como dinâmicos. No âmbito da concepção mais antiga, as baterias *se descarregavam* através de materiais que não conseguiam evitar, com maior ou menor facilidade, que a carga *vazasse*. No âmbito da concepção posterior, as correntes *fluíam*, mais ou menos livremente, através de materiais capazes de *conduzir*-lhes a carga. Ou então compare a derivação da lei do corpo negro por Planck com sua sucessora. A primeira distribuía ressonadores (como Boltzmann distribuíra moléculas) entre os elementos de dimensão $\mathcal{E}$ dentro dos quais,

---

24 A discussão sobre figuras gestálticas, como a ilusão do pato-coelho ou a ilusão da velha--moça, é fundamental para o argumento de *A estrutura*. Porém, essas figuras já haviam sido introduzidas, em grande parte com a mesma finalidade, no livro de N. R. Hanson, *Patterns of Discovery*, quatro anos antes da publicação de *A estrutura*. [O uso filosófico provavelmente mais influente das imagens gestálticas é anterior tanto à obra de Hanson quanto à de Kuhn: são as *Investigações filosóficas* de Ludwig Wittgenstein, publicadas pela primeira vez em 1953. (N. E.)]

para propósitos estatísticos, o *continuum* de energia fora dividido. Sua sucessora primeiro substituiu os ressonadores por osciladores e os elementos de energia matemáticos por quanta de energia físicos. Essas substituições, por sua vez, exigiam uma inversão da direção de distribuição (quanta eram distribuídos entre osciladores em vez de os ressonadores serem distribuídos entre elementos). Tomado individualmente, nenhum desses aspectos, nos quais a derivação de Planck difere de suas sucessoras, parece fazer sentido; cada um deles é visto como evidência da confusão de Planck. Porém, considerados em conjunto, assim como os componentes do ponto de vista de Aristóteles ou de Volta, eles oferecem um conjunto de conceitos, extremamente coeso e coerente, com os quais examinar os fenômenos aos quais Planck os aplicou.

Essas duas características correlacionadas de nossos exemplos – o papel das anomalias e o estreito entrelaçamento dos conceitos pouco familiares que são necessários para eliminá-las – colocam o problema ao qual, de uma forma ou de outra, essencialmente se dirige este livro. O que devemos pensar acerca do *status* cognitivo das doutrinas presentes no texto mais antigo? Em que sentido (se sentido houver) podemos falar do progresso obtido desde que ele foi escrito? Sob a rubrica do relativismo-com-respeito-à--verdade, um problema muito similar apareceu no Capítulo 1. Os exemplos deste capítulo, como sugeri, alteraram-lhe a forma e aprofundaram-lhe as consequências.

Compare a avaliação cognitiva dessas concepções obsoletas nesses exemplos com as avaliações cognitivas consideradas no Capítulo 1. Estas últimas foram realizadas pelos membros de uma comunidade científica relevante em algum tempo e lugar particulares. Seu propósito era comparar dois corpos de crenças correntes, mas incompatíveis: um dos quais, por alguns anos, proporcionava a base para a prática da comunidade; o outro era um novo competidor formado pela incorporação no primeiro de uma ou mais novas crenças e pela introdução dos ajustes necessários para fazer que essas crenças se encaixassem. A maior parte do corpo corrente de crenças era comum a ambas, assim como a maior parte do vocabulário conceitual vigente. Essa superposição oferecia a plataforma arquimediana a partir da qual os membros da comunidade sopesavam a evidência e realizavam a avaliação. Sem uma considerável superposição, nenhuma dessas atividades teria sido possível.

CAPÍTULO 2: ADENTRANDO O PASSADO    231

A situação apresentada pelos exemplos é diferente: duas culturas ou, se o leitor preferir, duas plataformas arquimedianas estão envolvidas, uma delas é a do tempo e do lugar do intérprete, a outro do tempo e do lugar do autor do texto. Também aqui deve haver alguma superposição entre as crenças compartilhadas e os conceitos que constituem cada uma das plataformas: em sua ausência, a interpretação de uma delas pelos ocupantes da outra não poderia sequer começar. Contudo, essas interpretações devem colmatar uma lacuna temporal. Os habitantes da primeira plataforma estão mortos para os da outra, já os habitantes da segunda plataforma residem num futuro não imaginado pelos habitantes da primeira. Como resultado, a superposição exigida precisa apenas dar apoio à interpretação, não à conversação e menos ainda à avaliação. A conversação não teria nenhuma função e é, em todo caso, impossível. O máximo que pode ocorrer é a relação indireta e de mão única que vimos examinando: a tentativa feita pelos contemporâneos de fazer o passado falar-lhes por meio da leitura de textos antigos. As barreiras encontradas nessa tentativa não são as mesmas que aquelas encontradas em conversações entre ocupantes de uma só plataforma. Normalmente, a interpretação é necessária para transpor essas barreiras e o sentido no qual ela o faz é que se revela problemático.

Os contemporâneos, as pessoas que compartilham uma plataforma arquimediana, com frequência discordam sobre questões de substância, sobre o que acreditar acerca de algum objeto particular ou sobre os membros da classe à qual esse objeto pertence. Entretanto, em geral, eles podem discutir (e por vezes decidir) sobre os méritos relativos dessas posições com base na evidência. Os mal-entendidos são raros e as categorias necessárias para dirimi-los geralmente estão à mão. Contudo, a existência de um intervalo de tempo entre a composição de um texto e a educação do leitor que irá assimilá-lo, criticá-lo ou julgá-lo muda a situação, e a amplitude da mudança aumenta na proporção da extensão desse intervalo. Algumas passagens que, à primeira vista, parecem registrar crenças diferentes das do leitor, após um exame mais detido, são reconhecidas como anômalas no sentido descrito no início desta seção: nenhum autor capaz de produzir o texto em questão poderia, plausivelmente, ter defendido crenças tão absurdas quanto as que o leitor inicialmente lhe atribuiu. Há necessidade de interpretação e seu êxito não depende da introdução de novos argumentos, mas da aquisição de um conjunto interconectado de conceitos que anteriormente não eram parte do repertório do leitor. Para fins de compreensão do texto, esses conceitos devem substituir os conceitos que o leitor inicialmente trouxe consigo. No caso, essa mudança produz mais do que apenas entendimento das passagens inicialmente anômalas. Em geral, o leitor também começa a reconhecer a significação de detalhes textuais anteriormente negligenciados. Por vezes, ele se torna capaz de especificar de antemão como o autor tratará certo tópico numa porção ainda não lida do texto. Com relação às exigências impostas pelo texto, é como se leitor e autor tivessem se tornado contemporâneos. Ainda que de forma indireta, o leitor passou a fazer parte da cultura do autor.

Entretanto, esse pertencimento tem um preço, que é a renúncia à etnocentricidade anterior. Antes do entendimento produzido pela interpretação, o leitor podia encontrar diversos equívocos e falsidades no texto, erros que poderiam ser corrigidos a partir do ponto de vista privilegiado adquirido desde que o texto foi escrito. Após uma interpretação exitosa, contudo, a situação é distinta. Embora o leitor ainda possa encontrar equívocos cometidos pelo autor, eles têm que ser buscados e, com relação a muitas das passagens que antes pareciam-lhe falsas, o leitor pode ficar sem saber o que dizer. Não se trata de que, após a interpretação, essas passagens anteriormente falsas tenham se tornado verdadeiras, mas sim de que toda a questão de certo ou errado, verdadeiro ou falso deixou de parecer apropriada.

Observe uma vez mais os nossos exemplos. Aristóteles estava enganado sobre o que mantém um projétil em movimento após este ter sido lançado, um fato já notado por seus sucessores imediatos. Mas será que ele também estava errado sobre a natureza do movimento, sobre os parâmetros relevantes para sua especificação ou sobre as similaridades marcantes entre, digamos, uma pedra em queda e um carvalho em crescimento? Volta se enganara ao supor que seus condutores líquidos ficavam inalterados pela descarga da bateria. Mas será que ele também estava errado sobre a construção apropriada de uma bateria ou sobre a direção na qual a eletricidade se move durante sua descarga? E Planck enganara-se em pensar que seu método de derivação seria capaz de produzir sua lei de distribuição. Se ele não tivesse ignorado um erro em uma de suas aproximações, a energia prevista por sua lei de distribuição teria sido maior em $\frac{1}{2}hv$ – a chamada energia de ponto zero, quase indetectável pelos experimentos da época – do que a lei cuja descoberta o tornou célebre. Mas será que ele estava errado sobre as propriedades dos ressonadores ou elementos de energia? E estaria ele errado ou confuso sobre a forma correta de empregar estatísticas em sua derivação?

Como foi o caso na discussão do relativismo com respeito à verdade no Capítulo 1, o parágrafo precedente deveria tornar problemática não a existência, mas a natureza do progresso científico. Cada um dos enganos que acabam de ser assinalados foi eliminado à luz da evidência durante o desenvolvimento subsequente da ciência e, nos primeiros dois casos, a consciência do engano desempenhou um papel relevante em sua eliminação. Isto, por certo, é progresso, embora obtido a um custo cognitivo que será central na discussão da Parte III. Porém, em cada um desses casos, os enganos eram internos ao texto sob exame. Eles poderiam ter sido assinalados a seu autor, que poderia, conforme surgisse evidência relevante, ter reconhecido e aprendido com eles. Aristóteles parece ter sentido as dificuldades em sua teoria dos projéteis, pois apresenta diversas versões incompatíveis dela; Volta, desde o princípio, foi forçado a defender sua concepção do papel que atribuía ao líquido em suas baterias; e Planck reconheceu sua aproximação equivocada, adicionando a energia de ponto zero a sua lei de distribuição no que é, em geral, conhecido como sua "segunda teoria".

Entretanto, as anomalias eliminadas pela interpretação não decorrem principalmente dos enganos de um autor mais antigo. Ao contrário, elas resultam dos conceitos que ele utilizou e dos usos que esses conceitos legitimavam. Chamá-los de enganos é rejeitar não as conclusões do texto, mas as partes a partir das quais são formuladas essas conclusões, as partes que acabam de se fazer visíveis pela interpretação hermenêutica. O que uma tal rejeição poderia significar? Imagine, por exemplo, a perplexidade de Aristóteles se lhe dissessem que sua concepção de movimento estava equivocada: "movimento", ele poderia dizer com plausibilidade, "é simplesmente mudança de qualquer tipo: isso é o que, no uso comum, o termo *movimento* significa. O que tentei fazer", ele poderia então prosseguir, "foi apenas esclarecer esse uso ao especificar os sentidos nos quais vir a ser e deixar de ser, ao mesmo tempo, são e não são movimentos. É esse esclarecimento que você está rejeitando?". Ou, no caso de Volta ou de Planck, podemos imaginar a resposta: "o que fiz foi apenas tomar emprestado de outro campo o termo usual (*bateria* ou *elemento*) e demonstrar as vantagens a serem obtidas com a adaptação do conceito correspondente a minha nova

234   A INCOMENSURABILIDADE NA CIÊNCIA

aplicação. O que será que você tem em mente ao sugerir que estou errado ou enganado?". Se algo como a noção costumeira de progresso científico deve ser preservado, essas questões demandam respostas firmes, mas duvido que elas haverão de ser obtidas algum dia.

## V

É evidente que já estou bem adiantado em minha narrativa. Essas características de *mises-en-scène* históricas precisarão ser examinadas mais detalhadamente e algumas das respostas fáceis às dificuldades que elas suscitam terão que ser esmiuçadas e rejeitadas. Essa é a tarefa do próximo capítulo. Entretanto, antes disso, permitam-me apresentar um exemplo mais complexo dessas dificuldades, retornando para tanto a Aristóteles. Em particular quando apresentados de forma breve e não técnica, os textos dos quais provêm o meu segundo e o meu terceiro exemplos tornam fácil imaginar que poderíamos discutir um ou outro dentre eles com o seu autor, tal como faríamos com um contemporâneo. Para alguns leitores, as diferenças entre nós e eles parecem ser apenas uma questão de escolha de palavras, um problema que pode ser facilmente resolvido pela redefinição dos termos. Por outro lado, muitas das concepções de Aristóteles são profundamente exóticas. Um intervalo de tempo muito mais extenso nos separa do autor e muitas outras coisas mudaram desde que seus textos foram escritos. Talvez com exceção de sua concepção do movimento, é bem mais difícil nos imaginar saindo da máquina do tempo, apertando-lhe a mão e nos pondo imediatamente a discutir com ele. Exatamente quão difícil seria encontrar um ponto de partida para uma tal discussão será indicado se eu estender a rede de conceitos interconectados que trunquei arbitrariamente antes.

Quando contei essa história pela primeira vez, imputei a Aristóteles a doutrina de que a natureza tem aversão ao vácuo, ou seja, sugeri que ele acreditava numa lei da natureza que proibia a existência do espaço vazio e que poderia, portanto, ser utilizada para explicar uma variedade de fenômenos como o sifão e a coesão de placas polidas de mármore. Todavia, há dois conjuntos de razões segundo as quais essa forma de compreender a teoria aristotélica do vazio não pode estar correta. Em primeiro lugar, Aristóteles não tinha nenhuma concepção de uma lei natural, do tipo de generalizações que os filósofos da ciência chamam de nômicas e, em sua ciência, não havia lugar para elas. A parte empírica da ciência era, para ele, a identificação de essências. Nesse esforço, enganos poderiam ser cometidos, reconhecidos e corrigidos, mas as únicas generalizações às quais essa busca poderia dar lugar eram consequências da essência: com a essência estabelecida, a força das generalizações era lógica.[25] O *status* da crença de Aristóteles de que o vazio não poderia existir não era o de uma generalização empírica que poderia ser confirmada ou falsificada por experimentação – como os experimentos de Galileu, Torricelli e alguns outros.

A segunda barreira ao entendimento das concepções de Aristóteles sobre o vazio (como rejeição da existência de espaço vazio) é que nem Aristóteles nem seus contemporâneos gregos tinham a ideia do espaço que é pré--requisito para a formulação de tal proibição. A ideia requerida torna o espaço aquilo que contém todas as coisas físicas: dizemos que todos os objetos naturais estão *no* espaço. Porém, *chora*, a palavra grega que é traduzida com mais frequência como "espaço", é sempre um lugar ou região local; sempre tem que haver algo além, uma ou mais *chorai* externa(s) ou extrínseca(s) à primeira. Para ser mais preciso, o termo *chora* sugere o lugar próprio numa estrutura física ou social: ele é usado, por exemplo, na expressão "morrer no seu posto"; a *chora* de um nativo coríntio permanece coríntia mesmo depois de ele ter se mudado para Atenas.[26] Esses dois usos fazem lembrar o lugar de origem, o lugar que é próprio de um corpo. Eles sugerem um sentido em que *chora* não precisa ser um termo para localização, mas, em vez disso, refere-se às propriedades essenciais de um corpo, propriedades que ele conserva potencialmente mesmo quando elas não são realizadas. É dessa forma que Aristóteles usa o termo. Em seu tratado *Sobre os céus*, que esboça a estrutura do cosmos como um todo, a região central da Terra e as esferas concêntricas que a circundam, formadas por água, ar e fogo, são todas

---

25 Cf. a observação mordaz sobre os *Analíticos posteriores*, Lv.I, de Aristóteles feita por Anscombe e Geach no livro *Three Philosophers*, p.6. Note que entender a força das generalizações empíricas como de natureza lógica torna apropriado interpretar o uso por Aristóteles da evidência aparentemente empírica para contestar as concepções de outros como refutações por *reductio ad absurdum*. Essa questão é particularmente relevante para seus argumentos aparentemente físicos contra o vazio, sobre os quais falarei mais adiante.

26 Agradeço muito a Gisela Striker por este exemplo, embora ela tenha dúvidas sobre o uso que faço dele aqui. Seu antecessor provém do *Lexicon* grego de Liddell e Scott [Liddell; Scott, *A Greek-English Lexicon*, v.2, s.v. χώρα].

# 236 A INCOMENSURABILIDADE NA CIÊNCIA

*chorai*, os lugares próprios dos elementos que, mesmo quando deslocados, conservam os seus nomes.[27] O único termo grego que se refere a todas essas regiões em conjunto é *kosmos*, normalmente traduzido [como] "o mundo" ou "o universo" e esse termo – à diferença do termo *espaço* – se lhes aplica não como um simples coletivo, mas no âmbito e em virtude de sua ordem própria ou natural. Sua natureza depende de suas inter-relações e essas inter-relações, mesmo muito tempo após a morte de Aristóteles, eram vistas como topológicas e não como métricas ou mesmo geométricas.[28]

O outro termo grego por vezes traduzido como "espaço", mas com mais frequência traduzido [como] "lugar", é *topos*, uma palavra que se superpõe a *chora*, pois ambas designam uma região e podem ser usadas, algumas vezes, intercambiavelmente. Porém, *chora* difere de *topos* em três aspectos que são importantes para nós no momento. Em primeiro lugar, um *topos* tende a ser menor do que uma *chora* (e, por implicação, localizado em seu interior). Em segundo lugar, e mais importante, é que *topos*, diversamente de *chora*, é neutro em relação à naturalidade ou à ordem. Ele localiza um corpo – responde à questão "onde?" – especificando o lugar que o corpo ocupa em um momento particular. *Topos* é, assim, um dos acidentes do corpo, uma propriedade que, tal como a cor de um barco, pode mudar sem que a identidade do corpo se altere. Em qualquer momento, um corpo tem tanto uma *chora* específica como um *topos* específico, mas os dois não precisam coincidir.[29] Por fim, diversamente de *chora*, *topos* é concebido em termos métricos

---

27 *Do céu*, Lv.IV, 312a5, 312b, p.3-7.

28 Compreender as relações entre regiões como topológicas em vez de métricas é também algo característico tanto das crianças como das sociedades pré-letradas. Para o caso das crianças, cf. Jean Piaget e Bärbel Inhelder, *The Child's Concept[ion] of Space*. Para o caso das sociedades pré-letradas, cf. Werner, *Comparative Psychology of Mental Development*, cap.5. Para uma análise de um paralelo muito próximo entre o pensamento das crianças e o de Aristóteles, cf. meu artigo "Uma função para os experimentos mentais", disponível como cap.10 em meu livro *A tensão essencial*.

29 Em *Do céu*, Lv.IV, 312b, p.3-7, a segunda das passagens citadas na nota 26, Aristóteles discute a questão de se um corpo tem peso em sua própria *chora*. A questão, aparentemente similar, se um corpo tem peso em seu próprio *topos* não teria sentido a não ser que *autos topos* (lugar de origem) fosse explicitamente especificado. A obra como um todo é especialmente útil para descobrir a diferença entre os conceitos de *topos* e *chora* em Aristóteles. O primeiro ocorre em 271a5, 26; 273a13; 275b11; 279a12; 287a13, 22; e 309b26 – o segundo em 287a17, 23; 309b24, 25; 312a5; e 312b3, 7. Nenhuma generalização breve é capaz de capturar todos esses usos, mas um *topos* é normalmente concreto, uma localização particular totalmente ocupada por um corpo particular: assim, os pontos inicial e final de um movimento ou (em conjunção íntima com *kenon*) aquilo que não pode ser esvaziado de corpo porque, então, não

CAPÍTULO 2: ADENTRANDO O PASSADO    **237**

ou quase geométricos. Nas *Categorias, topos* constitui um dos exemplos de Aristóteles para uma quantidade contínua e é discutido em termos de linhas, pontos e a relação entre as partes de uma figura.[30] Seu contraste com *chora* é ressaltado por uma passagem na qual Aristóteles, ao argumentar que quantidades não possuem contrários, assinala que é plausível, porém enganoso, defender o caso contrário pensando no cosmos como uma coleção ordenada de *chorai*. No cosmos, para cima e para baixo são contrários, as direções para as *chorai* periféricas e centrais, mas esse tipo de contrariedade não se aplica nem a quantidades nem a *topoi*.[31]

Nas *Categorias*, Aristóteles oferece "na praça do mercado" ou "no Liceu" como exemplos de respostas à questão: onde? Presume-se que se a questão tivesse sido feita na praça do mercado, respostas apropriadas teriam sido "no açougueiro" ou "no mercador de vinhos". Na *Física*, ao preparar-se para a discussão sobre o vazio, ele explora os aspectos quantitativos e geométricos de *topos* para levar até o limite o processo cada vez mais preciso de especificação.[32] *Topos* torna-se, então, "a superfície interna do

---

seria mais um *topos. Chora*, ao contrário, pode conter um corpo em alguma parte, mas não está associada com nenhum corpo em particular, e sim com uma região no interior de um todo ordenado (ou, coletivamente, com esse todo em sua integralidade). As passagens nas quais ela ocorre, normalmente, são cosmológicas ou explicativas. Note que as passagens em 287a e 309b fazem uso de ambos os termos. Descobrir por que os dois são necessários é um bom exercício de interpretação.

30  *Categorias*, Lv.VI, 4b25-5a-15.

31  Ibid., 6a11-19. Compare com *Física*, Lv.IV, i, 208b15-26. Esta última passagem é importante e deveria ser lida com a natureza da geometria da época de Aristóteles claramente em mente. Seu objeto não era a geometria do espaço, mas das figuras e formas abstratas. Para Euclides, uma linha é uma figura delimitada por dois pontos, um plano é uma figura delimitada por duas linhas. Nessa concepção, por exemplo, o interior de um triângulo plano é ele próprio um plano; do lado de fora do triângulo não precisa haver absolutamente nada. (Compare com o cosmos finito de Aristóteles: uma esfera contendo tudo o que existe sem qualquer espaço do lado de fora.) A congruência é determinada pela "aplicação" de uma figura a outra e não por sua translação pelo espaço até que ela seja inscrita na outra. O conceito de um espaço euclidiano pode ser ajustado aos *Elementos* de Euclides, mas não pode ser encontrado ali nem é necessário que seja. (Pense nas figuras de Euclides como ideias ou formas platônicas, situadas fora do espaço e do tempo.) Algo assim é necessário (e está implícito) nos tratamentos paramétricos das seções cônicas que apenas começavam a emergir na época em que Aristóteles vivia. Esses tratamentos exigem uma expansão da noção de geometria.

32  Sobre o processo de limitação, cf. *Física*, Lv.IV, ii, 209a33-209b1. Para as definições de limitação, cf. *Física*, Lv.IV, iv, 211a29-31. Há uma considerável literatura acadêmica (para as referências, cf. Algra, "Concepts of Space", op. cit., cap.4) que tenta explicar o que tem sido interpretado como inconsistências entre as discussões de *topos* nas *Categorias* e na *Física*.

## 238 A INCOMENSURABILIDADE NA CIÊNCIA

corpo circundante" e Aristóteles rapidamente avança para a consideração do vazio que, para ele, é *topos* desocupado, mas não *chora* desocupada e menos ainda espaço desocupado.[33]

A palavra grega para o vazio, o substantivo *kenon*, foi cunhada pelos atomistas gregos a partir do adjetivo usual *kenos* ou desocupado, normalmente aplicado a recipientes.[34] Quando, no Livro IV da *Física*, Aristóteles considera o conceito pela primeira vez, ele imediatamente assinala que se o vazio pudesse existir, então "'lugar', 'preenchido' e 'desocupado' seriam uma só e mesma entidade sob diversos aspectos ou condições de existência", uma posição que, segundo ele, é incoerente e que ele tenta reiteradamente eliminar por *reductio ad absurdum*.[35] Alguns de seus argumentos se dirigem

---

Contudo, entendo essas "inconsistências" como um produto da tentativa de encontrar o Aristóteles latino – a partir do qual a Europa aprendeu a compreender a doutrina aristotélica – nos textos gregos. Com relação às questões espaciais, entretanto, os vocabulários conceituais latino e grego são muito diferentes e não podem ser conciliados sem uma distorção significativa. Tanto *topos* como *chora* são, em geral, traduzidos como *locus* em latim. A principal alternativa é verter *chora* por *spatium*, que é equivalente ao inglês "span" ou "interval" [ambos os vocábulos podem ser usados para designar um período, uma extensão ou um intervalo no tempo ou no espaço (N. T.)], que se referem seja ao espaço, seja ao tempo. Ambos os termos latinos se aplicam a um intervalo mensurado ou imensurável. A concepção de espaço do século XVII é aqui claramente prefigurada. Cf. também a nota 33 a seguir.

33 De fato, em todo o texto da *Física*, o termo *chora* ocorre apenas quatro vezes (208b8, 208b31-35, 209a8, 209b12-15): todas essas ocorrências estão em Lv.IV, i e ii, em que Aristóteles elabora a definição limitativa de lugar e todas essas ocorrências também justapõem rigorosamente *chora* e *topos*, pois as diferenças entre eles são relevantes para os argumentos em questão.

34 O objetivo dos atomistas com isso era mais lógico do que físico: a refutação da tese parmenidiana de que o movimento é irreal, de que não existe mudança no mundo. Eles também recorriam ao paradoxo, falando com frequência do vazio como "aquilo que não é", enquanto insistiam em sua existência e em sua realidade. Segundo eles, o vazio era um existente de segunda ordem, o existente de primeira ordem sendo os átomos, "aquilo que é". Pelo que se sabe até agora, a partir dos fragmentos que restaram, eles não pensavam o vazio como algo que contém corpos, semelhante ao espaço, e creio que nem poderiam ter pensado assim. Segundo eles, *Kenon* parece ter circundado os átomos sem penetrá-los, tal como os peixes são circundados pela água na qual nadam. Essa situação conceitual se modificou consideravelmente com a expansão do conceito de geometria (nota 31) e quando as doutrinas filosóficas gregas foram traduzidas para o latim (nota 32). *Spatium* já é bastante similar ao termo moderno *espaço* e, segundo meu conhecimento, o atomista romano Lucrécio foi o primeiro indivíduo a ter falado de espaço vazio, *spatium vacuum*.

35 *Física*, Lv.IV, vi, 213a18-20. A tradução desta passagem na edição Oxford torna a incoerência ainda mais visível do que na edição Loeb, que foi citada antes: "Pois aqueles que sustentam que o vazio existe o consideram como uma espécie de lugar ou recipiente que se supõe estar 'cheio' quando mantém o volume que é capaz de conter, 'vazio' quando está destituído

CAPÍTULO 2: ADENTRANDO O PASSADO **239**

ao próprio conceito de vazio. Ele diz, por exemplo: "porquanto o vazio (se existir) deva ser concebido como lugar onde poderia haver corpo, mas não há, é claro que, assim concebido, o vazio não pode absolutamente existir", e poucas páginas adiante ele repete: "seja qual for o sentido em que o vazio possa ser identificado com 'lugar', quando o 'lugar', nesse sentido, se revela como não existente, o vazio desaparece junto com ele".[36] Para Aristóteles, que definira lugar como uma propriedade acidental do corpo que o ocupasse, perguntar se poderia existir lugar sem um ou outro corpo em seu interior era como perguntar se poderia existir uma cor sem que ela seja a cor de um ou outro corpo. Seu mestre Platão, que adotou uma posição transcendentalista com relação aos fenômenos naturais, teria redarguido a essa última questão com um "sim!". Porém, talvez este seja justamente um dos aspectos mais fundamentais pelos quais o pensamento mais naturalista de Aristóteles se separa do transcendentalismo de seu mestre.

Outros argumentos de Aristóteles que recorrem à estratégia da *reductio* são, muitas vezes, interpretados como empíricos, porém sua força é, como já foi assinalado, mais de natureza lógica. Se o vazio pudesse existir, então uma região que contivesse matéria poderia ser delimitada por uma região que não contivesse absolutamente nada. Mas, se isso fosse possível, então o universo ou cosmos aristotélico não poderia ser finito. É justamente porque a matéria e o cosmos são coextensivos que o cosmos deve terminar onde termina a matéria, na esfera das estrelas, para além da qual absolutamente nada existe, nem espaço nem matéria. Essa finitude, por sua vez, subjaz à teoria aristotélica do movimento local, tanto natural como violento. Em um universo infinito, qualquer região do espaço seria tão central (ou tão periférica) como qualquer outra. Deixaria de haver então regiões especiais nas quais as pedras e outros corpos pesados, ou o fogo e outros elementos leves, pudessem realizar plenamente suas propriedades naturais. Além disso, se o vazio fosse possível, tampouco poderia haver movimentos violentos, pois

---

desse volume – como se 'vazio', 'cheio' e 'lugar' denotassem a mesma coisa, embora a essência dos três seja diferente" [Aristóteles, *Physics*, ed. W. D. Ross, v.2 de *The Works of Aristotle*, 213a18-20].

36 *Física*, Lv.IV, vii, 214a16-20 e viii, 27-28. Richard Sorabji, a quem agradeço por ter me chamado atenção para a segunda dessas passagens, assinala que ambas se dirigem exclusivamente contra a concepção de vazio dos atomistas. Mas, na ausência de um conceito de espaço, que outro conceito haveria ali para que ele o criticasse?

# 240 A INCOMENSURABILIDADE NA CIÊNCIA

o movimento violento de um corpo exige que esse corpo seja deslocado por um corpo vizinho que está em contato com ele, e esse corpo vizinho precisa ser, ele próprio, deslocado, e assim por diante numa cadeia causal. Porém, um corpo no vazio não teria vizinhos e, portanto, não poderia nem se mover nem ser movido. Um universo sem fronteiras colocaria dificuldades similares para a astronomia. A esfera em rotação que transporta as estrelas teria que ser infinita e teria que rotacionar com velocidade infinita.[37]

A esta altura, já deve ter ficado evidente que, se o relato da descoberta do vácuo estendido por Torricelli de fato começa com Aristóteles, como parece ser o caso, então ela envolve muito mais do que um experimento com um tubo cheio de mercúrio. Uma enorme rede de conceitos interligados precisava ter sido desmantelada e em seguida reordenada antes que o experimento de Torricelli sequer pudesse ser concebido. Uma parte dessa reordenação, que começou na Antiguidade, é digna de nota aqui. Aristóteles rejeitou o vazio por razões que eram essencialmente lógicas: segundo ele, o vazio era algo como um círculo quadrado, uma contradição em termos. Contudo, a integridade da posição de Aristóteles com relação à física, a descrição que ele fez do cosmos e suas operações, não exigiam uma posição tão abrangente sobre o vazio. Aceitar as concepções de Aristóteles sobre a física – sua descrição do cosmos e sua explicação da mudança – não requeriam que o vazio fosse proibido por razões lógicas. Sua proibição poderia ser apenas física e, nesse caso, o que teria que ser vedado seria apenas o vazio estendido, um lugar que, como o topo do barômetro de Torricelli, poderia conter algum corpo, mas de fato não continha. O vazio estendido trazia consigo a infinitude do universo, que não poderia ser reconciliada com a posição de Aristóteles. No entanto, permitir a existência de espaço vazio no interior dos poros dos corpos materiais – uma condição que veio a ser conhecida como *vácuo disperso* ou *intersticial* – não suscitava dificuldades físicas e foi uma concepção amplamente adotada pelos sucessores antigos e medievais de Aristóteles.[38] Galileu estava entre aqueles que a desenvolveram e o fato de tê-lo feito, como vimos, foi vital para a obra de Torricelli.

---

37 Para este argumento e outros intimamente relacionados a ele, cf. *Física*, Lv.IV, v e viii, esp. 214b27-215a24.

38 Para uma análise do conceito de vazio disperso depois de Aristóteles, cf. Sorabji, *Matter, Space, and Motion*, op. cit.

Dado o escopo da física de Aristóteles e as íntimas interconexões entre suas partes, a emergência quase simultânea dessas contribuições constitutivas para uma nova cosmologia e uma nova física nada tem de casual.

Com esse pano de fundo em mente, retornemos momentaneamente aos problemas da verdade e do progresso, em virtude dos quais o contexto que analisamos foi introduzido. O *vazio* de Aristóteles não se confunde com o nosso conceito de *vazio*, não mais do que seu *movimento* equivale ao que chamamos de *movimento* ou sua *matéria* ao que chamamos de *matéria,* e todos esses conceitos, para ele, estavam estreitamente inter-relacionados. Nessas circunstâncias, o que havemos de concluir sobre seu enunciado de que o vazio não poderia existir? Esse enunciado estava certo ou errado, era verdadeiro ou falso, correto ou equivocado? Para mim, nenhuma dessas alternativas parece útil. Necessitamos de uma outra forma de nos situar em relação a nosso passado, bem como de situar nosso passado em relação a nós.

19 de setembro de 1994

# Capítulo 3
## Taxonomia e incomensurabilidade

Os três exemplos do último capítulo foram concebidos para evidenciar o impacto, com frequência dramático, sobre o historiador que passa pela experiência de recapturar o pensamento do passado ao decifrar-lhe os vestígios textuais. Embora a reinterpretação necessária seja sempre local – um tipo característico de anomalia que dá origem a um novo entendimento de um pequeno número de termos ou conceitos inter-relacionados –, seu resultado ilumina de nova maneira um sistema integrado de crenças. Quase toda minha obra como historiador iniciou-se com experiências desse gênero e, por alguns anos, essas experiências violaram a confortável etnocentricidade cognitiva que eu adquirira de minha formação como físico e de minhas leituras em filosofia da ciência. Em particular, elas tornaram profundamente problemática a crença – constitutiva para a maioria dos cientistas, bem como para muitos filósofos – de que fatos são fatos, não importando sob que rubrica ou com qual vocabulário eles sejam descritos. Em nenhum momento concluí que a física de Aristóteles ou a concepção voltaica da bateria estivessem corretas, nem que qualquer uma delas tivesse o mesmo valor que as nossas teorias científicas. Todavia, eu tampouco poderia continuar a presumir que elas fossem simplesmente erradas, equivocadas, falsas. O resultado, para mim, foi uma compulsão a buscar uma forma geral de caracterizar essas experiências e de investigar-lhes a significação para a natureza do conhecimento, especialmente do conhecimento científico.

Quanto ao problema de caracterizar os exemplos como aqueles do último capítulo, dei uma primeira resposta, demasiado simples, em *A estrutura*, que foi o primeiro produto alargado de minha compulsão. Ali sugeri que alguns dos termos em torno dos quais gira a reinterpretação do historiador mudaram de significado desde que os textos em discussão foram escritos e o historiador deve redescobrir que significado eles tinham então. Essa resposta não estava errada, mas ela rapidamente se revelou pouco informativa e enganosa num aspecto fundamental. Algum tipo de mudança de significado acompanha-nos desde sempre, tanto ao longo do tempo como também, pode-se supor, de indivíduo para indivíduo. O que cada um de meus exemplos ilustra especificamente não é a mudança de significado em geral, mas uma transformação localmente holística dos significados, ou seja, a alteração simultânea dos significados de um conjunto de termos inter-relacionados, nenhum dos quais poderia ter mudado – preservando-se a coerência textual – da forma como mudou sem modificar igualmente todos os outros. As teorias do significado atualmente aceitas não são de muita utilidade para iluminar mudanças desse gênero, pois a maioria delas trata o significado como vinculando-se a termos tomados isoladamente. Nessa situação, aquilo que eu dissera sobre mudança de significado em minhas primeiras obras era, na prática e em grande medida, vazio.

Em retrospecto, também percebo que falar em mudança de significado era algo enganoso. Embora mudanças no significado das palavras sejam essenciais para os exemplos, apenas uma classe limitada de termos está envolvida. Chamarei a estes de *termos para espécies* ou, por vezes, de *termos taxonômicos*, pois eles nomeiam as espécies de coisas, situações e propriedades que ocorrem no mundo tal como o conhecemos. Restringir a atenção a esses termos, como doravante farei aqui, torna o objetivo mais delimitado do que o de uma teoria geral do significado. Nesse sentido, falar em mudança de significado era uma pretensão excessiva. Porém, num outro sentido, essa pretensão era demasiado modesta. A habilidade de discriminar espécies e de mobilizar um repertório seletivo de respostas comportamentais a elas não está restrita a populações dotadas de linguagem. Comunidades de animais também manifestam essa habilidade. Seus membros não têm termos para espécies, mas podem compartilhar um conjunto estruturado de espécies. Falarei deles então como possuindo conceitos de espécies, pois conceitos não precisam ter nomes. É claro que, em populações dotadas de linguagem, todos ou a maioria dos indivíduos nomeiam seus conceitos e continuarei, portanto, a falar reiteradamente de palavras e significados no texto que se segue. Não obstante, o que a explicação de exemplos como aqueles apresentados no último capítulo exige é uma teoria do modo como os membros, tanto de sociedades humanas como de sociedades animais, recortam seus mundos, um processo de categorização sem o qual esses mundos não seriam mundos em absoluto. Esse processo, como quer que ocorra, certamente envolve algo como significados. Suas raízes, no entanto, são pré-linguísticas e os significados que ele invoca não são, em primeira instância, os significados das palavras.

Este capítulo se inicia com um esboço dos problemas enfrentados pelas explicações tradicionais desse processo de categorização e continua com alguns passos preliminares para sua resolução. Para evitar prolixidade desnecessária, tratarei o problema como inteiramente vinculado a nomes de categorias e a seus significados. Somente em uma ou outra passagem será necessário relembrar os leitores de que nem todos os conceitos para espécies precisam ter nomes.

## I

Antes de mais nada, observem algumas das inadequações das concepções em voga sobre o significado de termos para espécies. O próprio significado possui dois aspectos usuais. O primeiro, em geral denominado *extensão* ou *denotação* de um termo, consiste em seus referentes, o conjunto de coisas, situações etc. às quais o termo se refere. A extensão de *movimento* são todos os movimentos no mundo, no presente, no passado e no futuro; a extensão de *planeta* é Mercúrio, Vênus, Marte, Júpiter, Saturno, Netuno, Urano, Plutão e quaisquer outros corpos que possam ser encontrados girando em torno de uma ou outra estrela.[a] A extensão de *químico* são todos os químicos que já existiram e existirão; e assim por diante. O segundo aspecto, para o qual usualmente se reserva o termo *significado*, não são as coisas referidas, mas as características, propriedades ou aspectos em virtude dos quais o termo se lhes aplica. O termo *triângulo*, por exemplo, significa "figura plana delimitada por três linhas retas". Esse aspecto do significado é normalmente rotulado como *sentido* ou *intensão*.

Nos exemplos do capítulo anterior, extensão e intensão mudam conjuntamente. A passagem da bolota ao carvalho era um movimento para Aristóteles e uma das propriedades relevantes para situá-lo na classe dos movimentos era o fato de possuir dois pontos terminais. Mas nenhum dos dois é o caso para nós. As unidades das baterias de Volta não são baterias para nós e Volta não identifica suas baterias unitárias da mesma forma que o fazemos. Para Planck ou seus contemporâneos, o elemento de energia não era um quantum e a mudança teórica que o tornou um *quantum* também alterou a intensão do próprio termo. Antes do trabalho de Planck, a constância de dimensão era um critério para ser um quantum; mas a dimensão dos quanta que ele introduziu era variável, modificando-se quando a energia passava dos ressonadores em uma frequência aos ressonadores em outra frequência.

Tradicionalmente, entende-se que a intensão ou significado de um termo seja dada por um conjunto de características compartilhadas por todos os seus referentes e, coletivamente, somente por esses referentes. Essa noção tem base plausível. Ela se adéqua aos significados de termos matemáticos como *triângulo* ou de termos lógicos como *implicação*, e ajusta-se igualmente bem ao significado de alguns dos termos da linguagem cotidiana. A definição de *solteiro* como homem não casado propicia um exemplo invocado com frequência. Embora não capture todos os usos coligidos num dicionário, ela apreende aquele que, para a maioria dos usuários, é o uso predominante. Pelo menos como uma idealização, a equiparação do significado com uma lista de características necessárias e suficientes para a identificação parecia bastante natural. No entanto, ela não era imune à crítica e nos últimos cinquenta anos tem sido cada vez mais abandonada.

Uma das razões para o ceticismo em relação a essa concepção tradicional de significado é a dificuldade em fazê-la corresponder ao modo como as pessoas aprendem e usam a língua. Poucas das "definições" fornecidas por dicionários convencionais são suficientemente precisas para serem aplicadas inequivocamente a toda e qualquer apresentação imaginável. Além do mais, nenhuma delas é autocontida: todas as definições remetem a outros verbetes não triviais do dicionário e, por vezes, destes ao verbete pelo qual se iniciou a busca. Quanto ao uso dos termos, a introspecção sugere algo que é confirmado por grande parte da investigação psicológica:[1]

---

1 Smith; Medin, *Categories and Concepts*, oferece um ponto de entrada conveniente para grande parte da literatura psicológica relevante. O cap.3, "The Classical View", é de especial importância. O artigo de Fodor; Garrett; Walker; Parkes, "Against Definitions", *Cognition*, v.8, n.3, p.263-367, 1980, também é muito útil.

CAPÍTULO 3: TAXONOMIA E INCOMENSURABILIDADE **247**

as pessoas empregam sem problema termos do cotidiano como *gato*, *cão* ou *pássaro* sem serem capazes de apresentar nada que se assemelhe a uma lista de características definidoras das criaturas correspondentes. A pesquisa sistemática das características que as pessoas de fato utilizam ao fazer estas ou outras identificações indica que, embora os indivíduos normalmente façam as mesmas identificações, as características que eles usam ao fazê-las variam tanto conforme as circunstâncias como de um indivíduo para outro. Os especialistas nas ciências classificatórias enfrentam exatamente as mesmas dificuldades em encontrar as condições necessárias e suficientes para incluir seus objetos de estudo em categorias taxonômicas, por mais refinadas que sejam. Em seus esforços para compreender o conceito de espécie biológica [*species*], todos eles renunciaram à procura de características que ofereçam condições necessárias e suficientes para a inclusão numa classe, e alguns até mesmo pararam completamente de falar em características.[2]

Uma dificuldade intimamente relacionada com a concepção clássica de significado é ainda mais relevante para nós neste momento, pois envolve questões de princípio e, conforme prosseguirmos, afetará o conceito de lei científica. Suponha que termos para espécie fossem definidos por uma lista de condições necessárias e suficientes para a inclusão numa classe.[3] Então as características compartilhadas pelos referentes de um termo (os membros da categoria correspondente) se dividiriam em dois conjuntos disjuntos: o das características compartilhadas em virtude da definição apenas e o das compartilhadas contingentemente, por causa do modo como

---

2 Uma introdução muito útil a essas questões é apresentada por Mayr, "Biological Classification: Toward a Synthesis of Opposing Methodologies", *Science*, v.214, n.4520, p.510-6, 1981. Outros pontos de vista, acompanhados de análises mais detalhadas, são fornecidos pelos ensaios em Ereshefsky (org.), *The Units of Evolution: Essays on the Nature of Species*. Hull, *Science as Process: An Evolutionary Account of the Social and Conceptual Development of Science*, descreve ambas as questões, bem como o debate acalorado que hoje as cerca, para fazer algumas observações necessárias sobre o desenvolvimento das ciências de um modo mais geral.

3 Esta discussão só aborda explicitamente as teorias tradicionais que consideram o significado como dado por um conjunto de condições necessárias e suficientes. Contudo, ela pode ser prontamente adaptada também a teorias menos estritas, que têm prevalecido recentemente e que não falam mais em condições necessárias, mas num agrupamento de condições dentre as quais um certo número ou porcentagem deve ser satisfeito para que o termo em questão se aplique. A principal dificuldade para essas chamadas teorias dos grupos é a de apresentar uma base para especificar o número ou porcentagem de membros de grupos necessário para especificar a referência.

o mundo efetivamente é. Uma divisão similar ocorreria nos enunciados descritivos sobre os membros da categoria. Alguns seriam verdadeiros por definição: nenhuma observação poderia torná-los menos prováveis. Tais enunciados eram chamados de *analíticos* pelos empiristas lógicos. Os outros – os assim chamados enunciados sintéticos – seriam avaliados com base na observação. Assim, verdades analíticas eram linguísticas, isto é, consequências tautológicas de convenções sociais aceitas. Enunciados sintéticos eram empíricos, ou seja, seriam admitidos ou rejeitados apenas com base na evidência.

Um exemplo filosófico típico indicará tanto a natureza da distinção analítico/sintético como as dificuldades que ela coloca. Livros de filosofia da ciência, pelo menos até recentemente, muitas vezes usavam enunciados como "todos os cisnes são brancos" (ou "todos os corvos são pretos") para ilustrar a natureza das generalizações nômicas ou em forma de lei, cuja verdade deve ser estabelecida com base na observação neutra. Esses livros enfatizavam que a observação de muitos cisnes, todos eles brancos, aumenta a plausibilidade de um tal enunciado, porém também sublinhavam que nenhuma quantidade de observações poderia provar a verdade dessa generalização: um cisne de outra cor ainda poderia ser encontrado em outro lugar ou em outro momento. Se ele fosse encontrado, prosseguia o argumento, se um só cisne não branco fosse observado, então se provaria que o enunciado era falso. Por muito tempo, sustentou-se que essa assimetria entre verdade e falsificação caracterizasse toda generalização empírica universal. Diversamente das definições, que eram convenções analíticas, imunes à experiência, nenhuma generalização empírica era necessariamente verdadeira; enunciados sintéticos eram, em princípio, corrigíveis.

Todas essas discussões exigiam a pressuposição, hoje bastante questionada, de que as pessoas que reuniam evidência sobre a cor dos cisnes compartilhassem uma definição de *cisne*, uma forma de identificar cisnes que fosse independente de crenças sobre suas propriedades, nesse caso sobre sua brancura universal. Porém, tais definições nunca foram apresentadas para casos desse tipo, uma lacuna à qual me referi no Capítulo 1 como o fracasso das tentativas de oferecer uma linguagem de observação neutra e independente de crença. O presente exemplo sugere qual é a fonte da dificuldade. Meu dicionário diz-me que cisnes são "em sua maioria, puras aves aquáticas de cor branca" e a brancura certamente está entre as principais características nas quais me baseio ao identificá-los. Se os primeiros viajantes do Pacífico não tivessem descoberto na Austrália aves marinhas negras que, em tudo o mais, eram iguais aos cisnes, meu dicionário provavelmente teria omitido o qualificativo *em sua maioria*. Nesse caso, a brancura estaria disponível como uma característica definidora de *cisne*.

Entretanto, uma definição de *cisne* que incluísse a brancura colocaria seu usuário em risco. Ao se deparar com uma ave marinha negra que se assemelhasse a um cisne em todos as suas características exceto na cor, eles se veriam forçados a escolher entre duas alternativas incômodas. A primeira exigiria que buscassem uma nova definição e reconhecessem que a que estava anteriormente em uso, por ser produto de crença, não era propriamente uma definição. Eles estavam enganados não apenas sobre o mundo, mas igualmente sobre a lógica da definição. A segunda alternativa exigiria a conclusão de que a criatura semelhante a um cisne que acabava de ser descoberta não era, por definição incorrigível, um cisne, mas algum tipo novo de criatura. Nesse segundo cenário, a convenção teria privado os usuários dessa definição de uma informação que, se eles a possuíssem, poderia ter elevado seu entendimento tanto dos cisnes como do papel da cor na distinção dos diferentes tipos de aves. Um cenário similar, embora mais inverossímil, pode ser consagrado à escolha de *aquática* como uma característica definidora. Nenhuma razão não teórica (ou seja, independente de crença) impede a descoberta, em algum território anteriormente inexplorado, de um grupo de criaturas semelhantes a cisnes e alvas como a neve que jamais se aproximam da água a não ser para beber. Em qualquer desses casos, a atitude natural a ser adotada ao nos defrontarmos com criaturas inesperadas semelhantes a cisnes é manter nossas opções em aberto. Somente novas experiências com as criaturas anômalas podem oferecer uma base para decidir se elas são cisnes ou se são membros de uma espécie anteriormente desconhecida.

Nos últimos cinquenta anos, análises desse gênero, muitas das quais bem mais rigorosas e detalhadas, levaram os filósofos a uma conclusão talvez óbvia: que em geral não é possível traçar uma linha divisória entre enunciados analíticos e sintéticos. A intensão de um termo, as características que permitem que um usuário identifique os referentes do termo são elas próprias produtos da experiência e, portanto, dependentes de crenças sobre o modo como esses referentes se comportam. Com algumas exceções controversas, a maioria delas em lógica e matemática, inexistem

## 250 A INCOMENSURABILIDADE NA CIÊNCIA

enunciados que sejam verdadeiros apenas em virtude de seus significados; todos os enunciados estão sujeitos a correção com base em novas experiências. Qualquer que seja a certeza a que possa chegar a ciência, ela não pode ser atribuída à certeza de enunciados individuais que corporifiquem seu conteúdo. Esse era o aspecto ressaltado por W. V. O. Quine em seu ensaio clássico que anunciava o colapso da distinção analítico/sintético: "tomada coletivamente", escreveu ele, "a ciência tem sua dupla dependência em relação à linguagem e à experiência, mas essa dualidade não é significativamente atribuível aos enunciados da ciência tomados um a um". Algumas linhas depois, uma metáfora bastante citada especifica a questão: "a totalidade daquilo a que chamamos de nossos conhecimentos e crenças [...] constitui uma trama feita pelo homem que coincide com a experiência apenas nas extremidades".[4]

Embora eu vá questionar, mais adiante, se um holismo tão extremo é necessário – se "a totalidade de nossos conhecimentos ou crenças" não pode ser dividida em blocos localizáveis para efeito de análise –, essas observações de Quine me parecem precisamente corretas. Além do mais, elas propiciaram a necessária libertação de uma tradição na filosofia da ciência para a qual a distinção analítico/sintético se revelara uma restrição tirânica. Contudo, é importante reconhecer que, como sugere a expressão de Quine "dupla dependência", a supressão da distinção possui dois aspectos que precisam, na medida do possível, ser separados. O primeiro aspecto é a ameaça contra uma fundamentação neutra para a ciência, uma fundamentação reputada independente da linguagem e da cultura. O segundo aspecto é a ameaça contra um entendimento de longa data do significado, em particular com relação à distinção entre a intensão e a extensão das palavras e das expressões. Esses dois aspectos estão intimamente inter-relacionados, como deveriam sugerir sua história e a argumentação deste livro.[5] Porém, considerá-los como dois aspectos separados torna mais fácil reconhecer as vias alternativas abertas pelo colapso da distinção analítico/sintético.

---

4 Quine, "Two Dogmas of Empiricism", em *From a Logical Point of View*, p.42. Esse ensaio foi originalmente publicado em 1951 e sou um dos diversos filósofos que lhe devem muita coisa. [A publicação original deu-se na *Philosophical Review*, v.60, n.1, p.20-43, 1951.] [Há tradução desta obra em língua portuguesa: *De um ponto de vista lógico*. (N. T.)]

5 Para esta inter-relação, cf. mais uma vez o livro de Hacking, *Why Does Language Matter to Philosophy?*

Uma delas é a via seguida por Quine e por muitos outros filósofos analíticos. Eles preservam uma fundamentação neutra e independente da cultura para o conhecimento, mas, para tanto, acabam por abandonar a noção de significado ou intensão. Palavras, expressões e enunciados deveriam ser entendidos extensionalmente, somente em termos de seus referentes. O significado de uma palavra é simplesmente o conjunto de objetos aos quais ela se refere. Este livro toma a outra via da bifurcação, seguindo a rota evolucionária indicada no Capítulo 1. Isso significa que ele abandona a antiga e duradoura pressuposição de que uma fundamentação neutra e independente de cultura seja necessária para validar as conquistas cognitivas da ciência: ele argumenta que uma fundamentação localizada e historicamente situada será totalmente suficiente. Por outro lado, a defesa dessa posição exige a reabilitação de uma concepção de significado que inclua mais do que apenas a extensão. Uma explicação evolucionária da ciência necessita de uma análise da forma como o conhecimento e as crenças de uma geração são transmitidos para que suas sucessoras prossigam com seu desenvolvimento. Essa análise, por sua vez, exige uma distinção entre aprender o que significa um termo (algo que é descoberto durante o processo de transmissão) e aprender algo anteriormente desconhecido acerca dos objetos ou situações aos quais o termo se refere.[6] Se a intensão de uma palavra ou expressão não pode ser compreendida como a condição necessária e suficiente para sua aplicação, então algum substituto deve ser providenciado. No caso, o elemento que oferece esse substituto se revelará como aquele que conferia coerência aos exemplos apresentados no Capítulo 2, convertendo-os de uma simples lista dos referentes de termos como *movimento*, *lugar*, *dupla* e *elemento de energia* em porções de um sistema integrado de crenças. Esboçar uma noção de significado capaz de dar apoio a essas investigações é a finalidade da Parte II adiante.[b] O restante deste capítulo dá continuidade à preparação para essa tarefa.

---

6 A chamada teoria causal da referência tenta apresentar essa distinção em termos puramente extensionais, mas ela não pode ser adaptada a casos como aqueles discutidos no Capítulo 2. Para a natureza de sua inadequação, cf. meu ensaio "Possible Worlds in History of Science", em Allén (org.), *Possible Worlds in Humanities, Arts, and Sciences: Proceedings of Nobel Symposium 65*, p.9-32 [reimp. como cap.3 em *O caminho desde* A estrutura].

## II

Os estudos de caso no capítulo anterior oferecem duas pistas importantes para a reformulação requerida do conceito de significado ou intensão. A primeira, mencionada no início deste capítulo, é que os termos que exigem reinterpretação com o objetivo de suprimir anomalias e obter entendimento são todos termos para espécies. Isso quer dizer que eles são termos que se referem aos tipos de objetos, materiais, situações ou propriedades que poderiam ocorrer no mundo natural ou social. Nos exemplos, eles incluem *movimento, corpo, propriedade e lugar; célula, corrente, líquido e resistência; energia, quantum, radiação e ressonador*. No mundo social, eles incluiriam *astrônomo, democracia, negociação e professor*. Todos esses termos são rotulados sintaticamente. Em inglês e na maioria das línguas latinas, eles recebem o artigo indefinido, seja por si mesmos (por exemplo, "*um* movimento, "*um* ressonador"), seja, no caso de alguns termos para massa, quando acoplados a um qualificador, um termo ou expressão que recebe o artigo indefinido (por exemplo, "*um* anel de ouro" ou "*um* copo de água"). Outras línguas rotulam termos para espécies de outras maneiras, mas algum tipo de rótulo para eles parece ser universal. Parte do aprendizado de um termo para espécies está em reconhecer-lhe o rótulo, aprender o fato de que ele é um termo para espécies e se comporta como tal. Se o leitor preferir, podemos dizer que isto faz parte do aprendizado do significado do termo.[7]

A segunda pista já foi enfatizada na apresentação dos exemplos do último capítulo. Os termos para espécies, bem como os conceitos para espécies que exigem reinterpretação, são normalmente inter-relacionados em

---

7 Restrinjo a atenção aos substantivos que constituem o caso mais familiar e, para nossos propósitos atuais, o mais importante. Contudo, existem alguns termos para espécies que são adjetivais, especialmente (mas não apenas) aqueles dos quais os substantivos são derivados ou que são derivados de substantivos: o uso adjetival ou nominal de *macho* é um exemplo, o par *carnívoro* (adj.) e *carnívoro* (subst.) [*carnivorous, carnivore*. (N. T.)] são outro exemplo. Também existem verbos que exibem o padrão de termos para espécies, por exemplo os termos para os passos do cavalo: *caminhar, trotar, meio galope* [*cater*] e *galopar*. A extensão a outras classes gramaticais, além dos nomes, da discussão que se seguirá é um desiderato claro, mas o caso em pauta não depende do sucesso dessa extensão, e contornarei os complexos problemas que ela representa. Sobre essa questão, cf. também Hirsch, *The Concept of Identity*, esp. p.38. Muitos dos problemas de Hirsch são os mesmos que os meus e ele também adota a mesma política que eu com relação a termos adjetivais e verbais para espécies (cf. também a nota 8 a seguir).

grupos localizados que devem mudar em conjunto se nosso objetivo for manter a coerência da leitura. Considere *movimento, matéria* e *propriedade* em seu sentido aristotélico, em contraposição ao sentido que esses termos têm na física newtoniana; ou os termos de Volta *dupla, descarga* e *vazamento* em contraposição aos termos subsequentes *célula, corrente* e *resistência*; ou ainda os termos originais de Planck *elemento* e *ressonador* em contraposição aos termos posteriores *quantum* e *oscilador.*

Essas duas pistas revelam-se inseparáveis e a via a ser tomada para as seguir será longa. Ela nos conduz primeiro, nos três capítulos da Parte II, a uma teoria substitutiva do significado para termos designando espécies, uma teoria que, por sua vez, abre caminho para os problemas do progresso, do relativismo e da verdade, que serão discutidos nos três capítulos da Parte III. Antes de iniciarmos esse trajeto, no restante deste capítulo, anteciparei algumas das principais conclusões que emergirão ao longo da rota, especialmente aquelas que são relevantes para a teoria substitutiva do significado. Marcar o percurso desta forma pode facilitar a viagem e talvez também motivar-lhe a prossecução.

Termos para espécies são de dois tipos, que denominarei *espécies taxonômicas* e *conjuntos unitários.* Ambos possuem predecessores não linguísticos e desempenham papéis fundamentais na linguagem da vida cotidiana. Espécies taxonômicas são as mais familiares e tremendamente mais numerosas no vocabulário cotidiano. Tal como organismos individuais, os membros de uma espécie taxonômica são membros de uma espécie biológica [*species*] no interior da qual eles se distinguem por suas diferenças individuais. Essa espécie, por sua vez, pertence, como algumas outras, a uma categoria de nível superior (por razões que ficarão mais claras adiante, chamarei essa categoria de *conjunto de contraste*) no interior da qual o pertencimento à espécie pode ser determinado por características que discriminam entre membros das diferentes espécies dentro do conjunto. Espécies biológicas são taxonômicas, assim como todas as espécies sociais mencionadas no primeiro parágrafo desta seção: *astrônomo* é a classe que inclui *químico, físico, geólogo* e outros; *democracia* é o conjunto de contraste que inclui *monarquia, autocracia* e *ditadura*; e *negociação* está no conjunto que inclui *arbitragem, mediação* e assim por diante.

Nos exemplos do Capítulo 2, as espécies taxonômicas são bem mais escassas, uma diferença relevante sobre a qual falar-se-á em breve. Há, porém, algumas espécies taxonômicas (mais obviamente no exemplo de Aristóteles) que lidam com fenômenos cotidianos e usam um vocabulário mais próximo da vida cotidiana do que o vocabulário dos outros exemplos. As subcategorias de mudança formam um conjunto de contraste, assim como os pontos inicial e terminal de uma mudança. Os quatro elementos aristotélicos são um outro exemplo perfazendo uma história contínua que conduz à invenção e à explicação da tabela periódica. A população dos céus constitui outro conjunto antigo de espécies taxonômicas que possui uma história contínua nas ciências. Em Aristóteles e outros escritores antigos, o céu era constituído inteiramente por três espécies: duas delas correspondiam grosseiramente a nossas estrelas e planetas, estes últimos, porém, incluindo o Sol e a Lua; a terceira espécie, a dos meteoros, continha todos os fenômenos celestes, inclusive o que chamamos de cometas, mas também os arco-íris e a Via Láctea, conferindo-lhes unidade conceitual.

Duas características das espécies taxonômicas são fundamentais para a argumentação deste livro. A primeira foi descrita no início desta seção: o significado de um termo taxonômico para espécie está ligado aos significados de outros termos para espécie no mesmo conjunto; nenhum deles possui significado independentemente dos outros. A segunda é que a habilidade de identificar membros de uma espécie taxonômica pode ser adquirida por exposição direta aos membros dessa e de outras espécies em seu conjunto. Embora algum sinal seja necessário para indicar ao aprendiz se certa tentativa está certa ou errada, nenhuma palavra é requerida. Essa é a razão pela qual a evolução equipou os animais para aprender a discriminar a variedade de espécies básicas para a sobrevivência em seus ambientes.[8]

Os conjuntos unitários são muito diferentes. Eles adquirem relevo especial nas ciências em que desempenham papel central. Dos termos para espécies retirados ilustrativamente dos exemplos do Capítulo 2 no início desta seção – *movimento, corpo, propriedade* e *lugar; célula, corrente, líquido* e *resistência; energia, quantum, radiação* e *ressonador* –, com exceção de *líquido*

---

8 Se as espécies envolvidas são espécies sociais e a sociedade em questão tem uma língua, então o aprendiz pode precisar compreender o que os membros da espécie relevante – digamos, os astrônomos ou as partes numa negociação – estão a falar uns para os outros. Mas, em princípio, não é necessário dizer-lhes absolutamente nada sobre o que significam termos como *astrônomo* ou *negociação*. Informação adicional desse tipo pode facilitar o processo de interpretação, mas esse processo também pode ser realizado sem orientação linguística.

(que é descendente de uma espécie taxonômica aristotélica, o elemento água), todos são conjuntos unitários e não membros de qualquer conjunto de contraste. Poucos conjuntos unitários figuram no vocabulário cotidiano e os conceitos para os quais esses poucos fornecem nomes são o patrimônio comum do homem e, quando mais não seja, dos animais superiores. Em sociedades com linguagem, eles são categorias fundamentais de pensamento: o espaço, o tempo e o corpo físico individuado; talvez também um conceito-raiz de causa e de categorias sociais básicas tais como o eu [self] e o outro. Coletivamente, eles parecem ser inatos e o Capítulo 4 sugerirá que sua fonte evolutiva provável são os processos neutros desenvolvidos para rastrear objetos em movimento e para correlacionar diferentes situações com um repertório de respostas comportamentais. O Capítulo 5 mostrará como essa fonte pode gerar espécies taxonômicas.

Como o seu nome ou os exemplos precedentes sugerem, espécies unitárias não são agrupadas com espécies relativamente similares em conjuntos de contraste, mas são, em vez disso, *sui generis*. Todavia, como o exemplo do espaço, do tempo e do corpo pode sugerir, elas são independentes. Tal como as espécies taxonômicas, elas devem ser aprendidas conjuntamente em pequenos grupos locais. Contudo, com exceção do grupo inato original, elas não podem ser aprendidas sem linguagem, tão somente ao apontar-se para exemplos. Em lugar disso, como será mostrado no Capítulo 6, duas ou mais dentre elas devem em geral ser conjuntamente agrupadas em frases, e exemplos devem então ser fornecidos, seja em palavras seja por exibição, de situações às quais essas frases se aplicam. Essas frases não são definições dos termos aprendidos com seu auxílio, mas possuem uma necessidade aparentemente universal, como aquela que Kant chamou de *sintético a priori*. Muitas delas são descritas nas ciências como leis da natureza e os termos aprendidos com elas se assemelham àqueles tradicionalmente rotulados como *termos teóricos*. A lei de Hooke e a segunda lei do movimento de Newton constituem exemplos dessas frases em forma de lei; já *força* e *massa* são exemplos dos termos adquiridos junto com elas. A descoberta de generalizações adicionais como elas marca o progresso da ciência.

Embora os conjuntos unitários dominem cada vez mais o vocabulário característico das ciências, as espécies taxonômicas não desaparecem, mas, em lugar disso, são em grande parte relegadas ao subsolo. E mesmo esse processo nunca ocorre inteiramente, pois continuam a existir importantes ciências históricas que são taxonômicas ou naturais. Além do mais, como deveriam sugerir minhas primeiras referências a espécies com histórias contínuas desde a Antiguidade, a introdução de novos conjuntos unitários ocasionalmente permite análises mais refinadas e, por vezes, também a explicação de espécies taxonômicas já estabelecidas, como a ordenação dos elementos na tabela periódica. Por fim, novos conjuntos unitários, às vezes, tornam possível a introdução e o estudo de novas espécies taxonômicas, como as partículas elementares da física moderna. No entanto, para nossos propósitos atuais, esses exemplos são secundários. As espécies taxonômicas possuem uma importância tremendamente maior para as ciências em virtude de seu papel nas práticas experimentais e instrumentais, que são essenciais para o desenvolvimento científico.

Essas práticas, por vezes, fazem existir conjuntos unitários, bem como as leis que os acompanham e, inversamente, por vezes, são as práticas que passam a existir pela introdução de novos conjuntos unitários. Porém, uma vez em existência, essas práticas podem adquirir vida própria (em geral, isso é o que ocorre), uma vida a ser discutida quando os conjuntos unitários forem examinados no Capítulo 6. Isso significa que elas podem ser levadas adiante por pessoas que não controlam os conjuntos unitários, as leis e as teorias que o desenvolvimento científico associou com elas. E, inversamente, os relatos de pesquisa mediante os quais a ciência avança podem silenciar sobre as práticas instrumentais, descrevendo um instrumento somente quando ele é de um novo tipo e, ele próprio, ainda um objeto de estudo. (Note a ausência, no primeiro e no segundo exemplos, dos nomes dos instrumentos que tornaram possível a pesquisa, instrumentos como eletroscópios, galvanômetros, cavidades experimentais e bolômetros.) As práticas instrumentais estabelecidas e quase independentes que subjazem a toda pesquisa são tomadas como adquiridas nesses relatos, junto com os olhos, ouvidos e mãos, os instrumentos primitivos que esses instrumentos mais desenvolvidos ampliam. Tomada como adquirida é também a língua na qual os resultados das práticas instrumentais são registrados.

## III

Tanto os conjuntos unitários como as espécies taxonômicas estão sujeitos a uma importante proibição que, nas páginas que se seguem, denominarei *princípio de não superposição*. As espécies biológicas do cotidiano sugerem-lhe a natureza. As crianças que aprendem a usar o termo *cão*, em geral também devem aprender o uso do termo *gato*. Em ambientes nos quais as duas espécies estão presentes, os dois termos pertencem ao mesmo conjunto de contraste e devem então ser adquiridos conjuntamente. Mas tanto o sucesso como a utilidade dessa aquisição exigem que o mundo não contenha cães que também sejam gatos e vice-versa. Isso quer dizer que a espécie [*species*] do cotidiano cão não deve se superpor à espécie [*species*] gato, embora ambas estejam inteiramente contidas no âmbito da classe dos animais e se superponham à classe dos animais de quatro patas. Para espécies taxonômicas, o princípio de não superposição exige que as espécies no âmbito de um único conjunto de contraste sejam completamente disjuntas, ou seja, que não tenham membros em comum. O Capítulo 5 sugerirá que, para o sucesso prático, bastará uma forma ligeiramente mais fraca do princípio. Encontros com criaturas que pareçam candidatos a serem membros de duas ou mais espécies no âmbito do mesmo conjunto de contraste devem ser extremamente raros. Dificuldades frequentes em decidir se animais encontrados recentemente são, efetivamente, cães ou gatos indicam uma falha no sistema de categorias.[9]

Para os conjuntos unitários, o princípio é mais robusto, equivalendo a uma forma do princípio de não contradição. Conjuntos unitários devem ser adquiridos, como sugeri, juntamente com generalizações universais em forma de lei. Para eles, o princípio de não superposição enuncia simplesmente que duas generalizações incompatíveis não podem ser aplicadas ao mesmo membro particular de um conjunto unitário.[c] Da mesma forma que não pode existir um cão que seja também um gato, não pode existir uma força que satisfaça tanto a segunda lei do movimento de Newton como alguma outra lei incompatível com ela. No Capítulo 9, sugerirei que as leis

---

9 Para nossos propósitos atuais, a satisfação do princípio de não superposição é a condição necessária e suficiente para ser um termo para espécies, e ela pode desempenhar esse papel também para os adjetivos e verbos exemplares discutidos na nota 7: *carnívoro versus herbívoro*, por exemplo, ou *galopar versus trotar*. Mas, o que será que se pode dizer sobre *vermelho* e *azul*, usados adjetivalmente? Eu gostaria de declarar que um corpo pode ser vermelho ou azul, azul-avermelhado ou vermelho-azulado, mas não vermelho-azul. Contudo, a proibição conclusiva é dúbia e ilustra a razão principal pela qual contornei o problema dos outros termos para espécies além dos substantivos. Os problemas que eles colocam estão entre aqueles que Wittgenstein explorou em seu texto *Remarks on Colour*. [Há tradução disponível dessa obra em língua portuguesa: *Anotações sobre as cores*. (N. T.)]

## 258 A INCOMENSURABILIDADE NA CIÊNCIA

de não contradição e do terceiro excluído são articulações do princípio de não superposição para conjuntos unitários e para espécies taxonômicas, respectivamente.

Pode parecer que essa descrição do princípio de não superposição confirme uma confusão de que leitores filosoficamente informados já terão suspeitado. O princípio de não superposição se aplica ao mundo ou à linguagem? Estou falando sobre termos, por exemplo, o termo para espécie *gato*, ou sobre os objetos aos quais o termo se aplica, por exemplo, à minha gata Gertrudes? Para essas e outras questões similares, a resposta é: estou falando sobre ambos, e é a ambos que o princípio de não superposição se aplica![10] Muito mais tempo e espaço podem ser necessários para tornar plausível essa resposta, mas não é cedo demais para começar.

O problema da distinção analítico/sintético, discutido anteriormente como um problema sobre definições, é um reflexo de um entrelaçamento profundo e indissolúvel entre os termos para espécies de uma língua e o mundo que os usuários dessa língua habitam. Essa língua é uma herança. Antes de ter sido adquirida por seus usuários atuais, gerações sucessivas calibraram-na e burilaram-na para que se ajustasse ao mundo ao qual suas versões sucessivas da língua davam acesso. Como resultado dessa calibração, os membros de cada geração herdam um instrumento soberbamente adaptado a seu ambiente natural e social. Porém, a eficácia desse instrumento é adquirida às expensas de sua universalidade e essa limitação ocasionalmente se evidencia. Por um lado, os termos para espécie mobilizados na língua num dado momento permite que seus usuários lidem, de forma tão precisa quanto exijam as circunstâncias, com aquilo que é esperado, ou seja, com a gama de fenômenos para os quais a língua foi calibrada. Além do mais, o rol de termos aceitos para espécies, com frequência, pode ser enriquecido em virtude de novas situações: raposas a lobos podem ser adicionados como espécies ao conjunto que, tal como originalmente adquirido, continha apenas cães e gatos. Mas o rol de termos para espécies nem sempre pode ser enriquecido para lidar com a novidade. A adição de termos

---

10 Neste momento, se poderia introduzir dois princípios de não superposição, um para termos e o outro para seus referentes. Tratei-os como um único princípio porque cada um acaba por ser consequência incontornável do outro e nenhum deles possui prioridade ontológica. Esse tratamento não precisa sugerir que não haja qualquer distinção entre palavras e coisas, embora muitas vezes ele seja visto como advogando essa indistinção.

que violam o princípio de não superposição é vedada: a descoberta de uma comunidade de cães-gatos ou de uma lei da força não newtoniana exige não apenas algum acréscimo, mas uma total revisão tanto das categorias exemplificadas por fenômenos naturais como do vocabulário no qual são descritos esses fenômenos. Tais revisões ocorrem com frequência no desenvolvimento científico: todos os exemplos no capítulo anterior são exemplos desse processo.

A esta altura, os leitores de *A estrutura* podem estar ouvindo ecos de um tema fundamental, que estava intimamente associado com a noção de paradigma no livro: uma ferramenta fundamental pressuposta pelos membros de um grupo em seus contatos uns com os outros e com o mundo, [que] limita o que esses contatos podem realizar. Aqui, essa ferramenta é a ordenação dos termos para espécies que estou denominando *conjunto estruturado de espécies*. Sua aquisição é precondição para o pertencimento à comunidade de usuários e essa aquisição ocorre por meio de um processo de socialização que equipa os neófitos com um conjunto de espécies inter-relacionadas juntamente com algum conhecimento mínimo sobre elas, ou seja, com algumas expectativas sobre os modos como os membros de cada espécie se comportam. Apenas quando esse equipamento estiver em seu devido lugar, o neófito estará preparado para tomar parte nas práticas da comunidade e no discurso que é essencial para tal.

O que ocorre quando dois ou mais indivíduos compartilham um conjunto de espécies é um tópico que será desenvolvido nos próximos três capítulos. Aqui, noto apenas que não é necessário que eles compartilhem as mesmas crenças e expectativas sobre os membros do conjunto; no entanto, o princípio de não superposição restringe consideravelmente quais podem ser essas crenças. Essa restrição é crucial e não conheço maneira melhor de a introduzir. Mas essa maneira, infelizmente, é muitas vezes enganosa. A questão não é que a aquisição de um conjunto particular de espécies proíba a *crença* em certas proposições (embora, num sentido pickwickiano,* ela de fato o faça). Em vez disso, o que ocorre é que a aquisição de um conjunto particular de espécies proíbe *até mesmo a formulação*, conceitual ou verbal,

---

\* Referência ao personagem Samuel Pickwick, criado pelo escritor inglês Charles Dickens no romance *The Pickwick Papers*, publicado em 1836. É característico do personagem compreender as expressões num sentido peculiar e diferente do sentido aparente ou usual. (N. T.)

## 260 A INCOMENSURABILIDADE NA CIÊNCIA

de certas crenças adotadas por usuários de um outro conjunto de espécies. Conjuntos diferentes ou diversamente estruturados de espécies franqueiam acesso a diferentes gamas de crenças possíveis, embora essas crenças sejam, em grande parte, superpostas. Usuários de um conjunto de espécies devem ser capazes de as suspender ou as colocar entre parênteses a fim de obter acesso a alguma das proposições que são candidatas à crença para os usuários do outro conjunto de espécies.[11]

## IV

Os exemplos do último capítulo visavam, em primeiro lugar e antes de tudo, ilustrar o processo e as consequências da obtenção desse acesso e a noção de um conjunto de espécies sugere uma maneira de reformular-lhes a significação. Ao tentar interpretar um texto de uma época anterior, o historiador encontra anomalias que isolam uma ou mais disparidades locais entre o conjunto de espécies que ele trouxe ao texto e o da pessoa que o compôs. O reconhecimento de tal disparidade inaugura uma tentativa de retomar as espécies aparentemente anômalas usadas pelo autor. Essa tentativa começa com a coleta das passagens nas quais aparecem um ou outro dos termos problemáticos. Ela continua com tentativas de descobrir as características comuns das várias ocasiões em que esses termos são usados, quer separadamente quer em conjunto, e de simultaneamente descobrir o que diferencia essas ocasiões das ocasiões que, para nós, seriam similares, mas para o autor não eram. Essas técnicas de coleta e de análise são a base dos exemplos apresentados no capítulo anterior, embora elas só tenham aparecido explicitamente em raros casos. Como escrevi no início do Capítulo 2, essas técnicas são difíceis de ensinar de qualquer outra forma a não ser pelo exemplo, mas elas deixam traços informativos quando aplicadas. Observe novamente, por exemplo, os dados fornecidos e a discussão sobre *chora* e *topos* na nota de rodapé 28 do Capítulo 2, e note também, no início daquele capítulo, a discussão das características que reúnem todos os tipos

---

11 A expressão "candidatas à crença" foi inspirada pela expressão de Ian Hacking "candidatas à verdade ou à falsidade", que entendo como tendo a mesma intenção. De qualquer modo, a discussão na qual ele introduziu essa expressão foi de grande utilidade para mim: cf. "Language, Truth, and Reason", em Hollis; Lukes (orgs.), *Rationality and Relativism*, p.48-66.

de mudança sob a categoria *kinesis*; ou considere a explicação do uso de *quanta* e *elemento* nos artigos de Planck e em outros textos da física alemã.

As técnicas e experiências que atribuí a meu historiador imaginário pelejando para penetrar em um texto são próximas daquelas que Quine atribui a uma figura que ele descreve como o "tradutor radical", um antropólogo imaginário lutando para aprender a língua dos nativos pela observação de seu comportamento. Tanto Quine como eu nos valemos do termo *interpretação* para descrever esse processo e uma comparação de nossas visões acerca do resultado se revela iluminadora. Concordamos plenamente sobre três de suas características mais importantes. Em primeiro lugar, para o intérprete, seja ele o meu historiador, seja o antropólogo de Quine, a unidade de análise é sempre, no mínimo, uma frase ou enunciado completo. Embora a anomalia que exige interpretação possa ser assinalada pelo uso de uma única palavra, o que é anômalo não é a palavra em si mesma, mas o seu uso nessa frase. Portanto, enunciados completos devem ser os portadores primários de significado.[12] Em segundo lugar, o processo de interpretação nunca está concluído e pode perder o rumo a qualquer momento: a próxima frase ou a próxima enunciação nativa pode revelar-se anômala, exigindo extensão, refinamento ou até mesmo reforma do que veio antes. Por fim, apesar disso, algumas hipóteses (Quine as denomina "hipóteses analíticas") sobre o comportamento nativo ou autoral funcionam muito melhor do que outras: o que era anômalo torna-se parte de uma nova ordem; o que era antes incompreensível pode agora ser compreendido. Embora o intérprete – historiador ou antropólogo – deva ser sempre cauteloso e estar alerta para novas surpresas, nesse ínterim, existem boas razões para confiar no entendimento já obtido pelo processo de interpretação.

Contudo, os passos descritos até agora não consumam a tarefa do intérprete. Os resultados da interpretação ainda devem ser comunicados a um público na cultura do próprio intérprete, e é com relação ao modo como isto é feito que meu caminho e o de Quine divergem.[13] O restante desta seção

---

12 É evidente que esses enunciados ou sentenças não precisam satisfazer os critérios gramaticais da língua já desenvolvida. *Mamã* [*Mama*] e *au-au* [*doggie*] pronunciados por uma criança pequena na presença de um objeto potencialmente apropriado conta como uma sentença.

13 Descobrir a natureza dessa divergência foi crucial para o desenvolvimento das concepções apresentadas neste livro, e o desafio que resultou nessa descoberta talvez seja minha principal dívida com Quine. Essa dívida remonta ao ano acadêmico de 1958-1959. Quine e eu

## 262 A INCOMENSURABILIDADE NA CIÊNCIA

discute a opção de Quine; a minha será esboçada na seção subsequente, que é a última do capítulo.

Para Quine, o antropólogo-intérprete é um tradutor que transmite o comportamento linguístico nativo para seu público na própria língua desse público. Ao assumir este como sendo o caso, Quine argumenta ainda que, para a maior parte dos enunciados na língua dos nativos, é possível haver um número infinito de traduções completamente equivalentes e, portanto, o resultado adequado da tradução é fundamentalmente indeterminado. Por uma questão de simplicidade, Quine começa por considerar a tradução homofônica, a conexão das frases de uma língua com frases da mesma língua, e ele conclui assim: "a totalidade infinita de frases de qualquer língua de um falante pode ser permutada ou conectada consigo mesma de tal forma que (a) a totalidade das disposições do falante para o comportamento verbal permaneça invariante e, mesmo assim, (b) a conexão não é uma mera correlação de frases com frases *equivalentes*, em qualquer sentido plausível de equivalência, por vago que seja. Frases em número infinito podem divergir drasticamente de seus respectivos correlatos, mas as divergências podem compensar umas às outras tão sistematicamente que o padrão global de associações das frases entre si e com a estimulação não verbal é preservado".[14] O que vale para conexões no âmbito de uma língua deve valer também para conexões entre línguas. O resultado é o que Quine chama de *indeterminação da tradução*.

Para mim, a conclusão de Quine parece uma *reductio ad absurdum* de seu argumento, e isso parece ser culpa de uma de suas premissas. Quine ainda está à procura de uma plataforma arquimediana fixa, e ele a encontra pressupondo uma classe privilegiada de frases, que podem ser avaliadas

---

fazíamos parte do Center for Advanced Study in the Behavioral Sciences [na Universidade de Stanford], e ele pôs em circulação uma versão do capítulo 2 de *Word and Object*. Em minha obra, as referências à questão da tradução em Quine começam poucos anos depois, mas permanecem equívocas e ocasionalmente contraditórias até o início dos anos 1980.

14 Quine, *Word and Object*, op. cit., p.27. Uma discussão útil sobre o resultado desse processo de conexão é apresentado por Putnam em seu livro *Reason, Truth, and History*, p.32-8, 217 *ss.* [Há edição dessa obra disponível em língua portuguesa: *Razão, verdade e história*. (N. T.)] Porém, o exemplo de Putnam deveria ser lido com cautela, pois ele só trata de um único caso, um conjunto de sentenças de observação, e o que resulta dessa conexão *é* uma "mera correlação de sentenças com sentenças *equivalentes*". A indeterminação que ele ilustra é trivial, mas isso, como estamos prestes a ver, é exatamente o que Quine teria esperado.

CAPÍTULO 3: TAXONOMIA E INCOMENSURABILIDADE **263**

apenas com base em estimulação sensorial e que, assim, "dão sustentação à doutrina filosófica da infalibilidade das sentenças de observação".[15] A aquisição da língua começa com essas sentenças de observação; elas oferecem o fundamento necessário para obter domínio de sentenças de um tipo mais elaborado; e, para Quine, todas elas são *transculturais*, no sentido de que podem ser completamente traduzidas na língua de qualquer outra cultura.[16] As sentenças de observação de qualquer par de línguas podem, assim, ser conectadas umas às outras de uma única forma, o que as reduz efetivamente a uma única língua. A indeterminação da tradução só é encontrada em sentenças mais elaboradas, e o argumento de que ela pode ser encontrada mesmo aí exige como premissa a neutralidade das sentenças de observação.

É claro que essa premissa está profundamente arraigada na tradição empirista desde o século XVII, quando sua origem foi intimamente associada com a da ciência empírica.[17] Não obstante, ela é equivocada, como qualquer tradutor sabe. O aforismo *traduttore traditore* se aplica às sentenças de observação, pelo menos tanto quanto se aplica aos tipos mais elaborados de sentenças às quais elas conduzem.[d] Eugene Nida, um importante representante do campo de estudos da tradução, escreve: "*todos os tipos de tradução* envolvem (1) perda de informação, (2) adição de informação e/ou (3) enviesamento de informação".[18] Um exemplo particularmente eloquente

---

15  Quine, *Word and Object*, op. cit., p.44.

16  Para a traduzibilidade de sentenças de observação, cf. ibid., p.68. Agradeço muito a James Conant por ter me mostrado a importância central dessa última passagem para minha argumentação.

17  Francis Bacon denunciou a linguagem da fala comum – seus "ídolos do mercado" – por sua tendência a iludir [cf. o "Novum Organon", Lv.1, em Spedding; Ellis; Heath (orgs.), *The Works of Francis Bacon*; a Royal Society adotou como seu lema *nullius in verba* [usualmente traduzido como "não tome a mera palavra de alguém como evidência"], e importantes defensores da nova filosofia assumiram a busca generalizada por uma característica universal, uma linguagem clara para a qual todas as formas conhecidas de fala poderiam ser traduzidas. Sobre esse tema como um todo, cf. Slaughter, *Universal Languages and Scientific Taxonomy in the Seventeenth Century*. Cf. também a nota 4.

18  Nida, "Principles of Translation as Exemplified by Bible Translating", em Brower (org.), *On Translation*, p.13 (itálicos meus). Como muitos outros livros escritos sobre o tema, esse volume trata principalmente da tradução de literatura. Todavia, ele contém muita coisa útil – especialmente o breve ensaio (p.232-9) de Jakobson, "On Linguistic Aspects of Translating" –, inclusive sua bibliografia. O ensaio de Benjamin, "The Task of the Translator", publicado originalmente em 1923 como prefácio à sua tradução dos *Tableaux Parisiens* de [Charles] Baudelaire é um estudo especialmente penetrante sobre os problemas da tradução e sobre o quanto eles podem ou não ser resolvidos. Esse ensaio está facilmente disponível em

# 264 A INCOMENSURABILIDADE NA CIÊNCIA

de todas essas três características é apresentado pelo linguista John Lyons. Ele considera a frase inglesa "The cat sits on the mat" [*o gato senta/está sentado no capacho/tapete/carpete*], pergunta como ela deveria ser traduzida para o francês e conclui que, em qualquer sentido estrito, isto não é possível.[19] Depois de notar as diferenças de referência entre o inglês *cat* e o francês *chat*, e observar que a gramática francesa força o tradutor de *sits* a escolher entre o ato de sentar e o estado de estar sentado, Lyons continua como se segue:

> A tradução de "the mat" é mais interessante. O que está a ser referido é um *door-mat* [capacho] ("paillasson"), um tapete que fica ao lado da cama [*bedside mat*] ("descente de lit") ou uma pequena tapeçaria [*small rug*] ("tapis") – para não mencionar diversas outras possibilidades? Há um conjunto de lexemas em inglês, "mat", "rug", "carpet" etc., e um conjunto de lexemas em francês, "tapis", "paillasson", "carpette" etc.; e nenhuma das palavras francesas tem a mesma denotação [referência] que qualquer um dos lexemas ingleses. Cada conjunto de lexemas divide ou categoriza de uma forma diferente uma certa parte do universo do mobiliário doméstico; e os dois sistemas de categorização são incomensuráveis [...]
>
> É demasiado fácil ter consciência das dificuldades de tradução de uma língua para outra e, mesmo assim, subestimar ou ignorar completamente as implicações teóricas dos fatos que dão origem a essas dificuldades [...]. A denotação de um lexema é limitada pelas relações de sentido que existem entre este e outros lexemas na mesma língua. A denotação de "mat" é limitada por seu contraste de sentido com "rug" e "carpet"; a denotação de "paillasson" em francês é limitada por seu contraste de sentido com "tapis" e outros lexemas. Não seria razoável dizer que "mat" tem dois significados porque é traduzível para o francês por meio de dois lexemas não sinônimos, "tapis" e "paillasson"; ou que "tapis" tem três significados porque pode ser traduzido para o inglês com três

---

sua coletânea *Illuminations*, org. Hannah Arendt. O livro amplamente conhecido de George Steiner *After Babel: Aspects of Language and Translation* inclui uma abrangente bibliografia selecionada e um interessante relato pessoal dos problemas e das vantagens do multilinguismo. [Ambos os textos estão disponíveis em língua portuguesa: Benjamin, "A tarefa do tradutor", em *Escritos sobre mito e linguagem*, p.101-19; Steiner, *Depois de Babel: questões de linguagem e tradução*. (N. T.)]

19 Lyons, *Semantics*, v.1, p.238. Entre as notáveis contribuições de Jehane Kuhn para este livro, o presente que foi essa passagem de Lyons não é a menor delas.

CAPÍTULO 3: TAXONOMIA E INCOMENSURABILIDADE **265**

lexemas não sinônimos "rug", "carpet" e "mat". Os significados das palavras (seu sentido e sua denotação) são internos à língua à qual elas pertencem.

Agora note que "the cat sits on the mat" é uma sentença de observação e as ocasiões para sua enunciação linguisticamente apropriada são determináveis apenas por estimulação sensorial.[20] A discussão de Lyons nos convida a imaginar um guia anglófono que mostra a um visitante francófono uma série de situações que poderiam apropriadamente levar os falantes do inglês a dizer: "the cat sits on the mat". Para cada uma dessas situações, o visitante teria uma enunciação apropriada em francês e essa enunciação também seria uma sentença de observação. Porém, a sentença de observação apropriada em francês variaria de uma situação para outra. Nenhuma sentença única em francês traduziria todas as enunciações apropriadas de "the cat sits on the mat", e tampouco poderia haver alguma generalização universal em francês que se aplicasse a toda e qualquer situação na qual um felino se senta numa tapeçaria. Para propósitos práticos (por exemplo, comprar um novo revestimento de chão), essa intraduzibilidade pode ser irrelevante. Porém, generalizações universais são constitutivas de grande parte da ciência e sua intraduzibilidade nesse campo pode ter profundas consequências.

Esse problema de tradução ainda vai além. Quando, numa situação particular, o falante de inglês diz "the cat sits on the mat" e o falante de francês enuncia a sentença de observação correspondente em francês, a frase francesa não traduz a frase inglesa e vice-versa. Embora ambas as frases se apliquem à situação particular que as evocou, existem incontáveis outras situações nas quais uma delas se aplicaria, mas a outra não. Enriquecer o francês pela adição do termo *mat* tampouco será de grande valia. Tal como *paillasson*, *tapis* etc., *mat* é um termo para espécie. Seu significado, não importando qual possa ser, depende de sua presença num conjunto de contraste que contém termos para espécie ingleses que não se superpõem e que designam revestimentos de chão tais como *carpet* [carpete], *rug* [tapete] e assim por diante. Se ele pudesse ser importado para a categoria francesa para revestimentos de chão, seria conhecido por contrastes diferentes e teria um

---

20 Na verdade, Lyons considera a sentença "The cat sat on the mat" [*o gato sentou/estava sentado no capacho/tapete/carpete*]. Mudei *sat* para *sit* com o objetivo de eliminar o papel da memória nesta avaliação.

significado diverso. Essas diferenças poderiam ser toleráveis se os membros da nova categoria fossem completamente distintos dos membros das categorias vigentes. Porém, a adição de *mat* à categoria francesa para revestimentos de chão viola o princípio de não superposição. *Mat* e *paillasson*, por exemplo, se superpõem: eles compartilham alguns dos referentes, mas não todos eles e, portanto, apenas um dentre os dois pode possuir o rótulo que o identifica como um termo para espécie e que é essencial para seu funcionamento. Embora as línguas de fato se enriqueçam pelo empréstimo de vocábulos e, aliás, de diversas outras maneiras, esse enriquecimento leva tempo e resulta em mais do que uma mera adição ao que havia antes. A aplicação do termo *enriquecimento* ao desenvolvimento linguístico é problemática, da mesma forma que a aplicação do termo *crescimento* ao desenvolvimento científico. De fato, como podem ter sugerido os exemplos, os dois conjuntos de problemas são o mesmo.

Nada do que precede visa negar a existência ou a importância das sentenças de observação e tampouco deveria sugerir que sentenças de observação não possam ser frequentemente traduzidas de uma língua para outra. Em vez disso, a questão é que o corpo de sentenças de observação de uma língua só raramente se correlaciona (se é que se correlaciona) biunivocamente com as sentenças de observação de outra língua. Além do mais, a única forma de descobrir quais se correlacionam e quais não é convivendo com falantes nativos e aguçando-se a sensibilidade às partes anômalas de um texto ou de um comportamento. Fora do par de línguas que estão a ser comparadas, inexistem critérios para determinar quais frases serão traduzíveis e quais não serão.

## V

Um último aspecto da passagem do texto de Lyon é também relevante. Ele se vale da palavra *incomensurável* para descrever a relação entre as formas inglesa e francesa de categorizar revestimentos de chão, e ao fazê-lo introduz aquele que é, provavelmente, o conceito fundamental deste livro. Há cerca de trinta anos, Paul Feyerabend e eu emprestamos o parente próximo desse termo, *incomensurabilidade*, para descrever a relação entre uma teoria científica mais antiga e uma mais recente.[21] É evidente que ambas as formas são extraídas da matemática, onde designam a inexistência de uma medida comum (o exemplo típico é a relação entre o lado e a diagonal de um triângulo retângulo isósceles). Em seu uso de empréstimo, elas significam que não existe nenhuma linguagem comum, nenhuma característica universal para as quais possam ser traduzidas todas as frases de duas teorias expressas linguisticamente. Juntamente com os exemplos do Capítulo 2, este capítulo visa mostrar a pertinência da metáfora. A tradução é, na melhor das hipóteses, uma ponte imperfeita para o pensamento de uma outra cultura ou de uma era passada: a incomensurabilidade de conceitos para espécies exclui-lhes o uso pleno.

Contudo, quando a tradução malogra, um outro recurso se faz disponível. Ao nos depararmos com passagens anômalas que sugerem incomensurabilidade, pelo processo que Quine e eu denominamos *interpretação*, podemos tentar aprender a linguagem na qual essas passagens foram escritas. O processo no qual estavam engajados o antropólogo imaginário de Quine e o meu historiador imaginário não é a tradução, mas o aprendizado de uma linguagem. Embora seja um pré-requisito para a prática efetiva da tradução, o que ele produz em primeira instância são, na melhor das hipóteses, indivíduos bilíngues. Porém, o que esses indivíduos ouvem e dizem nem sempre pode ser expresso nas duas linguagens e, portanto, é preciso que eles estejam constantemente conscientes de qual comunidade de linguagem estão participando. Isso quer dizer que os bilíngues podem se movimentar de uma cultura para outra, mas, quando o fazem, seu comportamento deve se modificar aqui e acolá. O resultado da incapacidade de efetuar tais modificações é que seu comportamento será recebido como anômalo.

Considerem agora os exemplos do Capítulo 2. Porque esses exemplos e outros similares parecem ter sido apresentados no inglês comum de seus leitores, afirmou-se que a incomensurabilidade é uma noção que se refuta a si mesma. "Dizer-nos que Galileu tinha noções 'incomensuráveis'", escreve um crítico, "*e então prosseguir descrevendo-as em detalhe é totalmente*

---

21 Falei um pouco sobre nossa introdução aparentemente independente do termo em meu texto "Commensurability, Comparability, Communicability", em Asquith; Nickles (orgs.), *PSA 1982*, v.2 [reimp. como cap.2 em *O caminho desde* A estrutura].

268 A INCOMENSURABILIDADE NA CIÊNCIA

*incoerente.*"[22] Todavia, observações desse gênero ignoram a forma na qual os exemplos foram comunicados. É evidente que eles foram apresentados em inglês comum sempre que isso pudesse ser feito sem distorções. Porém, nas passagens ocasionais que se tornavam anômalas quando comunicadas em inglês comum, era necessário que o historiador (nesses casos, refiro-me sobretudo a mim mesmo) aprendesse o vocabulário conceitual do autor do texto, o ensinasse a seus leitores e então *o utilizasse* para apresentar as concepções em discussão. Quando a tradução malogra, nenhum outro recurso se faz disponível. A torre de Babel não será reconstruída: nem comunidades de linguagem nem culturas podem ser fundidas sem perdas que empobreçam sua linguagem. Contudo, aprender e ensinar a linguagem do outro oferece uma alternativa poderosa e, diversamente da tradução, é provável que sempre seja possível recorrer a ela.

É evidente que não podemos estar seguros quanto à acessibilidade universal de linguagens humanas a seres humanos. Mesmo assim, a herança biológica e ambiental dos seres humanos torna o acesso universal provável; a experiência sugere que ele existe e a teoria das espécies a ser desenvolvida no Capítulo 5 elevará ainda mais essa probabilidade. De fato, é difícil ver como a universalidade poderia malograr. O que concluiríamos se descobríssemos uma tribo estranha, lhe imputássemos linguagem e então percebêssemos que não éramos capazes de adquirir-lhe a língua, mesmo após muito esforço por parte de indivíduos competentes? Talvez concluíssemos simplesmente que não éramos inteligentes o bastante ou que mais trabalho se fazia necessário. Ou talvez concluíssemos que estávamos enganados em atribuir linguagem à tribo. Ou talvez, em vez disso, concluíssemos que os membros da tribo, embora superficialmente se assemelhassem ao *homo sapiens*, não eram realmente humanos. Dentre essas alternativas, onde deveríamos situar a conclusão de que uma língua humana inacessível foi encontrada? E de que critérios nos valeríamos para discriminar entre elas? O filósofo que escreveu que "o comportamento comum da humanidade é o

---

22 Putnam, *Reason, Truth, and History*, op. cit., p.115 (itálicos de Putnam). O artigo citado na nota anterior era, essencialmente, uma tentativa de dar uma resposta a Putnam. Feyerabend respondeu independentemente, mas em termos quase idênticos em seu artigo "Putnam on Incommensurability", *British Journal for the Philosophy of Science*, v.38, n.1, p.75-92, 1987. Ao se referir a Galileu, Putnam faz uso de um exemplo de Feyerabend, mas a discussão se refere explicitamente a minha obra também.

CAPÍTULO 3: TAXONOMIA E INCOMENSURABILIDADE **269**

sistema de referência por meio do qual interpretamos uma linguagem desconhecida", também escreveu que, "se um leão pudesse falar, não seríamos capazes de compreendê-lo".[23]

28 de fevereiro de 1995

---

23 Wittgenstein, *Philosophical Investigations*. Devo reconhecer que as passagens provêm de partes distintas da obra e que o contexto da última citação pode tornar esse uso forçado. [A referência original de Kuhn era à edição de 1953 das *Philosophical Investigations*, hoje obsoleta. Na edição utilizada atualmente, a 4.ed., org. Hacker; Schulte, trad. Anscombe; Hacker; Schulte – o título *Philosophical Investigations* refere-se apenas ao texto anteriormente conhecido como parte I. O texto que era conhecido como parte II hoje se intitula "Philosophy of Psychology: A Fragment". Referências adequadas às citações de Kuhn acima são, assim, os parágrafos 206 das *Philosophical Investigations* e 327 da "Philosophy of Psychology: A Fragment". (N. E.)]

# PARTE II

# UM MUNDO DE ESPÉCIES

# Capítulo 4
## Pré-requisitos biológicos para a descrição linguística
### Trajetos e situações

Voltemo-nos agora para o desafio apresentado na Parte I. O processo de desenvolvimento mediante o qual a ciência progride é sempre e apenas situado historicamente. Na medida em que a avaliação racional desempenhe algum papel, as avaliações são comparações de corpos de crenças efetivamente vigentes quando as avaliações são feitas. Compreender esse processo e sua direção exige a análise filosófica de narrativas extensas que recontam uma série de tais comparações. Além disso, as *mises-en-scène* requeridas para tais narrativas dependem de um gênero especial de interpretação, que fornece um conjunto de termos aparentemente familiares com novo significado. Nem a natureza nem a significação dessas interpretações podem ser compreendidas na ausência de uma teoria da natureza dos conceitos para espécies e do significado de termos para espécies, uma teoria que não é puramente extensional, mas que relaciona esses significados às formas pelas quais seus referentes são determinados. Esboçar os elementos de tal teoria é a finalidade da Parte II, que começa aqui.

O caminho é difícil e nos conduz a territórios pouco familiares. Nos três capítulos da Parte II, o tema aparente do livro, bem como a evidência e a argumentação pertinente a ele aparentarão mudar abruptamente. Os problemas filosóficos introduzidos nos capítulos anteriores só recuperarão sua relevância na Parte III. Entrementes, explorarei uma parte do aparato cognitivo humano que parece oferecer um fundamento apropriado para a resolução daqueles problemas que serão desenvolvidos nos capítulos finais. O presente capítulo, baseado sobretudo em evidência proveniente da psicologia do desenvolvimento, examina o estado desse aparato com o qual

# 274 A INCOMENSURABILIDADE NA CIÊNCIA

os humanos e os outros animais chegam ao mundo. Para os primeiros, os bebês humanos, esse exame é alargado para incluir uma mudança fundamental que ocorre perto do fim do primeiro ano de vida e que parece estar associada com um estágio precoce de aquisição da linguagem. O próximo capítulo se vale dessas descobertas como base para uma teoria do significado dos termos para espécies que subjazem à vida cotidiana em uma ou outra cultura, e o Capítulo 6 introduz uma teoria relacionada para as espécies unitárias que desempenham um papel tão importante nas ciências.

Linguagens descritivas dependem de um entrelaçamento estrito do conceito de uma espécie e do conceito de um membro individual dessa espécie. Esse entrelaçamento é parte do que torna as versões desenvolvidas desses conceitos o que elas são. Aristóteles, cuja concepção dos objetos individuais e de sua mudança foi fundamental para a concepção de movimento esboçada no Capítulo 2, reflete esse entrelaçamento. Segundo ele, qualquer indivíduo concreto, como este homem ou aquele cavalo, era uma *substância primária*; a espécie ou espécie biológica [*kind or species*] à qual esse indivíduo pertence era uma *substância secundária*; e grande parte do comportamento do indivíduo deveria ser compreendido em termos da espécie à qual ele pertencesse.[1] Esses dois conceitos inter-relacionados [o de uma espécie

---

1 Para Aristóteles, cf. *Categorias* V. Três fragmentos autobiográficos podem indicar o que me trouxe a essa questão da substância e também antecipar a direção na qual minha argumentação se moverá. Minha preocupação com a questão das espécies data de *A estrutura*, mas se tornou claramente visível pela primeira vez no meu texto "Second Thoughts on Paradigms" em 1969 (para uma versão conveniente, cf. o cap.12 de *A tensão essencial*). A mudança das espécies para seus membros individuais se iniciou na metade dos anos 1970, quando, tardiamente, li "Naming and Necessity" de Saul Kripke em *Semantics of Natural Language*, p.253-355 [reimp. como *Naming and Necessity*]. Desde o começo, era evidente para mim que a teoria causal de Kripke oferecia uma forma poderosa e indispensável para lidar com os nomes de indivíduos, mas eu tinha muitas dúvidas sobre sua aplicabilidade às espécies. A teoria de Kripke oferecia, por exemplo, uma forma maravilhosamente persuasiva de seguir os corpos individuais que chamamos de Terra, Lua, Mercúrio, Vênus, Sol, Saturno e Júpiter através da sublevação conceitual conhecida como revolução copernicana, mas não poderia fazer o mesmo para a espécie *planeta*. O que significa ser um planeta simplesmente não é o mesmo antes e depois de Copérnico. Enunciados como "Ptolomeu acreditava que os planetas giram em torno da Terra, mas Copérnico mostrou que os planetas circulam ao redor do Sol" são incoerentes: as duas ocorrências do termo *planeta* têm significados diferentes e se referem a coisas diferentes. Entretanto, o evento decisivo para um maior desenvolvimento desses pensamentos foi muito mais recente: minha leitura do livro de David Wiggins, *Sameness and Substance*, num seminário sobre espécies naturais que Sylvain Bromberger e eu oferecemos em 1987.

CAPÍTULO 4: PRÉ-REQUISITOS BIOLÓGICOS PARA A DESCRIÇÃO LINGUÍSTICA    **275**

e o de um membro individual da espécie] desempenham funções vitais para a sobrevivência, e ambos deitam raízes e estão disseminados em todo o mundo animal, onde se manifestam desde a época do nascimento. Suas formas iniciais devem ser produtos muito antigos da evolução biológica: é provável que o aparato neurológico mediante o qual eles se relacionam seja subcortical.[2]

Essa forma inicial, entretanto, é surpreendentemente diferente da forma encontrada entre humanos adultos. Os conceitos de uma espécie e de uma substância individual, em contrapartida, parecem ser inicialmente independentes. O que posteriormente chamarei de *forma básica* do conceito de objeto se manifesta primeiramente no rastreamento espacial de objetos, quer o objeto rastreado seja a mãe, um estranho, quer seja alguma presa desejada. A forma básica correspondente do conceito de espécie se evidencia na discriminação entre situações que exigem diferentes comportamentos. A resposta de um jovem animal a seus coespecíficos difere de sua resposta a membros de outras espécies biológicas [*species*]. Dentre estas últimas, suas respostas são ainda mais diferenciadas: o animal pode, por exemplo, fugir de predadores, mas perseguir sua presa.[3] Nada na lógica dessas duas atividades – a perseguição de um objeto em vista *versus* a discriminação entre diferentes situações – requer que elas sejam conceitualmente entrelaçadas, e em neonatos humanos, pelo menos, não parece haver nenhum entrelaçamento. A sua versão adulta, mais estritamente entrelaçada, só aparece em torno do 12º mês, e há evidência de que seu desenvolvimento esteja associado com a aquisição da linguagem. Se uma mudança de desenvolvimento equivalente ocorre ou não em animais ainda é uma questão em aberto.[4]

---

2  Note que aqui e nas páginas seguintes, o termo *evolução* é aplicado ao desenvolvimento *biológico* do aparato cognitivo. Em todo o restante do livro, ele é aplicado ao desenvolvimento do *produto* desse aparato, entendido como fixo. A força desse paralelo só pode ser plenamente apreciada se se mantiver firmemente em mente a distinção radical entre esses dois processos.

3  Para exemplos da primeira dessas funções, cf. Johnson; Morton, *Biology and Cognitive Development: The Case of Face Recognition*. Para exemplos da segunda (e exemplos adicionais da primeira), cf. Griffin, *Animal Minds*; cf. também Cheney; Seyfarth, *How Monkeys See the World*. Nenhum desses autores traça a linha entre essas funções que estou defendendo aqui.

4  Estou em dívida com minha colega Susan Carey por esta maneira de traçar a distinção entre as formas infantil e adulta da relação entre indivíduos e espécies, e essa dívida é apenas a mais recente de uma longa série que vem desde minha chegada ao MIT em 1979. Susan foi minha principal guia para a literatura sobre desenvolvimento infantil, desempenhou o papel de uma caixa de ressonância crítica para as ideias que tirei dessa literatura e, por meio de sua pesquisa

A INCOMENSURABILIDADE NA CIÊNCIA

Este livro se restringe a populações humanas e este capítulo trata princi-palmente do desenvolvimento pré-linguístico dos conceitos de objeto e de espécie por parte de seus membros. A consideração da forma madura e linguisticamente corporificada desses conceitos foi reservada para o pró-ximo capítulo.

**I**

Comecemos com a habilidade do bebê de rastrear um objeto em movi-mento. Em princípio, essa habilidade pode envolver todos ou qualquer um dentre os cinco sentidos, mas, em humanos, a visão e o tato são as moda-lidades sensoriais mais centralmente envolvidas. A maior parte da evidência detalhada sobre o rastreamento na primeira infância diz respeito ao sistema visual e as páginas seguintes restringem-se, em grande medida, a este.[5] Para considerar essa evidência, temos que abandonar, desde o início, uma concepção ainda amplamente difundida sobre a natureza da visão. Desde a descoberta da imagem retiniana no início do século XVII, tem sido natural pensar-se no olho como uma câmera e no processo visual como similar à interpretação de uma fotografia, um processo no qual a memória e o conhe-cimento adquirido cumprem um papel desde o início.[6] Porém, a pesquisa recente, tanto psicológica quanto neurológica, demonstra que os estímulos retinianos passam por muito processamento neural subcortical – parte dele

---

mais recente, alterou crucialmente meu pensamento sobre o tema. As últimas partes deste capítulo jamais teriam adquirido forma sem sua intervenção.

5 Evidentemente, a importância relativa das distintas modalidades sensoriais varia de espécie para espécie. Para os cães, o sentido do olfato é uma ferramenta central para a reidentifica-ção, para os pássaros, a audição tem uma importância crucial, e, para os morcegos, a audição igualmente lidera a lista.

6 *Câmera* não é um anacronismo. A invenção da *câmera obscura* no século XVI – um compar-timento escurecido numa parede interior na qual uma imagem invertida da cena exterior se formava pela luz que entrava por um pequeno buraco na parede externa em frente – desempenhou um papel central na descoberta da imagem na retina e no desenvolvimento das teorias da visão no século XVII. Para um estudo completo sobre o caminho para essas novas teorias da visão e sobre a transformação conceitual que elas efetuaram, cf. Crombie, "Mechanistic Hypotheses and the Scientific Study of Vision: Some Optical Ideas as a Back-ground to the Invention of the Microscope", em Bradbury; Turner (orgs.), *Historical Aspects of Microscopy*, p.3-112.

no interior da própria membrana externa do olho – antes que se possa fazer uso da experiência prévia ou de generalizações armazenadas na memória. Dentre os produtos desse processamento inicial, pré-interpretativo, estão as identificações simultâneas de trechos coerentes no campo visual e do movimento relativo entre eles. Combinados, esses dois tipos de informação geram as fronteiras tridimensionais dos objetos que se tornam acessíveis já nos primeiros estágios de processamento.[7] Experimentos sugerem que apenas esses dois tipos de informação são suficientes para explicar o comportamento de rastreamento de objetos visuais observado em neonatos humanos.

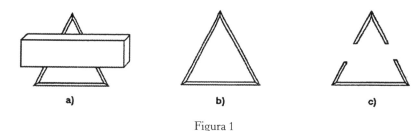

Figura 1

Observou-se com frequência que os bebês, já na primeira hora após o nascimento, rastreiam objetos em movimento ao mexerem os olhos e virarem a cabeça, um processo que é aparentemente mediado por áreas subcorticais do cérebro.[8] Como esses neonatos representam o objeto rastreado é desconhecido, mas os experimentos começam a fornecer pistas por volta do terceiro e do quarto mês. Num experimento típico, concebido para descobrir o papel desempenhado pelos princípios gestálticos da boa formação das figuras na percepção de objetos, bebês de cerca de quatro meses foram expostos ao triângulo ocluído mostrado na Figura 1a. A exposição foi repetida até que os bebês se habituassem à visualização – isto é, até que o intervalo durante o qual eles mantinham seus olhos no objeto fosse reduzido a

---

7 Para uma introdução, principalmente teórica, a essas questões, cf. Marr, *Vision: A Computational Investigation into the Human Representation and Processing of Visual Information*; e Ullman, *The Interpretation of Visual Motion*. As concepções sobre detalhes dos mecanismos de processamento discutidos nesses livros ainda estão em evolução, mas sua abordagem e seus principais achados parecem assegurados. Referências a explorações experimentais do tema serão encontradas a seguir.

8 Cf., por exemplo, Johnson; Morton, *Biology and Cognitive Development*, op. cit., esp. p.30-3, 78-111.

## 278    A INCOMENSURABILIDADE NA CIÊNCIA

alguma medida predeterminada, em geral à metade. Então, mostrava-se à metade dos bebês a visualização da Figura 1b e a visualização da Figura 1c à outra metade, e o intervalo durante o qual eles observavam o objeto foi novamente monitorado. Muitos experimentos mostraram que, em circunstâncias como essas, os bebês observarão por mais tempo visualizações que parecem discordantes em relação àquela à qual tinham sido habituados. Ou seja, eles mostrarão mais interesse numa visualização que é nova ou surpreendente. Nesse experimento, essa preferência não foi encontrada. À diferença de adultos e crianças maiores, os bebês de quatro meses não têm nenhuma inclinação a completar o triângulo. A mesma falta de preferência entre figuras completas e divididas evidenciava-se em diversos outros experimentos nos quais os adultos teriam completado as figuras a partir de pistas fornecidas pela forma, pela cor ou pelo padrão. Entre elas, estava um esboço ocluído de um rosto humano.[9]

Entretanto, se as partes das figuras do teste estivessem juntas e em movimento por trás da barreira que as oclui, a resposta dos bebês de quatro meses era muito diferente. Habituados à barra ocluída da Figura 2a, com barra e bloco estacionários, os bebês de quatro meses não mostravam nenhuma preferência entre a barra completa e a interrompida nas visualizações de teste b) e c). A mesma ausência de preferência foi encontrada se a barra e o bloco se movessem juntos ou se o bloco se movesse e a barra permanecesse parada. Porém, se o bloco estivesse parado e a barra atrás dele se movesse lateralmente para trás e para a frente (como indicado pelas setas na figura), então os bebês olhavam por um tempo mais do que cinquenta vezes maior para a barra interrompida do que para a completa. Claramente, o movimento coerente das duas partes expostas da barra induzia uma forte expectativa de que elas estavam unidas num todo único por trás do objeto estacionário que as oclui. A mesma preferência qualitativa era evidenciada mesmo se as duas partes expostas da figura em movimento fossem notavelmente diferentes (por exemplo, uma barra preta em cima e um hexágono vermelho

---

9 Kellman; Spelke, "Perception of Partly Occluded Objects in Infancy", *Cognitive Psychology*, v.15, n.4, p.483-524, 1983. Sínteses úteis dessa e de outras pesquisas relacionadas são apresentadas em Spelke, "Perception of Unity, Persistence, and Identity: Thoughts on Infants' Conceptions of Objects", em Mehler; Fox (orgs.), *Neonate Cognition: Beyond the Blooming Buzzing Confusion*; bem como em seu artigo "Principles of Object Perception", *Cognitive Science*, v.14, n.1, p.29-56, 1990.

interrompido em baixo) e o mesmo ocorria se a barra se movesse verticalmente ou em profundidade em vez de lateralmente.[10] É surpreendente o efeito decisivo do movimento e o papel insignificante de qualidades como cor e figura na organização em objetos do campo visual do bebê. Não importa quão díspares possam ser, partes que se movem juntas são partes de um único objeto.

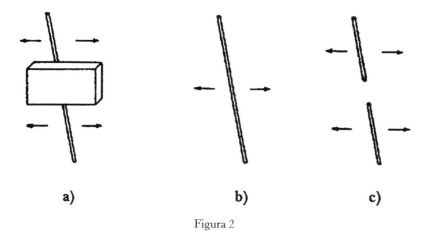

Figura 2

Fica claro que o bebê está a caminho de algo como um conceito de objeto. O que pode ser dito, com base no comportamento descrito até agora, sobre o estágio que ele atingiu? Dois pontos são especialmente relevantes, um deles é óbvio e o outro nem tanto. Em primeiro lugar, o comportamento do bebê que acaba de ser descrito manifesta o que chamarei por ora (sujeito a correção posterior), seguindo [Eli] Hirsch, de *conceito de objeto-básico*: o objeto como uma região delimitada cujas partes se movem juntas.[11] Ele está inextricavelmente entrelaçado, de uma forma para a qual a discussão de Aristóteles nos

---

10 Além das referências citadas na nota 3, cf. Kellman; Spelke; Short, "Infant Perception of Object Unity from Translatory Motion in Depth and Vertical Translation", *Child Development*, v.57, n.1, p.72-86, 1986. A percepção de profundidade no bebê, tal como sua percepção da posição lateral e vertical, é provavelmente monocular, as pistas para essa conclusão uma vez mais sendo fornecidas pelo movimento relativo. Em média, a percepção binocular de profundidade não se desenvolve em humanos até o fim do quarto mês de vida. Cf. Held, "Binocular Vision-Behavioral and Neuronal Development", em Mehler; Fox, *Neonate Cognition*, cap.3. Organismos mais primitivos acessam monocularmente a dimensão da profundidade.
11 Para o isolamento de um conceito de objeto básico e uma discussão útil de suas forças e limitações, cf. Hirsch, *The Concept of Identity*. Grande parte do restante deste capítulo e do próximo trata da eliminação dessas limitações.

preparou, com o conceito de mudança de lugar e, assim, com alguma forma precoce dos conceitos que crianças maiores e adultos identificam como *espaço, tempo* e *objeto*. Contudo, diversos conceitos se manifestam juntos e não há razão para supor que bebês humanos ou animais não humanos de qualquer idade os separem, ou seja, que tenham três conceitos em vez de um. Em segundo lugar, os três conceitos que emergirão posteriormente são o que chamei no Capítulo 3 de *conjuntos unitários* e eles ilustram o que descrevi ali como a generalização em forma de lei que seu entrelaçamento traz consigo. Nesse caso, uma dessas generalizações é o princípio de impenetrabilidade: dois objetos não podem ocupar a mesma região do espaço ao mesmo tempo. Se o sistema nervoso representa objetos como regiões delimitadas cujas partes se movem juntas, então as regiões que ele representa não podem, em princípio, simultaneamente interpenetrar-se e permanecerem objetos [distintos].

A Figura 3 esboça uma versão bidimensional do argumento requerido. Se A e B são objetos, então a representação neural em 3a é impossível. Os pontos na região pontilhada onde os dois poderiam se intersectar devem mover-se com um ou com o outro. Se eles se movem com A, então a representação requerida é 3b; se eles se movem com B, então a representação é 3c. Na primeira, o objeto A oclui o objeto B (ou, senão, B é côncavo e ajustado à superfície de A); na segunda, B oclui A (ou a concavidade de A é ajustada a B).

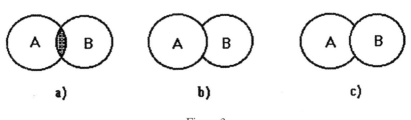

Figura 3

A proibição de configurações como a de 3a é um tipo de princípio de não superposição. Nessa forma, que é puramente geométrica, ele é o princípio físico de impenetrabilidade e apresenta um primeiro exemplo de um tipo de necessidade que, anteriormente, assimilei ao sintético *a priori* de Kant. Embora a impenetrabilidade do objeto seja um produto da experiência, essa experiência é corporificada nos sistemas nervosos que resultam da evolução biológica. Para organismos individuais, ela é anterior às experiências de corpos particulares, experiências para as quais ela não fornece evidência, mas constitui uma pré-condição. Entretanto, a referência ao sintético *a priori* chama atenção para uma distinção importante entre a posição de Kant e a posição adotada aqui, uma diferença disfarçada pelo vocabulário que fui obrigado a utilizar até o momento. Kant acreditava que os conceitos que são pré-requisitos para a experiência – conceitos como espaço, tempo e objeto – eram unicamente aqueles da física newtoniana. Porém, a discussão de Aristóteles no Capítulo 2 ou o papel das geometrias não euclidianas na física moderna indicam que conjuntos alternativos de conceitos podem desempenhar as mesmas funções. Todos esses conjuntos devem encontrar um lugar para necessidades físicas como a do princípio da impenetrabilidade do objeto (observe novamente a Figura 3 e note a forma como ela é corporificada na definição aristotélica de lugar), porém, caso contrário, eles podem diferir radicalmente. O que estivemos a considerar até o momento é sua forma primitiva, neurologicamente arraigada, uma forma na qual os três conceitos estão inextricavelmente emaranhados. Seu desemaranhamento e sua transformação subsequente em uma ou outra de suas formas adultas viáveis exige um processo adicional de aprendizado, para o qual esta primeira forma é apenas o pré-requisito. Sua separação, provavelmente, está associada com um estágio inicial de aquisição de linguagem e seu desenvolvimento posterior exige uma sintaxe plenamente desenvolvida.

Se está correta a tese de que bebês de quatro meses manifestam o conceito de objeto-básico, então os bebês dessa idade deveriam demonstrar uma consciência direta da impenetrabilidade do objeto, e diversos experimentos indicam que eles o fazem. Dentre estes, o mais revelador foi relatado por [T. G. R.] Bower em 1967 e tem sido reiteradamente examinado desde então.[12] Por volta dos quatro meses de idade, os bebês são fisicamente capazes de alcançar e agarrar um objeto, mesmo se esse objeto estiver parcialmente oculto. Porém, se, com o bebê a olhar, um objeto estiver totalmente oculto sob um pano ou um copo opaco, o bebê não faz nenhuma tentativa de recuperá-lo, agindo, em vez disso, como se o objeto não mais existisse. A descoberta surpreendente de Bower foi que os bebês se comportam exatamente da mesma forma se o copo for transparente, com o objeto em plena

---

12 Sigo a síntese fornecida posteriormente em Bower, *Development in Infancy*, cap. 7. Essa explicação difere significativamente daquela apresentada na primeira edição do livro de Bower.

vista. Para o bebê, a fronteira exterior do copo determina o objeto; a impenetrabilidade proíbe que haja algo dentro dele. O que os adultos vêm como o objeto de dentro é, aparentemente, visto pelo bebê como uma característica da superfície do copo. É evidente que os bebês aprendem gradualmente a recuperar um objeto oculto sob um copo, primeiramente se o copo estiver sozinho e então, ao final do primeiro ano de vida, se o objeto estiver oculto sob um dentre um pequeno número de copos idênticos. Entretanto, curiosamente, o desempenho de bebês em tarefas como essas é inteiramente o mesmo tanto com os copos opacos como com os transparentes. Os dois desempenham papéis indistinguíveis quando o bebê aprende a recuperar objetos ocultos.

Outra evidência para o entendimento da impenetrabilidade dos objetos por parte do bebê é mais direta. Numa série de experimentos, esboçados na Figura 4, os bebês se deparavam com uma prateleira larga com uma parte frontal que poderia ser dobrada para trás até ficar apoiada na peça na qual a estante estava articulada. Eles eram, então, habituados à série completa de movimentos da prateleira, como na Figura 4a. Em seguida, um bloco retangular era colocado na parte traseira rígida e o bebê era exposto a duas situações de teste. Numa delas, a 4b, a prateleira era girada até ficar em posição plana, uma trajetória que deveria ter sido proibida pela presença do bloco. Na outra situação, a 4c, a prateleira era girada apenas o suficiente para tocar o bloco. A partir de quatro meses e meio, os bebês regularmente olhavam por mais tempo na situação 4b, a visualização que violava o princípio de impenetrabilidade e uma fração significativa do grupo de bebês de três meses e meio já começara a agir assim.[13]

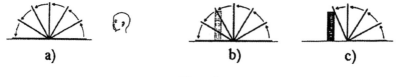

Figura 4

---

13 Baillargeon, "Object Permanence in 3½-and 4½-Month-Old Infants", *Child Development*, v.23, n.5, p.655-64, 1987. Outros experimentos que usam um protocolo similar mostram que, no mínimo por volta dos sete meses, os bebês têm expectativas que levam em conta o tamanho, a distância atrás da articulação e a compressibilidade do objeto ocluído. Cf. idem, "Young Infants' Reasoning about the Physical and Spatial Properties of a Hidden Object", *Cognitive Development*, v.2, n.3, p.179-200, 1987.

O experimento anterior mostra que o bebê espera que a trajetória de um objeto visível, a prateleira, seja limitada pela presença de um objeto que é invisível quando o obstáculo é aplicado. Outros experimentos mostram que a mesma limitação da impenetrabilidade é esperada mesmo quando nenhum objeto está visível quando ela se aplica. Num desses experimentos, bebês de quatro meses eram habituados a uma visualização na qual uma bola era solta de cima de uma tela ocluída, caía por trás dela e, quando a tela era levantada, era vista a repousar no solo. Essa é a situação representada esquematicamente na Figura 5a, onde a linha pontilhada representa a tela. Após a habituação, era introduzido na visualização um solo falso pouco acima do solo real, e os bebês eram testados nas duas situações mostradas em 5b e 5c. Na primeira, que é uma situação impossível, a bola era encontrada sob o solo falso quando a tela era levantada; na segunda situação, a bola era encontrada a repousar no solo. Os bebês olhavam por um tempo significativamente maior no caso da situação anômala em 5b. Numa versão simplificada do experimento, bebês de dois meses e meio se comportavam do mesmo modo.[14]

Esses últimos experimentos sugerem uma reformulação do princípio de não superposição que, embora equivalente à impenetrabilidade, não era sugerido por ela.

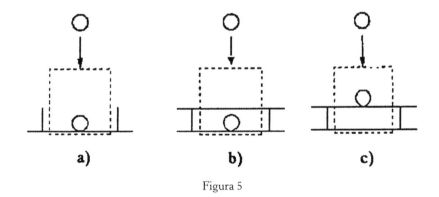

Figura 5

---

14 Spelke et al., "Origins of Knowledge", *Psychological Review*, v.99, n.4, p.605-32, 1992. Para uma versão mais sofisticada do mesmo comportamento por parte de bebês mais velhos, cf. Baillargeon, "Representing the Existence and Location of Hidden Objects: Object Permanence in 6-and 8-Month-Old Infants", *Cognition*, v.23, n.1, p.21-41, 1986.

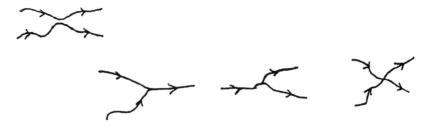

Figura 6

Concebida como uma região delimitada que se move pelo espaço ao longo do tempo, um objeto é um marcador de trajetória e trajetórias marcáveis não podem ter pontos de ramificação. Se nos referimos à trajetória de um objeto como sua linha vital, extensível a partir do nascimento ou da origem até a morte ou dissolução, então o princípio de não superposição se torna uma proibição de pontos de ramificação ou de intersecções de linhas vitais, uma proibição ilustrada na Figura 6, onde os sinais direcionais indicam tempo crescente. O par de linhas vitais mostrado no canto superior esquerdo do diagrama é permissível, mas os outros são proibidos por não conseguirem satisfazer as condições requeridas para a objetidade [*objecthood*]. Duas linhas vitais nunca podem ocupar a mesma região ou regiões superpostas do espaço. Essa é a característica que torna as linhas vitais os únicos referentes adequados para nomes próprios. Posto que linhas vitais podem não se interseccionar, associar um nome próprio a uma só posição numa linha vital o vincula ao todo. Inversamente, se dois nomes (por exemplo, Túlio e Cícero, Hésperos e Fósforo)* estão associados a uma só linha vital, então os objetos que eles nomeiam são um único e o mesmo. Com ligeiras reformulações, o princípio de nenhum-ponto-de-ramificação se revelará aplicável a espécies bem como a objetos. Ele está então sujeito a malograr, mas somente quando as espécies cessam de se comportar como deveriam, ocasiões que exigem que o historiador se torne intérprete. Embora tais ocasiões sejam relativamente raras, elas tornam inadequado que as espécies recebam nomes próprios.

---

* Hésperos e Eósforo ou Fósforo são os nomes tradicionais da Estrela Matutina e da Estrela Vespertina. (N. T.)

## II

Voltemo-nos agora do conceito do objeto-básico para o conceito associado de espécie. Os dois conceitos já estão em evidência horas após o nascimento e é útil introduzir o conceito de espécie sem deixar de notar o que ainda falta ao conceito do objeto-básico. O objeto como trajetória – ou marcador de linha vital – é desprovido de qualidades: ele cessa de existir quando o contato sensorial com o marcador de trajeto se perde por mais do que alguns instantes durante os quais seu movimento pode ser extrapolado, por exemplo, quando o objeto passa por trás de uma tela ocludente. Entretanto, a existência contínua de um objeto que sumiu de vista é intrínseca ao conceito do objeto como bem sabem as crianças maiores e os adultos. De fato, o que os psicólogos chamam de *permanência do objeto* parece uma característica necessária de todos os objetos, uma característica sem a qual eles não seriam objetos em absoluto. O que o bebê ainda tem que aprender é que os objetos são mais do que regiões delimitadas do espaço e que suas qualidades – tamanho, forma, cor, textura etc. – podem ser utilizadas normalmente para reidentificá-los quando eles reaparecem após um intervalo moderado de invisibilidade.

Os bebês reconhecem as qualidades e fazem uso delas, mas esse uso não desempenha nenhum papel em sua concepção de objeto até os últimos estágios de seu primeiro ano de vida. Em vez disso, o papel das qualidades é o de permitir a discriminação de situações que exigem diferentes comportamentos. Dentre essas discriminações, as primeiras são suscitadas pela presença das pessoas que são cuidadoras do bebê, mais notavelmente quando se trata da mãe da criança. No entanto, esses primeiros sinais de reconhecimento parecem ser evocados por recorrências da situação "mãe-presente", sem que isso implique que a situação envolva o retorno de um objeto persistente. Longe de ser o primeiro objeto reconhecido pelo bebê, como se poderia supor, a mãe ainda não é um objeto em absoluto quando é reconhecida pela primeira vez pelo bebê. A evidência para essa conclusão é robusta, mas muito recente. Antes de considerá-la, vejamos brevemente as razões para acreditar que os neonatos reconhecem a presença de suas mães.

Embora tanto o olfato como a audição por vezes desempenhem um papel na discriminação da situação "mãe-presente", a reidentificação visual pelo reconhecimento do rosto da mãe é uma ferramenta essencial desde o

286 A INCOMENSURABILIDADE NA CIÊNCIA

princípio. Porque sabe-se mais sobre ela e porque essa ferramenta se mostrará especialmente reveladora, aqui restrinjo a ela minha atenção. No mesmo estágio inicial (poucas horas após o nascimento), quando os bebês humanos começam a rastrear objetos em movimento, eles também se concentram preferencialmente num padrão facial generalizado: dois pontos ou glóbulos ordenados simetricamente acima de um terceiro glóbulo. Os dois primeiros estão no lugar dos olhos, o terceiro no lugar do nariz ou da boca, duas feições que são visualmente fundidas em muitos animais.[15] Até a última década, acreditava-se amplamente que era necessário um período significativo de desenvolvimento, tanto neuronal como cognitivo, antes que um bebê pudesse aprender a reconhecer um exemplo individual desse padrão. Pensava-se que um bebê humano, por exemplo, era incapaz de responder preferencialmente ao rosto de sua mãe até que o bebê tivesse cerca de dois meses. Pesquisas recentes, no entanto, sugerem que também essa habilidade já está em evidência poucas horas após o nascimento, pelo menos numa forma imatura.

Em experimentos típicos com bebês entre dois dias e cinco meses de vida, a criança é colocada num assento de apoio de frente para um palco ou área de visualização acortinada na qual, uma vez que tudo esteja em seu devido lugar, os rostos da mãe e de um estranho são exibidos simultaneamente através de buracos na cortina. Mesmo bebês com 48 horas de vida, com apenas quatro horas de exposição contínua a suas mães, normalmente olham por um tempo significativamente maior para elas do que para o estranho. Após estabelecer essa preferência inicial pela mãe da criança, um desses experimentos foi ampliado, expondo o bebê reiteradamente apenas ao rosto da mãe. Após a habituação ter sido obtida, a criança era de novo exposta simultaneamente à mãe e a um estranho e olhava regularmente para o estranho por mais tempo.[16] Nos meses seguintes, a criança gradualmente desenvolve a habilidade de reconhecer o rosto da mãe sob condições menos controladas (outros ângulos de visão, exposição mais breve, luz mais fraca

---

15 A preferência pelo mesmo padrão é observada em outras espécies de animais, inclusive filhotes de galinha. Cf. Johnson; Morton, *Biology and Cognitive Development*, op. cit., p.57-64, 104-6. Esse livro é guia especialmente útil tanto para as concepções atuais sobre reconhecimento de faces como para a literatura sobre o assunto.

16 Para experimentos com neonatos, cf. Bushnell; Sai; Mullin, "Neonatal Recognition of the Mother's Face", *British Journal of Developmental Psychology*, v.7, n.1, p.3-15, 1989; e Field et al., "Mother-Stranger Face Discrimination by the Newborn", *Infant Behavior and Development*, v.7, n.1, p.19-25, 1984.

CAPÍTULO 4: PRÉ-REQUISITOS BIOLÓGICOS PARA A DESCRIÇÃO LINGUÍSTICA    287

etc.), e sua habilidade de reconhecer rostos é estendida a um número crescente de outros indivíduos significativos.[17] Uma maior extensão de seu rol de rostos reconhecíveis ocupa grande parte da vida posterior da criança.

É difícil até mesmo descrever esses experimentos sem insinuar que o bebê está respondendo ao retorno de um objeto, e esta é a forma como eles foram normalmente interpretados. Contudo, impressionante evidência recente sugere que esta é uma interpretação exagerada. A evidência mais diretamente relevante era um subproduto inesperado de experimentos sobre a habilidade dos bebês de imitarem os gestos faciais dos adultos.[18] Essa capacidade está em evidência já no primeiro dia após o nascimento e está bem estabelecida por volta da sexta semana. No experimento presentemente relevante para nós, bebês de seis semanas eram expostos em ordem a dois adultos, a mãe da criança e um estranho não visto anteriormente. O adulto que a criança visse primeiro iria pôr a língua de fora ou manter a boca aberta, dois gestos faciais que bebês são capazes de imitar. O segundo adulto faria o outro gesto. Em experimentos anteriores, que envolviam apenas um único adulto gesticulando, os bebês regularmente repetiam o gesto do adulto após uma exposição exitosa. Nesse novo experimento, os bebês com frequência repetiriam para o segundo adulto o gesto feito pelo primeiro. Ou seja, [eles] se comportavam como se o primeiro adulto tivesse simplesmente reaparecido. Apenas se os dois adultos aparecessem e desaparecessem em trajetos claramente diferentes, o bebê esperaria e, então, imitaria o gesto do segundo. Não fazia nenhuma diferença se a primeira

---

17  O desenvolvimento do reconhecimento de faces após os primeiros dois dias de vida não é constante. No capítulo 6 de seu livro, Johnson; Morton (*Biology and Cognitive Development*, op. cit.) oferecem razões para supor que dois sistemas quase independentes de reidentificação estão envolvidos. Um deles, predominantemente subcortical, está presente no nascimento, utiliza o campo visual periférico e pode estar associado com o sistema de marcação de linha vital descrito acima. O outro, que inicialmente suprime e, então, suplanta o primeiro, exige a elaboração física do córtex visual durante os primeiros meses pós-natais. O artigo de Maurer; Salapatek, "Developmental Changes in the Scanning of Faces by Young Infants", *Child Development*, v.47, n.2, p.523-7, 1976, oferece mais informação relevante para a distinção entre os dois supostos sistemas. Como a própria distinção permanece controversa, deveria ser enfatizado que ela não desempenha nenhum papel significativo no presente argumento. Apenas o estabelecimento precoce de um sistema de reconhecimento facial é importante para a discussão que virá a seguir.

18  Meltzoff; Moore, "Early Imitation within a Functional Framework: The Importance of Person Identity, Movement, and Development", *Infant Behavior and Development*, v.15, n.4, p.479-505, 1992.

288 A INCOMENSURABILIDADE NA CIÊNCIA

exposição era da mãe ou do estranho, nem se o gesto inicial era o de abrir a boca ou o de mostrar a língua. A descontinuidade de trajeto, e não a descontinuidade de fisionomia, era o que assinalava a chegada de um indivíduo novo e diferente. Embora os bebês pudessem distinguir suas mães do estranho pelo reconhecimento facial, essa discriminação não implicava mudança de identidade, que era julgada simplesmente pela continuidade do trajeto. É como se a própria mãe fosse uma espécie capaz de inúmeras exemplificações diferentes. Ou, para retornar ao ponto de vista introduzido no início desta seção, é como se "mãe-presente" fosse uma situação frequente e recorrente.

Experimentos recentes, realizados por Fei Xu e Susan Carey com bebês de dez meses, oferecem evidência decisiva no mesmo sentido, nesse caso para uma variedade maior de espécies.[19] Num experimento, mostrava-se aos bebês dois objetos de espécies diferentes, as espécies sendo escolhidas dentre aquelas que os pais acreditavam ser bastante familiares aos bebês (por exemplo, um copo, uma garrafa, um caminhão de brinquedo, uma cesta de arame). Inicialmente, dois objetos diferentes eram escondidos por trás de uma tela e os bebês passavam por uma primeira exposição aos objetos, um por vez. Em seguida, os bebês eram habituados aos objetos por uma série de exposições, um objeto posto de um lado do palco e então o

---

19 Xu; Carey, "Infants' Metaphysics: The Case of Numerical Identity", versão datada de 28 de abril de 1994 de um artigo a ser publicado [publicado subsequentemente em *Cognitive Psychology*, v.30, n.2, p.111-53, 1996]. Vários outros experimentos relevantes são descritos nesse artigo. O estudo de Xu[; Carey]; Welch, "Can 10-Month-Old Infants Use Object Kind Information on Object Segregation", versão para apresentação de poster, 1994 [publicado subsequentemente como "Infants' Ability to Use Object Kind Information for Object Individuation", *Cognition*, v.70, n.2, p.137-66, 1999], chega a resultados similares com um *design* experimental diferente. O estudo de Susan Carey, "Continuity and Discontinuity in Scientific Development", fornece informação adicional sobre a habilidade das crianças de reconhecer e antecipar a quantidade de objetos numa visualização (a última versão foi gentilmente fornecida pela autora). [Susan Carey (em comunicação pessoal) não reconhece o último título que Kuhn cita acima, mas se lembra vividamente de ter compartilhado seu trabalho com ele, bem como o entusiasmo de Kuhn com as conexões que ele via entre suas próprias concepções relativas ao desenvolvimento científico e o trabalho de Carey e de outros sobre a individuação de objetos e a emergência de "sortais de espécie" [*kind sortals*] na primeira infância. Os artigos que ela compartilhou com Kuhn em versão preliminar foram todos publicados subsequentemente. Além do artigo citado acima, cf. Xu; Carey; Quint, "The Emergence of Kind-Based Object Individuation in Infancy", *Cognitive Psychology*, v.49, n.2, p.155-90, 2004. Cf. também o livro de Carey, *The Origin of Concepts*. Agradeço a Susan Carey por esta informação. (N. E.)]

CAPÍTULO 4: PRÉ-REQUISITOS BIOLÓGICOS PARA A DESCRIÇÃO LINGUÍSTICA    **289**

outro posto do outro lado. Cada objeto era deixado no lugar até que o bebê desviasse o olhar por um intervalo significativo, e a série era continuada até que a duração do olhar do bebê se reduzisse à metade. Então, o bebê era testado removendo-se a tela e observando-se a dependência entre a duração do olhar e a quantidade de objetos, um ou dois, encontrados por trás da tela. Os resultados foram idênticos aos encontrados num experimento de base [*baseline experiment*] no qual os bebês mostravam alguma preferência por exposições de dois objetos. Após a habituação, os bebês deveriam ter olhado por mais tempo para o resultado inesperado, que para os adultos era a exposição de um único objeto por trás da tela. Contudo, a habituação não teve qualquer efeito sobre os bebês; nem as visualizações de um objeto, nem as de dois objetos foram inesperadas. Eles continuaram a se comportar como no começo.

Num segundo experimento, a exposição inicial foi modificada. Na primeira exposição dos bebês aos objetos, antes da habituação, ambos os objetos eram retirados simultaneamente de trás da tela, cada um sendo movido para um dos lados do palco. Em contraste com o procedimento original, acima, no início mostrou-se aos bebês dois trajetos de objetos simultâneos. A habituação e o teste ocorreram então como no primeiro experimento, mas as respostas foram muito diferentes. Dois terços dos bebês preferiram visualizações de dois objetos antes da habituação; apenas um terço manteve essa preferência depois. Aqui, novamente, embora as crianças de dez meses mostrassem uma clara habilidade de discriminar as duas espécies de objetos nos testes, eram os trajetos e não os objetos que eles contavam. Tal como nos experimentos com gestos faciais, apenas os trajetos e não as propriedades dos objetos eram usados para distinguir entre eles. Uma diversidade de outros experimentos apontou na mesma direção.

Os resultados são particularmente impressionantes quando comparados com o que ocorreu quando o primeiro dos dois experimentos imediatamente precedentes foi realizado com bebês de doze meses, em vez de ser realizado com bebês de dez meses. Na ausência de quaisquer pistas sobre a trajetória, esses bebês ligeiramente mais velhos mostraram surpresa ao encontrarem apenas um único objeto quando a tela era levantada. Doze dos dezesseis bebês de doze meses olharam por mais tempo para o resultado inesperado (um objeto), embora apenas quatro dos dezesseis bebês de dez meses tenham agido assim.[20] Em outro tipo de experimento, mostrava-se reiteradamente a bebês de doze meses dois tipos diferentes de objetos sendo colocados numa caixa que os escondia da vista. Estimulados a procurá-los, os bebês foram até a caixa duas vezes e retiraram os dois objetos. Quando lhes mostravam apenas um tipo de objeto sendo colocado reiteradamente na caixa, os bebês foram até ela e retiraram um objeto apenas uma vez. Parece que para crianças de doze meses, mas não para as de dez meses, a informação sobre diferenças de espécie pode assumir o mesmo lugar na contagem de objetos da informação que anteriormente era fornecida exclusivamente pelo rastreamento. Note também, para investigações futuras, que durante o mesmo intervalo de dois meses muitos desses bebês tinham aprendido a reconhecer uma quantidade crescente de termos que nomeavam essas diversas espécies.

## III

Em breve, gostaria de questionar sobre a natureza das mudanças conceituais cujo início é atestado por essas experiências notáveis. Porém, é essencial considerar primeiramente o processo de reconhecimento que elas desvelam. Com esse objetivo, continuarei a me concentrar no reconhecimento facial, que fornece uma introdução particularmente reveladora. Pondo de lado muito enriquecimento e refinamento, esse processo é o mesmo nas primeiras semanas de vida, quando o que o bebê reconhece é a recorrência de um membro da espécie "mãe-presente", que o processo que ocorre no final do primeiro ano de vida, quando a criança reconhece o retorno de um objeto permanente: a sua mãe. Nos dois casos, o reconhecimento resulta da comparação de um padrão novo de três glóbulos com outros armazenados na memória e a natureza da comparação também é a mesma em ambos os casos. Essa identidade no processamento é o que torna possível o crescente entrelaçamento de conceitos individuais e de conceitos para espécies que está em curso no final do primeiro ano de vida da criança,

---

20 Esse é o experimento 5 de Xu; Carey, "Infants' Metaphysics", op. cit. O experimento que se segue imediatamente é relatado em Xu et al., "12-Month-Old Infants Have the Conceptual Resources to Support the Acquisition of Count Nouns" [em Clark (org.), *The Proceedings of the Twenty-Sixth Annual Child Language Research Forum*, p.231-8.]

# CAPÍTULO 4: PRÉ-REQUISITOS BIOLÓGICOS PARA A DESCRIÇÃO LINGUÍSTICA 291

um entrelaçamento que rapidamente modifica o conceito de objeto do bebê e, de forma mais gradual, também modifica o seu conceito de espécie. Por ora, tratarei os dois processos como um só, referindo-me tanto ao reconhecimento de espécies como ao reconhecimento individual como exemplos de identificação.

Comecemos por notar que o termo *reconhecimento*, embora apreenda uma característica essencial do que ocorreu, como descobriremos, implica algo improvável. Além do mais, o que ele tem de improvável se relaciona intimamente com o que, no Capítulo 3, tornou improvável a concepção usual que descreve o significado como um conjunto de características distintivas da coisa significada. Embora meu foco de atenção presente esteja nas questões de reconhecimento e identificação, as seguintes observações sobre esses temas anteciparão as observações muito similares sobre significado a serem desenvolvidas no próximo capítulo.

Dizer que Bobby, uma criança ou um adulto, aprendeu a reconhecer o rosto de algum indivíduo particular $A$ sugere um feito acabado: talvez Bobby tenha aprendido características suficientes do rosto de $A$ de forma que, sob boas condições de visualização, ele pode reconhecer esse rosto novamente em meio a todos os outros. Porém, não é bem isso que os experimentos nos dizem. O que eles mostram é que a habilidade de Bobby de *discriminar* um indivíduo $A$, encontrado anteriormente, em relação a algum outro indivíduo $X$, é novamente um feito, mas muito menor do que sugere a formulação usual. Bobby pode ser capaz de distinguir $A$ de $X$, mas não de $Y$, ou de distinguir $A$ de $X$ e de $Y$, mas não de $Z$, ou de distinguir $A$ de $X$, $Y$ e $Z$, mas não de $W$, e assim por diante. Essa série pode ser continuada e, a cada passo ao longo do caminho, Bobby terá aprendido uma ou mais discriminações adicionais. Porém, não importa quantos rostos Bobby tenha aprendido a diferenciar de $A$ no passado, ele ainda pode malograr com o próximo indivíduo que encontre. Aprender a reconhecer um rosto individual é, assim, um processo que pode, em princípio, continuar indefinidamente. Por que ele deveria ter um fim? Ninguém precisa aprender a discriminar mais rostos do que aqueles que tem probabilidade de encontrar um dia. Haverá tempo suficiente para aprender discriminações adicionais quando e se surgir a necessidade para tal.

Visto dessa forma, o reconhecimento facial sugere com especial nitidez que nem a identificação de um indivíduo particular nem a identificação de sua espécie exigem conhecimento de alguma constelação especial de qualidades, propriedades ou características compartilhadas por todas as apresentações desse objeto ou por todos os membros dessa espécie. O que se precisa conhecer são apenas as características que podem diferenciar a substância ou a espécie em questão de outras com as quais ela possa, *no mundo como ele é*, ser confundida. O reconhecimento não é, como veremos adiante, o único processo pelo qual objetos ou espécies podem ser identificados, mas é o processo básico, e compreender que ele procede a partir de diferenças específicas [*differentiae*], em vez de a partir de características compartilhadas tem várias vantagens significativas. No âmbito do ambiente restrito em que foi adquirido, o estoque muito limitado de diferenças específicas, disponíveis nos primeiros estágios do processo de aprendizado, provavelmente produzirá identificações corretas. As diferenças específicas adicionais, necessárias para um uso mais geral, podem ser adquiridas gradualmente com o aumento da experiência do mundo, e o processo de aprendizado de novas diferenças específicas nunca precisa terminar. Isso quer dizer que diferenças específicas adicionais tornam mais provável a identificação bem-sucedida, mas não a garantem, e a ausência daquelas tampouco é incompatível com esta. Nada se compara a ter-se finalmente acertado a lista de características exigidas. Suspeito que todas essas vantagens remontam a uma única fonte evolutiva: as diferenças específicas, como meio de identificação, são bem menos sensíveis ao erro do que as características distintivas. A introdução de uma característica que malogra em diferenciar reduz apenas a eficácia, mas não a acurácia do processo de identificação. A introdução de uma característica que subdivide espécies ou membros de uma espécie de formas não sancionadas na comunidade do usuário, como argumentarei mais adiante, será rapidamente identificada e corrigida durante o processo de aprendizado da língua.

Sabe-se muito pouco sobre o conjunto de características efetivamente utilizado no processo de identificação tanto por humanos como por animais. Provavelmente, existem muitos conjuntos que podem cumprir a mesma função e dois indivíduos não precisam fazer uso do mesmo conjunto. Porém, algumas coisas podem ser ditas sobre eles e é o reconhecimento facial que sugerirá, novamente, quais são elas. A única característica compartilhada que é pré-requisito para o reconhecimento de um rosto em particular é o padrão característico de três glóbulos e essa feição é compartilhada

CAPÍTULO 4: PRÉ-REQUISITOS BIOLÓGICOS PARA A DESCRIÇÃO LINGUÍSTICA **293**

por todos os rostos. Outras características são relevantes apenas na medida em que oferecem índices de diferenças entre o rosto a ser identificado e os demais. As mais óbvias dentre estas são a cor do cabelo, a cor dos olhos e a cor da pele, mas nenhuma delas precisa ser conhecida (eu próprio nunca me recordo da cor dos olhos mesmo das pessoas das quais sou mais próximo e tenho grande dificuldade em me recordar da cor do cabelo de pessoas que conheço bem). Muito mais importantes são as diferenças específicas que os caricaturistas exageram para produzir esboços esquemáticos que são inconfundivelmente semelhantes ao retratado. Diversamente da cor do cabelo ou dos olhos, poucas dessas diferenças específicas têm nome e, na ausência de uma caricatura, poucas pessoas são capazes de as descrever.[21]

Diferenças específicas para reconhecimento facial, plausíveis e sugeridas com frequência, compartilham características importantes com as diferenças específicas que são exploradas pelos caricaturistas. Os candidatos típicos, normalmente, são especificados como proporções: da altura pela largura do rosto, da distância entre olhos pela largura do rosto, da distância entre olhos pela distância entre olhos e boca, e assim por diante. Aparentemente, o cérebro pode reconhecer e computar tais proporções sem que a mente seja capaz de identificar quais são elas. Elas não cumprem nenhum papel nas descrições verbais exceto quando são aberrantes ao extremo. A não ser que esteja profissionalmente obrigado a medi-las, ninguém pode especificar o seu valor para um indivíduo particular, mesmo para aqueles que se conhece melhor. Por fim, a maioria delas ou todas elas são aprendidas e refinadas apenas no curso do aprendizado do reconhecimento de faces. Não admira então que as diferenças específicas efetivamente adquiridas pela prática dependam dos rostos aos quais o aprendiz é exposto. Dizer que uma pessoa apta a distinguir entre rostos no âmbito de certa cultura, tribo

---

21 Landau, em seu livro *About Faces*, p.45-8, descreve e mostra os resultados de um programa de computador que gera caricaturas ao comparar um desenho de um rosto normal com um desenho do rosto a ser caricaturado. Essa abordagem enfatiza o papel essencial das diferenças específicas geradas pela comparação entre rostos. Entretanto, no processo ordinário de aprendizagem, tudo o que precisa ser comparado são rostos efetivos extraídos da comunidade na qual deve ser realizada a reidentificação. O rosto "normal" (dos membros dessa comunidade) é um produto de muitas dessas comparações, não algo que o aprendiz necessita de antemão. A dependência de um rosto normal, tal como a dependência de protótipos de um modo mais geral, ainda se assemelha demais às abordagens tradicionais, baseadas em características partilhadas, dos problemas de identificação e de significado.

ou raça possa, inicialmente, descobrir que todos os membros da outra parecem iguais já se tornou um clichê.

Tenho apelado às vantagens de conceber-se o reconhecimento como um processo efetivado com diferenças específicas em vez de características distintivas. Porém, este último, a identificação por características compartilhadas, deve seu *status* tradicional a uma vantagem aparentemente decisiva. Se o reconhecimento procede a partir de uma lista de condições necessárias e suficientes ou outro recurso similar, a identificação se torna rotina: basta verificar as características do objeto a ser classificado ou identificado em relação à lista para determinar se a identificação correspondente se encaixa. Nenhum procedimento similar pode auxiliar na identificação por características diferenciais. No lugar deste, qual método é utilizado? A resposta a essa questão sugerirá o que torna *reconhecimento* a palavra apropriada para o processo.

Pense novamente no processo de reconhecimento de um rosto, digamos da mãe. As diferenças específicas com base nas quais esse processo é efetivado são escolhidas para maximizar as diferenças percebidas entre o rosto dela e os rostos de outras pessoas encontradas anteriormente. Se as características que estão sendo empregadas são pensadas como as dimensões de um espaço (algo especialmente fácil de fazer com proporções como aquelas que se supõe serem utilizadas no reconhecimento facial), então as posições dos rostos de indivíduos diferentes serão maximamente separadas, ao passo que as posições de aparecimentos diferentes do mesmo rosto ficarão próximas entre si. Nesse espaço, uma nova apresentação do rosto da mãe ficará dentro ou próximo do grupo das apresentações anteriores e distante das apresentações dos rostos de outrem. A mãe pode então ser identificada num relance, não em virtude de alguma característica particular que ela possua, mas porque, no espaço de diferenças específicas que está sendo empregado, não existe ninguém suficientemente semelhante a ela para causar confusão. Não se requer nada como uma inferência à melhor hipótese ou à hipótese mais plausível, pois, nessas circunstâncias, nenhuma hipótese alternativa está em questão. Não é possível imaginar que estejamos enganados e, se descobrirmos que nos enganamos, ficaremos chocados, como se tivéssemos sido traídos pelo mundo. O observador atônito pode se perguntar: "como é concebível que eu possa ter confundido aquela bruxa (ou aquela moça

CAPÍTULO 4: PRÉ-REQUISITOS BIOLÓGICOS PARA A DESCRIÇÃO LINGUÍSTICA **295**

bonita) com minha mãe?". Alguns leitores podem reconhecer esse choque como um parente daqueles que foram ilustrados em *A estrutura*, quando se falava de experimentos gestálticos ou de mudança de mundo. Retornaremos reiteradamente ao exame de tais experiências em partes posteriores deste livro.

É claro que o reconhecimento por diferenças específicas não é o único processo mediante o qual pode ocorrer a identificação de espécies ou a reidentificação de substâncias. Existem muitas circunstâncias (por exemplo, luz fraca, distância do objeto a ser identificado, óculos mal colocados) nas quais precisamos ponderar o que vimos, examinar as características particulares de sua apresentação ("é verdade, esse é o vestido que mamãe usava hoje de manhã") e inferir as probabilidades relativas de diversas identificações. Porém, o reconhecimento é o processo mais primitivo e permanece básico quando processos inferenciais são desenvolvidos. Dos dois processos de identificação, ele é o mais rápido e o mais seguro e, em todo caso, é o que fornece o domínio de objetos e situações reconhecíveis que os processos de identificação inferencial exigem. Grande parte deste livro será necessária para justificar essa tese fora de padrão, mas o Capítulo 3 antecipa a natureza da justificação exigida. O domínio no qual a inferência pode ocorrer é limitado pelo que chamei ali de um *conjunto de espécies*. Tanto a probabilidade como a verdade/falsidade de qualquer inferência particular são, assim, relativizadas para um conjunto de espécies, e qualquer conjunto individual de espécies torna impossível sequer conceber que algumas partes se tornem disponíveis para outras partes do domínio. Não podem existir inferências cujo domínio abranja todos os mundos que possam vir a ser concebidos. Tanto a integridade do processo de reconhecimento como o seu *status* como um pré-requisito para a inferência são, assim, fundamentais para os argumentos deste livro e são, ao mesmo tempo, resultados desses argumentos. Nesse sentido, o argumento em sua defesa é circular, mas a circularidade não se revelará viciosa.

Essa explicação do reconhecimento, contudo, depende criticamente da asserção de que, num espaço de diferenças específicas adequadamente escolhidas, diferentes apresentações do mesmo indivíduo ou [da mesma] espécie formam um grupo distante daqueles formados por apresentações de outros indivíduos ou outras espécies. Esse enunciado equivale a um princípio qualitativo de não superposição e, para espécies, ele é justamente o tipo de princípio que foi prometido no Capítulo 3 como a chave para a explicação da incomensurabilidade. Em sua forma atual, ele se aplica apenas às espécies disponíveis antes da aquisição de uma língua desenvolvida: a elaboração que ele exige para funcionar com o arsenal bem mais complexo de espécies adquiridas em conjunto com a língua será examinada no Capítulo 5. No entanto, uma vez mais, a forma pré-linguística é fundamental e ajudará a fazer perguntas sobre a evidência para sua existência e sobre sua provável fonte.

Com relação à sua fonte, a resposta presumida está implícita no que já foi dito. Espécies primitivas servem principal ou inteiramente para discriminar situações que requerem diferentes respostas comportamentais. Diferenças específicas oferecem o meio mais célere e mais seguro para essa finalidade, e é provável que o aparato no âmbito em que elas funcionam seja um produto muito antigo do desenvolvimento evolutivo, que seja de origem subcortical e esteja presente através de todo o reino animal. É claro que as espécies que esse aparato discrimina e as respostas que ele associa a essas espécies variam de uma espécie biológica [species] para outra e de um ambiente para outro. Algumas delas podem estar presentes desde o nascimento, mas outras são aprendidas de adultos que já as conhecem.[22] Que exista um aparato como esse para discriminar situações não deveria ser motivo de admiração.

Mas, além da plausibilidade evolutiva, qual evidência dá suporte à tese de que esse aparato funciona por diferenças específicas? Que evidência existe de que a forma básica de identificação funciona pelo agrupamento de apresentações dos membros de outras espécies? Para mim, a evidência mais robusta simplesmente inverte a direção da via que nos conduziu àquela tese. Conceber as espécies como identificadas por diferenças específicas franqueia caminho para uma teoria, procurada há muito tempo, acerca do significado dos termos para espécies, e essa teoria traz consigo um modo de explicar a experiência da incomensurabilidade e de descrever as mudanças que eu, trinta anos atrás, descrevi como revoluções científicas. Também há, porém, evidência mais direta.

---

22 Para a correção pré-linguística de erros na aplicação de conceitos para espécies, ver Cheney; Seyfarth, *How Monkeys See the World*, op. cit., p.129-37.

CAPÍTULO 4: PRÉ-REQUISITOS BIOLÓGICOS PARA A DESCRIÇÃO LINGUÍSTICA    **297**

Essa evidência é extraída de uma área da pesquisa psicológica conhecida como percepção categorial.[23] Reconhecida primeiramente em estudos fonológicos há vinte anos, desde então essa evidência também tem sido descoberta em diversas outras áreas, especialmente na percepção de música, cor e, talvez, também de expressões faciais. O campo é extremamente ativo e ainda se caracteriza por muita controvérsia. Porém, o *status* de suas principais descobertas permanece inquestionável, especialmente na percepção da fala, a área que tem sido mais estudada e à qual principalmente me restrinjo. A forma mais simples de percepção categorial ocorre quando os sujeitos expostos a um estímulo, que pode ser variado num amplo espectro, dividem esse espectro perceptivamente em dois ou mais subespectros, no âmbito de cada um dos quais as percepções são muito similares, embora difiram marcadamente daquelas experimentadas em um subespectro vizinho. A percepção de cores fornecerá uma ideia do que está envolvido aqui. Pessoas normais com visão tricromática podem perceber cores estimuladas por luz monocromática em todo o espectro que vai do infravermelho ao ultravioleta. Através desse espectro, elas podem identificar suas percepções com considerável unanimidade usando apenas os quatro termos para cores *vermelho*, *amarelo*, *verde* e *azul*, seja por si sós ou em combinações de duas palavras. Além do mais, se lhes pedirmos para dizer se duas cores, separadas por um pequeno intervalo de comprimento de onda, eram a mesma ou se eram diferentes, sua percepção da diferença é bem mais aguda na região entre as cores, digamos entre amarelo e verde, do que nos espectros de cor única em cada lado desse pico discriminatório.[24] Essas são as duas

---

23  Um levantamento completo e praticamente atualizado do trabalho nesse campo é fornecido por Harnad (org.), *Categorical Perception: The Groundwork of Cognition*, que inclui uma série de bibliografias bastante completas. Para o que se segue, os capítulos 3, 4 e 5 dessa obra se revelaram particularmente úteis. Eles são, respectivamente, Repp; Liberman, "Phonetic Category Boundaries Are Flexible"; Rosen; Howell, "Auditory, Articulatory, and Learning Explanations in Speech"; e Eimas; Miller; Jusczyk, "On Infant Speech Perception and the Acquisition of Language". Outras informações mencionadas a seguir estão dispersas, mas podem ser facilmente encontradas através do excelente índice do volume.

24  Bornstein, "Perceptual Categories in Vision and Audition", em Harnad, *Categorical Perception*, op. cit., cap.9; ver também [Harnad, "Category Induction and Representation" no mesmo volume], p.535. Tanto quanto sei, não foi estabelecido se diferenças similares na habilidade de discriminar existem também em limiares como a que existe entre marrom e verde. Se existem, elas devem variar com a cultura, pois nem todas as culturas fazem uso dessas duas categorias de cores.

# 298 A INCOMENSURABILIDADE NA CIÊNCIA

características que conduzem ao título *percepção categorial*: um espectro contínuo de estímulos é percebido como subdividido em subespectros discretos, e a habilidade de discriminar pequenas diferenças de estímulo é marcadamente maior nos limites entre subespectros do que no âmbito dos próprios subespectros.

Um exemplo menos familiar, nesse caso extraído da percepção da fala, esclarecerá e ampliará esses pontos. A língua falada faz muito uso de consoantes de parada ou oclusivas, sons cuja pronúncia começa com uma abertura súbita dos canais de ar dos pulmões para o ambiente. Elas vêm em três pares que correspondem à localização do bloqueio inicial. Para /p/ e /b/, o bloqueio é causado pelo fechamento dos lábios; para /t/ e /d/, pela língua; e para /k/ e /g/, pela glote. No interior de cada par, os membros são distinguidos pela rapidez com que a liberação do bloqueio é seguida por um som de vogal em sua enunciação. Em *path* [*via, caminho*] e *bath* [*banho*], por exemplo, a consoante inicial é seguida pela mesma vogal, mas a consoante inicial em *path* pode ser enunciada sem ser seguida por uma vogal, enquanto em *bath* a omissão da vogal transforma o /b/ em um /p/. O primeiro membro de cada um desses pares é, portanto, referido como sonoro e o segundo como surdo. No uso, consoantes sonoras e surdas são sempre seguidas por uma vogal, mas o retardo – conhecido como tempo do ataque de sonoridade ou VOT [*voice-onset time*] – entre a oclusão e a vocalização é maior no primeiro caso. Todas as seis consoantes de parada podem ser sintetizadas artificialmente, o VOT pode ser variado em pequenos passos e pode-se pedir aos ouvintes para identificar o som que estão ouvindo ou para distinguir os sons com VOTs especificamente diferentes. Suas respostas fornecem uma demonstração impressionante da percepção categorial.

Por uma questão de simplicidade, restrinjo a atenção às discriminações /p/ *versus* /b/. Se o tempo de retardo para vocalizações começa longo, digamos em torno de 90 ms, e então é diminuído em 20 ms por vez, os ouvintes inicialmente relatam /p/ como a consoante inicial e discriminam exemplos com retardos de 20 ms de distância apenas cerca de 25% do tempo. Num retardo de cerca de 30 ms, porém, a consoante inicial é percebida como mudando rapidamente para /b/ e continua a ser ouvida dessa forma quando o retardo se reduz ainda mais, logo assumindo valores negativos. Se estímulos vizinhos estão em lados opostos desse pico discriminatório, os sujeitos são capazes de discriminá-los cerca de 70% do tempo. Essas descobertas e

CAPÍTULO 4: PRÉ-REQUISITOS BIOLÓGICOS PARA A DESCRIÇÃO LINGUÍSTICA  **299**

muitas outras similares manifestam tanto o que tenho chamado de *reconhecimento por discriminatae* como também o agrupamento do qual depende o processo de reconhecimento. Estímulos em lados opostos do pico discriminatório são ouvidos como distintamente diferentes, mas aqueles que estão no mesmo lado do pico são ouvidos como aproximadamente iguais.

Quanto à localização do limite, experimentos com sons que não fazem parte da fala [*nonspeech sounds*] e com bebês sugerem que, embora os humanos ingressem no mundo com pelo menos alguns desses limites em seu devido lugar, a experiência com a fala em seu ambiente pode mover, eliminar ou substituir picos discriminatórios já presentes. Em comunidades adultas, no entanto, a localização do limite depende marcadamente da linguagem. O pico observado para o inglês num retardo de 30 ms, aparentemente, é um aperfeiçoamento de um pico presente desde o nascimento. Porém, para o espanhol, o pico ocorre em torno de 10 ms e para o tailandês existem dois picos. Diferenças que são inconfundíveis para falantes de uma dessas línguas são, com frequência, inaudíveis para falantes da outra. (Pense nos problemas que os falantes do japonês têm com a distinção entre o /r/ e o /l/ do inglês.) Por fim, embora o retardo no tempo de vocalização seja o determinante principal do limite entre as consoantes pareadas, muitas outras variáveis – por exemplo, a localização da parada inicial, um ruído fricativo precedente, e assim por diante – também cumprem um papel em sua localização. É principalmente por questão de simplicidade que apresentei aqui o espaço das diferenças específicas relevantes como um espaço unidimensional.

Neste e em outros casos de percepção categorial, a questão que tenho em vista é incontornável. Nós não *inferimos* uma cor que vimos ou um som que ouvimos (a partir de que haveríamos de inferi-los?). Esses são casos paradigmáticos de *reconhecimento* e estou sugerindo que tanto espécies como objetos também são identificados com frequência por reconhecimento: vê-los é conhecê-los.


## IV

Retornemos agora à mudança no comportamento dos bebês entre aproximadamente os dez e os doze meses. O que podemos dizer que aconteceu? A evidência disponível não autoriza nenhuma resposta segura, mas a

## 300   A INCOMENSURABILIDADE NA CIÊNCIA

explicação que se segue se ajusta ao que se sabe hoje e sugere direções para investigações futuras. Vimos que propriedades não geométricas não têm nenhum papel no conceito de objeto do bebê durante seus primeiros oito meses ou pouco mais que isso. O que são objetos para os adultos são [para o bebê] simplesmente regiões delimitadas do espaço, em movimento com relação ao pano de fundo. Até mesmo o tamanho e a forma da região em movimento não têm nenhum papel na determinação da identidade do objeto, muito menos qualidades tais como cor e textura. Quando estão fora do alcance sensorial, esses proto-objetos cessam de existir para o bebê, ou pelo menos é assim que os adultos descrevem seu comportamento. Podemos suspeitar, porém, que essa descrição não capta o ponto central: o que seria a existência num mundo de trajetos e situações?

[T. G. R.] Bower, por exemplo, acredita que os bebês chegam primeiramente ao conceito de permanência do objeto por volta dos seis meses, porquanto nessa idade serão já capazes de apanhar um objeto que viram ser escondido sob um pano.[25] Mas ele acrescenta que, nesse estágio, o bebê "ainda parece ter um conceito peculiar de objeto"; Bower assinala que o bebê ainda irá procurar um objeto no lugar em que ele foi originalmente escondido mesmo depois de vê-lo ser removido e novamente escondido alhures.[26] Esses experimentos, contudo, como muitos outros dentre aqueles discutidos anteriormente, podem ser mais bem compreendidos supondo-se que a criança que remove o pano do lugar onde o corpo foi originalmente escondido está tentando recriar a situação "corpo-presente" que existia antes de o pano ter sido posto, do mesmo modo que ela recria a situação "mãe-presente" ao gritar. Se um adulto não moveu o objeto nesse ínterim, a criança é bem-sucedida, caso contrário, ela malogra. Mas, mesmo quando é bem-sucedida, a criança não precisa conceber o objeto como aquele que foi originalmente escondido. De fato, não parece que seu conceito de objeto tenha lugar para as categorias mesmo *versus* diferente. Mesmo quando o bebê extrapola o movimento numa trajetória durante um breve período de invisibilidade, ele pode reconhecer a mesma trajetória sem concluir que se trate do mesmo objeto. Embora não haja termo melhor, descrever o que a criança rastreia chamando-o de *objeto* se revelou bastante enganoso.

---

25 Bower, *Development in Infancy*, op. cit., p.195-205.
26 [Ibid., p.198.]

Dentre as mudanças que ocorrem, ou começam a ocorrer, entre as idades de dez e de doze meses, a mais óbvia é a aplicação a proto-objetos, conhecidos previamente apenas por seus trajetos, do mecanismo de reconhecimento anteriormente reservado para espécies. Essa mudança torna possível que o bebê reidentifique criadores de trajetos particulares por suas qualidades após o contato sensorial ter sido restabelecido. O comportamento da criança então não sugere mais que o objeto deixou de existir quando desaparece; a permanência do objeto foi estabelecida. No entanto, o processo de mudança não é apenas a descoberta empírica de uma propriedade adicional de proto-objetos. A mudança de proto-objeto para objeto é somente uma dentre uma série de mudanças conceituais inter-relacionadas pelas quais a criança passa nesse momento, e essas mudanças em conjunto não podem ser simplesmente empíricas no sentido de serem aprendidas mediante a exploração direta do mundo. Sem dúvida, elas se devem, em parte, ao desenvolvimento de aparato cortical adicional durante o primeiro ano da criança. Mas podemos ter quase certeza de que elas também estão associadas, talvez por meio desse novo aparato cortical, com os primeiros estágios de aquisição da linguagem. Antes de esboçar as outras mudanças conceituais que acompanham a permanência do objeto, permitam que eu ofereça razões para a pressuposição de que a linguagem cumpre um papel central nessa mudança.

Os experimentos de Xu e Carey, discutidos anteriormente, apresentam a única evidência direta da qual tenho conhecimento. Para bebês de dez e de doze meses de idade, há forte correlação entre seu conhecimento de termos para espécies (por exemplo, *bola*, *garrafa*, *copo*, *livro*) e sua habilidade de individualizar membros de espécies não apenas por suas trajetórias, mas também por suas qualidades. Não é difícil encontrar uma explicação plausível e há, sem dúvida, outras do mesmo tipo. Uma criança que conheça, digamos, a palavra *copo* aprende que ela tem diversos referentes, com frequência diferenciados por suas qualidades. As mesmas propriedades que os diferenciam também tornam possível reconhecê-los e essa reidentificação pelas qualidades traz consigo a permanência do objeto. Quando isso ocorre, os copos individuais tornam-se objetos no pleno sentido do termo e as espécies deixam de ser exclusivamente espécies de situações para se estenderem também para espécies de objetos.

## 302 A INCOMENSURABILIDADE NA CIÊNCIA

Embora ainda nos falte evidência direta adicional para a associação entre aquisição de linguagem e permanência do objeto, considerações evolutivas nos fornecem evidência persuasiva de um outro tipo. Quando estamos falando de vida sem linguagem, não parece haver nenhuma necessidade de transcender o vocabulário conceitual de trajetórias e situações. A habilidade de reconhecer espécies de situações, inclusive a presença de indivíduos importantes como a mãe, permite a sintonização do comportamento em relação à presença de amigos ou inimigos, às várias espécies de predadores e a uma diversidade de presas. Ela também permite a emissão de um grito característico que alerta coespecíficos na área sobre a ocorrência da situação, ampliando assim a habilidade da espécie de sobreviver. Dada essa competência no reconhecimento, a resposta de rastreamento pode se combinar com as respostas comportamentais – por exemplo, aproximação e evitação, perseguição e fuga – a tais situações. Na ausência de linguagem, a habilidade de identificar não apenas uma espécie particular de presa ou de predador, mas também um membro particular dessa espécie, não possuiria nenhuma função útil. A linguagem, em contrapartida, parece exigir essa capacidade. Na ausência da permanência do objeto, faltaria à linguagem o que Ruth Millikan chamou de uma função apropriada.[27]

Uma função essencial da linguagem é ampliar o objeto de uma possível comunicação para além do que está física e temporalmente presente. Gestos como os de apontar e muitos outros, junto com gritos codificados, são adequados para a comunicação acerca de trajetos e situações presentes, mas não vão muito além disso. Porém, quando a mãe se torna um objeto, e não apenas uma situação recorrente, então ela pode, por exemplo, estar na cozinha ou no quarto. Tal informação é útil, mas implica a permanência do objeto e, para comunicá-la, se requer linguagem. Não admira que ambas se desenvolvam em conjunto. Contudo, a permanência do objeto não pode se desenvolver por si só. Ela exige, por exemplo, a distinção entre [estar] fora [do] campo visual e [estar] fora da existência e essa distinção ainda é apenas um ponto de partida. Tal como "no mercado", a expressão "na cozinha" fornece uma localização ou lugar, uma resposta à questão "onde?". Não podemos dar uma

---

27 Millikan, *Language, Thought, and other Biological Categories: New Foundations for Realism.* Esse importante livro está entre as poucas obras que sugerem o que os filósofos têm a ganhar quando levam a evolução a sério. Eu não saberia especificar minha dívida para com ele, mas é provável que seja considerável.

resposta que faça sentido a essa questão antes que os conceitos de objeto, lugar e tempo – os três componentes kantianos inextricavelmente ligados entre si na resposta de rastreamento do neonato – sejam desemaranhados, um desemaranhamento que também parece vir junto com a linguagem. Não estou sugerindo que todas essas mudanças ocorram durante o intervalo entre os dez e os doze meses de idade. Na verdade, seu desenvolvimento pleno tem que ocupar muitos meses, possivelmente mais do que um ano de exploração incerta. O que estou sugerindo, porém, é que, junto com a permanência do objeto, elas são os elementos interligados de um pacote que não podem ser desempacotados, um de cada vez, caso se queira preservar a estabilidade conceitual.

Um aspecto do conteúdo desse pacote é particularmente importante para os objetivos deste livro. Quando foram introduzidas neste capítulo, as espécies eram sempre espécies de situações, cujos membros eram identificados por suas qualidades. Mas, para evitar equívocos, teria sido melhor chamá-las simplesmente de *situações*. A técnica básica pela qual elas foram identificadas é o reconhecimento, um processo não inferencial que se torna possível pela localização de membros de espécies num campo apropriado de diferenças específicas [*differentiae*] onde membros da mesma espécie agruparam-se à distância de grupos formados por membros de outras espécies. O uso dessa técnica subordinava as espécies a um tipo de princípio qualitativo de não superposição: nenhuma situação particular poderia estar em dois grupos ou pertencer a duas espécies superpostas. À diferença do princípio geométrico de não superposição, o princípio qualitativo era nórmico [*normic*] em vez de nômico [*nomic*], ou seja, ele poderia admitir exceções, ainda que somente a um custo ao qual este livro retornará reiteradamente.[a] Quando, ao final do primeiro ano, essa mesma técnica de reconhecimento é aplicada à reidentificação de objetos, ela traz consigo o princípio qualitativo de não superposição, e em sua nova aplicação o princípio qualitativo está emaranhado com o princípio nômico, geométrico, que proíbe a intersecção de linhas vitais. O resultado é um aumento simultâneo na força do princípio nórmico e uma dificuldade quase lógica ao conceber a divisão de quaisquer espécies [*species*] de marcadores de linhas vitais. Como uma espécie [*species*] pode se converter em duas sem uma divisão similar (e proibida) de seus membros individuais? Essa questão possui respostas e retornaremos a algumas delas, mas encontrá-las não era tarefa fácil.

## 304  A INCOMENSURABILIDADE NA CIÊNCIA

## V

A esta altura, já deve ser evidente que este capítulo tentou, entre outras coisas, propor um exemplo ampliado do processo interpretativo ilustrado no Capítulo 2, o processo necessário para preparar o palco para o início de qualquer narrativa de desenvolvimento. No entanto, há uma diferença notável entre esse exemplo e os outros três que o antecederam. Em todos os quatro casos, os objetos a serem interpretados eram fragmentos de comportamento. Porém, no Capítulo 3, esse comportamento era tanto expresso como interpretado em linguagem, enquanto neste capítulo ele é pré--linguístico e pode não ser interpretável em linguagem de modo algum. Que os usuários de uma língua possam, com empenho adequado, aprender a falar e compreender a língua utilizada por um outro grupo de usuários é algo provavelmente garantido pela herança biológica compartilhada dos usuários da língua e pela função principal – a comunicação descritiva –, que a língua cumpre para todos eles. Embora essa garantia não assegure a plena traduzibilidade, que é um ponto a ser desenvolvido nos capítulos posteriores, ela promete o bilinguismo, uma ferramenta limitada para a comunicação, mas poderosa para o entendimento. Todavia, não podemos nos tornar bilíngues numa língua inexistente e a falta desse acesso pode limitar consideravelmente as interpretações que nossa própria língua é capaz de propiciar. Concluo este capítulo com dois exemplos. O primeiro é extraído deste mesmo capítulo e ilustra as dificuldades que criaturas dotadas de linguagem (nós mesmos) enfrentam no entendimento do comportamento daquelas que não a possuem. O segundo exemplo inverte a direção e sugere como o aparato neurológico desenvolvido para a vida antes da linguagem restringe o que pode ser expresso coerentemente em palavras em qualquer língua que seja.

Anteriormente neste capítulo, descrevi a resposta de rastreamento como evidência da existência do conceito de objeto-básico, para em seguida declarar que, até que os criadores de trajetos pudessem ser reidentificados por suas qualidades, não deveríamos falar de nenhum "conceito de objeto". Em outro lugar, questionei a adequação da distinção entre o desaparecer e o deixar de existir ao interpretar o comportamento da criança em relação àquilo que nós adultos denominamos objetos. Falar de trajetos e criadores de trajetos desde o início poderia ter ocultado a dificuldade, mas de modo

CAPÍTULO 4: PRÉ-REQUISITOS BIOLÓGICOS PARA A DESCRIÇÃO LINGUÍSTICA    305

algum a teria diminuído. Trajetos não são nada além de rotas traçadas através do espaço ao longo do tempo e não está claro que nada a não ser um objeto pudesse traçá-las. São essas dificuldades de interpretação que me levaram a sugerir que a resposta de rastreamento em bebês e em animais não implica nenhuma separação cognitiva daquilo que, para os usuários da língua, são os conceitos de espaço, tempo e objeto. Essa sugestão pode acabar por se revelar equivocada, mas o único argumento contra ela disponível no momento é a inabilidade por parte de criaturas dotadas de linguagem de imaginar como seria a vida na ausência dessa separação. Todavia, isto não seria um argumento, mas apenas uma forma superior de etnocentrismo.

Compare os exemplos do Capítulo 2 com aquele desenvolvido neste capítulo. Em todos os três exemplos anteriores, comecei por me valer de termos familiares para descrever as crenças do autor de um texto antigo, fosse esse autor Aristóteles, Volta ou Planck. Em seguida, insisti que esses termos, utilizados dessa forma, tornavam anômalas muitas passagens dos textos em questão. Outros significados, que tentei fornecer aos leitores, eliminariam essas anomalias, oferecendo evidência de que os significados se modificaram desde que os textos foram escritos. Neste capítulo, comecei da mesma forma, me valendo de palavras familiares de modos familiares e então assinalando os comportamentos que tornaram essas palavras anômalas. Mas algo que não fiz e que nem posso me imaginar fazendo é sugerir significados alternativos que eliminassem as anomalias para tornar o comportamento conceitualmente compreensível. Sem dúvida, a forma particular que essas dificuldades assumiram para mim resulta em parte de uma escassez de evidência e em parte de minha própria inexperiência em lidar com a evidência disponível. Minha explicação desses desenvolvimentos pré-linguísticos certamente será tanto ampliada como corrigida. No entanto, acho improvável que os aspectos de minha discussão que são mais relevantes para este livro sofrerão qualquer alteração significativa. Onde não há linguagem, a possibilidade do tipo de interpretação que propicie clareza e produza entendimento é extremamente limitada.

Essa tese tem uma contrapartida significativa: recorrer à linguagem limita o que pode ser compreendido. O próximo capítulo mostrará como esses limites operam entre usuários de diferentes linguagens, introduzindo o conceito de incomensurabilidade para esse propósito. Para preparar o

# 306    A INCOMENSURABILIDADE NA CIÊNCIA

caminho, muito mais ainda precisará ser dito sobre as espécies. Mas a discussão aqui sobre os pré-requisitos da linguagem oferece um exemplo dos limites impostos pelo uso de absolutamente qualquer linguagem. Todas as línguas, como tenho sugerido, têm em sua fundação estruturas neurais que evoluíram para permitir a sobrevivência num mundo no qual distinções tornadas possíveis pela linguagem não tinham nenhuma função. À medida que essas distinções anteriormente sem função evoluíram – algumas com uma língua, outras com outra –, a maioria poderia simplesmente ser adicionada às distinções mais antigas embutidas na base neural preexistente que todas as línguas compartilham. Outras, porém, embora descobertas pelo uso da língua, não poderiam coerentemente ser nela incorporadas e as dificuldades encontradas ao tentarmos falar acerca delas são as mesmas que aquelas encontradas neste capítulo ao tentarmos falar, digamos, sobre o conceito pré-linguístico de objeto. Os chamados paradoxos da teoria quântica oferecem um exemplo apropriado.

Traçar linhas vitais é algo básico para os procedimentos que estivemos a examinar, tanto não linguísticos como linguísticos. Um volume imenso de experiência humana acumulada atesta a amplitude de sua utilidade e de seu uso. Todavia, agora temos excelentes razões para supor que os procedimentos baseados nisto não podem ser adaptados ao micromundo. Elétrons, prótons e outras partículas subatômicas não podem ser individualizadas por linhas vitais, pois não são apenas versões minúsculas dos corpos físicos do mundo cotidiano. Num sentido relevante, elas nem sequer são partículas, mas isso não deveria sugerir que sejam alguma outra coisa. Todos os esforços para descrever-lhes a natureza exigiram o recurso a locuções intrinsecamente incoerentes, dentre as quais *ondícula* [*wavicle*] – em parte similar a uma onda, em parte similar a uma partícula – é a mais conhecida. Outras surgiram em tentativas de elucidar o princípio de incerteza de Heisenberg. Por anos esperei que tais incoerências desaparecessem com a invenção de conceitos e de uma linguagem mais adequados ao tópico. Mas agora penso que nada do gênero pode ocorrer.[28] Embora as partículas do micromundo sejam tão reais quanto qualquer outra coisa, e embora possamos modelar

---

28  Este é um ponto de vista proposto pela primeira vez por Niels Bohr. [Ver de Bohr, "Causality and Complementarity", em Faye; Folse (orgs.), *The Philosophical Writings of Niels Bohr*, v.4.]

nossas interações com elas em grande detalhe, [é] improvável que nossa linguagem e nosso aparato conceitual um dia cheguem a ter um lugar confortável para elas.[29]

28 de fevereiro de 1995

---

29 Hacking, *Representing and Intervening: Introductory Topics in the Philosophy of Natural Science*, oferece uma esplêndida explicação da realidade das micropartículas ao descrever a natureza das interações humanas com elas. [Há edição brasileira dessa obra: *Representar e intervir: tópicos introdutórios de filosofia da ciência natural*. (N. T.)]

# Capítulo 5
## Espécies naturais
### Como seus nomes significam

Por volta do fim do primeiro ano de vida, os bebês humanos já começam a adquirir a linguagem e a reorganizar seus conceitos tanto de objetos como de espécies. No decorrer desse processo, os objetos passam a ser entendidos como criadores de trajetos que vêm e vão, sua identidade sendo redeterminada por suas qualidades quando o contato sensorial com eles é interrompido. Bebês nesse estágio precoce não são capazes de reconhecer mais do que duas espécies: objetos, por um lado, e as situações às quais eles ajustam suas respostas, por outro, e pouco se sabe sobre as formas pelas quais continuam a se desenvolver exceto que as *interações* com usuários da linguagem adulta [permanecem] centrais em todo esse processo ou grande parte dele. Contudo, continuar essa narrativa evolucionária, necessária para restituir o fundamento evolutivo dos conceitos de espécie/objeto, não cumpriria nenhuma função relevante no momento. Em lugar disso, a partir de agora passarei a pressupor o conhecimento por contato [*acquaintance*] por parte dos adultos das espécies e dos termos para espécies mais relevantes para o desenvolvimento científico, e procurarei as principais elaborações necessárias para que o conceito de espécie da criança de um ano se ajuste a esse quadro. Nesse processo, desenvolverei a noção de um conjunto estruturado de espécies, o conceito anunciado no Capítulo 3 como necessário para compreendermos a natureza dos tipos especiais de mudança de crença ilustrados pelos exemplos do Capítulo 2. Ao longo do caminho, surgirão vislumbres esparsos do entendimento modificado do conhecimento científico que resulta desse processo.

# 310 A INCOMENSURABILIDADE NA CIÊNCIA

É evidente que falantes adultos reconhecem uma variedade muito mais vasta e diversa de espécies do que é possível abordar aqui, portanto só chamarei atenção para as espécies mais relevantes para o desenvolvimento da ciência. Três delas, todas manifestas no discurso do dia a dia, desempenham um papel especialmente importante. A primeira delas (e provavelmente fundamental para a emergência das outras duas) são os organismos vivos da vida cotidiana: pessoas e animais, árvores e plantas. Todos esses organismos criam trajetos sobre um pano de fundo, ou porque eles próprios se movem (pessoas e animais) ou porque o pano de fundo ocluído se modifica com o movimento do observador (árvores e plantas). Além do mais, todos perduram por períodos extensos e durante parte desse tempo todo contato sensorial com esses organismos pode ser interrompido. A segunda variedade maior de espécies são os materiais dos quais são feitos os objetos: madeira, pedra, carne, osso, ouro, água etc. Tal como animais e plantas, os materiais perduram ao longo do tempo, mas não são objetos e não criam trajetórias. Enquanto as espécies de animais e de plantas são nomeadas por substantivos contáveis, os nomes dos materiais são substantivos de massa. Apesar dessa diferença maior, esses dois tipos de espécies compartilham muitas características essenciais. A maioria ou todas as assim chamadas espécies naturais pertencem a uma ou outra dentre essas duas últimas, que serão discutidas neste capítulo. A terceira variedade de espécies são os artefatos cotidianos: xícaras e tigelas, mesas e cadeiras, sapatos e luvas, bolas e bastões, bicicletas e automóveis, facas e chaves de fenda. Tal como as criaturas vivas, esses artefatos são criadores de trajetos e são nomeados por substantivos contáveis, mas sua reidentificação e classificação exigem técnicas muito diferentes das que são utilizadas para espécies naturais. Por isso sua discussão está reservada para o próximo capítulo.

Mesmo essa variedade bem limitada de espécies já sugere as complexidades que temos pela frente. Espécies de materiais não são, por exemplo, objetos ou criadores de trajetos, mas parecem de fato obedecer ao princípio de não superposição na forma simples enunciada anteriormente: nenhum material pode ser ao mesmo tempo madeira e água, como argumentarei adiante. Porém, para objetos, o princípio de não superposição é mais complexo. Uma frigideira pode, por exemplo, ser tanto um utensílio como um objeto de ferro; um cão pode ser um animal, um macho e um bicho de estimação. Considerações como essas nos conduzem para bem longe do exame de objetos e situações do Capítulo 4. Todavia, todos os conceitos para espécies parecem ter sido modelados pelo conceito de objeto, e vários dos temas desenvolvidos naquele capítulo continuarão a ser fundamentais. Uma breve recapitulação de três dentre eles constituiria um prelúdio útil ao desenvolvimento de uma teoria sobre espécies que, no momento, se restringe principalmente às assim chamadas espécies naturais.

Em primeiro lugar, objetos são criadores de trajetos e há duas restrições necessárias quanto à forma de seus trajetos: o trajeto de um único objeto pode não ter pontos de ramificação; os trajetos de distintos objetos podem não se intersectar. Em segundo lugar, objetos devem ser reidentificáveis por suas qualidades quando reaparecem após um intervalo longo o bastante para barrar a reidentificação por continuidade de trajeto. Um criador de trajeto que não possa, em princípio, ser reidentificado dessa forma não é de modo algum um objeto. Algumas dessas distinções de princípio entre a reidentificação de um objeto visto anteriormente e a identificação de um novo objeto indistinguível são pressupostas por muitas das práticas da vida cotidiana: por exemplo, pelas operações da aritmética. Somente se os membros de uma coleção permanecerem simultaneamente no campo visual seria possível distinguir entre uma enumeração de seus membros (por exemplo, o número de peixes num tanque) e uma contagem que incluísse alguns membros reiteradamente. Note, porém, que essa garantia colapsa na mecânica quântica juntamente com o próprio conceito de objeto. Certas espécies de "partículas" fundamentais são indistinguíveis em princípio, requerem novas formas de "contagem" e manifestam regularidades estatísticas correspondentemente novas.

O terceiro tema importante introduzido no Capítulo 4 era mais experimental. Embora a habilidade de reidentificar um objeto precise ser aprendida, ela não requer a aquisição de nada tão robusto como um conjunto de feições que sejam características daquele objeto e de nenhum outro. Ao encontrar um hipotético novo objeto, uma pessoa só precisa aprender a distingui-lo de outros objetos que ela tenha aprendido a reidentificar anteriormente. Ou seja, a reidentificação pode ocorrer num espaço de diferenças específicas que é constantemente enriquecido conforme o usuário encontre (e aprenda a reidentificar) novos objetos. Na discussão dos objetos, contudo, a evidência em favor de características diferenciais em vez de feições características era relativamente limitada. Introduzida principalmente em conexão com o reconhecimento facial, ela assumia duas formas. Em primeiro lugar, malograram as reiteradas tentativas de sugerir quais feições características seriam necessárias para especificar uma face (ou objeto) em particular num universo constituído por todas as faces possíveis: especificar, por exemplo, as condições necessárias e suficientes para que esta face seja, digamos, a de Susan, ou para que este animal seja o meu gato. E, em segundo lugar, a ênfase costumeira sobre as condições necessárias e suficientes torna o processo de reidentificação desnecessariamente elaborado. É bem mais plausível que se considere o aprender a reidentificar uma face em particular ou um objeto em particular como um processo contínuo que requer um espaço de diferenças específicas que devem, por algum tempo, ser constantemente enriquecidas conforme o aprendiz se depara com mais e mais objetos que devem ser distinguidos uns dos outros.

Esses mesmos argumentos aplicam-se à identificação de espécies de objetos, mas, no caso das espécies, muitos outros argumentos estão disponíveis, a maioria deles provenientes de quebra-cabeças, reconhecidos e não reconhecidos, que são resolvidos ou dissolvidos no decorrer do desenvolvimento de uma teoria sobre eles. Essa tarefa é o tema deste capítulo, e abordá-la-ei pressupondo desde o início que o pertencimento a uma espécie seja estabelecido por diferenças específicas e não por feições características. Conforme prosseguirmos, muito mais evidência para essa pressuposição se acumulará.

I

Como primeiro passo em direção a uma teoria mais geral sobre espécies, começo com os organismos vivos de tamanho visível a olho nu. Tal como os criadores de trajetória não vivos, essas criaturas devem seu *status* enquanto objetos ao fato de poderem ser reidentificados após um período de invisibilidade sensorial. Isso também vale para objetos não vivos e grande parte do argumento que se segue também se lhes aplica.[1] Mas a reidentificação

---

1 Em filosofia, é frequente nos referirmos aos nomes para espécies de objetos como *sortais* [*sortals*] ou *predicados sortais* e sou profundamente grato à literatura sobre esse tema por boa parte neste capítulo e por parcelas no próximo. Dois livros particularmente úteis são:

CAPÍTULO 5: ESPÉCIES NATURAIS **313**

de criaturas vivas apresenta um problema especial: as qualidades relevantes para sua reidentificação mudam conforme os indivíduos se movem ao longo de suas linhas vitais do nascimento à morte. Na prática, essa mudança é com frequência suficiente para barrar a reidentificação, mas a objetidade não exige a reidentificabilidade durante intervalos que incluam alterações de larga escala. Mudanças qualitativas ocorrem continuamente e em geral lentamente; a objetidade só exige reidentificação gradual conforme mudam as qualidades. Ou seja, para qualquer objeto, deve haver algum intervalo finito $\Delta t$ durante o qual a reidentificação é sempre possível independentemente de onde esse intervalo esteja situado na linha vital do objeto. Se essa condição for satisfeita, a permanência ao longo de uma linha vital pode, em princípio, ser assegurada por uma sucessão de reidentificações durante o curto intervalo estipulado. Um objeto para o qual inexistisse um intervalo do tipo não seria, *ipso facto*, um objeto.

A necessidade de um intervalo de reidentificabilidade $\Delta t$ para objetos restringe a variedade de objetos que podem existir no mundo, mas a força da restrição exigida depende do modo como a reidentificação é obtida.[2] Se, como costumeiramente se supôs, os objetos pudessem ser reidentificados em virtude de algum conjunto de características que eles e somente eles possuíssem durante $\Delta t$, então a existência de um objeto indistinguível ao longo desse mesmo intervalo deve ser proibida.[3] Mas se, como estou supondo no

---

Wiggins, *Sameness and Substance*; e Hirsch, *The Concept of Identity*. Grande parte de minha ênfase tanto nos objetos como em sua reidentificação data de meu encontro com o primeiro desses livros (cf. Cap.4, nota 10). A ênfase na continuidade das mudanças provém particularmente do segundo deles. Essa diferença de ênfase entre eles pode ser mais bem compreendida como resultante da tendência da literatura sobre sortais de tratar objetos como um todo unitário, deixando a escolha do exemplo preferido (asno para Wiggins, automóvel para Hirsch) dirigir a discussão.

2 Leitores experientes perguntarão imediatamente se a restrição é metafísica (uma restrição quanto à variedade de objetos que podem existir) ou epistemológica (uma restrição quanto à variedade de objetos que podem ser conhecidos). Quero insistir que, pelo fato de a restrição ser necessária para a viabilidade do conceito de objeto, seus aspectos metafísicos e epistemológicos são indissociáveis. Não podemos saber que algo é um objeto a menos que haja um $\Delta t$ correspondente, mas, na ausência de algum $\Delta t$, tampouco temos como saber que algo não é um objeto. Neste ponto, os paradoxos da teoria quântica são mais uma vez instrutivos.

3 Este enunciado está no subjuntivo porque as dificuldades aparentemente insuperáveis em dar conta da reidentificação em termos de feições características se aplicam igualmente no curso do curto intervalo, $\Delta t$, e dos intervalos mais longos no curso dos quais a reidentificação é geralmente necessária. Considero o primeiro processo como impossível em princípio, mas

momento, a reidentificação for obtida por diferenças específicas, é necessária uma condição bem mais robusta, equivalente ao princípio da identidade dos indiscerníveis de Leibniz. Os aparecimentos do objeto, quando observados nas duas pontas do intervalo $\Delta t$, neste caso devem ser comparados não apenas entre si, mas com os aparecimentos de todos os outros objetos presentes nesse momento ou lembrados a partir de algum encontro anterior, direto ou indireto. Essa comparação deve mostrar os elementos do par inicial como mais similares um ao outro (agrupando-se mais estreitamente) do que qualquer um dos dois é similar a (ou agrupa-se com) o aparecimento de qualquer outro objeto conhecido. Se em algum momento houvesse um objeto capaz de deixar um traço de memória indistinguível daquele deixado pelo candidato à reidentificação, então seria impossível para alguém que encontrasse a ambos dizer qual deles desapareceu ou reapareceu. Se um tal objeto indistinguível viesse a existir no futuro, então o objeto mais antigo criaria a mesma incerteza para a reidentificação do novo objeto. A objetidade, assim, exige que em nenhuma parte do universo existam dois objetos indistinguíveis, a menos que estejam separados por um intervalo de tempo tão grande que tornasse impossível que seus períodos de existência estivessem simultaneamente presentes no âmbito desse intervalo.[4] Assim, ou dois objetos indistinguíveis são o mesmo objeto ou nenhum deles é um objeto em absoluto.

A reidentificação de objetos exige, então, um espaço de diferenças específicas qualitativas no qual o candidato à reidentificação esteja mais próximo de – agrupe-se mais estreitamente com – algum objeto que desapareceu do que com qualquer outro objeto na memória ou no campo visual atual. As dimensões desse espaço poderiam, em princípio, ser escolhidas de modo que cada e todo indivíduo pudesse ser distinguido de todos os outros. Mas sua dimensionalidade então seria vasta e a sondagem de memória,

---

há um bom tempo ele oferece a forma-padrão de pensar acerca da reidentificação. Além disso, a profundidade e centralidade das mudanças conceituais que resultam da transição para as diferenças específicas requerem ênfase especial.

4 Esta condição, tal como aquela dada para a reidentificação por feições características, pode receber uma formulação um pouco mais fraca se levarmos em conta os limites relativísticos à possibilidade da comunicação. No entanto, o argumento se torna muito mais complicado e penso que nenhuma nova questão de princípio é introduzida. Mais adiante, falaremos mais sobre a restrição a linhas vitais que não se superponham.

CAPÍTULO 5: ESPÉCIES NATURAIS  **315**

requerida para localizar o grupo no qual situar um criador de trajeto visto anteriormente, mas recém-apresentado, seria proibitivamente longa. É possível, no entanto, dividir os criadores de trajetos em espécies, no âmbito de cada uma das quais a reidentificação pode ser realizada ao utilizar-se um número bem mais limitado de diferenças específicas, sendo que o conjunto apropriado e o $\Delta t$ variam de uma espécie para outra. De fato, como sugerem as páginas conclusivas do último capítulo, a habilidade de reidentificar objetos individuais e de discriminar espécies de objetos estão intimamente relacionadas e parecem emergir conjuntamente nos últimos meses do primeiro ano de vida. Ambas são aplicações da habilidade de agrupar aparecimentos num campo de diferenças específicas. Na primeira delas, diferentes aparecimentos do mesmo indivíduo são agrupados à distância dos grupos de aparecimentos de outros indivíduos. Na segunda, aparecimentos de diferentes indivíduos da mesma espécie são agrupados à distância dos grupos de aparecimentos de indivíduos de outras espécies. O desenvolvimento dessas duas aplicações daquela habilidade parece se fundamentar uma sobre a outra durante o desenvolvimento do indivíduo que faz uso delas.

A Figura 1a começa a sugerir o que está em questão aqui. Ela mostra um bando de patos exibidos num espaço de diferenças específicas escolhidas de modo a poderem ser distinguidas umas das outras. A distinguibilidade é indicada pelo espaço em branco que as separa e esse espaço em branco é exigido pelo que denominei *princípio de Leibniz*, ele próprio uma pré-condição para sua objetidade.[5] Note que as dimensões desse espaço não precisam incluir as características que todos esperamos ver em patos – penas, por exemplo, ou pés palmados –, pois essas características são compartilhadas por todos os patos e, aliás, também por outras criaturas. O que se exige [são] características pelas quais difiram os patos individuais e, como era o caso para a discriminação facial no Capítulo 4, pouco de sistemático ou de geral é sabido acerca delas. Porém, tenho a sorte de possuir uma amiga que, em sua juventude, cuidava dos patos da família e que me conta que achava especialmente úteis características como as marcas ao redor dos olhos, a

---

5 A presença do espaço em branco também é exigida pelo princípio mais fraco, desenvolvido no Capítulo 4, de que as linhas vitais de distintos objetos podem não se intersectar.

curvatura da "linha do sorriso" que vai da base do bico até os lados da face, a distribuição geral de peso (de quadril largo, por exemplo, ou pesado na parte superior) e o comprimento das pernas para um determinado tamanho corporal. Sem dúvida, muitas outras características podem ter um papel na reidentificação de um pato e não há razão para supor que todos aqueles capazes de dar nomes aos patos usem as mesmas. Contudo, isto nos diz algo sobre o fato de que, no caso de minha amiga, a cor, embora fosse útil para determinar a idade dos patos, tivesse uma função tão pequena no processo de reidentificação: seus patos eram todos da mesma espécie.

Até o momento, nos ocupamos com a reidentificação de objetos, mas esse tópico nos trouxe à questão que motivou [a] introdução [deste tópico], [que] aparecerá pouco no restante do livro. Sua função foi proporcionar uma base para uma teoria das espécies e podemos agora começar a lhe dar essa utilidade. As figuras 1b e 1c mostram, respectivamente, um grupo de gansos e um grupo de cisnes, cada um representado em seu próprio espaço espectral que separa os membros do grupo e, assim, permite sua reidentificação. Essas várias criaturas deveriam, como os patos em 1a, ser pensadas como as espécies cotidianas reconhecidas pelos membros de algum grupo social ou comunidade, em vez de serem reconhecidas como espécies científicas desenvolvidas por zoólogos ou ornitólogos. Embora as espécies da vida cotidiana abram caminho para (e operem da mesma forma que) aquelas das ciências histórico-naturais, as condições requeridas para seu funcionamento adequado são muito menos rigorosas. Assim como no caso dos patos, pouco se sabe acerca das feições diferenciais que permitem essas reidentificações, mas é provável que marcas faciais novamente sejam relevantes, e as dificuldades iniciais em nos mover entre esses grupos provavelmente são similares às que os humanos experimentam quando aprendem a reidentificar membros de diferentes grupos étnicos.

Figura 1a

CAPÍTULO 5: ESPÉCIES NATURAIS 317

Figura 1b

Figura 1c

## II

A divisão das criaturas biológicas em espécies permite, assim, as reidentificações que lhes conferem objetidade, mas então a realização da reidentificação, mesmo em princípio, deve depender da habilidade de identificar a espécie à qual pertence uma criatura desconhecida. Somente quando sua espécie é conhecida, o espaço espectral necessário para sua reidentificação pode ser posto em jogo. Essa identificação de espécies, por sua vez, torna-se possível quando as situamos numa hierarquia que pode ser introduzida no topo ou em algum ponto intermediário e esquadrinhada até que se encontre uma espécie cujos membros sejam criaturas individuais. Para as criaturas que estão em discussão no momento, a Figura 2 sugere o que está em questão.[6]

Note, em primeiro lugar, que a hierarquia ilustrada na Figura 2 está fixada na parte superior e na inferior pelos padrões evolutivos e de desenvolvimento descritos no capítulo anterior. Na parte superior estão os criadores de trajetos; na inferior, os objetos individuais ou substâncias aristotélicas que criam os trajetos; ambos são compreendidos pelos conceitos que bebês humanos parecem controlar por volta do final de seu primeiro ano de vida. Imediatamente abaixo do nodo mais elevado, os criadores de trajetos são repartidos em coisas vivas e não vivas, uma divisão fundamental (não mostrada no diagrama) que teve que ser aprendida, revisada e reaprendida reiteradamente durante o desenvolvimento filogenético e o desenvolvimento ontogenético. Pelo fato de os criadores de trajetos não vivos serem artefatos, classificados por sua função e não por suas qualidades, eles serão em grande parte ignorados até o capítulo seguinte. Por ora, a atenção se restringe aos criadores de trajetos vivos, os produtos da evolução biológica. As hierarquias usadas para classificá-los provavelmente oferecem a forma fundamental na qual são modeladas todas as hierarquias taxonômicas.

Para uma primeira consideração do funcionamento da hierarquia, note que seus vários nodos são rotulados com os nomes das características provavelmente mais úteis para discriminar entre as espécies que se situam imediatamente abaixo. Como era o caso com a discriminação facial, ninguém sabe muito sobre o que essas características são, mas é plausível supor que, no espaço em que são discriminados patos, gansos e cisnes, características como a proporção entre o comprimento da cabeça e o do pescoço, bem como entre a largura e o comprimento do corpo desempenham um papel. A cor e o tamanho adulto, sem dúvida, fornecem outras dimensões e, além dessas, haverá muitas mais. Se os indivíduos mostrados nas figuras 1a, 1b e 1c estão situados nesse espaço de diferenças específicas, pode-se esperar que eles sejam separados em grupos como os mostrados na Figura 3.

---

6 Ao contrário do uso cotidiano, os membros de qualquer espécie de nível superior são, para simplificar, aqui considerados como as espécies (e não os indivíduos) que estão imediatamente abaixo dela na hierarquia. Meu cão Fido é, portanto, um membro da espécie *animais*. Essa é a classe de todos os cães que pertencem à espécie *animais*. Se os níveis mais altos puderem ter indivíduos como membros, é necessária alguma técnica mais elaborada para distinguir o nível inferior. Esse nível é, como se verá, o único no qual os membros podem modificar suas qualidades com o tempo.

CAPÍTULO 5: ESPÉCIES NATURAIS   319

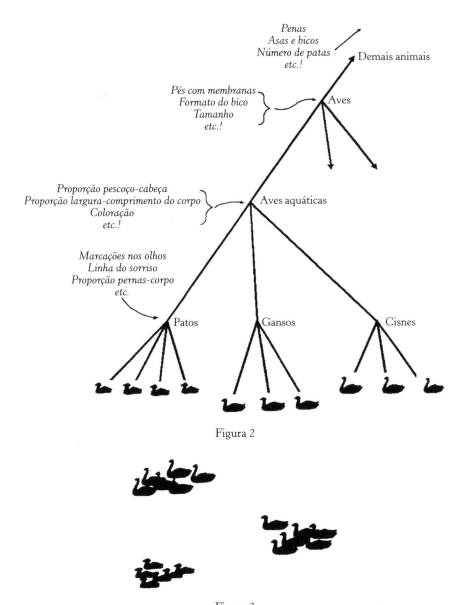

Figura 2

Figura 3

Agora o espaço vazio, que nas figuras 1a, 1b e 1c expressava a proibição de linhas vitais superpostas, aparece entre grupos e expressa o princípio de não superposição para espécies. Se ele não estivesse presente, se houvesse, digamos, uma criatura que estivesse equidistante tanto de gansos como de cisnes, então o espaço não seria adequado para classificar essas criaturas em espécies. Outras diferenças específicas seriam necessárias, ou então uma classificação das criaturas que anteriormente tivessem sido inquestionavelmente patos e gansos.

Três das características desse espaço requerem ênfase especial. Em primeiro lugar, como assinalado pela prevalência de superposição entre as criaturas no âmbito dos grupos da Figura 3, o espaço que discrimina espécies em geral não é adequado para separar linhas vitais individuais. Ocasionalmente, características bastante inusuais (marcas de nascença, lesões em uma pata ou uma asa) podem permitir a discriminação de um indivíduo em particular, mas, em geral, um espaço de nível inferior é necessário para a reidentificação de indivíduos. Suas dimensões são introduzidas no nodo para a espécie do indivíduo, como mostrado na Figura 2. Em segundo lugar, embora o espaço, no qual se agrupam os membros da espécie, normalmente não permita traçar linhas vitais individuais, ele deve ser rico o suficiente para discriminar espécies em todos os estágios das linhas vitais dos membros da espécie. Do contrário, um indivíduo em particular poderia começar a vida como membro de uma espécie e posteriormente tornar-se membro de uma outra.

A terceira característica notável do espaço no qual espécies de criaturas são diferenciadas é mais complexa: uma discussão completa dela requereria a consideração das dificuldades usuais acerca das motivações e ações humanas, sobre as quais só poderemos dar uma rápida passada de olhos aqui. Há casos em que um objeto que percorre uma linha vital espacial e temporalmente contínua de fato se torna, lenta ou rapidamente, um membro de outra espécie. Os exemplos mais óbvios são os artefatos: casos em que as funções cumpridas pelo objeto que emerge de uma mudança contínua são bem diferentes daquelas do objeto antes da mudança. Pense na estátua de gelo que se torna uma cuba de água ou no automóvel que se torna uma pilha de sucata. Os aspectos mais importantes de mudanças como essas terão que esperar a discussão dos artefatos no próximo capítulo. Mas as criaturas vivas também passam por mudanças funcionais desse tipo no nascimento e novamente na morte, em ambos os casos modificando o papel que desempenham nas práticas humanas. Um ovo de pato não é um pato, embora possa ser comida ou fonte para um novo pato; é mais provável que uma carcaça de pato seja comida, embora, se se tratar de um pato selvagem, também possa ser candidata à taxidermia. Nesses momentos, a criatura muda de espécie, ao tornar-se ou ao deixar de ser uma criatura viva.

CAPÍTULO 5: ESPÉCIES NATURAIS **321**

Uma linha vital que se estenda através do nascimento ou, mais obviamente, da morte, permitiria uma mudança de espécie. Ainda que ela possa ser analisável como a linha vital de um objeto físico, não pode ser a linha vital de qualquer indivíduo biológico.[7]

Como tais linhas vitais devem ser analisadas é algo problemático, pois suscita questões controversas acerca da intencionalidade humana. Mas é provável que ovos, por exemplo, sejam inicialmente mais bem tratados como partes corporais (em última instância separáveis), que após a separação podem tornar-se objetos físicos em decomposição, comida ou criaturas vivas. E patos mortos podem ser tratados como carcaças (objetos físicos em decomposição), comida ou troféus, a escolha entre [essas alternativas] sendo muito influenciada pelo modo da morte. Embora a escolha entre alternativas como essas, no final das contas, seja simples, a escolha do ponto no tempo no qual as mudanças correspondentes ocorrem introduz um elemento de arbitrariedade que por vezes tem sérias consequências para o comportamento humano. Pense na paixão investida nos debates atuais sobre aborto e eutanásia: ambas envolvem a estipulação do ponto, durante uma mudança observacionalmente contínua, no qual uma modificação de espécie tem lugar, uma modificação que requer alteração nas respostas aceitáveis e responsabilidades com relação ao objeto alterado. Tais escolhas não são evitáveis, mas tampouco são determinadas por questões de fato. Posteriormente neste capítulo, descreverei a natureza das dificuldades resultantes como sendo intrínsecas ao próprio conceito de uma espécie.

Até o momento, viemos tratando das espécies de nível inferior, aquelas que contêm indivíduos, e vale a pena estudá-las mais a fundo antes de nos voltarmos para as espécies de nível superior. Note em primeiro lugar que seus membros, embora classificados num espaço com um número relativamente pequeno de dimensões, herdam propriedades de todos os nodos superiores pelos quais temos que passar para alcançá-los ao partir dos nodos criadores de trajetos no topo. Patos, por exemplo, estão vivos porque animais são vivos, têm penas porque pássaros as têm, possuem pés

---

7 Note que retornamos à distinção de Aristóteles entre *kinesis* e *metabole*, introduzida no Capítulo 2. *Kinesis* é mudança ao longo de uma linha vital, omitindo-se as extremidades: *metabole* estende o conceito para incluir as extremidades da linha vital, os pontos em que o objeto vem a ser e deixa de ser. Parte do que o processo de reidentificação requer é conhecimento das características que marcam as duas extremidades.

palmados porque aves aquáticas os possuem, e assim por diante. Este é o padrão de herança que permite a identificação do espaço espectral de mais baixo nível no qual a reidentificação ocorre. Dada uma criatura não identificada, ingressamos na hierarquia da Figura 2 no nível mais baixo ao qual podemos estar seguros de que a criatura pertence (por exemplo, pássaros se a criatura tiver asas e penas) e então descemos na hierarquia escolhendo, a cada nodo, o ramo para o qual a criatura se qualifica pelas feições diferenciais introduzidas nesse nodo.

Vistas como introdutoras de uma rica coleção de feições diferenciadoras, as espécies às quais pertencem essas criaturas são paradigmas do que os filósofos vêm chamando, em anos recentes, de *espécies naturais [natural kinds].*[8] Elas são "naturais" porque seus membros estão, em qualquer tempo dado, entre os elementos observáveis do ambiente natural. Seres humanos e outras criaturas vivas podem [afetar] a natureza dos membros de tais espécies, mas apenas ao intervir em sua história de desenvolvimento: por exemplo, destruindo-os ou a suas fontes de alimentos ou então, no caso de intervenção humana, por meio de cruzamentos ou de engenharia genética.[9] Mesmo se um dia for possível criar seres vivos a partir de materiais inanimados, as formas de vida que podem ser criadas serão limitadas pelas espécies de material que a natureza torna disponível para sua fabricação. Na medida em que a natureza é "o dado", ela assume a forma principalmente de criaturas e dos materiais a partir dos quais são feitos tanto os objetos vivos como os não vivos. Características geográficas – rios, montanhas, colinas, lagos – oferecem um terceiro conjunto de espécies naturais, e elas entrarão brevemente na discussão sobre astronomia [na] última seção deste capítulo. Tomados em conjunto com criaturas e materiais, elas podem completar o rol de espécies naturais.

Dizer que membros de espécies naturais são dados é dizer que suas propriedades podem ser estabelecidas por observação direta, independentemente de crenças ou teorias sobre as causas dessas propriedades e também

---

8 Neste livro, o termo *paradigma* só é utilizado em sua forma pré-kuhniana.

9 O uso da expressão "espécies naturais" não é inteiramente uniforme na literatura filosófica atual, portanto seria possível argumentar que a intervenção humana, ainda que restrita à história de desenvolvimento, torna seus produtos artificiais ao invés de naturais. Mas o próximo capítulo defende um modo mais fundamental de distinguir espécies naturais de espécies artificiais, um modo que antecipo aqui: membros de espécies naturais podem ser classificados por suas propriedades observadas; membros de espécies artificiais não.

CAPÍTULO 5: ESPÉCIES NATURAIS **323**

de interesses pessoais ou sociais em sua determinação. É claro que quais propriedades são de fato observadas e quão estritamente os resultados da observação estão sujeitos a escrutínio crítico é algo que sofrerá profunda influência de interesses e crenças, e estes são correspondentemente determinantes importantes da velocidade e da direção do desenvolvimento cognitivo. Mas duas pessoas que se defrontem com a mesma criatura ou material sempre podem – supondo que tenham um aparato sensorial normal e falem a mesma língua – concordar acerca de suas propriedades observacionais. Se uma delas diz com sinceridade que a criatura é verde e a outra diz, também com sinceridade, que ela é vermelha, então de duas uma: ou um deles tem daltonismo ou eles estão usando a língua de diferentes modos. Cada um desses diagnósticos, ou ambos, podem estar corretos: anormalidades neurológicas e diferenças de linguagem podem ser sutis, difíceis de descobrir. O daltonismo, por exemplo, não era reconhecido até o início do século XIX; exemplos relevantes das dificuldades em localizar diferenças no uso da língua são apresentados no Capítulo 2. Mas, ao se defrontarem com desacordos acerca das propriedades observadas de um objeto individual, membros de uma comunidade linguística/cultural possuem razões urgentes para [dirimi-los]. Se eles não fossem capazes de chegar a um acordo nem sequer acerca das propriedades dos objetos observados, a comunicação entraria em colapso, minando assim as fundações da sociedade que depende dela. Esse ponto é crucial, por isso retornarei a ele em diversas oportunidades.

A solidariedade de uma comunidade linguística requer, assim, que seus membros sejam capazes de chegar a um acordo final acerca das propriedades observadas dos objetos. Essa generalização aplica-se a objetos em geral e não apenas a criaturas vivas ou a membros de espécies naturais. Mas, como as propriedades observadas das criaturas vivas mudam conforme elas se movem ao longo de suas linhas vitais, a reidentificação que as transforma em objetos deve ser realizada num espaço espectral que agrupa apresentações do mesmo indivíduo em momentos separados por algum intervalo de tempo mínimo $\Delta t$. Tanto a duração desse intervalo como as dimensões do espaço no âmbito do qual ela se aplica são funções da espécie à qual pertence a criatura. Segue-se que, para reidentificar uma criatura viva, temos que saber a espécie à qual essa criatura pertence. Mais adiante neste capítulo, haveremos de descobrir que nenhuma condição similar se aplica àquelas

324  A INCOMENSURABILIDADE NA CIÊNCIA

espécies naturais que, como os materiais, não são objetos, e no próximo [capítulo] descobriremos que essa mesma independência da espécie caracteriza a reidentificação de objetos artificiais (i.e., espécies não naturais).

## III

Membros de espécies naturais, sejam criaturas ou materiais, possuem uma outra característica de importância crítica, que foi enfatizada primeiramente por John Stuart Mill.[10] Nem um conjunto finito de observações nem suas consequências lógicas podem determinar todas as propriedades compartilhadas por membros de uma espécie natural, ou seja, observacionalmente, membros de espécies naturais são inexauríveis. Para Mill, essa característica oferecia a distinção, por vezes elusiva, entre espécies naturais e artificiais. Os membros de uma espécie artificial, dizia ele, eram inteiramente determinados por sua definição. Todas as figuras [planas] amarelas delimitadas por três linhas retas pertencem à classe dos triângulos amarelos e inversamente: enquanto membros dessa classe, nada mais há para ser observado acerca delas. Espécies naturais, continuava Mill, também possuem definições que especificam seus membros da mesma forma. Um ou mais subconjuntos das características [que] se observou serem compartilhadas pelos membros poderiam fornecer as condições necessárias e suficientes para o pertencimento à espécie; o subconjunto particular que exercesse esse papel poderia ser escolhido por sua conveniência. Porém, nenhum subconjunto definitório, não importa como seja escolhido, exauriria as características compartilhadas dos membros da espécie, mesmo quando enriquecido por suas consequências lógicas.

A discussão que faz Mill da natureza das espécies naturais exerceu um papel decisivo no desenvolvimento de minha concepção sobre espécies em geral. Mas já deve estar patente que sua doutrina, tal como enunciada, não se sustenta. Recordemos a discussão da distinção analítico/sintético no início do Capítulo 3. Uma ave aquática poderia ser preta (ou não aquática) e ainda assim ser um cisne. Qualquer uma dentre as características

---

10 Mill, *A System of Logic* (1881), p.95-104, 406-10. Em muitas outras edições, o material será encontrado no Lv.I, cap.vii, §§ 3-6; Lv.III, cap.xxii, §§ 1-3.

CAPÍTULO 5: ESPÉCIES NATURAIS · 325

aparentemente (e ordinariamente) compartilhadas pelos membros de uma espécie natural poderia, em casos particulares, estar ausente sem modificar o pertencimento à espécie de uma criatura que não a possuísse. Nenhuma característica compartilhada pelos membros conhecidos anteriormente de uma espécie é necessária para o pertencimento a ela; nenhuma dessas características pode ser incluída, com segurança, numa definição da espécie.[11]

Características que se espera que os membros da espécie normalmente possuam podem, todavia, ser dimensões num espaço de diferenças específicas que visa distingui-los dos membros de outras espécies. Pelo fato de serem numerosas as dimensões desse espaço, a ausência de qualquer característica particular não evitará que a criatura anômala seja agrupada com seus pares. Se isto criar dificuldades – se a criatura anômala estiver situada algures no que deveria ser espaço vazio –, então novas observações de si e dos membros de espécies vizinhas deverão oferecer um espaço enriquecido no qual seu pertencimento à espécie fique claro. Se mesmo isto malograr, então algumas das espécies com as quais operamos no passado podem não ser espécies naturais em absoluto, uma possibilidade à qual retornarei mais adiante neste capítulo.

Em resumo, o que estou sugerindo é que o espaço no qual membros de uma espécie são distinguidos de membros de espécies vizinhas é um espaço no qual a localização de vários grupos traz consigo expectativas acerca das características que devem possuir os membros das espécies correspondentes. O indivíduo que seleciona membros da espécie manifesta suas expectativas acerca das características observáveis dos membros dessa espécie. Se o espaço diferencial de nível mais baixo é enriquecido pelas características

---

11 Não é possível que Mill, que conhecia os problemas da classificação biológica, não estivesse ciente das dificuldades em encontrar uma *definição* adequada à tarefa. Contudo, ele não via outro modo de distanciar sua concepção das espécies naturais da noção aristotélica, desdenhada desde o século XVII, do pertencimento à espécie como determinado por uma misteriosa essência compartilhada que fazia dos membros da espécie aquilo que eles são. Essa noção se adéqua particularmente bem a criaturas biológicas e Aristóteles modelou todos os fenômenos naturais com base no biológico. Para uma exposição especialmente útil do conceito aristotélico de essência e de suas fontes biológicas, ver Grene, *A Portrait of Aristotle*, p.78-85 e cap.4. Não pode ser mero acaso que, conforme o problema do significado se tornou cada vez mais agudo durante os últimos trinta anos, um número crescente de filósofos que lidam com essas questões tenha começado rapidamente a reabilitar as noções conectadas de tipo natural e de essência. (Esta última nem sequer aparece no índice da *Encyclopedia of Philosophy*, publicada pela Macmillan em 1967.)

## 326 A INCOMENSURABILIDADE NA CIÊNCIA

que descendem dos níveis superiores na hierarquia, então a localização dos grupos também estabelecerá expectativas acerca das características que as várias espécies adjacentes compartilham: por exemplo, penas, asas e pés palmados no caso de aves aquáticas. Algumas dessas características podem ser mais importantes, mais salientes, do que outras ao estabelecer o pertencimento à espécie,[12] mas nenhuma delas é individualmente necessária. Generalizações acerca de sua presença em membros de uma espécie particular sempre estão sujeitas a exceções, ou seja, elas são nórmicas em vez de nômicas.

De onde provêm tais expectativas? Ou, para fazer uma questão intimamente relacionada, como sabemos se um dado corpo de expectativas seleciona ou não membros de uma espécie natural? Quanto à primeira questão, a resposta é que aprendemos a reconhecer espécies quando alguém que já as conhece nos ensina; quanto à segunda, a resposta é que pressupomos que a espécie seja natural por causa da autoridade de quem nos ensinou. O que ocorre durante a interação entre aprendiz e professor é a transmissão das categorias empregadas na cultura do professor. No final dos anos 1960, ao procurar uma teoria do significado que ajudasse a explicar os fenômenos associados à incomensurabilidade, imaginei uma criança pequena, Johnny, visitando um parque com seu pai e aprendendo a identificar, durante a visita, patos, gansos e cisnes.[13] Em linhas gerais, o processo de aprendizado

---

12 Essa menção à força especial ou saliência de algumas características isola um aspecto no qual diagramas bidimensionais como o da Figura 3 (ou das figuras 1a, [1]b e [1]c) são significativamente enganosos. Eles não sugerem nem a variedade das características que podem constituir dimensões do espaço, nem a amplitude muito diferente do grupo em diferentes dimensões. Algumas dimensões podem ser binárias: com penas ou sem penas; outras podem ter uma série de valores discretos, [tal como] o número de pés da criatura, de caramujo a centopeia; outras, ainda – por exemplo, tamanho na maturidade –, variam continuamente ao longo de uma gama característica. Características que são especialmente salientes para a identificação de membros da espécie são fornecidos pelas dimensões ao longo das quais a dispersão de um grupo é especialmente restrita. Assim, a saliência é relativa às discriminações particulares a serem feitas: com penas/sem penas, por exemplo, é altamente saliente para discriminar pássaros em relação a outros animais, mas não para discriminar dentre patos, gansos e cisnes.

13 Kuhn, "Second Thoughts on Paradigms", em Suppe (org.), *The Structure of Scientific Theories*, p.459-99. Esse volume é o produto de uma conferência pronunciada em 1969, na qual o artigo foi apresentado praticamente em sua forma publicada. Os leitores não ficarão surpresos ao saber que os patos, gansos e cisnes nos diagramas deste capítulo (embora não aqueles mesmos diagramas) apareceram primeiramente ali, desenhados por minha filha, Sarah [Kuhn]. O artigo foi reimpresso em meu livro de ensaios, *A tensão essencial*, p.311-37.

CAPÍTULO 5: ESPÉCIES NATURAIS **327**

ocorria como se segue. O pai aponta para, digamos, um pato e diz: "olha, Johnny, aquele pato ali". Um pouquinho depois, Johnny aponta para outra criatura dizendo: "olha, papai, um outro pato". O pai olha, mas então diz: "não, Johnny, esse é um ganso". O processo continua dessa forma, [com] cisnes entrando no processo de identificação ao longo do caminho. Por fim, após diversas tentativas bem e malsucedidas, Johnny consistentemente chega às mesmas conclusões que seu pai (o professor). Ele aprendeu a identificar patos, gansos e cisnes.

É claro que esse diálogo é imaginário e é difícil encontrar evidência direta em favor (ou contra) a visão que ele expressa, embora eu vá apresentar alguma logo adiante. Mas antes permitam-me questionar: por que é tão difícil encontrar essa evidência? O motivo, suspeito, é que os investigadores relevantes – em sua maioria psicólogos do desenvolvimento e filósofos – não conseguiram reconhecer a diferença crucial entre a identificação por feições características e [a identificação] por diferenças específicas. Embora a maioria deles tenha abandonado a noção de que a classificação e o significado dos termos para espécies exijam um conjunto de feições *características* universalmente aceito, ou eles abandonaram por completo as feições em prol da referência, ou então continuaram a se perguntar como as feições são empregadas e quais feições podem ser relevantes. Nesse processo, o[s] método[s] das feições características e das diferenças específicas pareciam ser praticamente equivalentes. O que foi desconsiderado é o fato de que, embora ambos dependam da concordância entre falantes ou classificadores independentes, aquilo acerca do que precisam concordar é muito diferente.

Entretanto, não há razão para supor que o Johnny de minha história esteja selecionando patos, gansos e cisnes no mesmo espaço espectral que aquele utilizado por seu professor (o pai). Em princípio, as dimensões dos espaços empregados por eles poderiam ser totalmente disjuntas. O que a concordância exige é apenas que eles aponham os mesmos rótulos às mesmas coisas, mas não que o façam da mesma maneira. Se dois indivíduos (não mais pai e filho) concordam acerca dos referentes dos termos que compartilham, então cada um deles pode aprender com o outro novas maneiras de identificar esses referentes, ambos tendo enriquecido seus espaços espectrais nesse processo de aprendizado. O que se requer individualmente de seus espaços [espectrais] é apenas que estes agrupem os objetos da mesma maneira, que produzam espaço vazio entre as mesmas coleções de

# 328 A INCOMENSURABILIDADE NA CIÊNCIA

indivíduos: cada pato deve estar mais próximo de algum outro pato do que qualquer um deles está de qualquer cisne ou ganso.

Assim, o que deve ser compartilhado não são espaços de feições diferenciais, mas a estrutura exibida em todos eles pelas espécies que podem ser encontradas aí. Termos para espécies não se ligam individualmente à natureza, um por vez. Johnny não aprendeu o conceito de um pato (ou o significado da palavra *pato*) até que tenha feito o mesmo para gansos e cisnes. O que devemos extrair do processo de aprendizado não é uma lista particular de feições, mas sim alguma medida de similaridade e de diferença que produza grupos de membros de cada espécie e crie espaço vazio entre eles. Nesse processo, o aprendiz também adquire necessariamente uma medida similar do arranjo das diversas espécies: [um ganso] e [um cisne] são mais semelhantes um ao outro do que cada um deles é a [um pato]. É esse arranjo que estamos *designando* como "estrutura" e é somente a estrutura que deve ser compartilhada pelos indivíduos que agrupam os mesmos indivíduos nas mesmas espécies. Essa capacidade de agrupar é pré-requisito para sua habilidade de se comunicarem sem problema acerca das criaturas agrupadas, e é essa comunicação que atesta que estejam partilhando os conceitos relevantes e os mesmos significados. Ironicamente, a teoria dos protótipos – a teoria do significado e da formação de conceitos mais similar à minha própria – não vê necessidade desse tipo de holismo não quiniano. Tal como aqueles que acreditam nas feições características, os adeptos da teoria dos protótipos concebem a classificação e o significado como a ligarem espécies à natureza, uma de cada vez. A distância que lhes interessa é aquela que separa um indivíduo do exemplo prototípico da espécie na qual ele deveria estar situado,[14] já a distância em relação a espécies vizinhas não possui nenhuma função.

Nesse contexto, imagine o prazer que tive ao ler a seguinte passagem de uma carta recente vinda de um amigo e colaborador ocasional residente em Zurique:

> Eis algo que nosso caçula, Alexander, fez e faz. Ele tem agora 22 meses de idade. Quando dirigimos até o jardim de infância, como fazemos diariamente, ele rapidamente se interessou pelas grandes coisas em movimento que via na

---

14 Para a teoria dos protótipos, ver Smith; Medin, *Categories and Concepts*.

CAPÍTULO 5: ESPÉCIES NATURAIS   **329**

rua, e nós lhe ensinamos – de forma mais ou menos inconsciente no início – os termos *Lastwagen* [caminhão], *Bus* [ônibus] e *Tram* [bonde]. O treinamento foi exatamente como o seu [...] velho exemplo do cisne, ganso e pato: nenhuma característica foi mencionada, muito menos definições, apenas *Ja, das ist ein Lastwagen* [Sim, este é um caminhão] ou *Nein, das ist kein Tram* [Não, esse não é um bonde]. Seu domínio dos três termos agora é perfeito e ele até começou a se interessar também por outros veículos, principalmente motocicletas. Mas o paralelo se estende ainda mais. Eu não sei quais traços ele usa para a identificação, mas elas eram certamente visuais no começo (por causa do movimento da cabeça e dos olhos assim como do ato de apontar). Mas alguns dias atrás, ele ouviu o som de um *ônibus* que é muito típico de fato, em nosso jardim, de onde o tráfego não pode ser visto, e Alexander dizia *ônibus! ônibus!* Então ele ampliou a gama de características [usadas] para atribuir referentes aos estímulos acústicos, e isso implica [...] que ele agora tem à disposição, pelo menos implicitamente, generalizações empíricas sobre ônibus.[15]

Claro que essas observações podem ser explicadas de inúmeras outras maneiras; a evidência que elas oferecem não é robusta. Mas ilustram o modo pelo qual o ponto de vista inicial do observador influencia as observações que são feitas. Com uma mudança de ponto de vista, deveria ser possível descobrir evidência adicional e mais robusta.

Enquanto tal evidência não chega, permitam que eu explicite mais algumas características da concepção de significado e de classificação que está a ser desenvolvida aqui. A primeira delas já foi antecipada em alguns aspectos, especialmente na última frase da citação anterior. O que aí se denominava "generalizações empíricas" é aquilo que chamei inicialmente de "expectativas" ou "generalizações nórmicas". Aprender a situar criaturas individuais junto a membros de sua própria espécie é aprender, simultaneamente, muita coisa acerca das propriedades que se espera dos membros dessa espécie e de seus vizinhos. Enriquecer mais ainda o espaço espectral inicialmente adquirido durante o treinamento aumenta nosso conhecimento – nosso estoque de generalizações nórmicas – acerca das criaturas nele situadas. O que mais se poderia esperar do processo pelo qual as espécies e os significados de seus nomes são transmitidos de uma geração para a seguinte? Esse processo exige

---

15  Carta de 27 de abril de 1994, de Paul Hoyningen-Huene em Zurique.

330 A INCOMENSURABILIDADE NA CIÊNCIA

a presença tanto de alguém que já os conheça como de exemplos do mundo real das espécies de criaturas conhecidas por tal pessoa. O gesto de apontar para esses objetos é crucial, tanto para isolar o exemplo como para permitir o reconhecimento de erros.[16] A observação do mundo natural é, assim, fundamental não apenas para o desenvolvimento inicial e a avaliação dos conceitos para espécies, mas também para o processo pelo qual os resultados da experiência herdada são retidos na cultura da qual se originaram. O fato de cada geração poder enriquecer mais ainda ou então modificar as espécies que ela herda é a fonte de toda a evolução cultural.

Valho-me da expressão *retidos na cultura* por conta de um outro aspecto importante da educação de Johnny no parque. O que ele adquiriu em interação com seu pai não foi somente a habilidade de discriminar patos, gansos e cisnes, mas também um domínio das características adequadas para a discriminação. Algumas das características requeridas – talvez aquelas que lhe permitiam especificar essas aves aquáticas como pássaros – ele aprendera anteriormente e trouxera consigo para o parque. Elas já eram parte do que denominarei *vocabulário de características*, usando *vocabulário* num sentido ampliado que não requer que ele consista inteiramente de palavras.[17] Que tal vocabulário deva ser adquirido para a reidentificação de indivíduos é algo que já foi enfatizado na discussão sobre o reconhecimento facial no último capítulo, bem como na discussão sobre a reidentificação de aves aquáticas neste. A estreita relação entre reidentificar e classificar torna provável que um processo similar de aquisição se aplique no caso da discriminação de espécies, e o fato de se aplicar se revelará como a chave para compreender os exemplos históricos apresentados no Capítulo 2.

---

16 Costuma-se dizer que a operação de apontar ou ostender é ambígua de maneiras que invalidam o propósito para o qual ela [é] aqui utilizada. Não se pode dizer, afirma-se, se o gesto inevitavelmente impreciso do braço estendido se dirige digamos ao cisne, à cabeça do cisne ou uma mancha branca em forma de cisne. Mas se o contexto ditar, como na presente situação, que o gesto seja dirigido a um objeto, então a mancha branca está excluída, assim como as partes que se movem juntas dentro do contorno do objeto. Johnny, se aprendeu de fato a apontar, deve ter a intenção de apontar para uma criatura como um todo: um cisne. Essa é uma das lições do capítulo anterior.

17 Observe que, embora não seja necessário haver uma palavra para cada uma das feições usadas na diferenciação de indivíduos ou espécies, com a ajuda de palavras e gestos, todos eles podem ser adquiridos por meio da prática com um colocutor que faz uso deles. Pense na amiga que me contou sobre o papel das linhas de sorriso na reidentificação de patos individuais ou no que eu disse sobre a proporção entre o comprimento do pescoço e o do corpo ao distinguir patos, gansos e cisnes.

CAPÍTULO 5: ESPÉCIES NATURAIS    331

O fato de que um vocabulário significativo de características deva ser aprendido pela interação com o mundo na companhia de alguém que já conheça uma maneira de viver nele tem inúmeras consequências. Em primeiro lugar, embora as características requeridas sejam aprendidas ao lidar-se com objetos no mundo, elas estão doravante disponíveis para criar-se objetos de mitos e ficções. Cavalos, cães e gatos, tais como patos, gansos e cisnes, são criaturas reais porquanto podemos apontar para elas e, com orientação apropriada, aprender acerca do mundo ao fazê-lo. Mas o que aprendemos acerca do mundo pode ser utilizado na criação imaginativa de criaturas inexistentes: cavalos alados, por exemplo, centauros, górgonas e minotauros. Quando adquirimos também o domínio das espécies de emoção e de personalidade reconhecidas em nossa cultura – uma aquisição que, novamente, requer tanto um guia como a interação com o mundo –, podemos mobilizá-las para descrever pessoas que nunca viveram e ações que nunca ocorreram. Afirmar que um objeto é ou foi real é afirmar que ele pode ou poderia [ter sido] tanto ostendido como descrito. Afirmar que ele seja mítico ou ficcional é afirmar que ele só pode ser descrito; nenhuma pessoa em nenhum tempo ou lugar poderia tê-lo apontado; o que há nele de real são apenas as características usadas para descrevê-lo e elas também precisavam ser aprendidas em interação com o mundo.

Essa forma de pensar acerca das espécies e da identificação de seus membros abre uma possibilidade que é, como acredito, realizada com regularidade. Tanto as espécies de objetos como as características utilizadas para diferenciá-los uns dos outros são recursos culturais que uma geração transmite para a seguinte, com frequência numa forma enriquecida. Elas modelam a maneira como os membros de uma cultura lidam com seu mundo, bem como as histórias que eles corporificam no mito e na ficção. Esses recursos podem variar (e penso que claramente variam) tanto de cultura para cultura e de disciplina para disciplina no âmbito de uma cultura, como de uma época para outra no âmbito das culturas e disciplinas.[18] Objetos individuais podem ser observados no âmbito de qualquer uma dessas culturas e seus membros

---

18  Estou, é claro, usando termos como *cultura* e *cultural* num sentido amplo e talvez idiossincrático, pois não encontrei nenhuma forma de evitar fazê-lo. Pelo menos em sociedades complexas, a cultura existe em vários níveis, e os membros da sociedade participam tanto da cultura mais ampla como também de uma série de subculturas. Nem todas essas subculturas são disciplinas, mas todas as disciplinas são subculturas.

# 332   A INCOMENSURABILIDADE NA CIÊNCIA

não podem, sem risco para sua cultura, discordar acerca da presença de características que sua cultura os equipou para observar. Mas essa compulsão não se aplica a trocas entre membro[s] de culturas distintas. Será que se poderia dizer que eles discordam sobre a presença de uma característica que apenas um deles foi equipado para observar? Em vez do desacordo, o que caracterizará seu discurso então é o desentendimento. Se eles reconhecem o desentendimento, meios de apelação estão à sua disposição e mais adiante terei muito a dizer acerca disso. Contudo, a necessidade desses meios não é facilmente reconhecida e, quando reconhecida, não é facilmente encontrada, pois ela exige procedimentos que são desnecessários para se viver no âmbito de uma cultura. Esses procedimentos são aqueles ilustrados pelos exemplos do Capítulo 2, exemplos aos quais retornarei [no] próximo capítulo.

A esta altura, já estou antecipando alguns dos pontos centrais deste livro e eles precisarão ser mais bem esclarecidos e discutidos, o que será feito parte neste capítulo, parte nos capítulos subsequentes. Mas o caminho até eles precisa ser preparado, primeiramente por uma antecipação adicional e então, nas próximas duas seções, pela seleção de um par de tópicos introduzidos no início deste capítulo e reiteradamente adiados desde então. Quanto à antecipação, a razão presumida pela qual as pessoas criadas em diferentes culturas diferem em seus vocabulários de características é o fato de suas culturas agruparem, aqui e ali, objetos em diferentes espécies, e as características que elas adquirem enquanto aprendem a selecionar membros de espécies diferem correspondentemente. Em princípio, esse não precisaria ser o caso. Membros de uma cultura podem, como sugiro, enriquecer seu vocabulário de características com as características mobilizadas por uma cultura distinta sem prejuízo para o seu próprio vocabulário. Esse é um tipo de enriquecimento que oferece uma razão fundamental para o estudo de outras culturas.[a] Porém, a aquisição de tal vocabulário alargado sem a instrução propiciada pela interação com uma outra cultura (ser ensinado por ela) é altamente improvável. Esse é especialmente o caso porquanto o conjunto de espécies de uma cultura, à diferença do vocabulário de características que lhe dá suporte, não pode ser expandido de modo a criar espaço para as espécies empregadas pela outra cultura. Tal expansão violaria o princípio de não superposição, destruindo a integridade de um ou do outro conjunto de espécies. Esse é o desajuste para o qual anteriormente empreguei o termo *incomensurabilidade*.

Esses são os pontos aos quais retornarei reiteradamente, relacionando-os nesse processo aos exemplos do Capítulo 2 e ocasionalmente também a outros exemplos. Esse grupo de antecipações está agora concluído. Mas, antes de seguir adiante, permita-me tentar afastar uma forma de compreender a incomensurabilidade que afetou gravemente o entendimento dessas questões. Tanto os vocabulários de características como os conjuntos de espécies são, como defendo, recursos culturais que variam entre culturas ou entre subculturas. Mas, entre duas culturas quaisquer, muitas espécies e muitos elementos dos [vocabulários] de características devem ser compartilhados. Se não o fossem, não haveria nenhum modo de colmatar o fosso entre eles, nenhuma maneira pela qual um membro de uma cultura pudesse aprender o conjunto de espécies e o vocabulário da outra. Não é inimaginável que esse pudesse ser o caso, que fosse descoberta uma tribo cuja língua e cujo comportamento permanecessem inescrutáveis apesar de esforços sustentados. Mas os atributos genéticos e a superposição entre ambientes tornam isso improvável, e não é claro que falar de tal tribo como humana não envolveria uma contradição em termos. A incomensurabilidade, tal como experimentada na prática, é sempre um fenômeno local, restrito a um ou mais conjuntos de conceitos inter-relacionados e às palavras que os nomeiam. Outros conceitos e terminologias são compartilhados e podem ser usados para erguer pontes que propiciem o processo de aprendizado.

## IV

Para tornar essas antecipações mais próximas de nós, observe novamente a hierarquia introduzida na Figura 2. Quando ela foi introduzida, sua função era facilitar a busca de diferenças específicas relevantes para a reidentificação pelas qualidades de objetos individuais de uma dada espécie. Era a possibilidade de tal reidentificação que qualificava esses indivíduos como objetos, ou seja, os tipos de coisas que poderiam ser possuídas, contadas, trocadas, roubadas, recuperadas e assim por diante. E essas qualificações, por sua vez, são o que as tornava aptas a exercerem papéis fundamentais nas diversas práticas das sociedades humanas. São essas práticas, em conjunto com a exigência de observações compartilháveis, que restringem a estrutura hierárquica das espécies, a estrutura mediante a qual

# 334 A INCOMENSURABILIDADE NA CIÊNCIA

os membros da sociedade interagem tanto uns com os outros quanto com seu mundo compartilhado.

As restrições sobre um conjunto de espécies são, assim, pragmáticas e, no restante deste livro, sugerirei com ênfase crescente que as únicas questões relevantes ao avaliar-se um conjunto como esse dizem respeito a seu êxito em satisfazer as necessidades de seus usuários, inclusive a necessidade de observações compartilhadas. Contudo, as necessidades variam, não apenas de cultura para cultura, mas também entre as diversas subculturas encontradas em todas as sociedades complexas. Embora haja muita superposição, as restrições sobre o conjunto de espécies de uma sociedade agrária diferem das restrições sobre o conjunto de espécies de uma sociedade de caçadores e coletores. Do mesmo modo, as restrições sobre o conjunto de espécies de um físico diferem das restrições sobre o conjunto de espécies de um químico, assim como ambas diferem das de um engenheiro. Embora todas essas culturas e subculturas tenham presumivelmente evoluído a partir de um único tronco, essa evolução se caracterizou pela diferenciação e especialização contínuas de suas práticas.

Essas observações sobre hierarquia aplicam-se a objetos de todos os tipos, tanto artificiais como naturais. Mas as feições e hierarquias relevantes para aqueles são muito diferentes das que importam para espécies naturais, e continuo a restringir a atenção a estas últimas, considerando por ora apenas as espécies de coisas vivas. Por razões a serem examinadas adiante, um conjunto bem desenvolvido de espécies para coisas vivas operaria mediante diferenças específicas em todos os níveis abaixo do nodo no qual se separam os objetos vivos e os não vivos. Cada animal estaria então mais próximo de algum outro animal do que de qualquer não animal, e assim por diante. O mais alto nível não pode recorrer, com segurança, a características necessárias mais do que pode o mais baixo nível – o nível dos patos, gansos e cisnes. Os cisnes negros encontrados na Austrália ilustravam as dificuldades que podem ocorrer com as espécies de nível mais baixo; o bico de pato do ornitorrinco – uma criatura que põe ovos e amamenta seus filhotes – ilustra as mesmas dificuldades para uma espécie de nível mais alto: os mamíferos.

Para fins de vida cotidiana, entretanto, especialmente numa comunidade geograficamente restrita, nada depende tanto assim de se poder atingir esse ideal ou mesmo de todos os membros da comunidade serem capazes de selecionar o mesmo conjunto de criaturas para espécies de nível mais alto.

CAPÍTULO 5: ESPÉCIES NATURAIS **335**

Se patos, gansos e cisnes são itens em sua prática (na alimentação, por exemplo, ou no estofamento de almofadas e edredons), então eles devem ser capazes de situar essas criaturas nas mesmas categorias e, em alguns casos, reidentificá-las (esse é o meu pato, não o seu). Se, nesse nível, fossem comuns desacordos irreconciliáveis, uma prática constitutiva da comunidade estaria em risco. Porém, para categorias de nível mais alto, a possibilidade de tais desacordos raramente faz diferença. A principal [exceção é] a divisão categorial entre os vivos e [os] mortos nas duas pontas das linhas vitais humanas, e essa exceção ilustra claramente os riscos para a comunidade que provêm dos desacordos que afetam suas práticas sociais. Ainda mais típica é a categoria *animal* à qual nos referimos antes. Peixes são animais? Pássaros são? E quanto a insetos e vermes? O meu *Random House Unabridged Dictionary* autoriza tanto um sim quanto um não como resposta a essas questões e ainda oferece uma outra possibilidade: num dos usos do inglês-padrão, a palavra "animal" se restringe aos mamíferos. Cada um desses usos corresponde a uma forma diferente de desenhar a árvore hierárquica. Numa delas, por exemplo, pássaros, peixes, animais e insetos descendem a partir de um único nodo. Mas todas essas árvores oferecem rotas para as espécies de nível inferior que são necessárias para a vida cotidiana. Os indivíduos tendem a usar mais do que uma [árvore hierárquica], a depender do contexto. E não importa qual usem, [ela] os conduz à mesma identificação em casos que fazem diferença. Seria difícil sustentar que, para membros de nossa comunidade geograficamente situada, as diferenças entre [árvores hierárquicas] [sejam desacordos] acerca de questões de fato: que uma está certa e a outra errada. [Ao contrário], uma [árvore hierárquica] talvez seja mais eficiente quando usada para certo propósito, uma outra para outro [propósito], mas todas conduzem às mesmas conclusões na prática cotidiana.

No entanto, a vida muda e com ela muda também a vida cotidiana. A discussão anterior dizia respeito à vida cotidiana de uma sociedade pequena e geograficamente isolada, uma sociedade sem práticas especializadas excetuando-se talvez algumas divisões de tarefas por gênero. Imagine agora que, ao longo do tempo – tempo suficiente para muitas mudanças de geração –, viajantes exploram terras cada vez mais distantes, descobrem outras sociedades humanas e retornam com amostras de plantas e de animais jamais encontrados anteriormente, alguns dos quais sendo importantes para as práticas de uma ou outra dessas sociedades. É aí que surgem os problemas para a sociedade original e esses problemas aumentam gradualmente com a continuidade da exploração. Alguns dos troféus trazidos pelos viajantes que retornam são simplesmente exóticos: o tatu, talvez, o peru ou o tabaco, todos claramente membros de uma espécie anteriormente desconhecida. Porém, outros – especialmente, mas não exclusivamente, os provenientes de regiões próximas – são bem similares aos membros de uma espécie localmente familiar, e se agrupam com eles utilizando-se um conjunto padronizado de diferenças específicas. Contudo, eles se agrupam ainda mais estreitamente com outros espécimes provenientes da região onde foram coletados. Será que esses indivíduos quase familiares também são membros de uma espécie anteriormente desconhecida ou será que eles são simplesmente variedades antes desconhecidas de uma espécie local, variedades que poderiam ter sido produzidas em casa por cruzamento seletivo ou por uma mudança ambiental? O que está em questão são duas espécies ou apenas uma?[19]

O fracasso em responder essa questão ameaçaria a viabilidade da sociedade tal como constituída anteriormente. Dois tipos de ameaças estão envolvidos, o primeiro de curto prazo [e] o segundo de longo prazo, e é nessa ordem que os examinarei. Imagine uma sociedade dividida entre membros que tomaram os novos espécimes como uma variedade de alguma espécie familiar e membros que [os] tomaram como pertencendo a uma espécie antes desconhecida que exige um novo nome e um novo lugar na taxonomia. Aqueles que os tomaram como duas variedades de uma única espécie inevitavelmente enriqueceriam seu espaço de diferenças específicas de formas que agrupassem estreitamente os novos espécimes com membros anteriormente familiares da mesma espécie, aumentando simultaneamente sua distância em relação aos membros de outras espécies. Aqueles que os tomaram como diferentes espécies enriqueceriam seu espaço de formas que aumentassem a separabilidade de seus grupos. Embora não se possa agrupar qualquer coisa com qualquer coisa, exceto de formas altamente artificiais, é provável que as alternativas que acabam de ser descritas sempre estejam disponíveis enquanto houver razão para perguntar:

---

19 Esta consideração de alguns problemas de taxonomia deve muito às discussões, trinta e poucos anos atrás, com meu ex-colega A. Hunter Dupree, e a seu esplêndido livro *Asa Gray, 1810-1888.*

duas espécies ou uma? Se não houvesse uma forte semelhança desde o princípio, a questão não teria sido posta.

A divisão que estou a conjecturar pode ser descrita como uma diferença de crença acerca dos novos espécimes e, em algum sentido, é isso que ela é. Mas não se trata de uma crença isolada, uma crença acerca da qual os membros da sociedade fossem livres para discordar. A crença na integridade de seu conjunto de espécies era de algum modo constitutiva dessa sociedade e a diferença emergente, se persistir, forçará a reconstituição parcial da sociedade. O que resultará disso ao longo do tempo é ou a emergência de duas sociedades separadas ou, com maior probabilidade, a transição para uma sociedade mais complexa, uma sociedade que legitima e institucionaliza a separação dos dois grupos. Tendo em vista que a diferença entre os partidos não tem apenas base factual, seus membros continuariam a discordar acerca do que pertence a uma espécie determinada. Em consequência, uma venda ou troca que satisfizesse um contrato para membros de um grupo poderia violar o acordo para os membros de outro grupo, e não haveria quaisquer razões factuais para oferecer uma base de negociação. Ou então membros de um grupo poderiam considerar que os membros do outro grupo violaram tabus alimentares e assim por diante. Mas, de todas as práticas afetadas pela divisão, a mais importante seria a comunicação, um ponto ao qual retornarei diversas vezes. Ambos os partidos se valeriam do nome tradicional para a espécie e ambos aplicá-lo-iam a seus membros tradicionais. Porém, um o aplicaria [aos] novos espécimes e o outro lhes negaria a aplicabilidade. A sociedade que incluísse ambos os grupos sem diferenciação estaria comprometida. Um enunciado julgado verdadeiro por um grupo seria declarado falso pelo outro e, novamente, não haveria nenhuma corte de apelação para decidir a questão. Os problemas que estive a sugerir até o momento não surgiram a partir de questões de fato, mas, sim, de questões de uso ditadas por algo como o gosto ou talvez pelas idiossincrasias individuais que determinaram o pertencimento a cada partido em primeiro lugar.

Essas são as ameaças de curto prazo. Elas não existem no âmbito de cada partido por si só e desapareceriam da sociedade como um todo se um ou outro desses usos fosse imposto. Qual deles seria escolhido não faria nenhuma diferença *atual* contanto que o uso fosse uniforme. A imposição, contudo, é um problema. Poucas sociedades possuem autoridade incontenste para forçar o assentimento em tais questões de uso e, em todo caso,

## 338 A INCOMENSURABILIDADE NA CIÊNCIA

não fica claro como se poderia realizar uma imposição eficaz. No entanto, há uma outra maneira melhor de tratar do problema, uma maneira que emerge como resposta àquilo que anteriormente designei como as ameaças de longo prazo postas pelos novos espécimes. O conjunto tradicional de espécies utilizado por membros de uma sociedade indiferenciada era, como sugeri, produto de uma experiência de longa duração com o mundo daquela sociedade, um mundo que também tinha um papel essencial na transmissão intergeracional do conjunto de espécies de tal sociedade. Nesse mundo local, não havia lugar já pronto para os novos espécimes: eles eram inesperados, anômalos. Para que fossem assimilados [ao] conjunto tradicional de espécies, [eles] deviam, pelas razões de curto prazo já discutidas, ser ajustados para se encaixarem. Uma outra consideração eleva a urgência de tal ajuste: os membros da sociedade estarão em risco até que isso seja feito. Confrontados com os novos espécimes, eles exigem respostas para questões como: a planta recém-adquirida é venenosa? O animal recém-descoberto é carnívoro? E outras similares. Em resumo, eles necessitam de uma base para saber o que esperar dos novos espécimes e de outros que serão provavelmente encontrados no futuro; ou seja, eles necessitam de alguma base para chegar a decisões inteligentes sobre como incorporar na prática social futura criaturas nunca vistas. Os problemas de longo prazo, diversamente de seus primos de curto prazo, podem fazer uma diferença importante conforme uma sociedade se desenvolve ao longo do tempo. Questões de fato estão envolvidas aqui, mas se trata principalmente de fatos futuros, não daqueles com que cada partido se defronta no presente. O que se requer é algo como uma teoria acerca de quais espécies naturais podem existir, algo que permita antecipações inteligentes do futuro. Essa é uma necessidade que uma taxonomia eficaz pode satisfazer.

O que se requer dessa taxonomia não é que ela ofereça predições, mas, sim, expectativas inteligentes; não prescrições nômicas, mas, sim, expectativas nórmicas. Pelo menos para espécies naturais, contudo, expectativas são o que uma taxonomia propicia e a maioria delas está incorporada em espécies de nível superior e delas descende. Para fins cotidianos, muitas das expectativas que uma hierarquia aperfeiçoada poderia gerar são irrelevantes. Para tais propósitos, como já assinalei, não faz diferença se pássaros ou peixes são animais, pois todos os três poderiam, por exemplo, descender de um único nodo superior. Mas, se o fizessem, então as únicas expectativas que seriam comuns a todos os três descenderiam de nodos ainda mais altos como aquele que separa as criaturas vivas das não vivas. Ao passo que, se peixes e pássaros são ambos membros da espécie de nível superior *animais*, ambos partilharão das expectativas que descendem dessa espécie de nível superior. Assim, se os animais fossem tomados como mamíferos, peixes e pássaros poderiam não ser subconjuntos [de animais], pois então teríamos a expectativa de que peixes tivessem sangue quente e que pássaros fossem vivíparos. Reparem que, antes da descoberta do ornitorrinco, não havia a expectativa de que algum mamífero botasse ovos: a divisão entre criaturas que põem ovos e aquelas cuja prole nasceu viva fora situada acima dos ma-míferos na hierarquia.

Assim, a estrutura da hierarquia determina as expectativas não só com relação a criaturas já familiares, mas também com relação àquelas que possam emergir no futuro, e a necessidade de tomar decisões inteligentes acerca destas últimas impõe restrições bem mais robustas sobre a estrutura hierárquica do que aquelas impostas pelas necessidades da vida cotidiana. Para satisfazer essas necessidades ampliadas, uma estrutura hierárquica deve incorporar um número mínimo de elementos arbitrários e ser capaz de responder por toda a informação disponível acerca das espécies já co-nhecidas. Ou seja, idealmente, espécies de nível superior, tais como aque-las do primeiro nível, deveriam ser naturais em vez de artificiais. Seus membros, também, deveriam ser determinados por um espaço de diferen-ças específicas no qual todos os animais, digamos, sejam mais similares a algum outro animal do que a qualquer membro de uma espécie não animal. Em tal espaço, os problemas postos pela descoberta de cisnes negros ou de ornitorrincos seriam facilmente resolvidos e, em todo caso, poderiam ser tema de discussão inteligente. Porém, encontrar tais diferenças específicas requer estudo apurado (e por vezes também experimentação) sobre a consi-derável variedade de criaturas já conhecidas. É provável que similaridades e diferenças na estrutura e na função dos órgãos internos seja relevante: quais criaturas possuem corações e com quantas cavidades? Outras questões importantes podem dizer respeito aos processos de reprodução e de desen-volvimento: quais criaturas ou plantas podem ou não ser cruzadas entre si para produzir prole viável? Como essa prole nasce e como se nutre? E essas questões são só o começo.

Por conta de sua irrelevância para nossos interesses atuais, não se pode esperar nem exigir dos leigos de uma sociedade que façam os estudos necessários. Mas, em prol do futuro, esses mesmos leigos precisam de alguém que os faça. No caso, um grupo de especialistas evolui para assumir a responsabilidade por tais tarefas. Todos os membros da sociedade mais ampla devem saber (ou ser capazes de descobrir rapidamente) quem pertence a esse grupo, pois é a eles que os membros da sociedade trarão suas questões quando se defrontarem com um espécime anômalo. E é a reconhecida necessidade que a sociedade tem de respostas inteligentes a tais questões que confere ao grupo [de especialistas] sua autoridade. Por saberem que os especialistas estarão disponíveis quando necessário, os membros da sociedade mais ampla podem seguir com suas vidas exatamente da mesma forma que o faziam antes.

## V

Podemos compreender melhor tanto as espécies como a hierarquia ao examinar brevemente um outro tipo de espécies naturais, um tipo especialmente relevante para o desenvolvimento científico. Trata-se das espécies de materiais dos quais são feitos os objetos (e não mais apenas as espécies naturais de objetos). Os materiais compartilham três características salientes: o papel das diferenças específicas em sua identificação; o papel da hierarquia na localização do conjunto apropriado de diferenças; e o papel das observações acerca de cujo resultado os membros da comunidade normalmente devem concordar. Em grande parte, vou pressupor estas últimas, preferindo concentrar a atenção nas diferenças e nas consequências das diferenças entre esses dois tipos de espécies naturais, diferenças que se revelam tão notáveis quanto as semelhanças. Examinarei quatro delas, todas inter-relacionadas.

Em primeiro lugar, materiais não são objetos: eles não traçam linhas vitais através do espaço e ao longo do tempo. Seus substantivos são de massa e não contáveis. Esses substantivos não aceitam artigo indefinido ("*um* pato", mas não "*um* ouro") e não possuem plural ("patos", mas não "ouros"). Outras diferenças dignas de nota se seguem dessas: "algum ouro", mas não "algum pato" oferece um exemplo particularmente saliente.[20] A clivagem é fundamental e crianças já a dominam num estágio relativamente precoce do desenvolvimento da linguagem.[21]

Uma segunda distinção está intimamente relacionada à primeira. Na base da hierarquia para coisas vivas estão as criaturas individuais que devem ser distribuídas entre as espécies. Alguns membros da comunidade podem ser capazes de reconhecer mais espécies do que outros (por exemplo, gansos *versus* espécies de gansos), mas, para todos eles, o nível de base é composto pelas criaturas reais, portadoras potenciais de nomes próprios, e essas criaturas não podem ser ainda mais subdivididas no âmbito da hierarquia. Se for para dividir os membros desse nível de base, então isso deve ocorrer por suas partes: pernas, asas, bicos, corações, fígados etc. As partes dessas criaturas são, obviamente, objetos por direito próprio e traçam linhas vitais, porém não são coisas vivas e, uma vez separadas à força de seus donos originais – uma separação sem a qual elas não seriam objetos –, passa a ser mais apropriado descrevê-las como espécies artificiais e não mais naturais. Em todo caso, outras criaturas possuem partes da mesma espécie – pernas, fígados, corações etc. – e essas espécies também podem ser arranjadas hierarquicamente. Mas a hierarquia na qual elas encontram seu lugar se separa da hierarquia para criaturas no nodo que divide coisas vivas e não vivas. A hierarquia para materiais, por outro lado, termina não em indivíduos que pertencem a espécies, mas nas próprias espécies – ferro, água, madeira etc. Esses materiais também possuem partes, mas, à diferença das partes de criaturas, aquelas não são diretamente observáveis até que sejam separadas pela intervenção humana (separação física ou química) do material do qual são partes. Em seu estado separado, também passa a ser mais adequado descrever essas partes como artificiais e não mais como naturais. Além disso a necessidade dessas separações e as dificuldades que ela gera evoca novamente a necessidade de uma ou mais comunidades de especialistas.

---

20 Na verdade, existem circunstâncias distinguíveis em que a expressão *algum pato* é gramaticalmente aceitável. Na primeira, *algum* é equivalente a um ("algum pato passou pelo meu canteiro de vegetais"). Na segunda, *pato* é usado como um substantivo de massa, como em *carne de pato* ou em *caça ao pato*. Ambos são facilmente distinguidos dos casos em que *algum* indica uma parte não especificada do todo.

21 Soja; Carey; Spelke, "Ontological Categories Guide Young Children's Inductions of Word Meanings", *Cognition*, v.38, n.2, p.179-211, 1991.

# 342 A INCOMENSURABILIDADE NA CIÊNCIA

Essa diferença é a fonte de uma outra, que acabará por se revelar como não sendo de fato uma diferença, mas [o processo de mostrar este como sendo o caso] evidenciará uma característica essencial, não tematizada anteriormente, das espécies. Criaturas e outros objetos mudam ao longo do tempo, mas espécies de materiais não. As pessoas acreditavam que alguns materiais cotidianos evoluíam a partir de outros, que o chumbo, por exemplo, era o mais primitivo dos metais e que ele amadurecia na terra, passando por estágios de desenvolvimento como ferro, cobre e ouro. Mas isso não afeta a constância ao longo do tempo das *espécies* de materiais: o material em evolução não era ouro até que pudesse, por quaisquer meios, ser identificado como ouro; ele era, em vez disso, ferro, cobre ou algum outro metal. Além do mais, essa constância não implica uma constância correspondente nos meios pelos quais a identificação era realizada. Ao longo do tempo histórico, conforme as pessoas aprendiam mais acerca do ouro e desenvolviam técnicas mais refinadas para identificá-lo, elas foram capazes de mostrar que objetos que um dia se pensou como feitos de ouro, na verdade possuíam bem pouco ouro em sua composição. Porém, embora testes para o reconhecimento do ouro e as crenças correspondentes possam mudar com o tempo, a espécie a que chamamos *ouro*, por si só, não pode mudar mais do que a espécie de figura a que chamamos *triângulo*. O lugar do ouro no âmbito do conjunto de espécies para metais deve permanecer o mesmo. Qualquer que seja o conjunto de diferenças específicas utilizadas para distinguir metais, elas devem preservar todo o tempo o espaço vazio entre si. Não fosse esse o caso, então um objeto outrora feito de ouro poderia continuar a [ser] feito de ouro enquanto se transforma gradualmente num objeto feito de, suponhamos, ferro. A espécie a que chamamos *ouro* se superporia então, em seu pertencimento, com a espécie a que chamamos *ferro*. Nesse caso, não seríamos mais capazes de diferenciar os materiais superpostos. Tal como as dificuldades similares no estabelecimento dos pontos em que a vida começa e termina, os problemas com a preservação das espécies de metais exigem uma solução.

O princípio de não superposição aplica-se, portanto, a espécies de materiais, assim como a espécies de criaturas. Inversamente, os argumentos recém-apresentados para a intercambialidade de espécies de materiais se aplicam igualmente a *espécies* de criaturas. De fato, se a identificação dos membros da espécie é realizada por diferenças específicas em vez de o

CAPÍTULO 5: ESPÉCIES NATURAIS **343**

ser [por] feições características, então o princípio de não superposição e a inalterabilidade das espécies são equivalentes. Se ainda assim houver superposição, isso só mostra que nenhuma dentre as espécies superpostas era efetivamente uma espécie ou, pelo menos, não uma espécie natural. Um princípio similar para espécies artificiais emergirá no Capítulo 6, mas o terreno para ele ainda precisa ser preparado.

Uma diferença final entre materiais e criaturas é a estrutura das hierarquias sob as quais eles caem. A hierarquia das espécies naturais de materiais é relativamente simples: materiais são, por exemplo, divididos entre sólidos, líquidos e "ares" ou gases; cada um destes pode ser subdividido ainda mais (líquidos, por exemplo, podem ser divididos em óleos, ácidos e álcalis). Porém, na medida em que essas divisões se baseiam inteiramente em propriedades observáveis sem a intervenção humana, a hierarquia possui poucos níveis, cada nível possuindo apenas algumas categorias. Contudo, mesmo para as finalidades da vida cotidiana, a hierarquia para criaturas é muito mais rica e complexa do que a hierarquia para materiais.[*] Embora essa hierarquia de fato se torne extremamente complexa quando especialistas são invocados, ela continua a lidar inteiramente com espécies naturais de criaturas. É por isso que a botânica, a zoologia e outras ciências classificatórias são chamadas de história *natural*. É evidente que existem especialistas reconhecidos também em materiais – químicos, físicos e engenheiros –, mas eles trabalham de forma descendente a partir do nível básico dos materiais, portanto, trabalham com as "partes" dos materiais; as espécies que seu trabalho revela não são mais naturais, mas sim artificiais e, tal como as partes das criaturas, elas pertencem a outra hierarquia. A análise dessas hierarquias artificiais será deixada para o próximo capítulo.

Uma última observação acerca da hierarquia para materiais diz respeito não a sua diferença em relação à hierarquia para criaturas, mas sim a sua independência quanto a essa hierarquia bem como de qualquer hierarquia para objetos. A hierarquia para criaturas ascende a um *terminus*

---

[*] Aqui há um óbvio lapso no texto de Kuhn, não corrigido na edição que serviu de base para esta tradução. No original se lê: "But even for the purposes of everyday life, the hierarchy for creatures is far richer and more complex than the hierarchy for creatures" (p.255). Como está, essa frase é tautológica e não faz sentido algum tendo em vista o contexto textual. Para conferir-lhe sentido é necessário substituir a segunda ocorrência de "hierarquia para criaturas" por "hierarquia para materiais". (N. T.)

rotulado *objetos*; o nodo correspondente para materiais é *materiais*. Não há qualquer vínculo entre ambos. Por essa razão, embora o princípio de não superposição se aplique no âmbito de cada hierarquia, ele não se aplica entre hierarquias. A classe das coisas de madeira, por exemplo, se superpõe com a classe que contém móveis e assim por diante, uma complexidade à qual aludiam as primeiras páginas deste capítulo. Além dessas, há outras hierarquias independentes, e superposições similares podem ocorrer com cada uma delas. A espécie que contém cães pode se superpor tanto com a classe dos machos como com a dos bichos de estimação, e estas duas últimas podem superpor-se entre si. A não superposição é uma condição apenas para hierarquias individuais.

## VI

Concluo este capítulo retornando a um tema anunciado nas páginas iniciais do Capítulo 1. Sugeri ali que o entendimento da autoridade cognitiva da ciência exigiria que ressuscitássemos o conceito de incomensurabilidade, um conceito visto com frequência como uma ameaça a essa autoridade. Após muita preparação nesse ínterim, podemos por fim começar esse processo de ressuscitação.

Argumentei que tanto a reidentificação dos indivíduos como a identificação de suas espécies são realizadas de modo mais eficaz no âmbito de um espaço de feições diferenciais. Para a reidentificação, o espaço requerido deve agrupar apresentações prévias de um único indivíduo à distância dos grupos que contêm apresentações anteriores de outros indivíduos. Para a identificação do pertencimento a uma espécie, o espaço requerido deve agrupar membros de uma só espécie à distância dos membros de outras espécies. Podemos então pressupor que candidatos à identificação ou reidentificação pertençam ao grupo do qual se encontram mais próximos. É claro que essa técnica só é eficaz enquanto o mundo continuar a se comportar conforme as expectativas que os membros da comunidade podem ter com base na experiência passada. Se não houver nenhum grupo ao qual o candidato claramente pertença, então são necessárias técnicas especiais, mas a identificação e a reidentificação no espaço de diferenças específicas normalmente não são problemáticas. Além do mais, esse seria o caso, mesmo que os membros da comunidade usassem espaços com dimensões bem diferentes. (Em princípio, as dimensões poderiam ser totalmente disjuntas, embora nada tão extremo seja provável na prática.) É claro que eles não poderiam usar quaisquer dimensões: conjuntos satisfatórios de diferenças específicas devem todos produzir os mesmos grupos, mas muitos conjuntos serão capazes de fazê-lo. Na medida em que espécies de nível superior são espécies naturais, conjuntos admissíveis de diferenças específicas são restringidos da mesma forma.

Agora imagine duas culturas (ou dois estágios largamente espaçados no desenvolvimento de uma só cultura) cujos membros usassem conjuntos de espécies que, aqui e ali, reunissem os mesmos corpos em diferentes grupos. Ambos esses grupos, em virtude dessa primeira ilustração, um pouco artificial, distinguem peixes de animais.[b] Porém, um deles agrupa baleias e golfinhos junto com bacalhaus e percas (em função de seu hábitat aquoso, da adequação de sua forma à locomoção nesse hábitat etc.), enquanto o outro os agrupa com lontras e castores (em função de seu sangue quente, de seu método de reprodução etc.). Obviamente, os membros dessas duas culturas possuem conceitos distintos tanto de peixes como de animais; o [espaço espectral] que eles usam para segregar os dois são diferentemente estruturados; e os termos usados para se referirem às duas espécies possuem diferentes significados para os membros de cada cultura.

Sob tais circunstâncias, seria caótico introduzir no vocabulário conceitual de uma cultura os conceitos ou os nomes dos conceitos usados pela outra para se referir a peixes e animais. As duas culturas empregam conjuntos incomensuráveis de espécies; enriquecer o vocabulário de uma delas ao introduzir os termos *peixe* ou *animal* provenientes da outra cultura seria violar o princípio de não superposição. Se os termos tradicionais para animais nas duas culturas são denotados por $peixe_1$ e $peixe_2$, ambos nomeariam espécies que incluíssem baleias: sua inclusão no âmbito de um vocabulário único violaria o princípio de não superposição para espécies. Os termos anteriormente usados pelos membros de cada cultura para denotar peixes e animais perderiam o significado na linguagem recém-enriquecida.[22] E, na

---

22 Tomei essa expressão emprestada de White, *When Words Lose their Meanings: Constitutions and Reconstitutions of Language, Character, and Community*, um livro que, ao partir de uma fonte muito diferente, apreende muitos dos problemas que me interessam. Ver também seu livro *Justice as Translation: An Essay in Cultural and Legal Criticism*, especialmente seus três primeiros capítulos.

# 346 A INCOMENSURABILIDADE NA CIÊNCIA

ausência de tal enriquecimento, qualquer enunciado acerca de peixes feito na linguagem de uma cultura seria intraduzível na linguagem da outra.

Esse exemplo é claramente artificial e, portanto, oferecerei um outro. Costumeiramente se diz (em vidas passadas, eu mesmo já o disse) que os gregos acreditavam que os planetas giravam ao redor da Terra, enquanto nós acreditamos que os planetas giram ao redor do Sol. Entretanto, isto não pode estar correto, pois o enunciado que compara a crença dos gregos com a nossa é incoerente. A concepção que os gregos tinham dos planetas (e o vocabulário de que se valem ao discuti-los) era muito diferente do nosso. Para nós, planetas e estrelas são corpos físicos que descrevem trajetórias através do espaço e ao longo do tempo. Para os gregos, eles eram mais como características de corpos físicos do que corpos eles próprios, ou seja, não possuíam movimento próprio, mas eram transportados por outros corpos, tal como nossos lagos, rios, montanhas e outras características geográficas são transportados pela Terra. Estrelas eram características da esfera celestial que rotacionava em direção ao oeste ao redor da Terra a cada dia. As estrelas, por sua vez, estavam divididas em duas espécies: as estrelas fixas (*aplanon astron*), que se moviam em conjunto, preservando eternamente suas posições relativas na esfera; e as estrelas errantes (*planon astron*), que se afastavam gradualmente do movimento para leste das estrelas fixas, movendo-se assim para oeste através destas. Havia sete dessas estrelas errantes: a Lua, Mercúrio, Vênus, o Sol, Marte, Júpiter e Saturno. À diferença das estrelas fixas, elas não cintilavam, uma outra característica que ajudava a distingui-las e que poderia ser usada sem o atraso, por vezes bem longo, necessário para determinar se uma estrela em particular mudara sua posição relativa desde a observação anterior.

São essas estrelas errantes que os astrônomos antigos acreditavam girar ao redor da Terra.[23] Esse grupo é diferente do nosso e se forma em [um] espaço de diferenças específicas com dimensões distintas. Ele inclui, assim, o Sol, que para nós é uma estrela, e a Lua, que para nós não é um planeta,

---

23 O uso grego é um tanto equívoco em relação ao Sol e à Lua. Eles são sempre mencionados como [planetas] e agrupados com as outras estrelas errantes quando se discute seu movimento, seu número, sua distância da Terra e assim por diante. Mas suas óbvias dessemelhanças em relação a outras estrelas errantes não poderiam ter sido esquecidas, e os textos frequentemente contêm expressões como "o Sol, a Lua e os planetas". Sou grato a Noel Swerdlow pela discussão desse ponto.

CAPÍTULO 5: ESPÉCIES NATURAIS **347**

mas um satélite, além disso, exclui a Terra, que para nós é um planeta. Introduzir a concepção grega ou seu nome em nosso vocabulário violaria o princípio de não superposição. Podemos escolher entre os dois usos, mas nenhum conjunto funcional de espécies pode suportar a ambos simultaneamente. Isso é o que eu tinha em mente ao sugerir que a forma usual de comparar as crenças grega e moderna acerca dos planetas é incoerente. Quando afirmamos que os gregos acreditavam que os planetas giravam ao redor do Sol, nós lhes atribuímos uma concepção de *planeta* similar à nossa, uma concepção que exclui o Sol ao agrupá-lo com as estrelas e que agrupa a Lua com os satélites, objetos para os quais não havia espaço no cosmos grego. Os enunciados gregos acerca dos planetas e das estrelas não podem ser traduzidos em nossa linguagem.

Todavia, há uma outra forma de capturar o que eles tinham em mente. Podemos nos comportar como antropólogos, adquirindo seu vocabulário conceitual, tornando-nos membros indiretos (e muito parciais) de sua cultura e então usando nossa linguagem não para traduzir, mas para ensinar sua linguagem a outros. É isso o que estive fazendo nos dois exemplos de incomensurabilidade que acabei de apresentar. Infelizmente, contudo, em exemplos como esses, o aprendizado da linguagem é tão simples que seu papel provavelmente será ignorado, quer dizer, em ambos os casos as partes incomensuráveis dos dois conjuntos de espécies são povoadas por objetos observáveis. Só precisamos apontar para ou nomear os objetos nos quais as duas espécies se superpõem, explicando como eles são agrupados pela outra cultura. Porém, esse não será o caso se os membros da espécie ou as características usadas para agrupá-los não estiverem acessíveis à observação direta, como era o caso dos exemplos do Capítulo 2. Porquanto todos eles envolvem espécies naturais em vez de artificiais, sua discussão deve ser adiada para o próximo capítulo. Por ora, permita-me usar o caso das espécies naturais para sugerir as dificuldades [com] as quais a incomensurabilidade desafia as concepções usuais de conhecimento científico. Se não podemos enunciar duas crenças (ou conjuntos de crença[s]) rivais na mesma linguagem, então não podemos compará-las diretamente com a evidência observacional. Isso não deveria sugerir que não existam boas razões para explicar por que, ao longo do tempo, apenas uma delas sobrevive. Tampouco deveria sugerir que essas razões não repousam mais fundamentalmente sobre a observação. Mas deveria sugerir que a concepção usual de uma *escolha* entre as duas com base na evidência observacional não pode estar correta. A comparação exige o acesso simultâneo às coisas que estão a ser comparadas e esse acesso, aqui, é barrado pelo princípio de não super-posição. Como essa barreira é colmatada é o tema do Capítulo 7. Mas antes precisamos obter acesso às espécies artificiais.

24 de setembro de 1995

# Capítulo 6
## Práticas, teorias e espécies artificiais

Os membros de espécies artificiais do cotidiano são, em primeira instância, objetos manufaturados por criaturas vivas, essencialmente criaturas humanas. Penso em mesas e cadeiras, facas e garfos, chaves de fenda e abridores de lata, casas e estações ferroviárias. Muitos deles são ferramentas e a maioria dos outros pode ser pensada dessa forma. Tais como os objetos que ocorrem naturalmente discutidos no último capítulo, os membros de espécies artificiais são diretamente observáveis e descrevem trajetos no espaço e ao longo do tempo. Porém, em outros aspectos, as duas espécies são profundamente diferentes e um breve exame de suas diferenças isolará características fundamentais compartilhadas por elas com conceitos científicos, tais como força ou peso, carga ou isolante, gene ou célula. Assim como as espécies taxonômicas que aparecem nas ciências surgem a partir de espécies naturais da vida cotidiana e da necessidade de falar a seu respeito, também é plausível supor que as espécies abstratas que aparecem nas teorias científicas surjam a partir de espécies artificiais do cotidiano e do discurso a seu respeito.

I

Com a notável exceção de obras de arte e arquitetura, poucos artefatos podem ser reidentificados por suas qualidades observáveis a menos que sejam rotulados deliberada ou acidentalmente: por um número de série, por exemplo, ou por um arranhão ou a falta de uma lasca. O fato de que possam

# 350 A INCOMENSURABILIDADE NA CIÊNCIA

ser assim rotulados é o que lhes garante o *status* enquanto objetos, porém, no uso corriqueiro, tais rótulos raramente são necessários. Pelo contrário, uma importante característica de grande parte dos artefatos é o fato de serem largamente intercambiáveis. Por razões que serão esclarecidas em breve, muitos membros de uma dada espécie de artefato normalmente devem estar disponíveis para substituírem um ao outro sem prejuízo para o usuário. Essas diferenças têm analogia com as diferenças na forma como dois tipos de objetos são divididos em espécies. Em ambos os casos, membros de uma espécie devem ser identificáveis por suas propriedades observáveis; se não o fossem, seria impossível selecionar um artefato da espécie que desejássemos. Contudo, essas propriedades não são o que os agrupa em espécies; ao contrário, eles são agrupados por suas funções. (Todos os abridores de lata servem para abrir latas, mas nem todos exibem as mesmas propriedades para alguém que não esteja ciente de sua função.) À diferença dos membros de espécies naturais, propriedades observadas só produzem o tipo mais frouxo de agrupamento (por vezes, diversos agrupamentos frouxos) e as diferenças específicas não exercem qualquer papel quando os membros de outras espécies são agrupados no mesmo espaço. A natureza dos artefatos é, assim, dual: enquanto objetos físicos, eles exibem propriedades observáveis, porém o que os agrupa em espécies é sua função e seu lugar no âmbito de uma prática.[1] Qualquer membro da espécie pode exercer essa função e a prática é facilitada pelo fato de o acesso a um ou outro dentre os membros ser conseguido sem grande esforço.

Um exemplo pode esclarecer a distinção. Por vezes, é difícil distinguir uma xícara de uma tigela. As xícaras normalmente possuem alças, já as tigelas não; a maioria das tigelas é maior do que a maioria das xícaras. Mas essas duas características, embora úteis em nossa cultura, nem sempre são suficientes e existem outras culturas nas quais elas não possuem qualquer uso.

---

1 Para a questão da "dualidade", ver Sewell Jr., "A Theory of Structure: Duality, Agency, and Transformation", *American Journal of Sociology*, v.98, n.1, p.1-29, 1992. Embora as ideias que ele apresenta tenham passado por uma mudança de maré até chegarem a mim, esse esplêndido artigo ofereceu uma orientação muito necessária na concepção deste capítulo, especialmente nesta seção. Isto pode ficar mais plausível se eu reconhecer que, antes de ter adentrado no Capítulo 5, eu pensava na distinção que aqui separa espécies naturais de espécies artificiais como uma divisão entre o que eu chamava de *espécies taxonômicas* (exemplificadas por patos, gansos e cisnes) e *conjuntos unitários* [*singletons*] (exemplificados por massa, força e peso).

## CAPÍTULO 6: PRÁTICAS, TEORIAS E ESPÉCIES ARTIFICIAIS    351

À diferença do caso dos patos, gansos e cisnes, há um *continuum* físico das xícaras às tigelas: nenhum espaço vazio aparece entre elas. Porém, há uma diferença em suas funções: em nossa cultura, xícaras servem para beber e tigelas para comer; um lar bem equipado conterá ambas. É irrelevante que alguns recipientes possam exercer ambas as funções ou apenas uma dentre elas, embora a operação eficiente no interior de um lar possa depender de que seus membros saibam a qual uso normalmente se destina um dado tipo de recipiente.[2] Comer é comer e beber é beber independentemente da possível ambiguidade na forma física do recipiente empregado.

Tal como os membros de espécies naturais considerados no último capítulo, a maioria dos artefatos é composta por objetos físicos observáveis e desacordos no âmbito de uma cultura acerca das propriedades desses objetos põem a própria cultura em risco. Porém, as funções que agrupam artefatos em espécies não são isoladamente observáveis. Em vez dessas funções, o que deve ser observado é o todo da prática no âmbito da qual um determinado artefato funciona.[3] Tais observações são parte de um processo de aprendizado que se inicia na primeira infância (para nossa cultura, o treinamento esfincteriano e as maneiras à mesa são bons exemplos), e o processo continua até a idade adulta com especialização crescente por profissão e disciplina (por exemplo, direito, medicina ou engenharia química). A participação de um praticante adulto é necessária no decorrer do processo de aprendizado e a linguagem é com frequência (talvez sempre) essencial para o papel desempenhado pelo adulto: "xícaras são para beber, tigelas para comer" ou "não coma com a sua faca, use o seu garfo ou a sua colher".[4] Além do mais, como sugerem esses exemplos, aprender uma prática exige que se aprendam

---

2 Quando solicitado pela cozinheira para buscar as xícaras (ou as tigelas), um ajudante precisa saber quais recipientes exercem qual função na casa. Se não o fizer, várias viagens podem ser necessárias para satisfazer o pedido. Ou seja, existem atividades em relação às quais o próprio agregado familiar pode ser a subcultura relevante. Devo esse ponto (embora não essa forma de expressá-lo) a Jehane Kuhn.

3 Após se ter aprendido e entendido as funções, com frequência é possível identificar quais funções um artefato exerce a partir de suas características físicas. Mas tais identificações são sempre arriscadas e por vezes impossíveis. Pense num pufe ou um futon.

4 Não tenho certeza se animais (criaturas não linguísticas) se envolvem em práticas, pois práticas têm objetivos que os praticantes devem ser capazes de reter enquanto ajustam a prática a novas circunstâncias. Por esse critério, duvido que a dança das abelhas seja uma prática ou que a divisão de trabalho dentro de uma colônia de formigas sugira uma prática. Mas a evidência está longe de ser inequívoca, especialmente para os animais superiores.

diversas funções distintas juntamente com as espécies de artefatos que as exercem. No último capítulo, sugeri que não se pode aprender *pato* sem simultaneamente aprender *ganso* e *cisne*. Agora o que estou a sugerir é que não se pode aprender *xícara* sem *tigela* ou aprender *garfo* sem *colher*.[a] Assim, os artefatos e suas funções são nodos numa prática e os nodos são diferenciados ao relacionarmos suas funções (normalmente mediante linguagem) às de outros nodos que exercem outras funções. Para espécies artificiais, à diferença das [espécies] naturais, não se pode falar de espaço perceptivo vazio ou de articulações da natureza.

Embora esboçada de maneira crua e incompleta, essa concepção acerca dos artefatos físicos e das práticas cotidianas bastará para nossos propósitos atuais. Muitas das características recém-examinadas reaparecerão em breve como características também de teorias científicas, elas próprias essenciais para as diversas práticas especializadas das ciências. Se estiverem mais ou menos corretas, as observações precedentes sugerirão que muito do que há de especial acerca dessas práticas emergiu pelo refinamento de práticas cotidianas que já vigoravam. Ainda que as rejeitemos, essas observações deveriam ainda assim esclarecer a discussão do papel que as espécies artificiais exercem na ciência. O que se segue não depende do que precede.

## II

O que essencialmente distingue as espécies naturais é, como mostrou o capítulo anterior, o fato de serem direta e imediatamente observáveis, portanto, o dado. Quais dentre suas propriedades são de fato observadas variará de uma cultura para outra, mas os membros de qualquer cultura humana podem, se adequadamente motivados e treinados, aprender a reconhecer as propriedades que os membros de uma cultura diferente utilizam na infância. As propriedades que permitem o reconhecimento de faces ofereciam um exemplo particularmente adequado. Conforme se desenvolve o pensamento acerca das espécies naturais, entidades inobserváveis são invocadas para explicar [suas] propriedades observadas ou [o] comportamento de seus membros. Pense na *psyche*, o espírito ou alma que animava as criaturas vivas e abandonava seus corpos com a morte. Ou pense nos quatro elementos aristotélicos – terra, ar, fogo e água – que, à diferença dos materiais observáveis que possuem os mesmos nomes, estavam todos presentes em todos os corpos materiais, porém em diferentes proporções. É a partir de raízes como essas que se desenvolve o estudo científico de espécies naturais, mais notoriamente [na] biologia e na química.

Entretanto, também existem ciências cujas raízes residem no estudo não das espécies naturais, mas das espécies artificiais. A física é a mais notável dentre elas e se origina do estudo da matéria em movimento, tanto o conceito de matéria como o de movimento sendo abstraídos a partir do estudo de espécies naturais e artificiais. Contudo, abstrações podem ser feitas de diferentes maneiras. A descrição da física como o estudo da matéria em movimento se encaixa tanto na física de Aristóteles quanto na de Galileu e Newton. Mas o *movimento* de Aristóteles não é o mesmo de Galileu e Newton e o mesmo vale para a *matéria* de Aristóteles. O que Aristóteles abstraiu como movimento (*kinesis*) incluía a mudança de qualidades em geral. O que ele abstraiu como matéria (pelo menos em sua *Física*) era um substrato que perdurava através da mudança de qualidade, mas que sempre tinha de ser o portador de algum conjunto completo [de] qualidades, o que quer que pudessem ser estas últimas. Para Galileu e Newton, em contrapartida, movimento era somente mudança de posição e matéria estava livre de qualquer qualidade com exceção de grandeza, figura, posição e talvez também peso, as chamadas qualidades primárias. Nenhuma dessas maneiras de abstrair pode ser apropriadamente descrita como certa ou errada, verdadeira ou falsa. O que as diferencia é sua eficácia como ferramentas para a prática em duas situações históricas bem diferentes. O fato de serem ferramentas e o fato de que vieram a existir por meio da ação humana é o que torna apropriado agrupá-las com os artefatos. Nessa concepção, os artefatos podem ser tanto intelectuais como físicos.

Essas duas maneiras de abstrair correspondem a diferentes maneiras de desemaranhar o que chamei no Capítulo 4 de "componentes kantianos inextricavelmente ligados entre si na resposta de rastreamento do neonato". Qualquer um que possua vocabulário suficiente para descrever um objeto a caminho de alterar sua posição, bem como algumas de suas propriedades, pode aprender um deles ou ambos por instrução verbal. Isto é o que acabo de fazer. Porém, o estudo da matéria em movimento envolve outras espécies artificiais – no caso newtoniano, estas incluem massa, força e peso, que possuem versões não equivalentes no vocabulário aristotélico. À diferença dos membros de espécies naturais, os membros dessas espécies artificiais não podem ser diretamente observados. Tampouco podem, diferentemente de *matéria* e *movimento*, ser abstraídos um por um a partir de membros observáveis de espécies naturais ou artificiais. Eles são, prototipicamente, o que os filósofos da ciência rotularam de *termos teóricos* por contraste com os termos do *vocabulário de observação* usado para descrever os membros tanto das espécies naturais como das artificiais.[5]

Como os indivíduos aprendem a usar tais termos? Por meio da interação simultânea com alguém que já saiba como usá-los e também com o mundo ao qual eles se aplicam. O processo de aprendizado é, assim, um processo de transmissão de uma geração para a próxima. Ele também é o processo pelo qual uma nova geração aprende quais espécies contêm o mundo da tribo que se vale desses termos.

---

5 O ajuste entre a concepção tradicional dos termos teóricos e o conceito que está a ser desenvolvido aqui é bem estreito. Mas não há substituto igualmente completo neste livro para a tradicional noção de termos de observação. Tanto os membros de espécies naturais como os objetos artificiais devem ser observáveis e os membros de qualquer cultura determinada devem normalmente tomar como garantido o acordo sobre essas observações; além disso, deve haver métodos de adjudicação padrão para as ocasiões em que essas expectativas malogram. Mas os membros de diferentes culturas não podem ter expectativas transculturais similares, embora, com treinamento e experiência adequados, cada um possa aprender a fazer observações que são imediatamente acessíveis ao outro.

# REFERÊNCIAS BIBLIOGRÁFICAS

AGASSI, Joseph. *Towards an Historiography of Science*. The Hague: Mouton, 1963.

ALGRA, Keimpe. *Concepts of Space in Classical and Hellenistic Greek Philosophy*. Utrecht, 1988. Tese (Doutorado) – Utrecht University. [Publicada como *Concepts of Space in Greek Thought*. Leiden: Brill, 1994. (Philosophia Antiqua, 65).]

ALLÉN, Sture (org.). *Possible Worlds in Humanities, Arts, and Sciences*: Proceedings of Nobel Symposium 65. Berlim: Walter de Gruyter, 1989.

ANSCOMBE, G. E. M.; GEACH, P. T. *Three Philosophers*: Aristotle, Aquinas, Frege. Ithaca, NY: Cornell University Press, 1961.

ARISTÓTELES. Categories. In: *Categories. On Interpretation. Prior Analytics*. Trad. ingl. H. P. Cooke e Hugh Tredennick. Cambridge, MA: Harvard University Press, 1938. (Loeb Classical Library, 325.)

_____. *De caelo*. Trad. ingl. J. L. Stocks. Oxford: Clarendon Press, 1922.

_____. *Generation of Animals*. Trad. ingl. A. L. Peck. Cambridge, MA: Harvard University Press, 1942. (Loeb Classical Library, 366.) [Ed. port.: *Da geração dos animais*. Lisboa: Imprensa Nacional Casa da Moeda, 2021.]

_____. *On Sophistical Refutations. On Coming-to-Be and Passing Away. On the Cosmos*. Trad. ingl. E. S. Forster e D. J. Furley. Cambridge, MA: Harvard University Press, 1955. (Loeb Classical Library, 400.)

_____. *On the Heavens*. Trad. ingl. W. K. C. Guthrie. Cambridge, MA: Harvard University Press, 1939. (Loeb Classical Library, 338.) [Ed. bras.: *Do céu*. São Paulo: Edipro, 2014.]

_____. *Physics*. Ed. e trad. ingl. P. H. Wicksteed e F. M. Cornford. 2v. Cambridge, MA: Harvard University Press, 1957. (Loeb Classical Library, 228, 255.) [Ed. bras.: *Física I e II*. Pref., introd., trad. e coment. Lucas Angioni. Campinas: Editora da Unicamp, 2009.]

_____. Physics. In: ROSS, W. D. (org.). *The Works of Aristotle*. v.2. Trad. ingl. R. P. Hardie e R. K. Gaye. Oxford: Clarendon Press, 1930.

ASQUITH, Peter D.; KYBURG JR., Henry E. (orgs.). *Current Research in Philosophy of Science*. East Lansing, MI: Philosophy of Science Association, 1979.

_____; NICKLES, Thomas (orgs.). *PSA 1982*. v.2. East Lansing, MI: Philosophy of Science Association, 1983.

BACON, Francis. Novum Organon. In: SPEDDING, James; ELLIS, Robert Leslie; HEATH, Douglas Denon (orgs.). *The Works of Francis Bacon*. v.1. Nova York: Garret Press, 1968.

_____. *The Great Instauration*. Nova York: Doubleday, 1937. [Ed. port.: *Nova Atlântida/A grande instauração*. Trad. Miguel Morgado. Lisboa: Edições 70, 2008.]

_____. Translations of the Philosophical Works. In: SPEDDING, James; ELLIS, Robert Leslie; HEATH, Douglas Denon (orgs.). *The Works of Francis Bacon*. v.8. Nova York: Hugh and Houghton, 1869.

BAILLARGEON, Renée. Object Permanence in 3½-and 4½-Month-Old Infants. *Child Development*, v.23, n.5, p.655-64, 1987.

_____. Representing the Existence and Location of Hidden Objects: Object Permanence in 6-and 8-Month-Old Infants. *Cognition*, v.23, n.1, p.21-41, 1986.

_____. Young Infants' Reasoning about the Physical and Spatial Properties of a Hidden Object. *Cognitive Development*, v.2, n.3, p.179-200, 1987.

BAUDELAIRE, Charles. *Tableaux parisiens*. Heidelberg: Verlag von Richard Weissbach, 1923.

BENJAMIN, Walter. The Task of the Translator (1923). In: ARENDT, Hannah (org.). *Illuminations*. Trad. ingl. Harry Zohn. Nova York: Harcourt Brace & World, 1968. [Ed. bras.: A tarefa do tradutor. In: Walter Benjamin. *Escritos sobre mito e linguagem*. Trad. Susanna Kampff Lages. São Paulo: Editora 34, 2013.]

BERLIN, Brent; KAY, Paul. *Basic Color Terms*: Their Universality and Evolution. Berkeley: University of California Press, 1969.

BOHR, Niels. Causality and Complementarity. In: FAYE, Jan; FOLSE, Henry J. (orgs.). *The Philosophical Writings of Niels Bohr*. v.4. Woodbridge, CT: Ox Bow Press, 1998.

BORNSTEIN, Marc H. Perceptual Categories in Vision and Audition. In: HARNAD, Steven (org.). *Categorical Perception*: The Groundwork of Cognition. Cambridge: Cambridge University Press, 1987.

BOWER, T. G. R. *Development in Infancy*. 2.ed. São Francisco: W. H. Freeman, 1982.

BROWER, Reuben A. (org.). *On Translation*. Cambridge, MA: Harvard University Press, 1959.

BROWN, Theodore M. The Electric Current in Early Nineteenth-Century French Physics. *Historical Studies in the Physical Sciences*, v.1, p.61-103, 1969.

BUSHNELL, I. W. R.; SAI, F.; MULLIN, J. T. Neonatal Recognition of the Mother's Face. *British Journal of Developmental Psychology*, v.7, n.1, p.3-15, 1989.

BUTTERFIELD, Herbert. *The Origins of Modern Science*: 1300-1800. Londres: G. Bell, 1949.

_____. *The Whig Interpretation of History*. Londres: G. Bell, 1931.

## REFERÊNCIAS BIBLIOGRÁFICAS    357

CAREY, Susan. *The Origin of Concepts*. Oxford: Oxford University Press, 2009. (Oxford Series in Cognitive Development.)

CARNAP, Rudolf. *The Logical Structure of the World*: Pseudoproblems in Philosophy. Trad. ingl. Rolf A. George. Berkeley: University of California Press, 1967.

CHENEY, Dorothy L.; SEYFARTH, Robert M. *How Monkeys See the World*. Chicago: Chicago University Press, 1990.

CHOMSKY, Noam. *Language and Mind*. 2.ed. Nova York: Harcourt Brace Jovanovich, 1972. [Ed. bras.: *Linguagem e mente*. Trad. Roberto Leal Ferreira. São Paulo: Editora Unesp, 2009.]

CLARK, Eve V. (org.). *The Proceedings of the Twenty-Sixth Annual Child Language Research Forum*. Stanford, CA: CSLI Publications, 1995.

CROMBIE, Alistair C. Mechanistic Hypotheses and the Scientific Study of Vision: Some Optical Ideas as a Background to the Invention of the Microscope. In: BRADBURY, S.; TURNER, G. L'E. (orgs.). *Historical Aspects of Microscopy*. Cambridge: Heffer and Sons, 1967.

DAVIDSON, Donald; HARMAN, Gilbert (orgs.). *Semantics of Natural Language*. 2.ed. Dordrecht: Reidel, 1972.

DE LA RIVE, Auguste Arthur. *Traité d'électricité théorique et appliquée*. v.2. Paris: J.-B. Baillière, 1856.

DESCARTES, René. Discourse on Method. In: SMITH, Norman Kemp (org.). *Descartes' Philosophical Writings*. Londres: Macmillan, 1952. [Ed. bras.: Discurso do método. In: *Discurso do método & Ensaios*. Trad. Pablo Rubén Mariconda et al. São Paulo: Editora Unesp, 2018.]

_____. Le Monde. In: ADAM, Charles; TANNERY, Paul (orgs.). *Œuvres de Descartes*. v.11. Paris: Léopold Cerf, 1909.

DE WAARD, Cornelis. *L'Expérience barométrique*: Ses antécédents et ses explications. Thouars: Imprimerie Nouvelle, 1936.

DEWEY, John. Propositions, Warranted Assertability, and Truth. *Journal of Philosophy*, v.38, n.7, p.169-86, 1941.

_____. *Logic*: The Theory of Inquiry. Nova York: Henry Holt, 1938.

DUHEM, Pierre. *The Aim and Structure of Physical Theory*. Trad. ingl. Philip Paul Wiener. Princeton, NJ: Princeton University Press, 1954.

DUPREE, A. Hunter. *Asa Gray, 1810-1888*. Cambridge, MA: Harvard University Press, 1959.

EDWARDS, Paul (org.). *Encyclopedia of Philosophy*. 8v. Nova York: Macmillan, 1967.

EIMAS, Peter D.; MILLER, Joanne L.; JUSCZYK, Peter W. On Infant Speech Perception and the Acquisition of Language. In: HARNAD, Steven (org.). *Categorical Perception*: The Groundwork of Cognition. Cambridge: Cambridge University Press, 1987.

ERESHEFSKY, Marc (org.). *The Units of Evolution*: Essays on the Nature of Species. Cambridge, MA: MIT Press, 1992.

**358** A INCOMENSURABILIDADE NA CIÊNCIA

FARADAY, Michael. Experimental Researches in Electricity. *Philosophical Transactions of the Royal Society of London*, v.122, p.125-62, jan. 1832.

FEYERABEND, Paul K. Explanation, Reduction, and Empiricism. *Minnesota Studies in Philosophy of Science*, v.3, p.28-97, 1962.

_____. Putnam on Incommensurability. *British Journal for the Philosophy of Science*, v.38, n.1, p.75-92, 1987.

FIELD, Tiffany M.; COHEN, Debra; GARCIA, Robert; GREENBERG, Reena. Mother-Stranger Face Discrimination by the Newborn. *Infant Behavior and Development*, v.7, n.1, p.19-25, 1984.

FODOR, Jerry A.; GARRETT, Merrill F. Edward; WALKER, C. T.; PARKES, Cornelia H. Against Definitions. *Cognition*, v.8, n.3, p.263-367, 1980.

GOODMAN, Nelson. *Fact, Fiction, and Forecast*. Cambridge, MA: Harvard University Press, 1955.

GRENE, Marjorie. *A Portrait of Aristotle*. Chicago: University of Chicago Press, 1963.

GRIFFIN, Donald R. *Animal Minds*. Chicago: University of Chicago Press, 1992.

GUTTING, Gary. Continental Philosophy and the History of Science. In: OLBY, R. C. et al. (orgs.). *Companion to the History of Modern Science*. Londres: Routledge, 1990.

HACKING, Ian. Language, Truth, and Reason. In: HOLLIS, Martin; LUKES, Steven (orgs.). *Rationality and Relativism*. Cambridge, MA: MIT Press, 1982.

_____. *Representing and Intervening*: Introductory Topics in the Philosophy of Natural Science. Cambridge: Cambridge University Press, 1983. [Ed. bras.: *Representar e intervir*: tópicos introdutórios de filosofia da ciência natural. Trad. Pedro Rocha de Oliveira. Rio de Janeiro: Editora UERJ, 2012.]

_____. Working in a New World: The Taxonomic Solution. In: HORWICH, Paul (org.). *World Changes*: Thomas Kuhn and the Nature of Science. Cambridge, MA: MIT Press, 1993.

_____. *Why Does Language Matter to Philosophy?* Cambridge: Cambridge University Press, 1975. [Ed. bras.: *Por que a linguagem interessa à filosofia?* Trad. Maria Elisa Marchili Sayeg. São Paulo: Editora Unesp, 2006.]

HANSON, Norwood Russell. *Patterns of Discovery*. Cambridge: Cambridge University Press, 1958.

HARNAD, Steven (org.). *Categorical Perception*: The Groundwork of Cognition. Cambridge: Cambridge University Press, 1987.

HELD, Richard. Binocular Vision: Behavior and Neuronal Development. In: MEHLER, Jacques; FOX, Robin (orgs.). *Neonate Cognition*: Beyond the Blooming Buzzing Confusion. Hillsdale, NJ: Erlbaum, 1985.

HEMPEL, Carl G. *Philosophy of Natural Science*. Englewood Cliffs, NJ: Prentice Hall, 1966. [Ed. bras.: *Filosofia da ciência natural*. Trad. Plínio Sussekind Rocha. Rio de Janeiro: Zahar, 1974.]

HILEY, David R.; BOHMAN, James F.; SHUSTERMAN, Richard (orgs.). *The Interpretive Turn*. Ithaca, NY: Cornell University Press, 1991.

HIRSCH, Eli. *The Concept of Identity*. Nova York: Oxford University Press, 1982.

HOLLIS, Martin; LUKES, Steven (orgs.). *Rationality and Relativism*. Cambridge, MA: MIT Press, 1982.

HORWICH, Paul (org.). *World Changes*: Thomas Kuhn and the Nature of Science. Cambridge, MA: MIT Press, 1993.

HULL, David. *Science as Process*: An Evolutionary Account of the Social and Conceptual Development of Science. Chicago: University of Chicago Press, 1988.

JAKOBSON, Roman. On Linguistic Aspects of Translating. In: BROWER, Reuben A. (org.). *On Translation*. Cambridge, MA: Harvard University Press, 1959.

JAMMER, Max. *The Conceptual Development of Quantum Mechanics*. Nova York: McGraw Hill, 1966.

JEVONS, W. Stanley. *The Principles of Science*: A Treatise on Logic and Scientific Method (1874). reimp. Nova York: Dover, 1958.

JOHNSON, Mark H.; MORTON, John. *Biology and Cognitive Development*: The Case of Face Recognition. Oxford: Blackwell, 1991.

KELLMAN, Philip J.; SPELKE, Elizabeth S. Perception of Partly Occluded Objects in Infancy. *Cognitive Psychology*, v.15, n.4, p.483-524, 1983.

_____; _____; SHORT, Kenneth R. Infant Perception of Object Unity from Translatory Motion in Depth and Vertical Translation. *Child Development*, v.57, n.1, p.72-86, 1986.

KOX, A. J. (org.). *The Scientific Correspondence of H. A. Lorentz*. v.1. Nova York: Springer, 2008.

KOYRÉ, Alexandre. *Études galiléennes*. 3v. Paris: Hermann, 1939. [Ed. port.: *Estudos galilaicos*. Lisboa: Dom Quixote, 1986.]

KRIPKE, Saul. Naming and Necessity. In: DAVIDSON, Donald; HARMAN, Gilbert (orgs.). *Semantics of Natural Language*. 2.ed. Dordrecht: Reidel, 1972.

_____. *Naming and Necessity*. Cambridge: Harvard University Press, 1980.

KRÜGER, Lorenz; DASTON, Lorraine J.; HEIDELBERGER, Michael (orgs.). *The Probabilistic Revolution*. v.1: Ideas in History. Cambridge, MA: MIT Press, 1987.

KUHN, Thomas S. Afterwords. In: HORWICH, Paul (org.). *World Changes*: Thomas Kuhn and the Nature of Science. Cambridge, MA: MIT Press, 1993. (Reimp. em *The Road since* Structure, p.224-52.)

_____. *Black-Body Theory and the Quantum Discontinuity*: 1894-1912. 2.ed. Chicago: University of Chicago Press, 1987. (1.ed. bolso. Oxford University Press, 1978.)

_____. Commensurability, Comparability, Communicability. In: ASQUITH, Peter; NICKLES, Thomas (orgs.). *PSA 1982*. v.2. East Lansing, MI: Philosophy of Science Association, 1983. (Reimp. em *The Road since* Structure, p.33-57.)

_____. Objectivity, Value Judgment, and Theory Choice. In: *The Essential Tension*: Selected Studies in Scientific Tradition and Change. Chicago: University of Chicago Press, 1977. [Ed. bras.: *A tensão essencial*: estudos selecionados sobre tradição e mudança científica. Trad. Marcelo Amaral Penna-Forte. São Paulo: Editora Unesp, 2011.]

## 360  A INCOMENSURABILIDADE NA CIÊNCIA

KUHN, Thomas S. Possible Worlds in History of Science. In: ALLÉN, Sture (org.). *Possible Worlds in Humanities, Arts, and Sciences*. Berlim: Walter de Gruyter, 1989.

_____. Rationality and Theory Choice. *Journal of Philosophy*, v.80, n.10, p.563-70, 1983. (Reimp. em *The Road since* Structure, p.208-15.)

_____. Rekishi Shosan toshite no Kagaku Chishiki. Trad. jap. Chikara Sasaki e Toshio Hakata. *Shisō*, v.8, n.746, p.1-18, ago. 1986.

_____. Revisiting Planck. *Historical Studies in the Physical Sciences*, v.14, n.2, p.231-52, 1984. (Reimp. como Posfácio à edição *paperback* de *Black-Body Theory*, p.349-70.)

_____. Second Thoughts on Paradigms. In: SUPPE, Frederick (org.). *The Structure of Scientific Theories*. Urbana: University of Illinois Press, 1974. (Reimp. em *The Essential Tension*, cap.12, p.293-319.)

_____. *The Essential Tension*: Selected Studies in Scientific Tradition and Change. Chicago: University of Chicago Press, 1977. [Ed. bras.: *A tensão essencial*: estudos selecionados sobre tradição e mudança científica. Trad. Marcelo Amaral Penna--Forte. São Paulo: Editora Unesp, 2011.]

_____. The Natural and the Human Sciences. In: HILEY, David R.; BOHMAN, James F.; SHUSTERMAN, Richard (orgs.). *The Interpretive Turn*: Philosophy, Science, Culture. Ithaca, NY: Cornell University Press, 1991. (Reimp. em *The Road since* Structure, p.216-23.)

_____. *The Road Since* Structure: Philosophical Essays, 1970-1993, with an Autobiographical Interview. Org. James Conant e John Haugeland. Chicago: University of Chicago Press, 2000. [Ed. bras.: *O caminho desde* A estrutura: ensaios filosóficos, 1970-1993, com uma entrevista autobiográfica. Trad. Cezar A. Mortari. São Paulo: Editora Unesp, 2017.]

_____. What Are Scientific Revolutions? In: KRÜGER, Lorenz; DASTON, Lorraine; HEIDELBERGER, Michael (orgs.). *The Probabilistic Revolution*. v.1: Ideas in History. Cambridge, MA: MIT Press, 1987. (Reimp. em *The Road since* Structure, p.13-32.)

_____. *The Structure of Scientific Revolutions*. 2.ed. Chicago: University of Chicago Press, 1970. (1.ed. University of Chicago Press, 1962.) [Ed. bras.: *A estrutura das revoluções científicas*. Trad. Beatriz Vianna Boeira e Nelson Boeira. São Paulo: Perspectiva, 1996.]

LANDAU, Terry. *About Faces*. Nova York: Anchor Books, 1989.

LAUDAN, Larry. Historical Methodologies: An Overview and Manifesto. In: ASQUITH, Peter D.; KYBURG JR., Henry E. (orgs.). *Current Research in Philosophy of Science*. East Lansing, MI: Philosophy of Science Association, 1979.

LIDDELL, Henry George; SCOTT, Robert. *A Greek-English Lexicon*. 9.ed. 2v. Rev. e argum. *sir* Henry Stuart Jones, com assist. Roderick McKenzie. Oxford: Clarendon Press, 1940.

LOCKE, John. *An Essay Concerning Human Understanding* (1689). Org. Peter H. Nidditch. Oxford: Oxford University Press, 1979. [Ed. bras.: *Ensaio sobre o entendimento humano*. Trad. Pedro Paulo Pimenta. São Paulo: Martins Fontes, 2012.]

REFERÊNCIAS BIBLIOGRÁFICAS **361**

LYONS, John. *Semantics.* 2v. ed. rev. Cambridge: Cambridge University Press, 1984.

MARKMAN, Ellen M. *Categorization and Naming in Children*: Problems of Induction. Cambridge, MA: MIT Press, 1989.

MARR, David. *Vision*: A Computational Investigation into the Human Representation and Processing of Visual Information. São Francisco: W. H. Freeman, 1982.

MAURER, Daphne; SALAPATEK, Philip. Developmental Changes in the Scanning of Faces by Young Infants. *Child Development*, v.47, n.2, p.523-7, 1976.

MAYR, Ernst. Biological Classification: Toward a Synthesis of Opposing Methodologies. *Science*, v.214, n.4520, p.510-6, 1981.

MCMULLIN, Ernan (org.). *Construction and Constraint*: The Shaping of Scientific Rationality. Notre Dame, IN: University of Notre Dame Press, 1988.

MEHLER, Jacques; FOX, Robin (orgs.). *Neonate Cognition*: Beyond the Blooming Buzzing Confusion. Hillsdale, NJ: Erlbaum, 1985.

MELTZOFF, Andrew N.; MOORE, M. Keith. Early Imitation within a Functional Framework: The Importance of Person Identity, Movement, and Development. *Infant Behavior and Development*, v.15, n.4, p.479-505, 1992.

MILL, John Stuart. *A System of Logic.* 8.ed. Nova York: Harper and Brothers, 1881.

_____. A System of Logic, Ratiocinative and Inductive, Being a Connected View of the Principles of Evidence and the Methods of Scientific Investigation. In: ROBSON, John M. (org.). *The Collected Works of John Stuart Mill.* v.7-8. Toronto; Londres: University of Toronto Press; Routledge and Kegan Paul, 1963-1991. [Ed. bras.: Sistema de lógica dedutiva e indutiva e outros textos. Trad. João Marcos Coelho e Pablo Rubén Mariconda. In: *Os Pensadores*: Jeremy Bentham, John Stuart Mill. São Paulo: Abril Cultural, 1979.]

MILLIKAN, Ruth Garrett. *Language, Thought, and other Biological Categories*: New Foundations for Realism. Cambridge, MA: MIT Press, 1984.

NEURATH, Otto. Protokollsätze. *Erkenntnis*, v.3, n.1, p.204-14, 1932.

NIDA, Eugene. Principles of Translation as Exemplified by Bible Translating. In: BROWER, Reuben A. (org.). *On Translation.* Cambridge, MA: Harvard University Press, 1959.

OLBY, R. C.; CANTOR, G. N.; CHRISTIE, J. R. R.; HODGE, M. J. S. (orgs.). *Companion to the History of Modern Science.* Londres: Routledge, 1990.

PEIRCE, Charles Sanders. How to Make our Ideas Clear. *Popular Science Monthly*, jan. 1878.

_____. How to Make our Ideas Clear. In: KLOESEL, Christian J. W. (org.). *Writings of Charles S. Peirce*: A Chronological Edition. v.3: 1872-1878. Bloomington: Indiana University Press, 1986.

PIAGET, Jean; INHELDER, Bärbel. *The Child's Conception of Space.* Trad. ingl. F. J. Langdon e J. L. Lunzer. Nova York: Norton, 1967.

PICKERING, Andrew (org.). *Science as Practice and Culture.* Chicago: University of Chicago Press, 1992.

PLANCK, Max. Die physikalische Struktur des Phasenraumes. *Annalen der Physik*, v.50, p.385-418, 1916.

PUTNAM, Hilary. *Reason, Truth, and History*. Cambridge: Cambridge University Press, 1981. [Ed. port.: *Razão, verdade e história*. Lisboa: Dom Quixote, 1992.]

QUINE, Willard van Orman. *From a Logical Point of View*. Cambridge, MA: Harvard University Press, 1953. [Ed. bras.: *De um ponto de vista lógico*. Trad. Antonio Ianni Segatto. São Paulo: Editora Unesp, 2011.]

_____. Two Dogmas of Empiricism. *Philosophical Review*, v.60, n.1, p.20-43, 1951.

_____. *Word and Object*. Cambridge, MA: MIT Press, 1960. [Ed. bras.: *Palavra e objeto*. Trad. Sofia Inês Albornoz Stein. Petrópolis, RJ: Vozes, 2010.]

REICHENBACH, Hans. *Experience and Prediction*: An Analysis of the Foundations and the Structure of Knowledge. Chicago: University of Chicago Press, 1938.

REPP, Bruno H.; LIBERMAN, Alvin M. Phonetic Category Boundaries are Flexible. In: HARNAD, Steven (org.). *Categorical Perception*: The Groundwork of Cognition. Cambridge: Cambridge University Press, 1987.

ROSCH, Eleanor. Principles of Categorization. In: _____; LLOYD, Barbara Bloom (orgs.). *Cognition and Categorization*. Hillsdale, NJ: Lawrence Erlbaum Associates, 1978.

_____; MERVIS, Carolyn B. Family Resemblances: Studies in the Internal Structure of Categories. *Cognitive Psychology*, v.7, n.4, p.573-605, 1975.

ROSEN, Stuart; HOWELL, Peter. Auditory, Articulatory, and Learning Explanations in Speech. In: HARNAD, Steven (org.). *Categorical Perception*: The Groundwork of Cognition. Cambridge: Cambridge University Press, 1987.

RUSSELL, Bertrand. *The Problems of Philosophy*. Londres; Nova York: Williams and Norgate; Henry Holt, 1912. [Ed. port.: *Os problemas da filosofia*. Trad. Desidério Murcho. Lisboa: Edições 70, 2019.]

SCHAGRIN, Morton L. Resistance to Ohm's Law. *American Journal of Physics*, v.31, n.536, 536-47, 1963.

SCHEFFLER, Israel. *Science and Subjectivity*. 2.ed. Indianápolis: Hackett, 1982.

SCHWARTZ, Stephen P. (org.). *Naming, Necessity, and Natural Kinds*. Ithaca, NY: Cornell University Press, 1977.

SEWELL JR., William H. A Theory of Structure: Duality, Agency, and Transformation. *American Journal of Sociology*, v.98, n.1, p.1-29, 1992.

SLAUGHTER, Mary M. *Universal Languages and Scientific Taxonomy in the Seventeenth Century*. Cambridge: Cambridge University Press, 1982.

SMITH, Edward E.; MEDIN, Douglas L. *Categories and Concepts*. Cambridge, MA: Harvard University Press, 1981.

SOJA, Nancy N.; CAREY, Susan; SPELKE, Elizabeth S. Ontological Categories Guide Young Children's Inductions of Word Meanings. *Cognition*, v.38, n.2, p.179-211, 1991.

SORABJI, Richard. *Matter, Space, and Motion*: Theories in Antiquity and their Sequel. Ithaca, NY: Cornell University Press, 1988.

SPELKE, Elizabeth S. Perception of Unity, Persistence, and Identity: Thoughts on Infants' Conceptions of Objects. In: MEHLER, Jacques; FOX, Robin (orgs.). *Neonate Cognition*: Beyond the Blooming Buzzing Confusion. Hillsdale, NJ: Elbaum, 1985.

_____. Principles of Object Perception. *Cognitive Science*, v.14, n.1, p.29-56, 1990.

_____; BREINLINGER, Karen; MACOMBER, Janet; JACOBSON, Kristen. Origins of Knowledge. *Psychological Review*, v.99, n.4, p.605-32, 1992.

STEINER, George. *After Babel*: Aspects of Language and Translation. Londres: Oxford University Press, 1975. [Ed. bras.: *Depois de Babel*: questões de linguagem e tradução. Trad. Carlos Alberto Faraco. Curitiba: Editora UFPR, 2005.]

SUPPE, Frederick (org.). *The Structure of Scientific Theories*. Urbana: University of Illinois Press, 1974.

SUTTON, Geoffrey. The Politics of Science in Early Napoleonic France: The Case of the Voltaic Pile. *Historical Studies in the Physical Sciences*, v.11, n.2, p.329-66, 1981.

TAYLOR, Charles. Interpretation and the Sciences of Man. *Review of Metaphysics*, v.25, n.1, p.3-51, 1971. (Reimp. em *Philosophy and the Human Sciences*. Cambridge: Cambridge University Press, 1985. (Philosophical Papers, v.2, p.15-57.).)

ULLMAN, Shimon. *The Interpretation of Visual Motion*. Cambridge, MA: MIT Press, 1979.

VOLTA, Alessandro. On the Electricity Excited by the Mere Contact of Conducting Substances of Different Kinds. *Philosophical Transactions of the Royal Society*, v.90, p.403-31, 1800.

WERNER, Heinz. *Comparative Psychology of Mental Development*. ed. rev. Chicago: Follett, 1948.

WHITE, James Boyd. *Justice as Translation*: An Essay in Cultural and Legal Criticism. Chicago: University of Chicago Press, 1990.

_____. *When Words Lose their Meanings*: Constitutions and Reconstitutions of Language, Character, and Community. Chicago: University of Chicago Press, 1984.

WIGGINS, David. *Sameness and Substance*. Cambridge, MA: Harvard University Press, 1980.

WITTGENSTEIN, Ludwig. *Philosophical Investigations*. 4.ed. Org. P. M. S. Hacker e Joachim Schulte. Trad. ingl. G. E. M. Anscombe, P. M. S. Hacker e Joachim Schulte. Oxford: Wiley-Blackwell, 2009. (1.ed. Trad. ingl. G. E. M. Anscombe. Oxford: Blackwell, 1953). [Ed. bras.: *Investigações filosóficas*. Trad. Marcos G. Montagnoli. Petrópolis, RJ: Vozes, 2014.]

_____. *Remarks on Colour*. Org. G. E. M. Anscombe. Trad. ingl. Linda L. McAlister e Margarete Schättle. Berkeley: University of California Press, 1977. [Ed. bras.: *Anotações sobre as cores*. Trad. João Carlos Salles Pires da Silva. Campinas: Editora da Unicamp, 2009.]

_____. *Tractatus Logico-Philosophicus*. Trad. ingl. C. K. Ogden. Londres: Kegan Paul, Trench, Trubner, 1922. [Ed. bras.: *Tractatus logico-philosophicus*. Trad. Luiz Henrique Lopes dos Santos. São Paulo: Edusp, 1993.]

XU, Fei; CAREY, Susan. Infants' Metaphysics: The Case of Numerical Identity. *Cognitive Psychology*, v.30, n.2, p.111-53, 1996.

_____; _____; WELCH, Jenny. Infants' Ability to Use Object Kind Information for Object Individuation. *Cognition*, v.70, n.2, p.137-66, 1º mar. 1999.

_____; _____; QUINT, Nina. The Emergence of Kind-Based Object Individuation in Infancy. *Cognitive Psychology*, v.49, n.2, p.155-90, 2004.

_____; _____; RAPHAELIDIS, Kyra; GINZBURSKY, Anastasia. 12-Month--Old Infants Have the Conceptual Resources to Support the Acquisition of Count Nouns. In: CLARK, Eve V. (org.). *Proceedings of the Twenty-Sixth Annual Child Language Research Forum*. Stanford, CA: CSLI Publications, 1995.

# Notas

## O conhecimento científico como produto histórico

a A primeira versão deste texto foi completada em 1981. Versões revisadas dele foram pronunciadas como conferências na Brandeis University (30 maio 1984), na University of Minnesota (21 out. 1985) e em Tóquio (2 maio 1986). Ele foi publicado em tradução japonesa como Thomas S. Kuhn, "Rekishi Shosan toshite no Kagaku Chishiki" [O conhecimento científico como produto histórico], trad. Chikara Sasaki e Toshio Hakata, *Shisō* [Pensamento], v.8, n.746, p.1-18, ago. 1986. Agradeço a Shinko Kagaya pela inestimável ajuda em obter uma cópia da publicação japonesa. O texto publicado aqui é o da versão original em inglês, guardado no Thomas S. Kuhn Papers, MC 240, caixas 23-24, Institute Archives and Special Collections, Massachusetts Institute of Technology, Cambridge, Massachusetts.

b Além do próprio Kuhn, os mais importantes críticos da imagem da ciência capitaneada pelos empiristas lógicos foram Paul Feyerabend, R. N. Hanson, Stephen Toulmin, Michael Polanyi, Alistair Crombie, Mary Hesse, Nelson Goodman e, é claro, W. V. O. Quine, dentre os que escreveram em inglês. Em contrapartida, a filosofia da ciência continental, especialmente na França, por muito tempo esteve profundamente entrelaçada com a história da ciência, em especial pela influência de Alexandre Koyré, Gaston Bachelard e Georges Canguilhem. Para a percepção que tinha Kuhn dessa importante diferença entre as duas tradições, ver sua entrevista conduzida por Aristide Baltas, Kostas Gavroglu e Vasso Kindi, publicada como parte 3 em *O caminho desde* A estrutura.

c Para as ideias simples dos sentidos de John Locke, ver o seu *An Essay Concerning Human Understanding*, org. Peter H. Nidditch; para a distinção de Bertrand Russell entre conhecimento por contato e conhecimento por descrição, ver o seu *The Problems of Philosophy*; para as proposições elementares na obra inicial de Wittgenstein, ver o seu *Tractatus Logico-Philosophicus*. [Há versões em língua portuguesa das três obras mencionadas: Locke, *Ensaio sobre o entendimento humano*; Russell, *Os problemas da filosofia*; Wittgenstein, *Tractatus logico-philosophicus*.]

d A distinção entre *contexto de descoberta* e *contexto de justificação* foi introduzida por Hans Reichenbach em *Experience and Prediction: An Analysis of the Foundations and the Structure of Knowledge*. Ela rapidamente se tornou amplamente aceita pelos empiristas lógicos.

e O termo foi popularizado por Rudolf Carnap que o emprestou do embriologista Hans Driesch; ver Carnap, *The Logical Structure of the World: Pseudoproblems in Philosophy*, p.101-3. Segundo essa posição, o conhecimento é algo racionalmente construído a partir do interior do fluxo da experiência. O qualificador *metodológico*, por seu turno, tinha o intuito de assinalar o agnosticismo acerca da existência de um eu ou um ego transcendental. O termo e suas conotações individualistas eram alvos comuns de crítica, por exemplo por parte de Otto Neurath; ver Neurath, "Protokollsätze", *Erkenntnis*, v.3, n.1, p.204-14, 1932. Agradeço a Evan Pence por esta nota de fim.

f A chamada tese de Duhem-Quine é a afirmação de que as teorias são subdeterminadas pela evidência; hipóteses empíricas individuais não podem ser confirmadas ou falsificadas por si sós, isoladas das inevitáveis hipóteses auxiliares. Enunciações clássicas dessa posição podem ser encontradas na obra de Duhem, *The Aim and Structure of Physical Theory*, cap.6; e em Quine, "Two Dogmas of Empiricism", *Philosophical Review*, v.60, n.1, p.20-43, 1951; reimpresso em *From a Logical Point of View*, p.20-46. [Há tradução dessa obra em língua portuguesa: Quine, *De um ponto de vista lógico*. (N. T.)]

# A presença da ciência passada (Shearman Memorial Lectures)

a Aqui, Kuhn está provavelmente respondendo à importante obra de Brent Berlin e Paul Kay sobre o agrupamento de cores através das culturas e das línguas. Embora possa parecer que podemos classificar as cores de diversas maneiras, todas elas arbitrárias, Berlin e Kay argumentam que os termos prototípicos para cores, encontrados em diferentes línguas, tendem a se agrupar de maneiras similares. Ver Berlin; Kay, *Basic Color Terms: their Universality and Evolution*. Agradeço a Evan Pence por essa referência.

b Aqui, Kuhn está provavelmente pensando na teoria dos protótipos de conceitos inspirada em Wittgenstein e desenvolvida pela psicóloga Eleanor Rosch. Ver, por exemplo, Rosch, "Principles of Categorization", em Rosch; Lloyd (orgs.), *Cognition and Categorization*, p.27-48; Rosch; Mervis, "Family Resemblances: Studies in the Internal Structure of Categories", *Cognitive Psychology*, v.7, n.4, p.573-605, 1975.

# Resumo para *A pluralidade dos mundos*

a Os sumários dos textos existentes da *A pluralidade dos mundos* são formatados com a fonte Arno Pro. As reconstruções editoriais das principais ideias para as partes planejadas, mas não escritas do livro são formatadas numa fonte diferente, a Chapparal Pro. Minhas reconstruções se baseiam nas antecipações, presentes nos capítulos esboçados por Kuhn, do que viria depois, assim como nas anotações que ele deixou para cada capítulo planejado (gentilmente disponibilizadas pela University of Chicago Press, com a permissão das executoras literárias de Kuhn, Jehane Kuhn e Sarah Kuhn). O volume de informação disponível para cada um dos capítulos inacabados é desigual. Sempre que possível, tentei dar ao leitor uma noção da direção geral que Kuhn visava tomar em cada capítulo.

b Há passagens nas anotações de Kuhn nas quais ele parece duvidar se o princípio de não superposição de fato se aplica a todos os conjuntos unitários.

NOTAS **367**

c No sumário de sua última versão de *A pluralidade*, Kuhn deu ao Capítulo 7 o título anterior: "Olhando para trás e movendo-se para a frente". Entretanto, as anotações que ele deixou para o Capítulo 7 dão um título diferente: "Os muitos mundos das espécies".

d As anotações de Kuhn para este capítulo não oferecem base suficiente para articular quais teriam sido as respostas de Kuhn a essas duas questões se ele tivesse vivido para terminar o livro. O que se segue são apenas alguns fiapos de seu pensamento deixados em suas anotações, que poderiam ou não ter sido incorporados na versão final do capítulo.

## A pluralidade dos mundos
## Agradecimentos

a Entre suas notas para este livro, Kuhn deixou uma lista de pessoas a serem mencionadas nos agradecimentos. A lista não explicita débitos específicos e está, provavelmente, bastante incompleta.

## Capítulo 1: O conhecimento científico como produto histórico

a A concepção segundo a qual a verdade é o fim da investigação é amplamente atribuída a Charles Sanders Peirce. Cf., por exemplo, "How to Make our Ideas Clear", *Popular Science Monthly*, jan. 1878; reimpresso em Kloesel (org.), *Writings of Charles S. Peirce: A Chronological Edition*, v.3: 1872-1878, p.257-76.

b Para a concepção pragmatista clássica da assertividade justificada, cf. John Dewey, *Logic: The Theory of Inquiry*; e seu "Propositions, Warranted Assertability, and Truth", *Journal of Philosophy*, v.38, n.7, p.169-86, 1941.

c Em suas notas para o Capítulo 1, Kuhn oferece uma resposta para a questão de como preservar a necessidade da não contradição sem endossar uma teoria correspondentista da verdade. Juízos comparativos não exigem uma escala, tendo a verdade como limite; eles exigem "uma escolha existencial". Uma escolha existencial está sujeita a uma versão da lei de não contradição: embora possamos escolher qualquer candidata (uma esposa, um paradigma, uma linguagem [...]), não podemos escolher mais do que uma ao mesmo tempo. Especificamente, uma comunidade científica única, ao se deparar com dois léxicos incompatíveis, não pode aceitar ambos ao mesmo tempo. Não precisamos de referência à verdade para explicar tais escolhas historicamente situadas. Kuhn credita à sua esposa, Jehane Kuhn, o *insight* central desta resposta.

## Capítulo 3: Taxonomia e incomensurabilidade

a Plutão ainda era considerado um planeta no período da morte de Kuhn. A reclassificação de Plutão como um planeta anão ocorreu em 24 de agosto de 2006, por voto majoritário da União Astronômica Internacional.

b A Parte II do livro, intitulada "Um mundo de espécies" e consistindo nos capítulos 4 a 6, permaneceu inacabada.

c "Membro de um conjunto unitário" soa estranho. Kuhn, provavelmente, deveria ter dito *instanciação* ou *aplicação* de um conjunto unitário.

d A expressão italiana *traduttore traditore* pode ser vertida como "A translator is a traitor" (*"um tradutor é um traidor"*).

# Capítulo 4: Pré-requisitos biológicos para a descrição linguística: trajetos e situações

a Anotação de Kuhn à margem: "hoje isto me parece claramente errado. Devo usar a distinção nômico/nórmico somente no âmbito de mundos". Kuhn introduziu a distinção entre nômico e nórmico em seu texto "Afterwords", em Horwich, *World Changes: Thomas Kuhn and the Nature of Science*, p.311-41; reimpresso como cap.11 em *O caminho desde* A estrutura.

# Capítulo 5: Espécies naturais: como seus nomes significam

a Aqui, Kuhn fez a seguinte anotação para si mesmo: "tente citar o artigo de Daiwie Fu sobre o que ganhamos ao estudar outras culturas". Não fica claro se ele tinha em mente um artigo publicado (e sendo o caso, qual artigo) ou um manuscrito.

b Na maioria das classificações, peixes são animais, mas, aqui, Kuhn pensa nessas categorias como mutuamente excludentes: por exemplo, como se *animais* significasse *mamíferos*.

# Capítulo 6: Práticas, teorias e espécies artificiais

a É óbvio que Kuhn não poderia querer dizer isto literalmente, e provavelmente teria sido mais específico na versão final do texto. Deveríamos ler *tigelas* e *colheres* aqui apenas como exemplos de *possíveis* classes de contraste (e como é o caso em nossa cultura, como classes de contraste reais) para *xícaras* e *garfos*. A questão é que o domínio de espécies artificiais, não menos do que o domínio de espécies naturais, exige domínio das classes de contraste. (Este capítulo está incompleto tanto no sentido de ser inacabado como no sentido de não ter sido revisado.)

# ÍNDICE REMISSIVO

## A

abordagem evolucionária, 60, 67-8, 70-3, 160, 171, 197-9

*Accademia del Cimento*, 187, 192

agrupamentos de objetos, 35, 164-5, 328, 331

Aristóteles, 18; abordagem desenvolvimentista e, 194, 199, 203; abordagem estática e, 153; astronomia e, 99, 141; avaliação e, 230; biologia e, 93, 125n12, 210, 281, 318, 325n11, 353; *Categorias*, 125n12, 237, 274n1; crenças e, 229-231, 235; *eidos* e, 97n8; espaço e, 98-9, 129, 145, 234-6, 237n31, 238n34, 239-40, 255, 321n7, 325; essência e, 96-7, 213, 214n11, 229, 235, 238n35; essencial versus acidental, 213n10; estrutura lexical e, 50, 82, 125, 137, 146, 148, 152-3, 160-1; etnocentricidade e, 99, 105, 243; falsidade e, 113; física e, 75-6, 79, 92-5, 96n7, 97n8, 98-9, 105, 117, 141, 152, 160, 167, 208-12, 214-5, 240-1, 243, 253, 281, 353; *Física*, 75n6, 93, 94n5, 95n6, 97n8, 98n9, 211n6, 212n8, 228n22, 237-9, 239n36, 240n37, 353; Galileu e, 82, 92, 94, 99, 153, 187n*, 189, 191, 209, 211, 214, 235, 240, 353; historicismo e, 24-5; incomensurabilidade e, 116-7; linguística e, 50, 76, 117, 141, 146, 208-9n5, 274, 281, 305; lógica e, 93, 210, 239; matéria e, 95, 97n8, 98-9, 145-6, 161, 191, 212, 239, 241, 353; mecânica e, 92-4, 99, 209-11; movimento e, 75-6, 93-6, 97n8, 98-9, 120n8, 141, 153, 158, 210-1, 213-5, 229, 232-4, 236n29, 239-41, 274, 279-80, 353; mudança conceitual e, 94n5; Newton e, 76, 92, 94-5, 98-9, 117, 121, 137, 141, 148, 167, 209, 211-2, 214, 253, 281, 353; nomes e, 236; observação e, 93; ontologia e, 27, 95; Platão e, 237n31, 239; realismo e, 148; reconhecimento e, 94-5, 211, 352; taxonomia e, 76, 117n3, 125, 129, 145, 148, 161; tradução e, 50, 75n6, 94, 96n7, 111, 117, 119n7, 128-9, 137, 141, 148, 152, 211n6, 213n10, 236, 238n34; vácuo e, 50, 80, 112-3, 158, 187, 189, 191, 214-5, 234, 240; verdade e, 50, 113, 136-7, 141, 144-6, 148, 160-1, 167, 232-3, 241, 353; vocabulário e, 50, 76, 99, 129, 208-9, 209n5, 230, 237-8, 238n32, 253-5, 353

Arquimedes, 69, 162, 192, 199, 201, 229-31, 262

astronomia: Aristóteles e, 99, 141; cabeças-de-ponte e, 141; Copérnico e, 99, 126-7, 141, 274; espécies naturais e, 127, 322; estrelas, 99, 120, 122-4, 126-8, 131, 135, 141, 239-40, 254, 346-7; Galileu e, 99, 126-7, 240; grega, 126, 141; Júpiter, 123, 125, 127-8, 245, 274n1, 346; Lua, 123, 125-7, 146, 254, 274n1, 346-7; Marte,

123, 127-8, 245, 346; Mercúrio, 123, 245, 274n1, 346; planetas, 120, 123-6, 129, 135, 254, 274n1, 346-7; Plutão, 245, 367na; Ptolomeu, 126, 274n1; Saturno, 123, 245, 274n1, 346; Sol, 42, 122-3, 125-8, 141, 144, 146, 148, 156, 200, 254, 274n1, 346-7; taxonomia e, 129, 367; Urano e, 245; Vênus e, 123, 245, 274n1, 346; Via Láctea, 123, 125-7, 254

avaliação: absoluta, 67, 206; Aristóteles e, 230; comparativa, 67, 70, 82, 91, 124, 193, 196, 200, 230, 273; crenças e, 49, 51-2, 68-73, 81-2, 111, 139-40, 161-2, 165, 170, 182, 185, 190, 193, 195-6, 198-201, 206, 230-1, 248, 273; espécies naturais e, 81, 111, 139-40, 165, 334; estrutura lexical e, 50, 81-2, 137, 146-8, 160-1, 165, 170; falsidade e, 51, 82, 139-40, 198, 201; incomensurabilidade e, 23, 54, 161, 170; linguística e, 50, 73, 139, 146, 162, 165, 170, 195, 196n17, 248, 262, 265, 273; objetividade e, 23-4, 51, 65, 139, 182, 195, 199, 201, 206; observação e, 195-6, 202, 330; plausibilidade e, 49-51, 111, 206, 248; produtos históricos e, 90, 156, 158; racional, 23, 50-1, 64-5, 69-72, 147-8, 170, 182, 185, 198-202, 273; relativismo e, 82, 140, 147-8, 170, 182, 198-200, 230; subjetividade e, 65, 182, 199; taxonomia e, 73, 139-40, 146, 161-3

## B

Bacon, Francis, 60-2, 263n17, 356; *A grande instauração*, 60-1
Banks, Joseph, 100, 216
barômetros, 145, 188-9, 197, 240
baterias: construtivismo e, 148; corrente elétrica e, 132, 215-6; duplas e, 101-2, 229; física e 79, 101, 109, 160, 217-8, 225, 243; garrafas de Leiden e, 102, 218, 220; incomensurabilidade e, 243, 245; lei de Ohm e, 104, 221; narrativas hermenêuticas e, 157-8; Planck e, 79, 109, 112, 119, 146, 160, 221, 225, 227, 229, 232-3, 246; prata e, 101, 132, 215-6; realismo e,

128; relativismo e, 233; taxonomia e, 111, 123, 132, 146, 148; Volta e, 79, 100-3, 112, 119, 131-2, 146, 148, 158, 160, 215-6, 218-9, 227, 229, 232-3, 246; voltagem e, 101, 104, 221; zinco e, 101, 132, 215-6

bebês: Bower e, 281, 300; conceito de objeto e, 163-4, 274, 276-7, 278-83, 285-91, 299-301, 305, 309, 318; espécies naturais e, 309, 318; habituação e, 277-8, 282-3, 286, 288-9; movimento e, 277-9, 282, 285-6, 300; percepção de profundidade e, 279; permanência do objeto e, 164, 278, 280, 282, 285, 290, 300-1, 309; produtos históricos e, 184; rastreamento e, 163, 276-7, 290, 305; tempo do ataque de sonoridade (VOT) e, 298

Berlin, Brent, 366
bilinguismo, 34, 36, 81-2, 163, 304
biologia: Aristóteles e, 93, 125n12, 210, 281, 318, 325n11, 353; audição e, 276n5, 285-6; classificação e, 37, 39; conceito de objeto e, 34, 163, 168, 184, 274-5, 279-81, 285, 291, 303-5; especiação e 29-30, 168; espécies artificiais e, 37, 39, 353; espécies naturais e, 35-46, 80-1, 125, 268-9, 317-8, 321-2, 325n11; evolução e, 32, 194n15, 275, 318; habituação e, 277-8, 282-3, 286, 288-9; linguística e, 163-4, 273-69; novas formas de discriminação e, 142, 161, 164; novos espécimes e, 336-8; órgãos sensoriais e, 195; olfato e, 276n5, 285-6; percepção categorial e, 32, 45, 297-9; permanência do objeto e 164, 280, 285, 290, 300-3, 313; rastreamento e, 163, 275, 277, 290, 302-5, 353; reconhecimento facial e, 124n10, 286, 287n17, 288, 290-4, 312, 315, 318, 330; situação "mãe presente" e, 285-6; taxonomia e, 37, 39, 253, 257, 268-9; tempo do ataque de sonoridade (VOT) e, 298

Boltzmann, Ludwig, 105-8, 226-7, 229
Bower, T. G. R., 281, 300
Buchwald, Jed, 17n19, 54n72
Butterfield, Herbert, 83, 89n2, 186n7, 187n9

## C

cabeças-de-ponte: astronomia e, 141; construtivismo e, 148, 151-2; crenças e, 81-2, 140-1, 147-8; estrutura lexical e, 81-2, 142-3, 148, 151; falsidade e, 140-1, 148-9; gregos e, 141, 148; linguística e, 140-1; movimento e, 140-1; observação e, 141; princípio de não superposição e, 141-2; realismo e, 140; relativismo e, 140-1; significado e, 142; taxonomia e, 139-43, 148; termos para espécie e, 140-3; tradução e, 140, 143-4; vocabulário e, 81, 140

Carey, Susan, 275n4, 288, 290n20, 301

Carnap, Rudolf, 365ne

*Categorias* (Aristóteles), 125n12, 237, 274n1

classificação: biologia e, 37, 39; espécies naturais e, 37-9, 41-3, 46, 310, 322n9, 325n11, 327-30, 343; incomensurabilidade e, 36-7, 39, 53, 165, 367-8na; posição e, 41-2, 96, 214; taxonomia e, 37-9, 42-3, 165

Conant, James, 12n3, 14, 18, 263n16

conceito de objeto, 163-4, 274, 276-7, 278-83, 285-91, 299-301, 305, 309, 318.

conceito de uma espécie, 125n12, 163, 275, 286 321

condensadores, 102, 131-2, 218

conjuntos unitários (*singletons*), 38-42, 162, 167-8, 184, 253-58, 350n1, 366

construtivismo, 23-4; baterias e, 147-8; cabeças-de-ponte e, 148, 151-2; crenças e, 43, 82; falsidade e, 82, 167; nomes e, 151-2; nominalismo e, 41-3, 282; observação e, 150; ontologia e, 42-3; psicologia e, 63; realismo e, 24, 41-3, 82; relativismo e, 24, 82; significado e, 24, 38, 41; verdade e, 42, 82, 202; vocabulário e, 150

contexto de descoberta, 67, 365nd

contexto de justificação, 63-5, 67, 90, 190n13, 365nd

Copérnico, 125, 127, 274n1

corrente elétrica, 129, 216n12

crenças: adequação e, 170, 192-3, 205; aprendizado e, 35, 73-4, 80-1, 112, 119, 140-1, 162, 342, 347; Aristóteles e, 229-231, 235; avaliação de, 49, 51-2, 68-73, 81-2, 111, 139-40, 161-2, 165, 170, 182, 185, 190, 193, 195-6, 198-201, 206, 230-1, 248, 273; cabeças-de-ponte e, 81-2, 140-1, 147-8; construtivismo e, 43, 82; escolha de teorias e, 71-2, 116n2, 170-1; espécies naturais e, 35, 42-3, 46, 81, 111, 125, 139-40, 165, 170-1, 309, 322-3, 337, 347; estrutura lexical e, 81-2, 142-3, 148, 151; etnográficas, 25-6, 111, 115, 139, 156, 207; evidência lógica e, 48, 169-70, 202-3, 235, 248, 276; falsidade e, 51, 82, 139-40, 148, 198, 201, 260; incomensurabilidade e, 26-9, 31, 74, 80-2, 115-7, 160-1, 166, 169-71, 244. 249-51, 259-60, 305-7, 347; justificação e 19-20, 29, 31, 42, 48, 51, 66-72, 190n13; linguística e, 42, 50, 73-74, 80-1, 112, 122, 139, 162, 165-6, 170-1, 223n17, 248-50, 305-7, 309, 323, 345-7; narrativas hermenêuticas e, 25-6, 27n41, 112, 207, 229; passado, 25-6, 27n41, 28, 48, 69, 79-82, 113, 115-9, 122-5, 139-40, 156n5, 169, 206-7, 227-31, 235, 244; Planck e, 79, 111-2, 119, 227-30, 305; plausibilidade e, 49-51, 111, 206, 248; produtos históricos e, 182-7, 190-201; racionais, 20, 26, 29, 49-51, 69-72, 170, 182, 185, 198-201, 273; realismo e, 42-3, 82, 140; relativismo e, 29, 50, 82, 112-3, 118-9n5, 140, 144, 170, 182, 198-200, 230, 259-60; taxonomia e, 35, 42-3, 73-4, 80-1, 121-2, 125-6, 132-3, 139-40, 144, 148, 243, 249-51, 259; verdade e, 42, 47-52, 80-2, 139-40, 144, 148, 169-71, 181-2, 184-5, 190, 199-201, 248-50, 260n11, 337 (*ver também* verdade)

Crombie, Alistair, 276n6, 365

## D

Darwin, Charles, 38, 194

dedução, 60-6, 189n12, 193

definições contextuais, 135

Descartes, René, 60-3, 228n22

"Desenvolvimento científico e mudança lexical" (Kuhn), 16

*Diálogo sobre os dois sistemas máximos sistemas de mundo* (Galileu), 153

*Discurso* (Descartes), 61

duhemianismo, 195, 197-8

## E

efabilidade, 50n*, 82, 118, 119n7, 144

*eidos*, 96n7, 97n8, 213n10

Einstein, Albert, 40, 82, 154-5

eletromagnetismo, 221-2

eletrostática, 102-4, 112, 218-20, 229

empirismo: ataques ao, 59, 89, 162; Bacon e, 61; Descartes e, 61-3; enunciados analíticos e, 247; Hempel e, 189n12; incomensurabilidade e, 22, 26-9, 31, 163; Jevons e, 187-9; linguística e, 74, 163-4, 301; lógica e, 11, 20, 25, 48, 248, 365nb; observação e, 39-40, 48, 63, 134, 189, 194-5, 248; produtos históricos e, 59-65, 73, 90-1, 189, 365nd; taxonomia e, 34, 73, 76-7, 263; tradicional, 59, 89, 263-4

energia: Boltzmann e, 105-8, 225-7; cinética, 107; elemento de energia e, 109, 112, 119-20, 129, 143, 146, 225-6, 246, 251; incomensurabilidade e, 119, 229, 232-3, 245-6, 251-2, 254-5; Planck e, 105-9, 112, 119-20, 129, 146, 222-7, 230, 232-3, 246; probabilidade e, 106-7, 225; problema do corpo negro e, 105, 107, 112, 225; radiação, 107, 112, 222, 225, 252, 254; relativismo e, 230, 232-3; ressonadores e, 107-9, 112, 222-7, 230, 232-3, 246, 252, 254; taxonomia e, 129, 143, 146, 254teoria quântica e, 105-109, 160, 222

epistemologia, 11, 15, 24, 31, 47, 49-51, 53, 135, 313n2

escolha de teorias, 71-2, 116n2, 169-71, 183n4

espaço, 34, 98-9, 124-7, 129, 131-2, 134, 136, 145-6, 155, 156-7n5, 163, 166, 168, 191-2, 198, 234-40, 255, 258, 280-1, 284-5, 300, 305, 311-2, 314-23, 325-9, 332, 336, 339, 340, 342, 344-7, 349, 351-2

espaço de fase, 226

espécies artificiais, 167-8; biologia e, 37, 39, 353; como paradigma, 37, 322; conjuntos unitários e, 38-9, 167, 350n1; espaço e, 166, 339, 349-50, 352; falsidade e, 167, 353; movimento e, 39, 123, 167, 353-4; nomes e, 37, 123, 341, 353, 368; observação e, 37, 123, 166-7, 322n9, 324, 347-8, 352, 354; percepção de diferenças e, 350-1; rastreamento e, 353; reconhecimento e, 45n61, 352; reidentificação e, 322-4, 349-50; taxonomia e, 37, 39, 123, 336; vocabulário e, 347, 353-4

espécies naturais: abordagem evolucionária e, 160, 171, 197-9; astronomia e, 127, 322; avaliação e, 81, 111, 139-40, 165, 334; bebês e, 309, 318; biologia e, 35-46, 80-1, 125, 268-9, 317-8, 321-2, 325n11; classificação de objetos e, 37n50, 39, 46; classificação e, 37-9, 41-3, 46, 310, 322n9, 325n11, 327-30, 343; conceito de objeto e, 163-4, 274, 276-7, 278-83, 285-91, 299-301, 305, 309, 318; crenças e, 35, 42-3, 46, 81, 111, 125, 139-40, 165, 170-1, 309, 322-3, 337, 347; espaço e, 125, 127, 129, 131, 136, 145, 166-7, 235, 239, 315-7, 319, 322-3, 325, 327, 329, 340, 344-5, 347, 349-52; evolução e, 45, 125n12, 311, 334; falsidade e, 136, 139-40, 145, 149, 167, 337, 353; gregos e, 96n7, 129, 235; incomensurabilidade e, 36-7, 39, 44, 80, 165-6, 170-1, 333, 345, 347; linguística e, 35, 42-3, 45, 80-1, 127, 129, 136, 162, 164-5, 168, 171, 274, 309, 323, 341, 345, 347, 351-2; lógica e, 165, 324; Mill sobre, 111, 120n8, 324, 325n11; movimento e, 120n8, 121, 123, 145, 167, 310, 353-4; mudança conceitual e, 33, 39-41, 80, 168, 170; narrativas e, 143, 309; nomes e, 37, 111, 120, 125, 129, 131, 164, 309-10, 329-30, 341, 352-3; observação e, 40, 46, 129, 150, 165-7, 201, 322-5, 329, 333-4, 340, 347-8, 351-2, 354; percepção de diferenças específicas e, 164; princípio de Leibniz e, 315; princípio de não superposição e, 37-8, 43, 125, 162, 164, 166-7,

258-9, 310, 319, 342-3, 345-7; psicologia e, 326-7; Quine e, 328-9; rastreamento e, 309-15, 318, 321; realismo e, 41-4, 140; reconhecimento e, 309, 311, 329-30; reidentificação e, 164, 310-1, 313, 315-7, 321n7, 322-4, 333; relativismo e, 140, 170; retenção cultural e, 329-30; significado e, 33, 38, 81, 111, 127-8, 142, 162, 274n1, 325n11, 329-30, 345; substantivos contáveis e, 310, 340; substantivos de massa e, 310, 340, 341n20; taxonomia e, 37, 39, 42-3, 80, 123, 125, 129, 139-40, 142-3, 145, 165, 338; teoria quântica e, 311, 313n2; termos para espécie e, 33-5, 37-40, 42-6, 80, 111, 120n8, 121, 123, 125, 127, 129-31, 139, 142-3, 149-50, 162, 171, 274, 309, 345, 354; tradução e, 80-1, 96n7, 129, 139, 142-3, 166, 347; vocabulário e, 81, 129, 136, 139-40, 150, 165, 331, 333, 345, 347, 354

essência: Aristóteles e, 96-7, 213, 214n11, 229, 235, 238n35; Mill e, 325n11

estatística, 107-8, 225, 233, 311

*Estrutura das revoluções científicas, A* (Kuhn), 11, 159

estrutura lexical: agrupamento de objetos e, 164; aquisição e, 19, 36, 73-4, 115-6n1, 134-6, 141, 143; Aristóteles e, 50, 82, 125, 137, 146, 148, 152-3, 160-1; avaliação e, 50, 81-2, 137, 146-8, 160-1, 165, 170; cabeças-de-ponte e, 81-2, 142-3, 148, 151; compartilhada, 121-2, 136-7, 141, 151, 164-5, 170; conceitos e, 34, 36-7; constituindo mundos e, 136-7, 156; crenças e, 81-2, 142-3, 148, 151; espaço e, 154-5, 156n5; evolução da, 122, 125, 146; falsidade e, 157; Galileu e, 82, 125-7, 153; grupos de objetos e, 35-6, 165-6, 327-8, 331-2; incomensurabilidade e, 22n29, 36, 80, 160-1, 165, 170; luminosidade própria e, 126; metáfora e, 82, 148-9; movimento e, 134, 146, 152-3; mudança na, 149; Newton e, 134-7, 148; nomes e, 80, 151; objetividade e, 151; observação e, 134-5, 165; paradigmas e, 169; percepção não inferencial e, 35;

Planck e, 137, 146; redesenho da, 125; relativismo e, 50, 82, 147-8, 170; semântica e, 42, 76, 123; significado e, 50, 142, 146, 170; taxonomia e, 34, 80, 142-3, 146, 148, 161, 165; teoria do significado e, 19-20, 142, 184, 274, 326, 328; termos de Kuhn para, 34-5; termos para espécie e, 34-5, 37, 80, 127, 135, 142, 161; tradução e, 152; vocabulário e, 50, 73-4, 134-6, 165; Volta e, 137, 146, 148

etnocentricidade: adentrando o passado e, 231-2; Aristóteles e 99, 105, 243; cognitiva, 243, 305; forma superior de, 305; incomensurabilidade e, 243, 305; Planck e 305; Volta e, 305

etnografia: conceitos passados e, 78-80; evolução da, 156-7; história hermenêutica da ciência e, 83, 160, 171-2; incomensurabilidade e, 80-3, 115, 118; interpretações holísticas e, 207; interpretações quase-etnográficas e, 79, 112, 115, 139

Euclides, 93, 210, 237n31

evolução: biológica, 32, 194n15, 275, 318; cultural, 329-330, 334; darwiniana, 38, 194n15; de leis, 76; de teorias, 29-30espécies naturais e, 45, 125n12, 311, 334; estruturas neuronais e, 164, 184, 275; etnográfica, 156-7; léxica, 122, 125, 146; linguística, 32, 45, 73, 77, 122, 146, 160, 164, 254-5, 302, 306, 309; movimento de desenvolvimento e, 194; sobrevivência e, 45, 254, 274-5, 302, 306

extensão, 109, 161, 163-4, 245, 250-1, 252n7, 261, 273, 286

**F**

Feyerabend, Paul, 89n1, 115, 116n1, 117, 183n4, 186n7, 266-7, 268n22

filosofia: abordagem evolucionária e (*ver também* abordagem evolucionária), 71; Aristóteles e (*ver também* Aristóteles), 99; Bacon, 60-1; continental, 181n1; Descartes e, 60-1, 63; empirismo e (*ver também* empirismo), 59; estrutura lexical e, 157; Kant e, 17, 45, 82, 151-2, 281, 302-3, 353; nova, 60, 263n17; objetividade e (*ver também* objetividade), 160; plausibilidade e, 205-8; produtos históricos e, 181-203; Quine, 65, 68, 196n17, 197, 250, 263; taxonomia e (*ver também* taxonomia), 167; teoria do significado, 33, 163, 184, 274, 326, 328; tradução e, 15, 25, 33, 52-3, 59-61, 63, 65-6, 72, 89, 159-60, 181, 183, 185-6, 188, 190, 193, 195-7, 250, 263

física: Aristóteles e, 75n6, 93, 94n5, 95n6, 97n8, 98n9, 211n6, 212n8, 228n22, 237-9, 238, 239n36, 240n37, 353; baterias e, 79, 101, 109, 160, 217-8, 225, 243; clássica, 105, 108, 222; conjuntos unitários e, 38, 255-6; Galileu e, 92, 188; Jammer sobre a, 223; matéria e, 95, 97n8, 98-9, 167, 208-9n5, 212, 239-41, 253, 353; movimento e, 39, 75-6, 93-6, 98-9, 109, 141, 152, 167, 208-9n5, 210-11, 214-5, 240-1, 253, 353; Newton e, 39, 76, 92, 94-5, 98-9, 117, 135, 141, 167, 209, 211-2, 214, 228n22, 253, 255, 281, 353; Planck e, 79, 105, 108, 109, 160, 221-3, 225-6, 246, 261; quântica, (*ver também* teoria quântica), 105, 108; vácuo e, 79, 98-9, 214, 240; Volta e, 79, 101, 105, 160, 215-6, 218, 246, 253

*Física* (Aristóteles): *eidos* e, 96n7, 97n8, 213n10; lugar e, 98n9; matéria e, 95n6, 97n8, 98n9, 99n10, 212n8, 239n36, 240n37, 241, 353; propriedade e, 75n6, 96n7, 97n8, 211-2, 214-5, 253; vácuo e, 79, 98-9, 214, 240n37

flogisto, 149-50

fundacionismo, 31, 60, 65, 69-70, 162-3

## G

Galileu: Aristóteles e, 82, 92, 94, 99, 153, 187n*, 189, 191, 209, 211, 214, 235, 240, 353; astronomia e, 99, 126-7, 240; *Diálogo sobre os dois sistemas máximos sistemas de mundo*, 153; estrutura lexical e, 82, 125-7; física e, 92, 188; Hempel sobre, 188-9; incomensurabilidade e, 267; matéria e, 82, 125-7, 153; mecânica e, 92, 94, 99, 209, 211; movimento e, 94, 153-4, 186n7, 211, 214, 353; telescópio

de, 126-7; Torricelli e, 187-9, 192, 235, 240; vácuo e, 99, 189, 191-2, 214, 240

geometria, 93, 210, 237n31, 238n34, 281, 365nb

Goodman, Nelson, 120, 365nb

*Grande instauração, A* (Bacon), 60, 61n2

gravidade, 134

gravidade específica, 188

gregos: astronomia e os, 126, 141; cabeças--de-ponte e, 141, 148; espécies naturais e, 96n7, 129, 235; incomensurabilidade e, 116, 347; linguística e, 128-9, 208-9n5, 346n23, 347; produtos históricos e, 200; relativismo e, 144, 199-200; taxonomia e, 123-5, 129, 141, 144, 146, 148; tradução e, 75n6, 96n7, 128-9, 141, 144, 148, 208-9n5, 211, 235-6, 238n32, 345-6-7. *Ver também indivíduos específicos*

## H

Hacking, Ian, 17, 54n72, 118-9n5, 195n16, 200n20, 250n5, 260n11, 307n29

Hanson, N. R., 89n1, 183n4, 186n7, 229n24, 365nb

Haugeland, John, 12n3, 14, 18, 75n5

Hempel, C. G., 182n3, 188, 189, 191

Hesse, Mary, 186n7, 365nb

hidrostática, 104, 192, 197-8, 221

historicismo, 24-5, 28, 30, 32, 52

holismo, 65, 68, 70, 195, 197-8, 250, 328

*hyle* (matéria), 97n8, 212n8

## I

incomensurabilidade: abordagem evolucionária e, 251; Aristóteles e, 116-7; avaliação e, 23, 54, 161, 170; baterias e, 243, 245; classificação e, 36-7, 39, 53, 165, 367-8na; comunicação parcial e, 92; conjuntos unitários e, 39, 253-5, 257; crenças e, 26-9, 31, 74, 80-2, 115-7, 160-1, 166, 169-71, 244, 249-51, 259-60, 305-7, 347; dupla dependência e, 252; empirismo e, 119, 229, 232-3, 245-6, 251-2, 254-5; energia e, 119, 229, 232-3, 245-6, 251-2, 254-5; etnocentricidade e, 243, 305; espaço e, 254-8; espécies naturais e, 36-7, 39, 44,

80, 165-6, 170-1, 333, 345, 347; estrutura lexical e, 22n29, 36, 80, 160-1, 165, 170; etnografia e, 80-3, 115, 118; falsidade e, 118, 161, 169, 243, 260n11; Feyerabend e, 115-6n1, 117, 183n4, 266-7; Galileu e, 267-8; gregos e, 116, 347; intensão e, 117n3, 161, 245, 249, 251; interpretação e, 23n35, 80-1, 118, 161, 243, 261, 267-9; linguística e, 11n2, 29, 32-3, 36, 53, 74, 80, 118, 163, 165-6, 170-1, 184, 253, 255, 263-9, 296, 305-6, 345, 347; lógica e, 22, 29, 168-71, 249-50; manifestações da, 74; matemática e, 116, 267; movimento e, 183, 245, 251, 253, 267; mudança conceitual e, 31, 33, 80, 170, 172; narrativas e, 26-7, 83, 172; narrativas hermenêuticas e, 25-7, 32, 171-2; nomes e, 184, 245, 255, 345; observação e, 115; ontologia e, 27, 36, 171, 183; paradigmas e, 11n2, 22-3, 29-30, 169; Planck e, 18, 27, 253, 260-1; produtos históricos e, 80, 183-4; psicologia e, 19, 31-2, 33n45; Quine e, 117, 161, 251, 261, 263, 267; reconhecimento e, 260; relativismo e, 23-4, 29, 91-2, 170, 183, 253; significado e, 19, 24, 27, 31, 33, 53, 115, 118, 161, 163, 169-70, 183n4, 184, 245, 247, 251, 253, 261, 265-7, 296, 305, 326, 345; taxonomia e, 36-7, 39, 80, 117n3, 161, 165, 184, 244-69; termos para espécie e, 36-7, 39, 44, 80, 165-6, 170-1, 333, 345, 347; tradução e, 36, 53, 74, 117-8, 163, 166, 184, 261, 263, 265-8, 347; vocabulário e, 74, 81, 165, 169, 243, 253, 255, 259, 332-3, 345, 347

indefinição perceptiva, 153

indução, 120n*, 142, 150

Institute Archives and Special Collections (MIT), 13

instrumentalismo, 201

intensão, 161, 245-6, 249-52

interpretação: comportamental, 164, 207, 261, 304-5; incomensurabilidade e, 23n35, 80-1, 118, 161, 243, 261, 267-9; linguística e, 118, 121, 139, 254n8, 267-9, 273, 276, 287, 304-5; Planck e, 105, 112, 221, 223n17, 227n21, 229, 232-3,

305; plausibilidade e, 233; produtos históricos e, 193; taxonomia e, 80-1, 139, 161-2, 243, 254n8, 261, 267-9; termos para espécie e, 139, 161-2, 252, 273

interpretação comportamental, 164, 207, 261, 304-5

interpretações quase-etnográficas, 79-80, 115, 139

irracionalidade, 24, 26, 80-1, 172, 182, 200-1

## J

Jammer, Max, 223

Jevons, W. Stanley, 187

justificacionismo: contexto de, 63, 67-8, 77, 190n13, 367; crenças e, 48-71, 77, 90, 190n13, 203, 295, 367

## K

Kant, Immanuel, 17n21, 45, 82, 151-2, 255, 280-1, 303, 353

Kay, Paul, 366

Kepler, Johannes, 125

Kuhn, Jehane, 9, 14, 18, 208n5, 264n19, 351n2, 366na, 367nc

Kuhn, Sarah, 9, 14n11, 326n13

## L

lei de Hooke, 134, 255

lei de Ohm, 104-5, 221

Lewis, David, 17-8

linguagem natural, 36, 168-9

linguística: abordagem evolucionária e, 33, 73, 160-2, 164-5, 171-2, 194-5; animais e, 45, 117n3, 122, 161, 244-5, 254n8, 255, 274-5, 305, 345, 351n4; aprendizado e, 53, 74, 80-1, 112, 136, 141, 162-3, 267, 281, 293, 347, 351; Aristóteles e, 50, 76, 117, 141, 146, 208-9n5, 274, 281, 305; avaliação e, 50, 73, 139, 146, 162, 165, 170, 195, 196n17, 248, 262, 265, 273; Bacon e, 263n17; bebês e, 163-4, 274, 279, 281, 285, 287, 291, 299, 301, 304-5, 309; bilinguismo e, 34, 36, 81-2, 163, 184, 304; cabeças-de-ponte e, 140-1; comunidade e, 35-6, 121-2, 127, 136,

163, 165, 323; conceito de objeto e, 163-4, 274, 276-7, 278-83, 285-91, 299-301, 305, 309, 318; conjuntos unitários e, 42, 162, 168, 253, 254-5; crenças e, 42, 50, 73-74, 80-1, 112, 122, 139, 162, 165-6, 170-1, 223n17, 248-50, 305-7, 309, 323, 345-7; descrição e, 273-307; efabilidade e, 50, 82, 118; empirismo e, 74, 163-4, 301; escolha de teorias e, 116n2, 170; espaço e, 255, 275, 281, 285, 299, 305, 323, 346-7; espécies artificiais e, 351n4; espécies naturais e, 35, 42-3, 45, 80-1, 127, 129, 136, 162, 164-5, 168, 171, 274, 309, 323, 341, 345, 347, 351-2; evolução da, 32, 45, 73, 77, 122, 146, 160, 164, 254-5, 302, 306, 309; falsidade e, 63-4, 82, 118, 139, 295; grega, 128-9, 208-9n5, 346n23, 347; incomensurabilidade e, 11n2, 29, 32-3, 36, 53, 74, 80, 118, 163, 165-6, 170-1, 184, 253, 255, 263-9, 296, 305-6, 345, 347; indiferença perspectiva e, 152-3; interpretação e, 118, 121, 139, 254n8, 267-9, 273, 276, 287, 304-5; Kant e, 45, 82, 255, 281, 303; linguagem de dados sensíveis, 73; linguagem natural e, 94, 167-8; lógica e, 63-4, 165, 275, 303; Lyons e, 264-6; matéria e, 112, 129, 146, 161, 208-9n5, 253; metáfora e, 73, 82, 116-7, 250, 267; movimento e, 76-7, 112, 146, 208-9n5, 253-4, 274, 277, 279, 285, 346; mudança conceitual e, 16, 31, 33, 40-1, 80, 90, 168, 170, 172, 208-9n5; narrativas e, 32, 274, 304; neutra, 73, 160, 194-5, 196n17, 248, 250; newtoniana, 76, 117, 121, 136, 141, 253, 255, 281; nomes e, 73-4, 80, 121-2, 129, 164-6, 184, 244-5, 255, 341, 345; objetividade e, 76; observação e, 129, 141, 160, 165-6, 194-5, 196n17, 202, 248, 262n14, 263, 265-6, 323, 347, 351, 352; paradigmas e, 299; percepção categorial e, 32, 34-5, 45, 297, 299; percepção de diferenças específicas e, 164-6, 291-5, 300, 302-3; Planck e, 146, 253, 305; pré-requisitos biológicos para, 273-307; princípio da ausência de

ponto de ramificação, 284-5; produtos históricos e, 184-5, 195, 196n17, 201; proposições e, 64, 118n5; psicologia e, 32, 276-7, 297; realismo e, 42-3, 82, 171, 302; reconhecimento e, 34-5, 45n1, 164, 285-6, 286-7, 291, 293, 295, 299, 302-3, 352; redesenho da, 125, 165; reidentificação e, 34, 276n5, 285-6, 293n21, 295, 301, 303-4, 323-4; relativismo e, 61, 192-3; semântica e, 76, 122n9; significado e, 20, 33, 50, 53, 81, 112, 115-6, 118, 121, 127-8, 146, 161-3, 170, 184, 244-6, 249-50, 253, 254n8, 264-6, 273, 291, 293n21, 305, 345; socialização e, 122-3; substantivos contáveis e, 310, 340; substantivos de massa e, 241n20; taxonomia e, 35, 42, 73, 76, 117n3, 121-2, 129, 139, 141, 146, 162, 168, 244, 253-4, 263n17, 267-9; tempo de ataque da sonoridade (VOT) e, 298; teoria quântica e, 306-7; termos para espécie e, 33-5, 42, 45, 53, 129, 162-3, 171, 244-5, 254, 265, 273-4, 296, 301, 309, 345; tradução e (ver também translação), 74; verdade e, 118, 247; vocabulário e, 280-1, 301-2; Volta e, 112, 146, 305

Locke, John, 62, 195, 365nc

lógica: Aristóteles e 93, 210, 239; empirismo e, 11, 20, 25, 48, 248, 365nb; espécies naturais e, 165, 324; Euclides e, 93, 210; evidência e, 22, 29, 48, 169-71, 203, 235n25; holismo e, 68, 250; incomensurabilidade e, 22, 29, 168-71, 249-50; linguística e, 63-4, 165, 275, 303; matemática, 61, 64, 72, 249-50; método e, 63-4, 70, 72, 169-70; modal, 17-8; não contradição, 162, 203, 257-8, 367; observação e, 48-9, 61-2, 64, 165, 210, 324; produtos históricos e, 185-6, 202-3; taxonomia e, 245-50; tese de Duhem-Quine e, 65-8, 196; tese parmenidiana e, 238n34; verdade e, 48-9, 52, 61, 63-4, 169-71, 185, 202-3

lógica modal, 17-8

Lorentz, H. A., 224-5

Lucrécio, 238n34

Lyons, John, 264-5

## M

Massachusetts Institute of Technology (MIT), 13

metáfora: construtivismo e, 82; incomensurabilidade e, 116-7; realismo e, 82; taxonomia e, 117, 139-40, 267

matemática: certeza da, 195; dedução e, 60-6; derivações, 108, 222, 230; Descartes, 61-3; enunciados analíticos versus sintéticos e, 249-50; estatística, 107, 224-5, 229-30, 232, 311-2; Euclides, 92, 209; geometria, 93, 168-9, 210, 236-7, 238n34, 280-1; incomensurabilidade e, 116, 267; Lorentz, 225; modelos, 62-4; Planck, 108-9, 222, 225-6, 230; probabilidade, 64, 72, 225; provas, 61, 65, 72; significados dos termos, 246; vocabulário da, 132

matéria: Aristóteles e, 95, 97n8, 98-9, 145-6, 161, 191, 212, 239, 241, 353; espaço vazio e, 144-5 (*ver também* vácuo); física e, 95, 97n8, 98-9, 167, 208-9n5, 212, 239-41, 253, 353; Galileu e, 99, 145-6, 353; hierarquia ontológica da, 93-5, 211-2; *hyle*, 97n8, 212n8; linguística e, 112, 129, 146, 161, 208-9n5, 253; movimento e, 95, 97n8, 98-9, 111-2, 119, 133, 167, 208-9n5, 214, 229, 239, 241, 253, 353-4; objetividade e, 62; partículas elementares da, 191; posição e, 96-9, 231, 353; quantidade de, 133; teoria quântica e, 112, 224, 252

mecânica: Aristóteles e, 92-4, 99, 209-11; clássica, 222; Galileu e, 92, 94, 99, 209, 211; matéria e, 99, 134, 224; movimento e, 92-4, 99, 133-4, 209-11, 213; mudança de posição e, 93-4, 99, 210, 214; newtoniana, 92, 94, 99, 133-5, 209, 211; Planck e, 222, 224; quântica, 224, 311

Mercúrio, 123, 245, 274n1, 346

Milikan, Ruth, 302

Mill, John Stuart, 111n15, 120-1n8, 324, 325n11

movimento: Aristóteles e, 75-6, 93-6, 97n8, 98-9, 120n8, 141, 153, 158, 210-1, 213-5, 229, 232-4, 236n29, 239-41, 274, 279-80, 353; bebês e, 277-9, 282, 285-6, 300; cabeças-de-ponte e, 140-1; espaço e, 99, 134, 145-6, 155, 156-7n5, 185, 236-9, 255, 285, 300, 346; espécies artificias e, 39, 123, 167, 353-4; espécies naturais e, 120n8, 121, 123, 145, 167, 310, 353-4; essência do corpo e, 96, 97n8, 213; estrutura lexical e, 134, 146, 152-3; física e, 39, 75-6, 93-6, 98-9, 109, 141, 152, 167, 208-9n5, 210-11, 214-5, 240-1, 253, 353; Galileu e, 94, 99, 209, 211; incomensurabilidade e, 183, 245, 251, 253, 267; inercial, 76, 112; linguística e, 76-7, 112, 146, 208-9n5, 253-4, 274, 277, 279, 285, 346; matéria e, 95, 97n8, 98-9, 111-2, 119, 133, 167, 208-9n5, 214, 229, 239, 241, 253, 353-4; mecânica e, 92-4, 99, 133-4, 209-11, 213; mudança de posição e, 93-4, 99, 210, 214; narrativas hermenêuticas e, 112, 233; Newton e o, 39, 76, 94-5, 98, 120-1, 133-4, 141, 156, 167, 211, 214, 228n22, 253, 255, 257, 253; percepção de profundidade e, 279n10; Planck e, 109, 112, 232, 246; posição e, 75, 97n8, 211, 213-4, 346, 353; rastreamento e, 255, 277, 286, 300, 353; relativismo e, 182-3, 233; taxonomia e, 76, 123, 141, 145-6, 245, 251, 253-5; tese parmenidiana e, 238n34; tradução e, 75n6, 94, 111, 119, 141, 152, 157, 208-9n5, 211

mudança conceitual, 19, 32; Aristóteles e, 94n5; consequências da, 90; diferentes formas de, 172; espécies naturais e, 33, 39-41, 80, 168, 170; incomensurabilidade e, 31, 33, 80, 170, 172; linguística e, 16, 31, 33, 40-1, 80, 90, 168, 170, 172, 208-9n5; não contradição: 147-8, 162, 202-3, 257-58, 367nc

## N

narrativas: acerca do desenvolvimento científico, 25n37, 28, 32, 66, 110-1, 172, 273; espécies naturais e, 143, 309; hermenêuticas, 71, 82-3 (*ver também* narrativas hermenêuticas); holísticas, 65-6, 228; identidade e, 83, 155, 158, 172, 309; incomensurabilidade e, 26-7, 83, 172; linguística e, 32, 274, 304; plausibilidade e, 26, 205-7; produtos históricos e, 25n37, 187-8, 194; relativismo e, 25n37; sucessores de, 91

narrativas hermenêuticas: abordagem evolucionária e, 71, 171-2; adentrando nas, 229; baterias e, 157-8; crenças e, 25-6, 27n41, 112, 207, 229; incomensurabilidade e, 25-7, 32, 171-2; movimento e, 112, 233; narrativas Whig e, 83, 157, 172; plausibilidade e, 207; problema do corpo negro e, 158; produtos históricos e, 156-9; reconstrução etnográfica e, 26, 156; tradução e, 25

*National Science Foundation*, 17

naturalismo, 30-3

"Natureza da mudança conceitual, A" ["Nature of Conceptual Change, The"] (Kuhn), 16

Neurath, Otto, 196n17

Newton, Isaac: Aristóteles e, 76, 92, 94-5, 98-9, 117, 121, 137, 141, 148, 167, 209, 211-2, 214, 253, 281, 353; estrutura lexical e, 126, 135-7, 157; falsidade e, 166-7; física e, 39, 76, 92, 94-5, 98-9, 117, 135, 141, 167, 209, 211-2, 214, 228n22, 253, 255, 281, 353; gravidade e, 134; linguagem de, 76, 117, 121, 136, 141, 253, 255, 281; mecânica de, 92, 94, 99, 133-5, 209, 211; movimento e, 39, 76, 94-5, 98, 120-1, 133-4, 141, 156, 167, 211, 214, 228n22, 253, 255, 257, 253; primeira lei de, 98, 133-4, 156, 214; realismo e, 148; segunda lei de, 39, 134, 255, 257; taxonomia e, 39, 76, 125, 141, 253, 255, 257; terceira lei de, 134; vocabulário e, 76, 133, 259, 281, 353

Nida, Eugene, 263

nomes: Aristóteles e, 236; construtivismo e, 151; espécies artificiais e, 37, 123, 341, 353, 368; espécies naturais e, 37, 111, 120, 125, 129, 131, 164, 309-10, 329-30, 341, 352-3; estrutura lexical e, 80, 151; identidade e, 73, 81, 131, 141, 164, 252n7, 290-1; incomensurabilidade e, 184, 245, 255, 345; linguística e, 73-4, 80, 121-2, 129, 164-6, 184, 244-5, 255, 341, 345; princípio de Leibniz e, 314-5; realismo e, 151; taxonomia e, 37, 73-4, 80, 111, 120-2, 124n10, 125, 129, 244-5, 255, 318; teoria causal e, 274n1; verdade e, 201

nominalismo, 41, 43

Notre Dame Lectures, 16, 91-2n4, 208n4

## O

objetividade: abordagem evolucionária e, 195, 199; estrutura lexical e, 151; linguística e, 76; matéria e, 62; observação e, 48, 62, 150, 182, 195; plausibilidade e, 206; produtos históricos e, 181-3, 195, 198-200, 202; realismo e, 150-1; subjetividade e, 65, 151, 160, 182, 199; verdade e, 62, 113, 151, 159-60, 181-2, 195, 199

observação: adequação e, 64-71; Aristóteles e, 93; avaliação e, 195-6, 202, 330; Bacon e, 60-2; cabeças-de-ponte e, 141; compartilhada, 141, 165, 195, 324, 334; construtivismo e, 150-1; critérios de teste e, 64; Descartes e, 60; empirismo e, 39-40, 48, 63, 134, 189, 194-5, 248; encaixar leis e teorias à, 64; escolha de teoria e: 71-2, 116n2, 170-1; espécies artificiais e, 37, 123, 166-7, 322n9, 324, 347-8, 352, 354; espécies naturais e, 40, 46, 129, 150, 165-7, 201, 322-5, 329, 333-4, 340, 347-8, 351-2, 354; estrutura lexical e, 134-5, 165; evidência e, 48, 166, 189, 195, 248, 329, 347-8; incomensurabilidade e, 115; lógica e, 48-9, 61-2, 64, 165, 210, 324; neutra, 159-60, 194, 196n17, 248, 263-4; objetividade e, 48, 62, 150, 182, 195; produtos históricos e, 49-50, 186n7, 187-8, 192-6, 202; pura, 62, 129; Quine e, 196n17, 262n14, 263; realismo e, 150; subjetividade e, 150, 118n5, 182; taxonomia e, 37-8, 120n\*, 123, 129, 165-6, 168, 263, 265, 349

*On the Plurality of Worlds* (Lewis), 17-8

ontologia: Aristóteles e, 27, 95; construtivismo e, 148; da comunidade, 81, 111, 120, 139, 162, 183; hierarquia da matéria e, 94-5, 211-2; incomensurabilidade e, 27, 36, 171, 183; Planck e, 111; realismo e, 42, 149, 171; taxonomia e, 80, 111, 120, 162; verdade e, 27, 81, 139

osciladores, 109, 120, 224-5, 230, 253

## P

paradigma, 22, 23, 29-30, 40, 168; do conhecimento sólido, ciência como o, 195; esclarecimento de, 22n29; escolha existencial e, 367nc; espécies artificiais, 37, 322; estrutura lexical e, 169; incomensurabilidade e, 11n2, 22-3, 29-30, 169; linguística e, 29; reconhecimento e, 299-300; uso do termo, 169, 322n8

Peirce, Charles Sanders, 49n69, 367na

percepção categorial, 32, 35, 45, 164, 297-9

percepção de diferenças específicas: espécies artificiais e, 350-1; espécies naturais e, 164; linguística e, 164-6, 291-5, 300, 302-3; reconhecimento e, 6, 291-5, 300, 302-3

percepção de profundidade, 279n10

permanência do objeto, 164, 285, 300-3

Planck, Max: anomalias de, 106, 108-9, 137, 223, 225-7, 230, 233, 261, 305; artigo de 1900 de, 108; baterias e, 79, 109, 112, 119, 146, 160, 221, 225, 227, 229, 232-3, 246; Boltzmann e, 105-8, 225-7, 229; constante de, 108, 222; crenças e, 79, 111-2, 119, 227-30, 305; derivações de, 105-6, 108, 158, 221-4, 229-30, 232-3; energia e, 105-9, 112, 119-20, 129, 146, 222-7, 230, 232-3, 246; estrutura lexical e, 137, 146; etnocentricidade e, 305; física e, 79, 105, 108, 109, 160, 221-3, 225-6, 246, 261; historicismo e, 37-9; incomensurabilidade e, 18, 27, 253, 260-1; interpretação e, 105, 112, 221, 223n17, 227n21, 229, 232-3, 305; Jammer e, 223; lei da distribuição de, 105, 106-7, 222, 225-7, 229-30, 232-3; linguística e, 146, 253, 305; Lorentz e, 224-5; matemática e,

108-9, 222, 225-6, 230; mecânica e, 222, 224; movimento e, 109, 112, 232, 246; ontologia e, 111; osciladores e, 109, 120, 224-5, 230, 253; *Pluralidade dos mundos* e, 27; probabilidade e, 106-7, 225; problema do corpo negro e, 79, 105, 107, 110, 112, 158, 160, 221, 225, 229; relativismo e, 230, 233, 253; ressonadores e, 107-10, 112, 222-7, 229-30, 233, 246, 253; segunda teoria de, 233; significado e, 27, 79, 112, 119, 246, 253, 305; taxonomia e, 129, 253, 260-1; teoria quântica e, 79, 105, 160; tradução e, 110, 137; vocabulário e, 109-10

Platão, 237n31, 239

Polanyi, Michael, 186n7

Popper, Karl, 20, 25, 196n17

pragmatismo, 48n68, 82, 147, 201-2, 367nb

presentismo, 20n26, 28

princípio de Leibniz, 314-5

princípio de não superposição: cabeças-de-ponte e, 141-2; conceito de objeto e, 280-3, 295, 303; conjuntos unitários e, 38, 162, 167, 256-8, 366nb; espécies naturais e, 37-8, 43, 125, 162, 164, 166-7, 258-9, 310, 319, 342-3, 345-7; linguística e, 280-3, 295, 303; taxonomia e, 38, 43, 162, 167, 257-9

*Principles of Science* (Jevons), 187

probabilidade, 106-7, 225, 268, 291, 295, 337

problema do corpo negro, 79, 105, 107, 110, 112, 158, 160, 221, 225

proposições 62-5, 118n5, 259-60, 365nc

psicologia, 19; construtivismo e, 23; crença e, 31, 70; espécies naturais e, 326-7; incomensurabilidade e, 19, 31-2, 33n45; linguística e, 32, 276-7, 297; sociologia e, 70

psicologia do desenvolvimento, 19, 30, 33n45, 273

Ptolomeu, 274n1

Putnam, Hilary, 48-9n68, 262n14, 268n22

Puy de Dôme (montanha), 189, 192

## Q

química, 69, 149-50, 245, 243-4, 334, 343, 352-3

Quine, W. V. O.: Duhem e, 65, 68, 366nf; dupla dependência de, 250; empirismo e, 162, 250; espécies naturais e, 328-9; filosofia e, 65, 68, 196n17, 197, 250, 263; incomensurabilidade e, 117, 161, 251, 261, 263, 267; lógica e, 65-8, 196; observação e, 196n17, 262n14, 263; significado e, 161, 197n18, 250-1, 261; taxonomia e, 161, 251, 261, 263, 267

## R

racionalidade: crença e, 20-1, 70-2, 96-7n8, 160-1, 170, 182, 199-200, 228; irracionalidade, 23-4, 69, 160, 172, 182, 199-202
radiação, 107, 112, 221-2, 225, 252, 254
rastreamento: bebê, 163, 276-7, 290, 305; conceito de objeto e, 163, 275, 302-4; espécies artificiais e, 353; espécies naturais e, 309-15, 318, 321; movimento e, 255, 277, 286, 300, 353; percepção categorial e, 163, 296-299
realismo: Aristóteles e, 148; baterias e, 128; cabeça-de-ponte e, 140; construtivismo e, 24, 41-3, 82; crenças e, 42-3, 82, 140; espécies naturais e, 41-4, 140; falsidade e, 140; flogisto e, 149-50; linguístico, 42-3, 82, 302; metáfora e, 82; mundos possíveis da ciência e, 40-7; Newton e, 148; nominalismo e, 41, 43; objetividade e, 150-1; observação e, 150; ontologia e, 42, 149, 171; relativismo e, 140;semântica e, 42; significado e, 24; termos para espécie e, 42, 140; tradução e, 148; verdade e, 42, 140; vocabulário e, 140; Volta e, 148
reconhecimento: adentrando o passado e, 207, 211, 227; Aristóteles e, 94-5, 211, 352; conceito de objeto e, 285, 290-1, 300, 302-3, 309; espécies artificiais e, 45n61, 352; espécies naturais e, 309, 311, 329-30; facial, 124n10, 286, 287n17, 288, 290-4, 312, 315, 318, 330; incomensurabilidade e, 260; linguística e, 34-5, 45n1, 164, 285-6, 286-7, 291, 293, 295, 299, 302-3, 352; percepção categorial e, 34-5, 45, 164, 299; percepção de diferenças

específicas e, 6, 291-5, 300, 302-3; Volta e, 101, 227
reconhecimento facial, 124n10, 286, 287n17, 288, 290-4, 312, 315, 318, 330
reidentificação: espécies artificiais e, 322-4, 349-50; espécies naturais e, 164, 310-1, 313, 315-7, 321n7, 322-4, 333; linguística e, 34, 276n5, 285-6, 293n21, 295, 301, 303-4, 323-4
relações topológicas, 236-7
relativismo, 82-3; abordagem evolucionária e, 67, 160, 198-200; avaliação e, 82, 140, 147-8, 170, 182, 198-200, 230; baterias e, 233; cabeças-de-ponte e, 140-1; construtivismo e, 24, 147-50; crenças e, 29, 50, 82, 112-3, 118-9n5, 140, 144, 170, 182, 198-200, 230, 259-60; energia e, 230, 232-3; espaço e, 144-5; espécies naturais e, 140, 170; estrutura lexical e, 50, 82, 147-8, 170; falsidade e, 82, 118, 140; gregos e, 144, 199-200; idealismo e; incomensurabilidade e, 23-4, 29, 91-2, 170, 183, 253; linguística e, 61, 192-3; metodológico, 160, 170, 199; movimento e, 182-3, 233; narrativas e, 25n37; nomes e, 151; objetividade e, 113, 183, 199; Planck e, 230, 233, 253; produtos históricos e, 182-3, 198-9; realismo e, 140; significado e, 50, 154, 253; taxonomia e, 118n5, 140, 144, 253; tradução e, 50, 118, 140, 144; usos do termo, 143; verdade e, 50, 82, 113, 118n5, 140, 144, 147, 160, 170-1, 182, 199-200, 230, 233, 253
ressonadores, 107-10, 112, 222, 223n17, 224-7, 229-30, 233, 246, 252-4
*Revue de Synthèse* (periódico), 15
Rosch, Eleanor, 34n46, 336nb
Royal Society, 100, 216, 263n17
Russell, Bertrand, 62, 365nc

## S

"Scientific Development and Lexical Change" (Kuhn), 16
semântica, 25n37, 42, 76, 122n9, 197n18
significado: cabeças-de-ponte e, 142; concepção clássica de, 247; construtivismo e,

24, 38; dupla dependência e, 250; escolha de teoria e, 116, 170-1; espécies naturais e, 33, 38, 81, 111, 127-8, 142, 162, 274n1, 325n11, 329-30, 345; estrutura lexical e, 50, 142, 146, 170; extensão e, 161, 245, 250-1, 261, 273; grupos de objetos e, 127, 251; incomensurabilidade e, 19, 24, 27, 31, 33, 53, 115, 118, 161, 163, 169-70, 183n4, 184, 245, 247, 251, 253, 261, 265-7, 296, 305, 326, 345; intensão e, 117n3, 161, 245, 246, 250-2; interpretação do (ver também interpretação), 104; nomes e (ver também nomes), 164-5; ontologia e (ver também ontologia), 111; percepção não inferencial e, 35; perda de, 345; Planck e, 27, 79, 112, 119, 246, 253, 305; plausibilidade e, 207; produtos históricos e, 183n4, 184, 197n18; Quine e, 161, 197n18, 250-1, 261; realismo e, 24; reformulando o conceito de, 161; relativismo e, 50, 154, 253; taxonomia e, 38-9, 111, 142, 161-2, 184, 244-5, 247, 251, 253-4, 261, 265; termos para espécie e (ver também termos para espécie), 33, 38, 53, 127, 142, 161-3, 244, 247, 252-4, 265, 273, 296, 325n11, 328, 345; verdade e, 20, 27, 50, 53, 81, 118, 142, 148, 154-5, 249-50, 253; Volta e, 79, 160

Skinner, Quentin, 13

Smith, George, 17

solipsismo, 65, 70, 72

subjetividade, 65, 118-9n5, 151, 160, 182, 199

substantivos contáveis, 310, 340

substantivos de massa, 310, 341n20

# T

taxonomia: abordagem evolucionária e, 161-3; aquisição da, 35, 73-4, 140, 142-3, 256-7, 259; Aristóteles e, 76, 117n3, 125, 129, 145, 148, 161; astronomia e, 129, 367; avaliação e, 73, 139-40, 146, 161-3; baterias e, 111, 123, 132, 146, 148; biologia e, 37, 39, 253, 257, 268-9; cabeças-de-ponte e, 139-43, 148; categorização e, 34, 43, 123-4, 129, 245; classificação e,

37-9, 42-3, 165; conjuntos unitários e, 39, 254-5, 257; crenças e, 35, 42-3, 73-4, 80-1, 121-2, 125-6, 132-3, 139-40, 144, 148, 243, 249-51, 259; cultural, 35, 80, 161, 165, 261; definições contextuais e, 135; dupla dependência e, 250; empirismo e, 34, 73, 76-7, 263; energia e, 129, 143, 146, 254; espaço e, 145-6, 255; espécies artificiais e, 37, 39, 123, 336; espécies naturais e, 37, 39, 42-3, 80, 123, 125, 129, 139-40, 142-3, 145, 165, 338; estrutura lexical e, 34, 80, 142-3, 146, 148, 161, 165; falsidade e, 139, 148; Galileu e, 125-6; habilidades de conceitualização e, 117n3; hierarquia e, 80, 338; incomensurabilidade e, 36-7, 39, 80, 117n3, 161, 165, 184, 244-69; intensão e, 161, 245, 249, 251; interpretação e, 80-1, 139, 161-2, 243, 254n8, 261, 267-9; linguística e, 35, 42, 73, 76, 117n3, 121-2, 129, 139, 141, 146, 162, 168, 244, 253-4, 263n17, 267-9; lógica e, 245-50; movimento e, 76, 123, 141, 145-6, 245, 251, 253-5; Newton e, 39, 76, 125, 141, 253, 255, 257; nomes e, 37, 73-4, 80, 111, 120-2, 124n10, 125, 129, 244-5, 255, 318; objetividade e, 159; observação e 37-8, 120n*, 123, 129, 165-6, 168, 263, 265, 349; ontologia e, 80, 111, 120, 162; Planck e, 129, 253, 260-1; princípio de não superposição e, 38, 43, 162, 167, 257-9; produtos históricos e, 184; Quine e, 161, 251, 261, 263, 267; relativismo e, 118n5, 140, 144, 253; significado e, 38-9, 111, 142, 161-2, 184, 244-5, 247, 251, 253-4, 261, 265; teoria quântica e, 80, 160, 261; termos para espécie e, 34-5, 37-8, 42, 120, 129, 132, 139, 140, 142, 161-2, 168, 244-5, 247, 253-5, 258-9, 265; tradução e, 111, 139-44, 148, 162, 261, 263, 265, 267; verdade e, 139-40, 143-6, 148, 200, 253; vocabulário e, 73, 76, 129, 132-3, 139-40, 165, 243, 253-5, 259; Volta e, 132, 146, 148

tempo de ataque da sonoridade (VOT), 298

*Tensão essencial, A* (Kuhn), 20, 23n34, 236n28, 274n1, 326n13

382 A INCOMENSURABILIDADE NA CIÊNCIA

teoria quântica: energia e, 105-109, 160, 222; espécies naturais e, 311, 313n2; física e, 105, 108; linguística e, 306-7; matéria e, 112, 224, 252; mecânica e, 224, 311; Planck e, 79, 105, 160; problema do corpo negro e, 79, 105, 107, 110, 112, 158, 160, 221, 225, 229; radiação e, 107, 112, 221-2, 225, 252; taxonomia e, 80, 160, 261

termos para espécies: cabeças-de-ponte e, 140-3; conceito de uma espécie, 125n12, 163, 275, 286 321; conjuntos unitários e, 38, 42, 162, 168, 253-4, 258; espécies naturais e, 33-5, 37-40, 42-6, 80, 111, 120n8, 121, 123, 125, 127, 129-31, 139, 142-3, 149-50, 162, 171, 274, 309, 345, 354; estrutura lexical e, 34-5, 37, 80, 127, 135, 142, 161; grupos de objetos e, 33; incomensurabilidade e, 36-7, 39, 44, 80, 165-6, 170-1, 333, 345, 347; interpretação e, 139, 161-2, 252, 273; linguística e, 33-5, 42, 45, 53, 129, 162-3, 171, 244-5, 254, 265, 273-4, 296, 301, 309, 345; realismo e, 42, 140; significado e, 33, 38, 53, 127, 142, 161-3, 244, 247, 252-4, 265, 273, 296, 325n11, 328, 345; taxonomia e, 34-5, 37-8, 42, 120, 129, 132, 139, 140, 142, 161-2, 168, 244-5, 247, 253-5, 258-9, 265

tese de Duhem-Quine, 65, 68, 366nf

tese parmenidiana, 238n34

Thalheimer Lectures, 13, 16, 17n21

Torricelli, Evangelista: experimento do Puy de Dôme, 189, 192; experimentos com o barômetro e, 188, 197, 240; Galileu e, 188-9, 192, 235, 240; produtos históricos e, 187-93, 197-8; vácuo e, 157, 187, 189, 192, 198, 240

Toulmin, Stephen, 89n1, 186n7, 365nb

tradução: Aristóteles e, 50, 75n6, 94, 96n7, 111, 117, 119n7, 128-9, 137, 141, 148, 152, 211n6, 213n10, 236, 238n34; bilinguismo e, 36, 81-2, 163, 184, 304; cabeças-de-ponte e, 140, 143-4; cultural, 162-3, 165-6, 262-3, 267-8, 345-6; efabilidade e, 50n*, 82, 118, 119n7, 144;

espécies naturais e, 80-1, 96n7, 129, 139, 142-3, 166, 347; estrutura lexical e, 152; gregos, 75n6, 96n7, 128-9, 141, 144, 148, 208-9n5, 211, 235-6, 238n32, 345-6-7; incomensurabilidade e, 36, 53, 74, 117-8, 163, 166, 184, 261, 263, 265-8, 347; movimento e, 75n6, 94, 111, 119, 141, 152, 157, 208-9n5, 211; narrativas hermenêuticas e, 25; Planck e, 110, 137; produtos históricos e, 184; radical, 162, 261; realismo e, 148; relativismo e, 50, 118, 140, 144; taxonomia e, 111, 139-44, 148, 162, 261, 263, 265, 267; verdade e, 48, 50, 80-2, 117-8, 128-9, 137, 139-44, 148, 157, 169

tradutor radical, 162, 261

**U**

Universidade Johns Hopkins, 16

**V**

vácuo: Aristóteles e, 50, 80, 112-3, 158, 187, 189, 191, 214-5, 234, 240; aversão da natureza ao, 159, 187, 189, 191-2, 200, 234; experimento do Puy de Dôme, 189, 192; experimentos com o barômetro e, 189, 240; Galileu e, 99, 189, 191-2, 214, 240; Hempel e, 189, 191; impossibilidade do, 191; intersticial, 240; Lucrécio e, 238n34; Torricelli e, 157, 187, 189, 192, 198, 240

verdade: aceita, 91, 248; analítica, 113, 248; Aristóteles e, 50, 113, 136-7, 141, 144-6, 148, 160-1, 167, 232-3, 241, 353; como correspondência, 40, 47-8, 52, 160, 171, 185, 190, 200-3, 367nc; comunidade e, 47-52, 81-2, 91, 137, 139-40, 144, 147-51, 156-7, 169-71, 202, 367nc; conhecimento e, 20, 42, 61-2, 64, 82, 91, 140, 143, 190, 200, 367nc; conjunto de espécies e, 184-5, 253, 260, 295, 337, 342; crença e, 42, 47-52, 80-2, 139-40, 144, 148, 169-71, 181-2, 184-5, 190, 199-201, 248-50, 260n11, 337; Descartes e, 61-2; efabilidade e, 50, 82, 118, 119n7, 144; escolha e, 47, 49, 50, 81-2, 129, 137, 139,

145-7, 150, 170-1, 202-3, 206, 367nc; estrutura lexical e, 50, 143, 146-9, 151, 157, 169; falsidade e, 51, 63-4, 82, 118, 139-40, 148, 201, 260, 295; linguística, 118, 247; lógica e, 48-9, 52, 61, 63-4, 169-71, 185, 202-3; nomes e, 201; nova teoria da, 47, 49, 51; objetividade e, 62, 113, 151, 159-60, 181-2, 195, 199; observacional, 60, 129, 160, 166, 321, 347-8; ontologia e, 27, 81, 139; probabilidade, 201, 295; questões de fato e 36-7; realismo e, 42, 140; relativismo e, 50, 82, 113, 118n5, 140, 144, 147, 160, 170-1, 182, 199-200, 230, 233, 253; taxonomia e, 139-40, 143-6, 148, 200, 253; teoria do significado e, 19; tradução e 48, 50, 80-2, 117-8, 128-9, 137, 139-44, 148, 157, 169; tradução que preserva e, 48, 50, 80-2, 117-8, 128-9, 137, 139-44, 148, 157, 169; valores para, 118, 143-4, 146, 148, 150-1, 157; vocabulário e, 140

vocabulário: Aristóteles e, 50, 76, 99, 129, 208-9n5, 230, 237-8n32, 253-5, 353; cabeças-de-ponte e, 81, 140; conceitual, 99, 215, 230, 268, 302, 347; construtivismo e, 149-50; cultural, 165, 195, 330, 331n18, 332-3, 345; espécies artificiais e, 347, 353-4; espécies naturais e, 81, 129, 136, 139-40, 150, 165, 331, 333, 345, 347, 354; estrutura lexical e, 50, 73-4, 134-6, 165; incomensurabilidade e, 74, 81, 165, 169, 243, 253, 255, 259, 332-3, 345, 347;

linguística e, 280-1, 301-2; neutro, 74, 160, 195-6; Newton e, 76, 133, 259, 281, 353; paradigmas, 169; Planck e, 109-10; plausibilidade e, 208n5; produtos históricos e, 195-6; realismo e, 140; taxonomia e, 73, 76, 129, 132-3, 139-40, 165, 243, 253-5, 259; verdade e, 140; Volta e, 137, 146, 148, 232

Volta, Alessandro, 18; Banks e, 100; baterias e, 79, 100-3, 112, 119, 131-2, 146, 148, 158, 160, 215-6, 218-9, 227, 229, 232-3, 246; condensadores e, 102, 131-2, 218; coroa de xícaras de, 102, 218; corrente elétrica e, 216; diagramas de, 79, 101-3, 160, 216, 217-20, 227; duplas de, 101-2, 218, 229, 253; eletrostática e, 102-4, 218-9; estrutura lexical e, 137, 146, 148; etnocentricidade e, 305; física e, 79, 101, 105, 160, 215-6, 218, 246, 253; garrafas de Leiden e, 102-3, 112, 218, 220; historicismo e, 27-8; lei de Ohm e, 104-5, 221; Royal Society e, 100, 216; significado e, 79, 160; taxonomia e, 132, 146, 148; vocabulário e, 137, 146, 148, 232

voltagem, 101, 104, 221

## W

Wittgenstein, Ludwig, 33n45, 34, 36, 53, 62, 124n11, 181, 229n24, 365n3, 366nb

## X

Xu, Fei, 288, 290n20, 301

SOBRE O LIVRO

*Formato*: 16 x 23 cm
*Mancha*: 27,5 x 49 paicas
*Tipologia*: Horley Old Style 11/15
*Papel*: Off-white 75 g/m² (miolo)
Cartão Triplex 250 g/m² (capa)
1ª edição Editora Unesp: 2024

EQUIPE DE REALIZAÇÃO

*Capa*
Marcelo Girard

*Edição de texto*
Tulio Kawata (Copidesque)
Carmen T. S. Costa (Revisão)

*Editoração eletrônica*
Eduardo Seiji Seki

*Assistente de produção*
Erick Abreu

*Assistência editorial*
Alberto Bononi
Gabriel Joppert

Rua Xavier Curado, 388 • Ipiranga - SP • 04210 100
Tel.: (11) 2063 7000 • Fax: (11) 2061 8709
rettec@rettec.com.br • www.rettec.com.br